Grimms Märchen

Brüder Grimm

그림 형제 옛이야기 모음집 I

초판 1쇄 발행 2012년 2월 10일
초판 2쇄 발행 2016년 12월 23일

지은이 그림 형제
옮긴이 이은자
발행인 신현부
발행처 부북스

주소   서울시 중구 동호로17길 256-15 (신당동)
전화 02-2235-6041
팩스 02-2253-6042
이메일 boobooks@naver.com

ISBN   978-89-93785-32-6   04080

부클래식

022

———

그림 형제 옛이야기 모음집 I

그림 형제

이은자 옮김

부북스

———— 일러두기

1 이 책은 번역 원전: Brüder Grimm, *Grimms Märchen*, Tosa-Verl.(1991)입니다.
2 <백설공주> 삽화는 von Alexander Zick의 작품이고, 그 외의 것은 Ludwig Richter(1803-1884)의 작품입니다.
3 본문의 각주는 전부 옮긴이의 각주입니다.

차례

개구리 왕 혹은 강철 하인리히

옛날 옛날에 소원을 빌면 소원이 척척 이루어지던 아주 먼 옛날에 어떤 왕이 살았습니다. 왕에게는 딸이 여럿 있었는데, 모두 하나같이 예뻤습니다. 그러나 그중에서도 막내 공주가 가장 예뻤습니다. 온 세상을 두루 구경해 온 해님까지도 막내 공주의 얼굴을 비출 때마다 감탄할 정도였으니까요. 왕이 사는 성 근처에 어두컴컴한 큰 숲이 하나 있었습니다. 그곳에 해묵은 보리수나무가 한 그루 있었고 나무 밑에는 샘이 있었습니다. 날이 더우면 막내 공주는 숲에 나가 시원한 샘물가에 앉아 있곤 했습니다. 그러다 심심해지면 가장 아끼는 황금공을 높이 던졌다 받았다, 공놀이를 하며 놀았습니다.

그런데 어느 날, 높이 던진 황금공이 쭉 뻗은 공주의 손을 빗나가 땅으로 쿵 떨어졌습니다. 황금공은 데굴데굴 굴러가다가 바로 샘물에 퐁당 빠져 버렸습니다. 공주는 공이 굴러가는 것을 눈으로 좇았지만, 어느새 황금공은 물속으로 사라졌습니다. 샘은 바닥이 보이지 않을 만큼 아주, 아주 깊었습니다. 공주는 그만 울음을 터뜨리고 말았습니다. 슬픔을 달랠 수가 없어서 점점 더 큰소리로 엉엉 울었습니다. 그렇게 슬피 울고 있는데 누군가 공주를 불렀습니다.

"왜 그러세요, 공주님? 바위라도 녹일 듯 애처롭게 우시네요."

공주는 어디서 소리가 나는지 주위를 둘러보았습니다. 개구리 한 마리가 못생기고 퉁퉁한 머리를 물 밖으로 쑥 내밀고 있었습니다.

"아, 너였구나, 늙은 물첨벙아. 황금공이 샘물에 빠져 울고 있단다."

개구리가 말했습니다.

"진정하고 이제 그만 우세요. 제가 도와드릴게요. 그런데 장난감을 건져 오면 나한테 뭘 줄래요?"

"원하는 건 뭐든 다 줄게, 사랑하는 개구리야. 내 옷이랑 진주랑 보석이랑 다 줄게. 머리에 쓴 이 황금 왕관도."

"옷이며 진주며 보석이며 황금 왕관도 다 싫어요. 그냥 저를 사랑스레 대해 주고 말벗 삼아 공주님과 함께 놀게 해줘요. 식탁에 나란히 앉아 공주님의 예쁜 황금 접시에다 음식도 같이 먹고 공주님의 예쁜 잔에다 물도 같이 마시고, 예쁜 공주님 침대에서 같이 잘 수 있게 해준다고 약속하세요. 그럼 물속으로 들어가 황금공을 꺼내 올게요."

"알았어, 약속할게. 공만 다시 가져오면 너 하자는 대로 할게."

하지만 공주는 속으로 생각했습니다.

'멍청한 개구리, 웃기는 소리 하네. 같은 물에서 노는 개구리들과 개골 거리기나 할 것이지, 어디 사람의 친구가 되겠다고.'

공주의 약속을 받아 낸 개구리는 머리를 물속에 쏙 집어넣더니 샘물 깊숙이 내려갔습니다. 잠시 후 개구리는 다시 물 위로 찰랑찰랑 헤엄쳐 올라와 입에 물은 황금공을 풀밭에 던졌습니다. 예쁜 장난감을 본 공주는 몹시 기뻐하며 황금공을 냉큼 집어 들고, 냅다 뛰어갔습니다.

"기다려요, 기다려요. 나랑 같이 가야죠. 난 공주님처럼 빨리 뛰어갈 수 없잖아요."

개구리가 소리쳤습니다. 그러나 뒤에서 목이 터져라, 개골개골해 봤자 무슨 소용이 있겠습니까! 공주는 들은 척도 하지 않고 서둘러 집으로 돌아왔습니다. 불쌍한 개구리도 금세 까맣게 잊어버렸습니다. 개구리는 다시 샘물 속으로 들어갈 수밖에 없었습니다.

다음 날, 공주는 왕과 대신들과 나란히 식탁에 앉아 황금 접시에 오른 음식을 먹고 있었습니다. 그때, 찰박 철벅, 찰박 철벅 뭔가 대리석 계단을 기어오르듯 소리를 내며 위로 올라와 문을 두드리며 소리쳤습니다.

"공주님, 막내 공주님, 문 좀 열어 주세요."

밖에 누가 왔나 보려고 공주가 가서 문을 열었습니다. 그런데 개구리가 눈앞에 납죽 앉아 있는 게 아닙니까. 공주는 화들짝 놀라서 문을 쾅 닫아 버리고 식탁으로 돌아와 앉았습니다. 공주의 가슴이 콩콩 뛰는 것을 왕이 눈치채고 물었습니다.

"애야, 뭐가 그리 무섭니? 문 앞에 널 잡아가려는 거인이라도 서 있더냐?"

"아이, 아니에요. 거인은요. 징그러운 개구리예요."

"개구리가 너한테 무슨 볼일이 있어서 왔는데?"

"아, 그게 말이에요. 사랑하는 아버지. 어제 숲 속 샘물가에 앉아 공놀이를 하다가 황금공을 물에 빠트렸어요. 그래서 몹시 울고 있었거든요. 그런데 저 개구리가 황금공을 물속에서 꺼내 줬어요. 그 대신 제 친구가 되겠다고 해서 그러라고 약속했고요. 개구리가 물 밖으로 나올 거라곤 생각도 못 했는데, 지금 저기 와서 안으로 들어오겠대요."

그새 개구리는 또다시 문을 두드리며 소리쳤습니다.

"공주님, 막내 공주님,
문 좀 열어 주세요.
시원한 샘물가에서
공주님이 어제 한 말

벌써 잊으셨나요?
공주님, 막내 공주님,
문 좀 열어 주세요."

왕이 말했습니다.

"약속을 했으면 꼭 지켜야 하는 법, 당장 문을 열어 주어라."

공주는 다시 가서 문을 열어 주었습니다. 개구리는 폴짝폴짝 방 안으로 들어와 공주의 발치를 졸졸 따라왔습니다. 그리고 공주가 앉은 의자 밑에까지 오더니 소리쳤습니다.

"절 공주님 곁에 올려 주세요."

공주가 우물쭈물하자 마침내 왕의 명령이 떨어졌습니다. 의자에 앉은 개구리는 다시 식탁에 올려 달라고 했습니다. 식탁 위에 떡하니 앉은 개구리가 말했습니다.

"공주님의 황금 접시를 좀 가까이 밀어주세요. 그래야 같이 먹죠."

공주는 그렇게 했지만 영 내키지 않아 하는 모습이었습니다. 개구리는 맛있게 먹었지만 공주님은 한입 먹을 때마다 목에 걸리는 느낌이었습니다. 마침내 개구리가 말했습니다.

"이제 배도 부르고 피곤해요. 저를 공주님 방으로 데려가 줘요. 비단 침대도 잘 정리하고요. 우리 함께 누워 잘 거니까요."

공주는 훌쩍훌쩍 울기 시작했습니다. 차가운 개구리가 손에 닿는 것만도 섬뜩한데, 깨끗하고 예쁜 침대에서 같이 자겠다니 말입니다. 그러나 왕이 호통을 쳤습니다.

"어려울 때 널 도와준 상대를 나중에 무시하면 안 되는 법이니라."

공주는 두 손가락으로 개구리를 집어 올려 자기 방으로 들고 가,

방 한구석에 내려놓았습니다. 그리고 침대에 드러눕자, 개구리가 기어와서 말했습니다.

"피곤해요. 공주님처럼 나도 편하게 자고 싶어요. 날 침대에 올려 주세요. 안 그러면 임금님께 이를 거예요."

공주는 화가 치밀어 참을 수가 없었습니다. 개구리를 잡아 들어 있는 힘껏 벽에 내던졌습니다.

"이제 맘껏 쉬어라, 이 징그러운 개구리야."

그런데 바닥에 떨어진 개구리는 개구리가 아니었습니다. 다정한 눈빛을 지닌 아름다운 왕자였습니다. 왕의 뜻대로 왕자는 공주가 사랑하는 말벗이자 남편이 되었습니다. 왕자는 고약한 마녀의 마법에 걸려 개구리가 되었는데, 샘물에서 자기를 구해 줄 사람은 공주뿐이었다고 이야기했습니다. 왕자는 다음 날 공주를 자기 나라로 데려가고 싶다고 했습니다. 그리고 둘은 잠이 들었습니다. 다음 날 아침 해님이 왕자와 공주를 깨웠을 때, 하얀 말 여덟 마리가 끄는 마차가 성으로 들어왔습니다. 말들은 머리에 하얀 타조 깃털을 달고 황금 사슬에 매여 있었습니다. 마차 뒷자리에는 젊은 왕자의 충성스런 시종 하인리히가 서 있었습니다. 충성스런 하인리히는 주인님이 개구리로 변하자 너무나 슬퍼서 강철 띠 세 개로 가슴을 칭칭 동여매게 했습니다. 너무나 아프고 슬퍼서 심장이 터져 나갈까 봐 말입니다. 이제 하인리히는 젊은 왕자를 마차에 태워 왕자의 나라로 모셔 가려고 온 것입니다. 충성스런 하인리히는 왕자와 공주를 부축해 마차에 태운 다음 다시 뒷자리에 섰습니다. 마법에서 풀려난 왕자를 보니 더없이 기뻤습니다. 그렇게 얼마쯤 달렸을까, 뭔가 우지끈거리는 소리가 뒤쪽에서 들려왔습니다. 왕자는 뒤를 돌아보며 소리쳤습니다.

"하인리히, 마차가 부서지나 봐."

"아뇨, 주인님. 마차가 아니에요.

제 가슴에 묶은 띠가

끊어지는 소리여요.

왕자님이 개구리가 되어,

샘물 속에 앉아 계실 때,

제 가슴이 터질 듯 너무 아팠답니다."

한 번, 또 한 번, 우지끈거리는 소리는 가는 길에 두 번 더 났습니다. 그때마다 왕자는 마차가 부서지는 줄 알았죠. 그런데 그건 충성스런 하인리히의 기쁨 가득한 가슴에서 강철 띠가 끊어지는 소리였답니다. 주인님이 마법에서 풀려나와 행복해졌으니까요.

◆2◆
한식구가 된 고양이와 생쥐

고양이가 생쥐와 사귀게 되었습니다. 고양이는 자기가 생쥐를 얼마나 좋아하고 사랑하는지 입이 닳도록 종알거렸습니다. 마침내 생쥐는 고양이와 한집에 살면서 살림도 함께 꾸려 나가기로 했습니다. 고양이가 말했습니다.

"겨울을 날 양식을 준비해야 해. 그래야 굶지 않지. 그런데 생쥐야, 넌 아무 데나 함부로 돌아다니지 마. 덫에 걸려들기 딱 좋으니까."

생쥐는 고양이의 말도 옳다 싶었습니다. 고양이와 생쥐는 굳기름이 담긴 단지 하나를 장만했습니다. 하지만 그걸 어디에 둬야 할지 몰라 한참을 궁리한 끝에 마침내 고양이가 말했습니다.

"단지를 보관하기에 교회만큼 안전한 장소는 없어. 거기에다 두면 감히 훔쳐 갈 생각을 못 하거든. 제단 밑에 놔두고 꼭 필요하기 전엔 우리도 손대지 말자고."

그래서 굳기름 단지는 안전한 장소로 옮겨졌습니다. 얼마 지나지 않아서 고양이는 굳기름이 너무나 먹고 싶었습니다. 그래서 생쥐에게 말했습니다.

"생쥐야, 할 말이 있어. 내 여자 사촌이 하얀 털에 갈색 무늬 있는 아들 녀석을 낳았는데, 나더러 대부를 서 달래. 세례성사 때 그 녀석을 안고 있어야 해. 그래서 가 봐야 하니까 오늘은 너 혼자서 집을 보렴."

"그래그래, 괜찮아. 어서 가 봐. 맛있는 거 먹으면, 내 생각도 좀 해 주고. 유아세례 때 쓰이는 달콤하고 빨간 포도주라면 나도 한 모금 홀짝하고 싶은데."

하지만 고양이가 한 말, 그건 다 새빨간 거짓말이었습니다. 고양이에게는 사촌 자매가 없었습니다. 그러니까 대부가 되어 달라는 부탁도 받은 적이 없었죠. 고양이는 곧장 교회로 갔습니다. 그리고 굳기름 단지 쪽으로 살금살금 다가가 굳기름을 할짝거리기 시작했습니다. 겉에 낀 기름 막을 싹 핥아먹었습니다. 그런 뒤, 도시의 이 집 저 집 지붕 위를 어슬렁어슬렁 산책을 하며 다음 기회를 또 어떻게 만들까 궁리했습니다. 따스한 햇볕 아래 네 다리를 쭉 뻗고 누워 있다가 굳기름 단지가 불쑥 머릿속에 아른거리면 수염을 싹싹 닦아댔습니다. 저녁이 되서야 고양이는 집으로 돌아왔습니다. 생쥐가 말했습니다.

"어, 이제 오네. 오늘 정말 재밌었지?"

"응, 잘 치렀어."

"그런데 아기 이름은 뭐야?"

"겉막할짝이."

고양이가 툭 대답했습니다.

"겉막할짝이? 참 별나고 드문 이름이네. 너희 집안에선 보통 그렇게 이름을 짓니?"

생쥐가 갸우뚱거리자 고양이가 말했습니다.

"그게 뭐 어때서? 너의 대부모 이름은 빵부스러기 도둑이라며. 그보다야 낫지."

그런데 얼마 지나지 않아 고양이는 또 굳기름 생각이 간절해졌습니다. 그래서 생쥐에게 말했습니다.

"부탁이 있어. 오늘 집안일을 좀 혼자 맡아 줘. 또 대부를 서 달라는 부탁이 들어와서 그래. 목둘레에 하얀 고리 무늬가 있는 아기 고양인데, 거절할 수가 없잖아."

착한 생쥐는 이번에도 그러라고 했습니다. 그러나 고양이는 또 도시 성벽 뒤쪽을 통해 교회로 가서 단지에 담긴 굳기름을 절반이나 날름 먹어 치웠습니다.

"요렇게 혼자 먹는 맛이라니, 기가 막히네."

고양이가 뿌듯한 일과를 마치고 기분 좋게 집으로 돌아오자 생쥐가 물었습니다.

"유아세례 받은 아기의 세례명은 뭐야?"

"절반날름이."

"절반날름이! 무슨 소리야? 생전 처음 들어보는 이름이네. 교회 달력에도 안 나오는 세례명이잖아."

며칠 지나지 않아 고양이는 그 맛있는 굳기름 생각에 또다시 군침이 살살 돌았습니다.

"좋은 일도 삼세번이라더니 대부를 서 달란 부탁이 또 들어왔지 뭐야. 이번 아기는 흰털 하나 없이 온통 까만 데다 발만 하얗대. 몇 년에 한 번 나올까 말까 한 아기 고양이야. 가도 괜찮겠지?"

그러자 생쥐가 말했습니다.

"겉막할짝이, 절반낼름이! 이름들이 정말 요상해서 이상한 생각이 자꾸 드네."

"생쥐야, 칙칙한 회색 털외투에 땋은 머리는 축 늘어뜨리고 집 안에만 틀어박혀 있으니까 엉뚱한 생각만 들지. 낮에도 안 나가잖아."

고양이가 없는 동안 생쥐는 집 안을 깨끗이 치우고 정돈했습니다. 그러나 냠냠 군것질에 한창 재미 들린 고양이는 이번엔 굳기름 단지를 싹싹 핥아 아예 비워 버리고 중얼거렸습니다.

"다 먹고 나니 이제야 마음이 편하군."

실컷 먹고 배불뚝이가 된 고양이는 밤이 되서야 집으로 돌아왔습니다. 곧바로 생쥐가 세 번째 아기 이름이 뭔지 물었습니다.

"이번에도 네 맘에 별로 안 들걸. 이름이 죄다꿀꺽이야."

"죄다꿀꺽이! 아니 그딴 이름이 어디 있어? 책에서도 못 봤는데. 죄다꿀꺽이! 도대체 무슨 뜻인데?"

생쥐가 소리쳤습니다. 그러고는 설레설레 머리를 흔들며 몸을 동그랗게 웅크리고 잠자리에 들었습니다.

그 뒤로 고양이에게 대부를 서 달라는 부탁은 들어오지 않았습니다. 이윽고 겨울이 찾아들었습니다. 밖에서 먹을 것을 구할 수 없게 되자 생쥐는 보관해 둔 굳기름 단지가 생각나서 말했습니다.

"고양이야, 우리가 아껴 둔 굳기름 단지 있잖아, 그걸 가지러 가자. 기 마히게 맛있을 거야."

"아무렴, 너무 맛있어서 그 섬세한 혀가 쑥 창문 밖까지 나올걸."

고양이와 생쥐는 교회로 갔습니다. 그런데 가서 보니 굳기름 단지 가 얌전히 제자리에 있기는 한데, 속은 텅 비어있었습니다. 생쥐가 말 했습니다.

"아하, 그렇구나. 무슨 일인지 이제야 알겠다. 너, 정말 진정한 내 친구 로구나! 대부를 선다고 나가서는 굳기름을 홀랑 다 먹어 치웠어. 먼저 겉막을 할짝할짝 먹고, 절반을 날름 먹어 치운 다음 ...... "

그러자 고양이가 버럭 소리 질렀습니다.

"닥쳐, 한마디만 더하면 널 잡아먹을 거야."

하지만 가여운 생쥐의 입에서는 이미 말이 튀어나왔죠.

"죄다 꿀꺽해 버렸어."

말이 끝나기가 무섭게 고양이는 왈칵 달려들어 생쥐를 움켜잡더니 꿀꺽 통째로 삼켜 버렸답니다.

여러분, 아셨죠? 이게 바로 세상살이 이치랍니다.

◆3◆
성모 마리아의 아이

어느 커다란 숲 앞에 세 살배기 외동딸을 둔 나무꾼이 아내와 함께 살 고 있었습니다. 그런데 나무꾼 부부는 그날그날 먹을 빵도 없을 만큼 가난했습니다. 아이에게 무엇을 먹여야 할지 모를 정도였습니다. 어느 날 아침, 나무꾼은 수심에 가득 차서 숲에 나무를 하러 갔습니다. 나무를 베고 있는데, 홀연 늘씬한 키에 반짝반짝 빛나는 별들이 달린 관을 머리에 쓴 아름다운 부인이 눈앞에 나타나 말했습니다.

"난 아기 예수의 어머니 동정녀 마리아다. 너는 가난하고 형편이 어려우니 네 아이를 데려오너라. 내가 데려가서 엄마처럼 잘 돌봐 주겠다."

나무꾼은 말씀대로 아이를 데려와 동정녀 마리아에게 주었습니다. 마리아는 아이를 데리고 하늘나라로 올라갔습니다. 하늘나라에서 아이는 과자도 먹고 달콤한 우유도 마시고 금실 옷을 입고 아기 천사들과도 함께 놀며 행복한 나날을 보냈습니다. 아이는 어느덧 열네 살이 되었습니다. 어느 날, 동정녀 마리아가 아이를 불러 말했습니다.

"얘야, 내가 긴 여행을 떠나려고 한다. 하늘나라의 문 열쇠 열세 개를 줄 테니 잘 간직해 둬라. 열두 개의 문은 네가 열어봐도 괜찮아. 방 안에 있는 신비롭고 화려한 물건들을 구경해도 좋단다. 하지만 이 작은 열쇠로 열 수 있는 열세 번째 방은 절대로 열어선 안 돼. 명심해라. 그 문을 열면 넌 불행해진단다."

소녀는 말씀에 순종하겠다고 약속했습니다. 그리고 동정녀 마리아가 여행을 떠나자 하늘나라의 방들을 구경하기 시작했습니다. 매일 방하나씩, 열두 개의 방을 다 열어봤습니다. 방마다 사도 한 분씩 앉아 있었는데, 모두 찬란한 빛에 둘러싸여 있었습니다. 소녀는 더없이 장엄하고 아름다운 그 광경에 몹시 기뻤습니다. 늘 따라다니는 아기 천사들도 같이 기뻐했습니다. 이제 열어보지 말라는 문, 딱 하나만 남았습니다. 소녀는 그 문 뒤에 과연 무엇이 숨겨져 있는지 정말 궁금했습니다. 그래서 천사들에게 말했습니다.

"문을 활짝 열지도 않고 방 안엔 들어가지도 않을 거야. 조금만 열

19

고 문틈으로 살짝 들여다볼게."

하지만 아기 천사들이 말했습니다.

"아이, 안 돼. 죄짓는 거야. 동정녀 마리아께서 안 된다고 하셨잖아. 불행해진다니까."

소녀는 조용히 입을 다물었습니다. 하지만 가슴속 깊이 꿈틀거리는 욕망은 잠잠해지기는커녕 소녀를 더욱 들쑤시고 들볶으며 가만히 내 버려두지 않았습니다. 어느 날 아기 천사들이 모두 나간 뒤, 소녀는 생 각했습니다.

'이제 나 혼자뿐이니 살짝 들여다봐야지. 아무도 모를 텐데, 뭐.'

소녀는 열세 번째 방 열쇠를 찾아들고 자물쇠에 꽂아 한번 돌렸습 니다. 덜컥, 문이 열렸습니다. 방 안에는 활활 타오르는 불꽃 속에서 찬 란한 빛을 발하며 성삼위일체 하나님이 앉아 있었습니다. 소녀는 잠시 넋을 잃고 서서 그 경이로운 광경을 바라보다가 번쩍이는 빛살을 손가 락으로 살짝 건드려 보았습니다. 순간 손가락이 온통 금빛으로 변했습 니다. 소스라치게 놀란 소녀는 방문을 쾅 닫고 냅다 달아났습니다. 그 러나 놀란 가슴은 좀처럼 가라앉지 않았습니다. 아무리 애를 써도 심 장은 내내 콩콩거리며 잠잠해지지 않았습니다. 손가락에 묻은 금도 아 무리 씻고 문질러도 없어지지 않았습니다.

얼마 후, 동정녀 마리아가 여행에서 돌아왔습니다. 마리아는 소녀 를 불러 하늘나라의 열쇠를 다시 내놓으라고 했습니다. 소녀가 열쇠 꾸 러미를 내밀자 동정녀 마리아는 소녀의 눈을 들여다보며 물었습니다.

"열세 번째 방문을 열어보진 않았겠지?"

소녀는 대답했습니다.

"예."

그러자 마리아는 소녀의 가슴에 손을 대보았습니다. 콩콩거리는 가슴이 손끝에 느껴졌습니다. 마리아는 소녀가 자신의 말을 어기고 문을 열어본 것을 단박 알아차렸습니다. 마리아가 다시 한 번 물었습니다.

"정말 열지 않았지?"

"예."

소녀는 또 대답했습니다. 마리아는 하늘나라의 불을 만져 황금빛으로 변해 버린 손가락을 보았습니다. 소녀가 죄를 지었음이 분명했습니다. 세 번째로 마리아가 물었습니다.

"열지 않았지?"

"예."

세 번째 대답도 같았습니다. 그러자 동정녀 마리아가 말했습니다.

"넌 내 말을 듣지 않았어. 게다가 거짓말까지 하는구나. 넌 더 이상 하늘나라에 살 자격이 없다."

순간, 소녀는 깊은 잠에 빠져들었습니다. 잠에서 깨어났을 때, 소녀는 지상 위의 황량한 들판 한가운데 덩그러니 누워 있었습니다. 소리를 지르려고 해도 목에서 소리가 나오지 않았습니다. 소녀는 벌떡 일어나 달아나려고 했습니다. 하지만 어느 쪽으로 가든 빽빽한 가시나무 울타리가 앞을 가로막았습니다. 소녀는 덤불을 헤쳐 나갈 수가 없었습니다. 소녀가 꼼짝없이 갇혀 버린 외딴 들판에는 속이 텅 빈 해묵은 나무가 하나 있었습니다. 소녀는 나무를 집 삼아 밤이 되면 나무 안에 기어들어 가 잠을 잤습니다. 휘몰아치는 바람과 비를 피하기도 했습니다. 정말 고단하고 힘든 생활이었습니다. 아기 천사들과 함께 놀며 행복하게 지냈던 하늘나라가 생각나면 소녀는 서럽게 울었습니다. 먹을 것이라곤 고작 풀뿌리와 산딸기뿐이었습니다. 소녀는 갈 수 있는 데까지 가서 먹을 것을 찾았습니다. 가을이 오면 땅에 떨어진 나무 열매나 이파리를 주워 모아 나무 안에 날라 놓았습니다. 나무 열매는 겨울에 먹을 양식 이었습니다. 눈이 오고 얼음이 꽁꽁 얼면 소녀는 불쌍한 작은 짐승처럼 나뭇잎 속으로 기어들어 가 추위를 피했습니다. 이윽고 입고 있던 옷도 너덜너덜 해어져 조각조각 떨어져 나갔습니다. 해가 다시 따스하게 비 치면, 소녀는 밖으로 나와 나무 앞에 앉았습니다. 치렁치렁 긴 머리가 외투처럼 소녀의 온몸을 가려 주었습니다. 그렇게 한 해 한 해를 보내 며 소녀는 세상의 고통과 괴로움을 절절히 느꼈습니다.

나무들이 다시 싱그러운 녹색으로 물든 어느 날, 그 나라의 왕이 숲 으로 사냥을 나와 노루 한 마리를 쫓고 있었습니다. 노루는 숲 속 빈터 를 빙 둘러싼 덤불 속으로 달아났습니다. 그러자 왕은 말에서 내려와 기다란 칼로 길을 터 가며 덤불을 헤쳐 나갔습니다. 마침내 덤불을 뚫 고 나온 왕은 저쪽 나무 아래 금발 머리를 발끝까지 늘어뜨린 웬 어여 쁜 소녀가 앉아 있는 것을 보았습니다. 왕은 우뚝 서서 놀란 눈길로 소 녀를 바라보다가 이윽고 말을 건넸습니다.

"그대는 누구요? 왜 이 황량한 들판에 앉아 있는 거요?"

그러나 소녀는 대답을 하지 않았습니다. 입을 열 수가 없어서였습니 다. 왕이 또 물었습니다.

"내 성으로 함께 가지 않겠소?"

소녀는 살짝 고개를 까닥였습니다. 왕은 소녀를 안아 말에 태우고 성으로 돌아왔습니다. 성에 도착하자 왕은 소녀를 아름다운 옷으로 갈 아입히고, 온갖 것을 넘치도록 주었습니다. 비록 말은 할 수 없지만 더 없이 아름답고 매혹적인 소녀를 왕은 진심으로 사랑하게 되었습니다. 얼마 후, 왕은 소녀를 아내로 맞아들였습니다.

한 해가 지나 왕비는 아들을 낳았습니다. 그날 밤 왕비가 혼자 침대에 누워 있는데, 동정녀 마리아가 나타나 말했습니다.

"열지 말라는 문을 열었다고 사실대로 고백하지 않겠니? 그러면 네 입을 다시 열어 말을 할 수 있도록 해주마. 하지만 네 죄를 끝까지 우기고 고집을 피우면 갓난아기를 데려갈 거야."

대답할 수 있는 기회가 주어졌지만 왕비는 여전히 고집을 피우며 말했습니다.

"아뇨, 전 열지 말라는 문을 열지 않았어요."

그러자 동정녀 마리아는 왕비의 품에서 아기를 빼앗아 안고 사라졌습니다. 다음 날 아침, 아기가 보이지 않자 사람들은 수군거렸습니다. 왕비는 사람 잡아먹는 여자이고, 자기 아기도 죽였다고 말입니다. 왕비도 그 소리를 들었지만, 아니라고 한마디도 말할 수 없었습니다. 하지만 왕비를 지극히 사랑하는 왕은 그 소문을 믿으려고 하지 않았습니다.

한 해가 지나자 왕비는 또 아들을 낳았습니다. 그날 밤, 동정녀 마리아가 다시 왕비를 찾아와 말했습니다.

"열지 말라는 문을 열었다고 고백하면 데려간 아이를 돌려주고 굳은 네 혀도 풀어 주마. 그러나 끝까지 네 죄를 고집하며 아니라고 우겨대면 이번에 낳은 아기도 데려가겠다."

하지만 왕비는 또 이렇게 대답했습니다.

"아뇨, 전 열지 말라는 문을 열지 않았어요."

그러자 동정녀 마리아는 왕비의 품에서 아기를 빼앗아 하늘나라로 데려갔습니다. 다음 날 아침, 아기가 또 사라진 것을 알고 사람들은 이제 대놓고 떠들었습니다. 왕비가 아기를 삼켜 버렸다고 말입니다. 대신들은 왕비를 처형하라고 요구했습니다. 하지만 왕비를 지극히 사랑하는 왕은 그 말을 믿으려고 하지 않았습니다. 대신들에게 그런 말을 입에 올리면 사형에 처하겠다고 명했습니다.

다음 해에 왕비는 예쁜 딸을 낳았습니다. 그날 밤, 동정녀 마리아가 세 번째로 나타나 말했습니다.

"나를 따라오너라."

마리아는 왕비의 손을 잡고 하늘나라로 데려가 두 아이를 보여주었습니다. 아이들은 지구 공을 가지고 놀다가 왕비를 보고 환히 웃었습니다. 아이들을 보며 기뻐하는 왕비에게 동정녀 마리아가 말했습니다.

"아직도 마음이 풀리지 않았니? 열지 말라는 문을 열어봤다고 고백하면 두 아들을 다시 돌려주마."

하지만 왕비는 세 번째로 또 이렇게 대답했습니다.

"아뇨, 열지 말라는 문을 열지 않았어요."

동정녀 마리아는 왕비를 다시 지상으로 내려보내고 셋째 아이마저 빼앗아 갔습니다.

다음 날 아침, 그 소문이 자자하게 퍼지자 사람들이 입을 모아 크게 외쳤습니다.

"왕비는 사람 잡아먹는 여자다. 왕비를 처형하라."

왕도 이제는 대신들의 청을 물리칠 수 없었습니다. 마침내 재판이 열리고, 왕비는 화형을 선고받았습니다. 왕비는 대답도 못 하고 자신을 변호할 수도 없었기 때문이었습니다. 사람들은 나뭇단을 쌓고 왕비를 말뚝에 묶었습니다. 사방에서 불길이 활활 치솟기 시작했습니다. 그제야 비로소 꽁꽁 얼어붙었던 왕비의 교만한 마음이 녹아내리며 후회가 물밀듯 밀려왔습니다.

'아아, 죽기 전에 문을 열었다고 말할 수만 있다면.'

바로 그때 목소리가 돌아왔습니다. 왕비는 큰 소리로 부르짖었습니다.

"예, 마리아님. 제가 문을 열었어요!"

그러자 하늘에서 비가 오기 시작하더니 타오르던 불이 잦아들었습니다. 그 순간, 왕비의 머리 위에서 환한 빛을 발하며 동정녀 마리아가 내려왔습니다. 양옆에 두 아들을 데리고 품에는 갓 태어난 딸 아기를 안고 있었습니다. 마리아는 다정한 음성으로 왕비에게 말했습니다.

"자신의 죄를 뉘우치며 고백하는 자는 용서를 받으리라."

마리아는 왕비에게 세 아이를 돌려주고 왕비의 굳은 혀도 풀어 주었습니다. 그리고 평생 내내 행복하게 살도록 해주셨답니다.

◆4◆
무서움을 배우려고 길을 떠난 젊은이 이야기

옛날에 두 아들을 둔 아버지가 있었습니다. 큰아들은 영리하고 똑똑해서 무슨 일이든 척척 잘했지만, 작은아들은 멍청해서 잘 알아듣지도 못하고 배우지도 못했습니다. 사람들은 작은아들을 보면 이렇게 말했습니다.

"저 녀석은 아버지에게 짐만 될 거야!"

그래서 일이 있으면, 언제나 큰아들이 다 해야만 했습니다. 아버지는 저녁 늦게 혹은 밤중에 이것저것 좀 가져오라고 심부름을 시킬 때가 있었습니다. 교회 묘지 같은 음산한 곳을 지나야 할 때도 있는데, 그러면 큰아들은 대답했습니다.

"아유, 싫어요, 아버지. 안 갈래요. 등골이 오싹해요!"

무서웠기 때문입니다. 또 밤중에 사람들은 불 가에 둘러앉아 소름이 좍 돋는 으스스한 이야기를 듣다가 "어휴, 등골이 오싹하네!"라고 말하곤 했습니다. 하지만 한쪽 구석에 앉아 이야기를 같이 듣던 작은아들은 그게 무슨 뜻인지 영 이해할 수가 없었습니다.

'사람들이 만날 등골이 오싹하네! 등골이 오싹하네!, 그런단 말이야. 나는 등골이 오싹하지 않은데. 아마 내가 모르는 무슨 기술인가 봐.'

어느 날, 아버지가 작은아들에게 말했습니다.

"어이, 거기 구석에 앉은 녀석, 잘 들어. 키도 클 만큼 컸고 힘도 세졌는데 뭐라도 배워서 밥벌이를 해야지. 네 형 좀 봐라, 얼마나 열심인지. 도대체 너란 녀석은 아무짝에도 쓸모없으니."

"아이, 아버지. 저도 뭔가 배우고 싶다니까요. 괜찮다면 등골이 오싹해지는 것을 배울래요. 그게 뭔지 정말 모르겠거든요."

그러자 큰아들이 킥킥거리며 내심 생각했습니다.

'맙소사, 내 동생은 정말 바보 멍텅구리야. 뭐가 되긴 평생 글러 먹었어, 될성부른 나무는 떡잎부터 알아본다잖아.'

아버지도 한숨을 푹 내쉬며 작은아들에게 말했습니다.

"등골이 오싹한 게 뭔지 배우려면 배워 봐라. 하지만 그걸로 밥벌이가 되겠냐."

그러고서 얼마 후 성당지기가 집에 들렀습니다. 아버지는 성당지기에게 아는 건 없고 뭘 배울 능력도 없는 데다 제대로 할 줄 아는 게 하나도 없는 작은아들을 어쩌면 좋으냐고 한바탕 푸념을 늘어놓았습니다.

"뭘 해서 먹고살 거냐고 물었더니, 하 참 기가 막혀서, 등골이 오싹한 게 뭔지 배우고 싶대요."

"그거라면 저한테 배울 수 있을 겁니다. 당장 저한테 보내세요. 제대로 가르쳐 놓을게요."

아들이 조금이라도 훈련을 받을 수 있겠다 싶어 아버지는 그러라고 했습니다. 성당지기는 젊은이를 집으로 데려가 종 치는 일을 맡겼습니다. 며칠 후, 성당지기는 밤중에 젊은이를 깨워 교회 종탑에 올라가 종을 치라고 말했습니다. 그러고는 등골이 오싹한 게 뭔지 어디 한번 배워 봐라, 하는 속셈으로 먼저 몰래 나갔습니다. 젊은이는 종탑에 올라가 몸을 돌려 종 줄을 막 잡으려고 했습니다. 순간, 종탑 창문 맞은편 계단에 서 있는 허연 형상을 보았습니다.

"거기 누구냐?"

젊은이가 소리쳤지만 그 형상은 아무 대답도 하지 않고 꼼짝도 하지 않았습니다. 젊은이는 다시 한 번 소리쳤습니다.

"대답해. 아니면 꺼져! 이 밤중에 여기서 뭐 하려고."

하지만 성당지기는 붙박인 듯 그대로 서 있었습니다. 자기를 유령으로 믿게 하려고 그런 것입니다. 젊은이는 다시 소리쳤습니다.

"여기서 뭐 하냐고? 정직한 놈이라면 말해 봐. 아니면 계단에서 확 집어 던질 테다."

하지만 성당지기는 말만 그렇지 설마 그럴까 싶어 끽소리 하나 없이 석상처럼 묵묵히 서 있었습니다. 그러자 젊은이는 세 번째로 소리쳤습니다. 그래도 여전히 대답이 없자, 젊은이는 유령에게 달려들어 계단 밑으로 확 떠밀어 버렸습니다. 유령은 열 계단은 족히 굴러떨어져 한쪽 구석에 벌러덩 널브러졌습니다. 젊은이는 종을 치고 집으로 돌아와 아무 말 없이 침대에 누워 다시 쿨쿨 잤습니다. 성당지기의 아내는 아무리 기다려도 남편이 돌아오지 않자 사뭇 걱정되어 젊은이를 깨워 물었습니다.

"얘야, 내 남편 어디 있는지 혹시 아니? 너보다 먼저 종탑 위로 올라갔는데."

"모르겠는데요. 누군가 종탑 창문 맞은편 계단에 서 있긴 했어요. 대답도 안 하고, 가지도 않기에 웬 건달인가 싶어 계단 밑으로 밀어 버렸죠. 그게 아저씨였는지 한번 가 보세요. 아저씨였다면 유감이네요."

아내는 후다닥 달려나갔습니다. 성당지기는 한쪽 다리가 부러진 채 구석에 널브러져 끙끙거리고 있었습니다.

성당지기의 아내는 남편을 아래로 옮겨 놓고, 당장 젊은이의 아버지를 찾아가 고래고래 소리를 질러 댔습니다.

"당신 아들이 끔찍한 사고를 쳤어요. 내 남편을 계단에서 밀어 한쪽 다리가 부러졌다고요. 그 쓸모없는 녀석, 당장 우리 집에서 데려가라고요."

기겁을 한 아버지는 아들에게 달려가 한바탕 야단을 쳤습니다.

"이 무슨 끔찍한 짓이냐? 악마가 시키지 않고서야 어떻게 그런 짓을 할 수 있어?"

젊은이가 대답했습니다.

"제 말 좀 들어보세요, 아버지. 제 잘못이 아니라니까요. 아저씨가 해코지하려는 사람처럼 한밤중에 거기 서 있었단 말이에요. 저는 누군지 몰랐어요. 대답을 하든지 물러가든지 하라고 세 번이나 경고했다고요."

아버지가 말했습니다.

"어휴, 너하고 있으면 골칫거리만 생기는구나. 당장 내 눈앞에서 사라져. 꼴도 보기 싫으니까."

"좋아요, 아버지. 조금만 기다려 주시면 날이 밝는 대로 떠날게요. 등골이 오싹하는 기술을 배워 와 그걸로 먹고살면 되잖아요."

"맘대로 해. 그러든 말든 난 상관없으니까. 여기 오십 탈러[1]를 줄 테니 넓은 세상으로 가거라. 네가 어디서 왔는지, 뉘 집 아들인지 아무한테도 말하지 말고. 너 때문에 창피해서 못 살겠다."

"예, 아버지 말씀대로 할게요. 바라시는 게 더 없으시면, 그 정도쯤이야 지킬 수 있어요."

날이 밝아 오자 젊은이는 오십 탈러를 주머니에 집어넣고 집을 나섰습니다. 젊은이는 넓은 시골길을 터덜터덜 걸으면서 혼자서 계속 중얼거렸습니다.

"등골이 오싹해 봤으면! 등골이 오싹해 봤으면!"

그때 한 남자가 다가와 젊은이가 혼자서 중얼거리는 소리를 들었습니다. 두 사람은 얼마간 같이 걸었습니다. 저만치 교수대가 보이자 남자가 말했습니다.

"저기 저 나무 보이지? 교수형을 당한 일곱 사람이 나무에 매달려 흔들흔들 나는 법을 배우고 있군. 저 밑에 앉아 밤이 될 때까지 기다리게. 그럼 등골이 오싹해지는 게 뭔지 알게 될 걸세."

젊은이가 대답했습니다.

"그것뿐이라면 쉽네요. 등골이 오싹한 걸 그렇게 빨리 배울 수 있다면 오십 탈러를 줄게요. 내일 아침 일찍 나한테 오세요."

젊은이는 교수대 밑으로 가서 앉아 밤이 오기를 기다렸습니다. 오슬오슬 추워지자 모닥불을 피웠습니다. 그런데 한밤중이 되자 찬바람이 쌩쌩 불어와 불을 피웠는데도 도무지 따뜻하지가 않았습니다. 바람

---

1. 탈러: 독일의 옛 화폐 단위.

이 부니까 나무에 매달린 사람들이 서로 부딪치며 건들거렸습니다. 젊은이는 불 옆에서도 이렇게 추운데 저 위에 매달린 사람들이 오죽 추우면 저렇게 버둥댈까 싶어서 불쌍한 생각이 들었습니다. 그래서 사다리를 놓고 올라가 줄을 하나하나 풀어 일곱 사람을 모두 내려놓았습니다. 젊은이는 불씨를 헤집으며 후후 불어 불을 키운 다음 몸이나 녹이라고 죽은 사람들을 불 가에 빙 둘러앉혔습니다. 모두 꼼짝도 하지 않고 뻣뻣이 앉아 있었습니다. 그런데 그만 그들 옷에 불이 붙어 버렸습니다. 젊은이가 말했습니다.

"아, 조심들 하라니까요. 안 그러면 나무에다 도로 매달 거예요."

시체들은 물론 들은 척도 않고 아무 말 없이 누더기가 계속 타도록 내버려두었습니다. 젊은이는 버럭 화를 내며 말했습니다.

"당신들이 조심하지 않으면 나도 어쩔 수 없다니까요. 나까지 타 죽고 싶진 않다고요."

젊은이는 시체들을 차례로 다시 나무에 매달아 놓았습니다. 그런 다음 불 가에 앉아 잠이 들었습니다. 다음 날 아침, 남자가 오십 탈러를 받으러 와서 말했습니다.

"등골이 오싹한 게 뭔지 이젠 알겠지?"

젊은이가 대답했습니다.

"아뇨. 제가 그걸 어떻게 알아요? 저 위에 있는 사람들은 입도 뻥긋하지 않았는데요. 얼마나 멍청한지 그나마 몸에 좀 걸친 누더기들이 불에 타도 가만있더라고요."

오늘 오십 탈러를 받아 가긴 다 글렀다고 판단한 남자는 자리를 뜨며 말했습니다.

"저런 녀석은 생전 처음 보겠네."

젊은이도 다시 길을 떠났습니다. 그리고 또 혼자서 중얼거리기 시작했습니다.

"등골이 오싹해 봤으면! 등골이 오싹해 봤으면!"

뒤에서 오던 마부가 그 소리를 듣고 물었습니다.

"자네 누군가?"

젊은이가 대답했습니다.

"몰라요."

마부가 또 물었습니다.

"자네 어디서 오는 게야?"

"몰라요."

"아버지가 누구지?"

"말하면 안 돼요."

"뭘 그렇게 계속 웅얼대는 거야?"

젊은이가 대답했습니다.

"아, 글쎄, 등골이 오싹해 보고 싶은데, 아무도 안 가르쳐줘요."

"뚱딴지같은 소리 그만하고 나랑 같이 가세. 묵을 만한 데가 있나 알아봐 줄 테니."

젊은이는 마부와 함께 갔습니다. 그날 밤, 한 여관에 도착한 두 사람은 그곳에서 하룻밤 묵어가기로 했습니다. 방에 들어가면서 젊은이는 다시 큰 목소리로 떠들었습니다.

"등골이 오싹해 봤으면! 등골이 오싹해 봤으면!"

여관 주인이 그 말을 듣더니 껄껄 웃으며 말했습니다.

"정말 그러고 싶다면, 제대로 찾아왔네."

그러자 주인집 아내가 말했습니다.

"아유, 잠자코 있어요. 괜히 나섰다가 목숨 잃은 얼뜬 자들이 어디 한둘이었나요. 저렇게 아름다운 눈이 햇빛을 못 보게 된다면 얼마나 안타깝고 슬프겠어요."

하지만 젊은이는 말했습니다.

"아무리 어려워도 꼭 배우고 싶어요. 그래서 집을 떠난 건데요."

젊은이가 하도 졸라대는 바람에 여관 주인은 마침내 이야기를 꺼냈습니다. 얼마 멀지 않은 곳에 마법에 걸린 성이 하나 있는데, 거기서 딱 사흘 밤만 지내면 등골이 오싹한 것이 뭔지 제대로 알게 될 것이라고 했습니다. 게다가 왕은 성에서 사흘 밤을 지낸 사람에게 햇빛 아래 둘도 없는 아름다운 공주를 아내로 주기로 약속했다는 겁니다. 성안에는 어마어마하게 많은 보물이 숨겨져 있는데, 악령들이 지키고 있다고도 했습니다. 그런데 마법이 풀리면 보물을 가져올 수 있고, 가난한 사람도 큰 부자가 될 수 있어서 지금껏 숱한 사람들이 성안으로 들어갔지만 살아 나온 사람은 아무도 없었다는 것입니다. 다음 날 아침 젊은이는 왕을 찾아가 말했습니다.

"마법의 성에서 사흘 밤을 지내겠습니다. 허락해 주십시오."

젊은이를 찬찬히 살펴본 왕은 젊은이가 마음에 들었습니다. 왕이 말했습니다.

"자네가 성안으로 가져가고 싶은 것, 세 가지를 청하면 들어주겠다. 단 생명이 없는 물건이어야 한다."

젊은이가 대답했습니다.

"불과 갈이 판²과 칼 달린 작업대를 주십시오."

---

2. 각종 금속소재를 회전운동을 시켜서 갈거나 파내거나 도려내는 데 쓰는 공작기계.

왕은 그것들을 날이 환할 때 성에 들여놓도록 했습니다. 어둠이 내려앉자 젊은이는 성에 올라가 방에 불을 환히 피운 다음, 칼 달린 작업대를 옆에다 놓고 같이 판 위에 걸터앉았습니다.

"아, 등골이 오싹해야 할 텐데! 여기서도 배우긴 틀린 것 같지만."

밤 12시 즈음 젊은이는 불을 다시 살리려고 입으로 후후 불었습니다. 그런데 돌연 한쪽 구석 어딘가에서 새된 목소리가 울려왔습니다.

"아휴, 야옹! 추워 죽겠다!"

"이 바보들아, 소린 왜 질러? 추우면 이리로 와. 불 가에 앉아 몸을 녹이면 되잖아."

말이 끝나기가 무섭게 커다란 검은 고양이 두 놈이 펄쩍 뛰어나와 젊은이의 양옆에 떡 앉더니 불꽃 튀는 눈으로 젊은이를 잡아먹을 듯 노려보았습니다. 고양이들은 잠시 불을 쬐더니 말했습니다.

"이봐, 우리 카드 한판 칠까?"

젊은이가 대답했습니다.

"좋아. 그런데 먼저 앞발 좀 보여줘라."

고양이들은 발톱을 쑥 내밀었습니다.

"어유, 무슨 발톱이 이렇게 길어! 잠깐만, 우선 발톱부터 깎아 줄게."

젊은이는 덥석 고양이의 목덜미를 잡아 작업대 위에 올려놓고 앞발에 나사를 꽉 죄어 놓고 말했습니다.

"너희들을 감시하다 보니 카드 하고 싶은 마음이 싹 달아났어."

젊은이는 고양이들을 때려죽여 물속에다 휙 던져 버렸습니다. 젊은이가 두 녀석을 처리한 뒤 다시 불 가에 앉으려는데, 벌겋게 단 쇠사슬에 묶인 새카만 고양이와 새카만 개들이 여기저기 사방에서 나왔습니다. 점점 더 몰려드는 녀석들 때문에 젊은이는 숨을 수도 없었습니다.

녀석들은 무섭게 으르렁거리며 불을 짓밟고 마구 헤쳐 꺼뜨리려고 했습니다. 젊은이는 잠시 그 꼴을 가만히 지켜보다가 느닷없이 괘씸한 생각이 들어 조각용 칼을 집어 들고 호통을 쳤습니다.

"저리 꺼져, 이 나쁜 놈들아."

그러고는 와락 덤벼드니까 녀석들 한 무리가 후딱 달아났습니다. 남은 녀석들을 때려죽여 연못에 던져 버린 뒤 다시 제자리로 돌아온 젊은이는 불씨를 후후 불어 불을 살린 다음 몸을 녹였습니다. 그렇게 앉아 있는데 눈이 스르르 감기면서 자고 싶었습니다. 주위를 둘러보았더니 한쪽 구석에 큼지막한 침대 하나가 보였습니다.

"잘됐다."

젊은이는 중얼거리며 침대에 누웠습니다. 그런데 눈을 감으려고 하자 침대가 저절로 움직이더니 성안 곳곳을 마구 돌아다녔습니다.

"잘한다. 달려라, 달려."

그러자 침대는 마치 말 여섯 마리가 끄는 것처럼 문지방을 넘나들고 계단을 오르락내리락, 냅다 굴러다녔습니다. 그러다가 갑자기 휙, 휘딱 뒤집혔습니다. 아래가 위가 되어서 젊은이 위에 산처럼 턱 얹혔습니다. 젊은이는 이불과 베개를 휙휙 내던지며 겨우 침대 밑에서 빠져나왔습니다. 그리고 말했습니다.

"타고 싶은 사람 있으면, 타보시게들."

그러고는 불 가에 누워 날이 밝을 때까지 쿨쿨 잤습니다. 다음 날 아침 왕이 찾아왔습니다. 왕은 땅바닥에 누워 있는 젊은이를 보고 '유령들한테 당했구나, 죽었어.' 하고 생각했습니다. 왕이 말했습니다.

"잘생긴 젊은이였는데, 정말 아깝군."

그때 젊은이가 왕의 말을 듣고 벌떡 일어나 말했습니다.

"아직 안 죽었는데요!"

왕은 깜짝 놀라면서도 기뻐하며 지난밤 어땠느냐고 물었습니다.

"괜찮았어요. 하룻밤 넘겼으니 이틀 밤도 넘기겠지요."

여관 주인도 돌아온 젊은이를 보고 그만 눈이 휘둥그레져 말했습니다.

"살아 있었네그려. 이렇게 다시 볼 줄은 몰랐지. 어떻든가, 이제 등골이 오싹한 걸 배워 온 게야?"

젊은이가 대답했습니다.

"웬걸요, 다 소용없어요. 나한테 가르쳐줄 사람, 정말 하나도 없나!"

이튿날 밤, 젊은이는 다시 오래된 성으로 올라갔습니다. 불 가에 앉아 이젠 입에 붙다시피 한 타령을 또 늘어놓기 시작했습니다.

"등골이 오싹해 봤으면!"

밤 12시가 가까워져 오자 시끌시끌해지며 쿵쿵, 귀신 소리 같은 게 들려왔습니다. 처음에는 희미하더니 점점 더 요란스러워졌습니다. 그러다가 잠시 조용해지는 듯싶더니 으아악, 새된 비명이 울리며 반쪽짜리 사람 몸뚱이가 굴뚝에서 쿵, 떨어졌습니다.

"어이, 이보게! 반쪽이 더 있어야지. 그건 너무 적잖아?"

그러자 주위가 다시 시끌시끌해졌습니다. 우당탕탕 요란한 소리와 함께 으스스 귀신 울부짖는 소리가 나더니 몸뚱이 반쪽이 또 굴뚝에서 떨어졌습니다. 젊은이가 말했습니다.

"잠깐만 기다려 봐. 우선 불부터 좀 키워 놓고."

불을 후후 분 다음 젊은이가 다시 돌아보니, 그새 사람 반쪽들끼리 서로 붙어서 흉물스럽고 징글징글한 남자가 되어 젊은이 자리에 떡하니 앉아 있었습니다. 젊은이가 말했습니다.

"이런 법이 어디 있어. 갈이 판은 내 거야."

남자는 젊은이를 밀어내려 했지만 젊은이도 가만히 있질 않았습니다. 남자를 확 떠밀어 버리고 그 자리에 앉았습니다. 그러자 굴뚝에서 하나, 둘 남자들이 줄줄이 내려와 다리뼈 아홉 개와 해골 두 개를 갖다 놓고 케겔 놀이[3]를 하기 시작했습니다. 젊은이도 함께 놀고 싶어 물었습니다.

"이보게들, 나도 같이해도 돼?"

"돈만 있으면."

젊은이가 대답했습니다.

"돈은 있지. 하지만 공이 그게 뭐야, 둥그렇지 않잖아."

젊은이는 해골들을 가져다 갈이 판에 올려놓고 둥글둥글 갈았습니다.

"됐어, 훨씬 잘 구를 거야. 와, 재밌다!"

젊은이는 같이 놀다가 돈을 조금 잃었습니다. 하지만 밤 12시 종소리가 뎅그렁뎅그렁 울려오자 모든 것들이 눈앞에서 싹 사라졌습니다. 젊은이는 자리에 누워 편하게 잠이 들었습니다. 다음 날 아침 왕이 찾아와 물었습니다.

"이번에는 어땠나?"

"케겔 놀이를 하다가 한두 푼 잃었어요."

"등골이 오싹하지 않더냐?"

젊은이가 대답했습니다.

"에이, 안 그랬어요. 재미만 있던데요. 등골이 오싹한 게 뭔지 알면

---

3. 케겔 놀이: 공을 굴려 9개 핀을 쓰러뜨리는 나인핀스 볼링. 독일 성직자들의 종교적 의식에서 유래함.

얼마나 좋겠어요!"

사흘째 밤, 젊은이는 다시 같이 판에 앉아 짜증스럽게 툴툴거렸습니다.

"등골이 오싹해 봤으면!"

밤이 이슥해지자 커다란 남자 여섯이 관 하나를 들고 왔습니다. 젊은이가 말했습니다.

"아하, 며칠 전에 죽은 친척 아저씨구나."

젊은이는 손가락을 까닥이며 소리쳤습니다.

"헤이, 아저씨, 어서 와요!"

남자들은 관을 땅에다 내려놓았습니다. 젊은이는 다가가 관 뚜껑을 열었습니다. 관속엔 남자의 시체가 들어 있었습니다. 얼굴에 손을 대보니 얼음장같이 차가웠습니다. 젊은이가 말했습니다.

"기다려요, 따뜻하게 해줄게."

젊은이는 불 가로 가서 손을 녹인 뒤 시체의 얼굴에 갖다 댔습니다. 그래도 시체는 여전히 차가웠습니다. 젊은이는 시체를 아예 관에서 들어냈습니다. 그리고 불 가에 앉아 무릎 위에 시체를 올려놓고 피가 다시 돌도록 팔을 문질러 주었습니다. 그래도 별 소용이 없자 둘이서 같이 침대에 누워 있으면 따뜻해질까 싶어 남자를 침대에 눕힌 다음 이불을 덮어 주고 자기도 시체 옆에 누웠습니다. 얼마 지나서 몸에 온기가 돌며 시체는 꿈틀꿈틀 움직이기 시작했습니다. 젊은이가 말했습니다.

"거봐, 아저씨. 내가 따뜻하게 안 해줬으면 어쩔 뻔했어!"

하지만 순간, 남자가 벌떡 일어나 소리쳤습니다.

"이제 네 목을 졸라 주마."

"뭐야, 이게 고맙다는 인사야? 당장 관속으로 다시 들어가."

젊은이는 남자를 번쩍 들어 관속에 처넣은 뒤 뚜껑을 쾅 닫았습니다. 그때 여섯 남자가 다시 와서 관을 들고 사라졌습니다. 젊은이가 말했습니다.

"뭐 이래, 등골이 오싹하지 않잖아. 여기선 평생 가도 못 배우겠다."

그때 한 남자가 들어왔습니다. 누구보다도 덩치도 크고 무시무시하게 생겼지만, 흰 수염을 길게 늘어뜨린 늙은이였습니다. 늙은이는 소리쳤습니다.

"요 꼬맹이 녀석, 등골이 오싹한 게 뭔지 당장 알게 해주마. 넌 죽었어."

그러자 젊은이는 말했습니다.

"그렇게 빨리 죽을 순 없지. 나도 가만히 있지 않을 테니까."

악마 같은 늙은이는 맞받았습니다.

"너 까짓것 내가 붙잡을 거야."

"살살하쇼, 살살. 허풍 좀 작작 떨고. 나도 당신만큼 힘이 세, 아니 더 셀걸."

늙은이가 말했습니다.

"어디 두고 보자고. 나보다 힘이 더 세다면 그냥 보내 주마. 그럼, 한번 해볼까."

늙은이는 어둠침침한 복도를 지나 젊은이를 대장간으로 데려갔습니다. 늙은이는 도끼를 집어 들어 모루[4]를 쾅 내리쳐 단번에 땅속 깊이 박아 버렸습니다. 그러자 젊은이가 말했습니다.

"난 더 잘할 수 있어."

젊은이는 다른 모루로 갔습니다. 늙은이는 옆에서 지켜보려고 흰 수

---

4. 대장간에서 불린 쇠를 올려놓고 두드릴 때 받침으로 쓰는 쇳덩이.

염을 길게 늘어뜨린 채 가까이 섰습니다. 젊은이는 도끼를 집어 단번에 모루를 쪼갰습니다. 모루 틈새에 늙은이의 수염까지 집어넣어 버렸습니다. 젊은이가 말했습니다.

"이제 나한테 잡혔잖아. 당신이 죽어 줘야겠어."

젊은이는 쇠몽둥이를 잡아 늙은이를 마구 두들겨 팼습니다. 늙은이는 울며불며 큰 재산을 줄 테니 제발 그만 하라고 싹싹 빌었습니다. 그제야 젊은이는 도끼를 모루에서 빼고 늙은이를 놓아주었습니다. 늙은이는 젊은이를 성의 지하실로 데려가 금이 가득 들어 있는 상자 세 개를 보여주며 말했습니다.

"하나는 가난한 사람들 몫이고, 하나는 왕에게 드려라. 나머지는 네가 갖고."

그때 밤 12시를 알리는 종소리가 들려왔습니다. 그러자 유령은 스르륵 사라졌습니다. 젊은이는 깜깜한 어둠 속에 서서 말했습니다.

"혼자 나갈 수 있겠지."

어둠 속을 더듬더듬하며 젊은이는 방으로 돌아와 불 옆에 누워 잠이 들었습니다. 다음 날 아침 왕이 찾아와 말했습니다.

"이제 등골이 오싹한 게 뭔지 배웠겠지?"

젊은이는 대답했습니다.

"아뇨. 그게 도대체 뭐예요? 죽은 아저씨도 거기 있고 수염이 기다랗게 난 남자가 와서 저 아래 있는 금도 보여줬지만, 등골이 오싹한 게 뭔지는 아무도 말해 주지 않더라고요."

그러자 왕이 말했습니다.

"자네가 성을 마법에서 풀어 주었다. 내 딸과 결혼을 하여라."

"다 좋습니다. 하지만 등골이 오싹한 게 뭔지는 아직도 모르겠군요."

젊은이는 지하실에서 금을 꺼내 오고, 공주와 결혼식도 올렸습니다. 젊은 왕은 아내를 지극히 사랑했고 또 행복하게 살았지만, 여전히 이렇게 말했습니다.

"등골이 오싹해 봤으면, 등골이 오싹해 봤으면."

젊은 왕비는 슬슬 짜증이 났습니다. 그러자 시녀가 말했습니다.

"제가 도와드리겠어요. 등골이 오싹한 게 뭔지 아시게 될 거예요."

시녀는 밖으로 나와 정원을 흐르는 냇물에서 피라미를 양동이 가득 잡아왔습니다. 밤에 젊은 왕이 잠들면 이불을 벗기고 양동이에 들어 있는 피라미와 찬물을 확 끼얹으라는 거였죠. 왕비가 물을 끼얹자 주위에서 팔딱팔딱 뛰는 피라미들 때문에 왕은 퍼뜩 잠을 깼습니다. 그리고 이렇게 소리쳤답니다.

"으아악, 등골이 오싹해, 등골이 오싹해! 여보, 등골이 오싹한 게 뭔지 이제야 알겠소."

◆5◆
늑대와 일곱 마리 아기 염소

옛날에 일곱 마리 아기 염소를 둔 엄마 염소가 있었습니다. 엄마 염소는 엄마라면 누구나 다 그렇듯 아기 염소들을 무척이나 사랑했습니다. 어느 날, 엄마 염소는 먹을 것을 구하러 숲으로 가야 했습니다. 엄마 염소는 아기 염소들을 불러 놓고 말했습니다.

"얘들아, 엄마가 숲에 다녀올 테니 늑대를 조심해야 돼. 그 녀석이 집 안에 들어오면 너희들을 통째로 다 잡아먹거든. 그 못된 게 종종 변장

도 하고 나타난단 말이야. 하지만 쉰 목소리에 앞발이 새까마면 늑대
라는 걸 금세 알 수 있을 것이다."

아기 염소들은 말했습니다.

"엄마, 조심할게요. 염려 마시고 다녀오세요."

엄마 염소는 마음을 놓고 매해해해, 매해해해 울며 집을 나섰습니다.

얼마 후, 누군가 집 문을 탕탕 두드리며 소리쳤습니다.

"얘들아, 문 열어라. 엄마가 왔다. 너희에게 주려고 먹을 걸 갖고 왔
단다."

하지만 아기 염소들은 쉰 목소리를 듣고 늑대라는 걸 알아차리고
소리쳤습니다.

"안 열어 줄 테야. 우리 엄마 아냐. 엄마 목소리는 얼마나 곱고 예쁜
데, 넌 목소리가 쉬었잖아. 넌 늑대야."

그러자 늑대는 가게에 가서 큼지막한 분필 한 토막을 사서 먹었습니
다. 그러니까 목소리가 고와졌습니다. 늑대는 다시 아기 염소들한테 돌
아와 문을 두드리며 소리쳤습니다.

"얘들아, 문 열어라. 너희에게 주려고 엄마가 먹을 걸 갖고 왔단다."

하지만 아기 염소들은 창턱에 올려놓은 늑대의 까만 앞발을 보고 소리쳤습니다.

"안 열어 줄 테야. 우리 엄마는 너처럼 발이 까맣지 않아. 넌 늑대야."

그러자 늑대는 빵집으로 가서 말했습니다.

"발을 부딪쳤어. 발에다 빵 반죽 좀 발라 줘."

빵집 주인이 앞발에다 빵 반죽을 발라 준 뒤 늑대는 물방앗간으로 달려가 주인에게 말했습니다.

"앞발에다 하얀 밀가루 좀 뿌려 줘."

방앗간 주인은 녀석이 누구를 속이려고 저러나 싶어 거절했습니다. 하지만 늑대는 이렇게 말했습니다.

"안 해주면 널 잡아먹을 테다."

방앗간 주인은 덜컥 겁이 나서 늑대의 앞발을 하얗게 만들어 줬습니다. 그래요, 사람의 마음이란 게 원래 그렇답니다.

못된 늑대는 세 번째로 아기 염소들한테 가서 문을 두드리며 말했습니다.

"얘들아, 문 열어라. 너희가 사랑하는 엄마가 돌아왔다. 너희에게 주려고 숲에서 먹을 걸 가져왔단다."

아기 염소들은 소리쳤습니다.

"그럼 앞발 먼저 보여줘. 진짜 우리 엄만지 봐야 하거든."

늑대는 앞발을 창턱에 올려놓았습니다. 아기 염소들은 하얀 앞발을 보고 늑대가 한 말이 정말이라고 믿고 문을 열었습니다. 하지만 웬걸, 쏙 안으로 들어온 것은 늑대였습니다. 아기 염소들은 깜짝 놀라 팔짝 흩어져 여기저기 숨으려고 했습니다. 첫째는 식탁 밑으로 뛰어들었습니다. 둘째는 침대 속으로, 셋째는 난로 속으로, 넷째는 부엌으로, 다섯

째는 장롱 속으로, 여섯째는 세숫대야 밑으로, 일곱째는 벽시계 통 속으로 뛰어들었습니다. 하지만 늑대는 아기 염소들을 모두 찾아내 차례차례 바로 그 자리에서 꿀꺼덕 삼켜 버렸습니다. 하지만 벽시계 통속에 숨은 막내는 찾아내지 못했습니다. 욕심을 한껏 채운 늑대는 어슬렁어슬렁 밖으로 나와 푸른 풀밭의 나무 아래에 벌러덩 드러누워 자기 시작했습니다.

얼마 후, 엄마 염소가 숲에서 돌아왔습니다. 세상에, 이 무슨 끔찍한 광경입니까! 문은 활짝 열려 있고, 식탁이며 의자며 할 것 없이 여기저기 바닥에 나뒹굴고 있었습니다. 세숫대야는 박살 났고 이불이랑 베개는 바닥에 널브러져 있었습니다. 엄마 염소는 아이들을 찾았지만, 어느 곳에도 보이지 않았습니다. 하나하나 이름을 불러 봐도 아무 대답이 없었습니다. 드디어 막내가 있는 데로 다가가자, 가냘픈 목소리가 났습니다.

"엄마, 나 벽시계 통 속에 있어요."

엄마 염소는 막내를 꺼냈습니다. 막내는 늑대가 와서 아기 염소들을 모두 잡아먹었다고 이야기했습니다. 불쌍한 자식들 생각에 엄마 염소가 얼마나 애타게 울었을지, 여러분 상상이 가죠?

엄마 염소는 슬픔에 젖어 밖으로 나왔습니다. 막내 아기 염소도 졸졸 따라왔습니다. 풀밭으로 나와 보니 나무 아래 늑대가 누워 있었습니다. 늑대는 나뭇가지가 부르르 떨릴 정도로 코를 드르렁거리며 자고 있었습니다. 엄마 염소가 여기저기 늑대를 찬찬히 살펴보고 있는데, 불룩하게 쑥 나온 배가 꿈틀꿈틀 움직였습니다. 엄마 염소는 생각했습니다.

'맙소사, 늑대가 저녁밥으로 삼켜 버린 불쌍한 내 새끼들이 여태 살

아 있단 말인가?'

엄마 염소는 막내에게 집으로 달려가 가위와 바늘, 실을 가져오라고 했습니다. 엄마 염소는 괴물같은 녀석의 배를 갈랐습니다. 그렇게 하자마자 아기 염소 하나가 머리를 삐쭉 밖으로 내밀었습니다. 엄마 염소는 계속 배를 갈랐습니다. 아기 염소 여섯이 차례차례 모두 배 속에서 톡톡 튀어나왔습니다. 모두 다친 데 하나 없이 살아 있었습니다. 그 흉측한 녀석이 아기 염소들을 게걸스레 통째로 삼켜 버린 덕분이었습니다. 이루 말할 수 없는 기쁨의 순간이었습니다! 아기 염소들은 사랑하는 엄마를 꼭 껴안고 결혼식을 준비하는 재봉사처럼 팔짝팔짝 뛰었습니다. 엄마 염소가 말했습니다.

"얘들아, 얼른 가서 커다란 돌멩이를 찾아오너라. 저 못된 짐승 녀석

이 자는 동안 뱃속에다 돌멩이나 잔뜩 집어넣게."

일곱 마리 아기 염소들은 부리나케 돌멩이를 끌고 와서 배 속에 잔뜩 집어넣었습니다. 엄마 염소는 재빨리 배를 다시 꿰맸습니다. 얼마나 빨리 꿰맸는지 늑대는 전혀 눈치를 채지 못했고 꿈쩍도 하지 않았

습니다.

드디어 늑대는 한숨 푹 자고 일어났습니다. 하지만 위에 들어 있는 돌멩이 때문에 목이 몹시 말랐습니다. 늑대는 샘에 가서 물을 마시려고 굼실굼실 걸어가기 시작했습니다. 그러자 배 속에 들은 돌멩이들이 서로 부딪치며 덜거덕거렸습니다. 늑대가 소리쳤습니다.

"덜그럭 달그럭,
배 속에 뭐가 들었지?
여섯 마리 아기 염소인 줄 알았는데
커다란 돌멩이뿐이잖아."

늑대는 샘에 이르러 물을 마시려고 몸을 굽혔습니다. 순간, 묵직한 돌멩이에 끌려 물속에 풍덩 빠져 죽고 말았습니다. 그 꼴을 본 아기 염소들은 달려와서 매해해해 소리쳤습니다.

"늑대가 죽었다! 늑대가 죽었다!"

아기 염소들은 엄마랑 같이 빙글빙글 샘물가를 돌며 신나게 춤을 추었답니다.

◆6◆

충성스러운 요하네스

옛날에 한 늙은 왕이 살았는데 병이 들었습니다. 왕은 병석에서 일어나지 못하고 죽을 것 같은 생각이 들어 말했습니다.

"충성스러운 요하네스를 불러오너라."

충성스러운 요하네스는 왕이 가장 아끼는 신하였습니다. 평생토록 충성을 다해 왕을 섬겼기 때문에 그런 이름을 얻은 것입니다. 요하네스가 침대 곁으로 다가오자 왕이 말했습니다.

"충성스러운 요하네스, 죽을 날이 점차 가까워지나 보다. 다만 한 가지, 내 아들이 걱정되는구나. 아직 어려서 어찌해야 좋을지 모를 때가 많을 거야. 왕자가 알아야 할 모든 것을 그대가 가르쳐주고 양아버지가 되어 주겠다고 약속해 주게. 그렇지 않으면 내가 편히 눈을 감을 수 없을 것 같네."

충성스러운 요하네스가 대답했습니다.

"왕자님 곁을 절대 떠나지 않을 것입니다. 목숨 바쳐 왕자님을 충성스레 섬기겠습니다."

늙은 왕은 말했습니다.

"이제 안심하고 편히 죽을 수 있을 것 같구나."

왕은 다시 말을 이었습니다.

"내가 죽으면 왕자에게 성안의 모든 것을 보여주어라. 방이며 홀이며 지하실과 거기에 있는 보물들을 전부 다 보여주게. 하지만 기다란 복도 맨 끝에 있는 방은 절대 보여줘선 안 된다. 그 방에 황금 지붕 성의 공주 초상화를 숨겨 놓았거든. 왕자가 그 초상화를 보면 강렬한 사랑을 느끼고 정신을 잃고 쓰러질 거야. 공주 때문에 큰 위험에 빠지게 될 테니 그대가 왕자를 꼭 지켜 줘야 하네."

충성스러운 요하네스는 그러겠다고 다시 한 번 늙은 왕에게 다짐했습니다. 왕은 입을 다물더니 베개에 머리를 떨어뜨리고 이내 숨을 거두었습니다.

늙은 왕의 장례를 치른 후, 충성스러운 요하네스는 젊은 왕에게 늙은 왕이 돌아가실 때 무슨 약속을 했는지 이야기해 줬습니다.

"그 약속을 꼭 지키겠습니다. 돌아가신 왕께 그리했듯이 목숨 바쳐서 폐하께도 충성을 다 할 것입니다."

애도 기간이 지나자 충성스러운 요하네스가 말했습니다.

"이제 물려받으신 유산을 보실 때가 되었습니다. 폐하께 아버님의 성을 보여드리겠습니다."

충성스러운 요하네스는 새 왕을 모시고 성을 오르내리며 곳곳에 있는 온갖 보물들과 휘황찬란한 방들을 다 보여주었습니다. 하지만 위험한 초상화가 있는 방만은 절대 열지 않았습니다. 초상화는 문이 열리면 바로 정면으로 볼 수 있었습니다. 얼마나 잘 그렸는지 마치 살아 숨 쉬는 듯했고 이 세상 어디에도 공주보다 더 사랑스럽고 아름다운 여인은 없다는 생각이 절로 들었습니다. 젊은 왕은 충성스러운 요하네스가 늘 문 하나를 그냥 지나치는 것을 눈치채고 말했습니다.

"왜 이 문은 열지 않느냐?"

충성스러운 요하네스가 대답했습니다.

"폐하께서 깜짝 놀라실 것이 들어 있기 때문입니다."

하지만 왕은 말했습니다.

"나는 성안을 다 둘러보았다. 이 안에 뭐가 들었는지도 알아야겠어."

왕은 힘으로 문을 열려고 했습니다. 그러자 충성스러운 요하네스는 왕을 말리며 말했습니다.

"아버님이 돌아가시기 전에 제가 이 방에 있는 것을 폐하께 보여드리지 않겠다고 약속을 드렸습니다. 보시면 폐하께나 제게나 큰 불행이 닥칠 수 있어요."

젊은 왕이 말했습니다.

"아니, 그렇지 않아. 들어가지 못하면 난 분명 안달 나 죽고 말걸. 내 눈으로 보기 전에는 밤낮 마음이 편하지 않을 거야. 문을 열 때까지 이 자리에서 떠나지 않겠다."

충성스러운 요하네스는 이제는 어찌할 도리가 없었습니다. 무거운 마음으로 한숨을 푹 내쉬며 커다란 열쇠 꾸러미에서 열쇠를 찾아 꺼내 들었습니다. 충성스러운 요하네스는 문을 열고 먼저 들어갔습니다. 먼저 들어가 그림을 가려 왕이 보지 못 하도록 할 생각이었습니다. 하지만 그게 무슨 소용이 있었겠어요? 왕은 까치발을 하고 요하네스의 어깨너머로 그림을 보고 말았죠. 금과 보석으로 영롱하게 빛나는 아가씨의 아름다운 초상화를 보자마자 왕은 정신을 잃고 쓰러졌습니다. 충성스러운 요하네스는 왕의 몸을 일으켜 안고 침대에 뉘었습니다. 충성스러운 요하네스는 근심에 차 생각했습니다.

'기어이 불행한 일이 터졌구나. 오, 하나님, 이를 어찌하오리까!'

충성스러운 요하네스는 왕이 기운을 차리도록 입에 포도주를 흘려 넣었습니다. 이윽고 왕이 다시 깨어났습니다.

"아아, 그림 속의 아름다운 아가씨는 대체 누구냐?"

왕이 내뱉은 첫마디에 충성스러운 요하네스가 대답했습니다.

"황금 지붕 성의 공주님이십니다."

그러자 왕은 다시 말했습니다.

"공주를 사랑하는 이 마음, 이루 말할 수 없구나. 나무 잎사귀들이 모두 혀가 된들 내 사랑을 다 표현할 수 없을 터. 공주를 얻을 수 있다면, 내 목숨까지 걸겠다. 충성스러운 나의 신하 요하네스여, 그대가 나를 도와 달라."

충성스러운 신하 요하네스는 어디서부터 일을 시작해야 할지 한참을 궁리했습니다. 공주 앞에 가기도 쉬운 일이 아니었기 때문입니다. 그러다가 마침내 방법을 하나 찾아냈습니다. 충성스러운 요하네스는 왕에게 말했습니다.

"공주님 주변에 있는 물건들은 전부 다 황금으로 되어 있습니다. 식탁이며 의자며 우묵 접시며 컵, 사발 등 모든 살림살이가 다요. 폐하의 보물 가운데 황금이 5톤이나 있습니다. 그중 1톤을 온 나라의 금 세공사들에게 맡기셔서 갖가지 그릇과 살림살이를 만들어 오라고 하십시오. 새와 야생 동물, 신기한 동물도 다 만들라고 하세요. 아마 공주님 마음에 쏙 들 겁니다. 그걸 갖고 가서 행운을 시험해 보지요."

왕은 금 세공사들을 죄다 불러들였습니다. 금 세공사들은 밤낮을 가리지 않고 일을 해서 드디어 기막히게 멋진 물건들을 만들어 냈습니다. 물건들을 모두 배에 싣고 충성스러운 요하네스는 상인의 옷을 입었습니다. 왕도 똑같이 사람들이 전혀 알아보지 못 하도록 상인처럼 차려입었습니다. 두 사람은 배를 타고 바다로 나갔습니다. 오랫동안 바다 위에서 배를 타고 나아가다가 드디어 황금 지붕 성의 공주가 사는 도시에 도착했습니다.

충성스러운 요하네스는 왕에게 배에 남아 기다리라고 말했습니다.

"혹, 공주님을 모시고 올지도 모르니 만반의 준비를 하고 계십시오. 황금 그릇들을 죽 벌여 놓고 배 전체를 멋지게 꾸며 놓으세요."

그런 다음 갖가지 금 공예품들을 보자기에 골고루 싸서 육지에 올라 곧바로 왕이 사는 성으로 향했습니다. 성의 안뜰에 이르렀더니 아름다운 소녀가 우물가에 서 있었습니다. 소녀는 황금 물동이 두 개를 손에 들고서 물을 긷고 있었습니다. 소녀는 찰랑찰랑 반짝이는 물을 성으로 가져가려고 몸을 돌렸습니다. 순간, 낯선 남자를 보자 누구냐고 물었습니다.

"나는 상인이오."

충성스러운 요하네스는 이렇게 대답하고 보자기를 풀어 소녀에게 보여줬습니다.

"어머나, 정말 예쁘다!"

소녀는 탄성을 지르며 물동이를 내려놓고 물건들을 하나하나 들여다보았습니다.

"공주님이 꼭 보셔야 해요. 금 공예품들을 무척 좋아하시거든요. 아마 전부 다 사실 거예요."

소녀는 충성스러운 요하네스의 손을 잡고 성안으로 데려갔습니다. 소녀는 공주의 시녀였습니다. 공주는 물건들을 보자 아주 좋아하며 말했습니다.

"정말 예쁘게 만들었네. 내가 다 사야겠다."

그러자 충성스러운 요하네스는 말했습니다.

"저는 부유한 상인의 하인에 불과합니다. 이 물건들은 주인님이 배에 갖고 계신 것에 비하면 아무것도 아니죠. 그보다 더 정교하고 훌륭하게 금으로 세공된 공예품은 보신 적이 없을 거예요."

공주는 물건들을 전부 다 성으로 가져오라고 했습니다. 하지만 요하네스가 말했습니다.

"그러려면 며칠 걸릴 겁니다. 워낙 많거든요. 물건들을 다 늘어놓으려면 홀이 많아야 하는데 공주님의 궁전은 그렇게 넓은 것 같지는 않군요."

그러자 공주는 더욱 궁금해져서 물건들이 더 보고 싶었습니다. 마침내 공주는 이렇게 말했습니다.

"나를 배로 데려가 주게. 그대 주인이 갖고 있다는 보물을 직접 가서 볼 테니."

충성스러운 요하네스는 대단히 기뻐하며 공주를 배로 안내했습니다. 왕은 공주를 보자 가슴이 터져 버릴 것 같았습니다. 공주는 그림보다 훨씬 더 아름다웠습니다. 공주가 배에 오르자 왕은 공주를 안으로 안내했습니다. 충성스러운 요하네스는 키잡이 쪽으로 물러서서 배를 출발시키라고 지시했습니다.

"모든 돛을 다 올려라. 하늘을 나는 새처럼 달려 보자."

그동안 왕은 안에서 공주에게 금 공예품들을 보여주었습니다. 우묵 접시며 컵이며 대접 같은 그릇들과 새들이며 야생 동물이며 신비스런 동물들을 하나하나 보여주었습니다. 공주는 몇 시간 동안 물건들을 구경했습니다. 기쁨에 들떠 배 떠나는 것도 몰랐습니다. 공주는 마지막 물건까지 구경하고서 상인에게 고맙다고 인사를 한 다음 성으로 돌아가려 했습니다. 하지만 갑판으로 나와 보니 배는 육지에서 멀리 떨어져 돛을 드높이 올리고 바다 한가운데를 달리고 있었습니다. 공주는 깜짝 놀라서 소리쳤습니다.

"아아, 속았구나. 납치당한 거야. 장사꾼 손아귀에 빠져 버렸다고. 차라리 죽어 버릴래!"

그러자 왕은 공주의 손을 잡으며 말했습니다.

"나는 상인이 아니라 왕이라오. 그대 못지않게 귀한 신분이란 말이오. 공주님을 속여 납치한 것은 너무 사랑하기 때문이었소. 공주님의 초상화를 처음 본 순간 난 정신을 잃고 쓰러졌소이다."

황금 지붕 성의 공주는 왕의 말을 듣고 마음이 스르르 풀렸습니다. 공주는 점차 왕에게 마음이 기울어 마침내 아내가 되겠다고 허락했습니다.

어느 날 바다 한가운데를 달리고 있을 때, 뱃머리에 앉아 곡을 연주하던 충성스러운 요하네스는 하늘에서 날아온 까마귀 세 마리를 보았습니다. 요하네스는 연주를 멈추고 까마귀들이 주고받는 이야기에 귀를 기울였습니다. 요하네스는 까마귀의 말을 잘 알아들을 수 있었습니다.

까마귀 한 마리가 소리쳤습니다.

"아, 왕이 황금 지붕 성의 공주님을 집으로 데려가네."

두 번째 까마귀가 말을 받았습니다.

"맞아, 하지만 공주님을 얻은 건 아냐."

그러자 세 번째 까마귀가 말했습니다.

"왜 아냐, 배 안에 공주님이 바로 왕 옆에 앉아 있는데."

첫 번째 까마귀가 다시 소리쳤습니다.

"그래 봤자 소용없거든! 육지에 도착하면 적갈색 말이 왕한테 달려올 거야. 그러면 왕은 말에 올라타려 하겠지. 하지만 올라타면 말은 왕을 태우고 냅다 달려 하늘 너머로 사라질걸. 그럼 다시는 공주님을 보지 못할 거야."

그러자 두 번째 까마귀가 말했습니다.

"어떻게 구할 방도가 없겠어?"

"물론 있지. 누군가 딴 사람이 잽싸게 말에 올라타 안장에 달린 총집에서 총을 빼 말을 쏴 죽이면 젊은 왕을 구할 수 있어. 하지만 이걸 누가 알겠어! 누군가 알고 왕에게 사실을 말해 주잖아? 그럼 발끝에서 무릎까지 돌이 되어 버릴 텐데."

두 번째 까마귀가 말했습니다.

"난 더 알고 있어. 말을 죽여도 젊은 왕은 신부를 지키지 못해. 두 사람이 성에 들어가면 신랑의 예복이 쟁반에 놓여 있을걸. 금실 은실로 짠 것처럼 보이지만 사실은 유황과 역청으로 만든 예복이지. 왕이 그걸 입으면 뼛속까지 타 버릴 거야."

세 번째 까마귀가 물었습니다.

"어떻게 구할 방도가 없겠어?"

두 번째 까마귀가 대답했습니다.

"물론 있지. 누군가 장갑을 끼고 그 옷을 집어 불 속에 던져 태워 버리면 젊은 왕을 구할 수 있어. 하지만 그래 봤자 소용없어! 누군가 알고 왕에게 사실을 말해 주잖아? 그럼 무릎에서 심장까지 몸 절반이 돌이 되어 버릴 텐데."

그러자 세 번째 까마귀가 말했습니다.

"난 더 알고 있어. 신랑의 예복을 태워 버려도 젊은 왕은 신부를 지키지 못해. 결혼식이 끝나고 무도회가 시작되면 젊은 왕비가 춤을 출 텐데, 갑자기 얼굴이 창백해지면서 죽은 듯이 쓰러질 거야. 누군가 왕비를 안아 일으켜 오른쪽 가슴에서 피를 세 방울 입으로 빨아내 뱉어내야 해. 안 그러면 왕비는 죽을 거야. 누군가 알고 사실을 일러주잖아? 그럼 머리에서 발끝까지 온몸이 돌이 되어 버릴 텐데."

까마귀들은 이야기를 끝내고 멀리 날아갔습니다. 까마귀들의 말을 다 알아들은 충성스러운 요하네스는 그때부터 말없이 슬퍼했습니다. 들은 이야기를 주인에게 숨기면 주인이 불행해지고, 털어놓으면 자기 목숨을 내어놓아야만 하는 상황이었으니까요. 마침내 요하네스는 혼자 말했습니다.

"내가 죽더라도 주인님을 구해 드려야 해."

이윽고 육지에 도착했을 때, 까마귀가 예언했듯 멋진 적갈색 말이 달려왔습니다. 왕이 말했습니다.

"좋아, 저 말을 타고 성으로 가자."

왕은 말에 올라타려고 했습니다. 하지만 충성스러운 요하네스는 왕보다 빨리 말에 휙 올라타고 총집에서 총을 빼내 말을 쏘아 쓰러트렸습니다. 그러자 충성스러운 요하네스를 좋아하지 않는 신하들이 소리쳤습니다.

"저런 무례한 짓을 봤나. 폐하를 성으로 모시고 갈 저 아름다운 말을 죽이다니!"

하지만 왕이 말했습니다.

"조용히들 하고, 가만 놔둬라. 충성스러운 나의 요하네스다. 도움이 될지 누가 알겠느냐!"

그러고는 모두 성으로 갔습니다. 성안에 들어가니 홀에 신랑의 예복이 담긴 쟁반이 놓여 있는데, 꼭 금실 은실로 짠 옷 같았습니다. 젊은 왕이 다가가 옷을 집으려고 하자, 충성스러운 요하네스는 왕을 와락 밀치고 장갑 낀 손으로 옷을 움켜쥐더니 재빨리 불가로 가져가 태워 버렸습니다. 그러자 다른 신하들이 다시 웅성거리며 말했습니다.

"저것 좀 보게, 이제는 폐하의 결혼 예복까지 태워 버리네."

하지만 젊은 왕은 말했습니다.

"도움이 될지 누가 알겠느냐. 가만둬라. 충성스러운 나의 요하네스다."

이윽고 결혼식을 축하하는 무도회가 시작되었습니다. 신부도 춤을 추러 들어왔습니다. 충성스러운 요하네스는 바짝 주의하며 신부의 얼굴을 지켜보았습니다. 그런데 갑자기 신부의 얼굴이 창백해지며 죽은 듯이 쓰러졌습니다. 요하네스는 얼른 달려가 신부를 안아 들고 방으로 옮겼습니다. 충성스러운 요하네스는 공주를 눕히고 무릎을 꿇고 앉아 공주의 오른쪽 가슴에서 피를 세 방울 빨아 내뱉었습니다. 신부는 곧 다시 숨을 내쉬며 깨어났습니다. 하지만 이 광경을 지켜보던 젊은 왕은 충성스러운 요하네스가 왜 그러는지 이해할 수가 없었습니다. 왕은 화가 나서 호통을 쳤습니다.

"저자를 감옥에 처넣어라."

다음 날 아침, 충성스러운 요하네스는 교수형을 선고받고 끌려나갔습니다. 교수대 위에 올라선 충성스러운 요하네스는 사형이 집행되려고 하자 말했습니다.

"죽기 전에 누구나 마지막으로 한마디 말을 할 수 있는 법, 제게도 허락해 주시겠습니까?"

왕이 대답했습니다.

"좋다. 허락하마. 말해 보아라."

그러자 충성스러운 요하네스는 이렇게 말했습니다.

"저는 억울하게 사형을 선고받았습니다. 저는 폐하께 늘 충성을 바쳤습니다."

충성스러운 요하네스는 바다에서 까마귀들이 주고받은 이야기 하며 왕을 구해 내려면 어쩔 수 없었다고 전부 다 이야기했습니다. 그러자 왕은 소리높이 외쳤습니다.

"오, 충성스러운 나의 요하네스. 형을 거두어라! 형을 거두어라! 어서 요하네스를 내려오게 하라."

하지만 충성스러운 요하네스는 마지막 말을 하고 푹 쓰러져 굴러떨어졌습니다. 돌로 변해 버린 것입니다.

왕과 왕비는 한없이 슬펐습니다. 왕이 말했습니다.

"아아, 저 지극한 충성심을 모르고 벌을 내리다니!"

왕은 석상을 침실로 옮겨 침대 옆에 세워 놓으라고 했습니다. 석상을 볼 때마다 왕은 눈물을 흘리며 말했습니다.

"아아, 그대를 다시 살릴 수 있다면. 충성스러운 나의 요하네스여."

그렇게 세월이 흘러 왕비는 쌍둥이 아들을 낳았습니다. 두 아들은 무럭무럭 자라 왕과 왕비에게 기쁨을 안겨 주었습니다. 어느 날, 왕비는 교회에 가고 두 아이는 아버지 곁에 앉아 놀고 있었습니다. 왕은 또 슬픔 가득한 눈으로 석상을 바라보며 한숨을 쉬며 부르짖었습니다.

"아아, 그대를 다시 살릴 수만 있다면. 충성스러운 나의 요하네스여."

그러자 석상이 말을 하기 시작했습니다.

"예, 폐하. 폐하께 가장 소중한 것을 바치신다면 저를 다시 살릴 수 있습니다."

왕은 소리쳤습니다.

"그대를 위해서라면 내가 가진 세상 모든 것을 내놓겠다."

석상이 다시 말했습니다.

"폐하의 손으로 두 왕자님의 목을 베십시오. 그 피를 제 몸에 바르시면 저는 다시 생명을 얻을 것입니다."

왕은 세상에서 가장 사랑하는 아들들을 자신의 손으로 죽여야 한다는 말을 듣고 소스라쳤습니다. 하지만 자신을 위해 목숨을 바친 요하네스의 그 지극한 충성을 생각했습니다. 마침내 왕은 칼을 빼 두 왕자의 목을 쳤습니다. 그리고 왕자들의 피를 석상에 바르자 충성스러운 요하네스는 생명을 다시 얻어 팔팔하고 건강한 모습으로 왕 앞에 서 있었습니다. 충성스러운 요하네스는 왕에게 말했습니다.

"폐하께서 보여주신 신의는 반드시 보답을 받으실 것입니다."

충성스러운 요하네스는 왕자들의 머리를 집어 다시 제자리에 올려 놓고 상처에 피를 발랐습니다. 그러자 아이들은 눈 깜짝할 새에 말짱 해져 아무 일도 없었던 것처럼 팔짝팔짝 뛰어놀았습니다. 왕은 이루 말할 수 없이 기뻤습니다. 왕은 왕비가 오는 것을 보고 충성스러운 요 하네스와 두 왕자를 커다란 장롱에 숨겼습니다. 방에 들어오는 왕비를 보고 왕이 말했습니다.

"교회에서 기도하고 왔소?"

왕비는 대답했습니다.

"예. 그런데 충성스러운 요하네스가 자꾸 생각났어요. 우리 때문에 불행해졌잖아요."

왕은 다시 말했습니다.

"여보, 요하네스를 다시 살릴 수 있소. 하지만 우리 두 아들의 목숨 을 바쳐야 한다오. 아이들을 희생시키는 것이오."

왕비는 얼굴이 창백해지며 가슴속 깊이 놀랐지만 이렇게 말했습니다.

"요하네스의 크나큰 충성심을 생각하면 그렇게 해서라도 진 빚을 갚아야죠."

왕은 왕비도 자기와 똑같은 생각을 하고 있다는 것이 기뻤습니다. 왕은 장롱으로 가서 문을 열고 아이들과 충성스러운 요하네스를 데리 고 나와 이렇게 말했습니다.

"하나님을 찬미하오니, 요하네스는 구원을 받았고 우리는 두 아들 을 다시 찾았노라."

왕은 그동안 일어났던 일을 왕비에게 다 이야기해 줬습니다. 그리하 여 모두 죽을 때까지 아주 행복하게 오래오래 살았답니다.

7

수지맞는 거래

한 농부가 시장에 소를 몰고 나가 7탈러를 받고 팔았습니다. 농부가 집으로 돌아오는 길에 연못을 지나려는데, 멀리서 개구리들이 "악, 악, 악, 악[5]" 하며 울어대는 소리가 들려왔습니다.

농부는 혼자서 중얼거렸습니다.

"무슨 소리야? 내가 받은 건 7탈러야. 8탈러가 아니라고."

농부는 연못으로 다가가 버럭 소리를 질렀습니다.

"멍청한 녀석들 같으니! 뭘 모르는구나. 7탈러야. 8탈러가 아니라고."

하지만 개구리들은 여전히 "악, 악, 악, 악" 거렸습니다.

"좋아. 그래도 못 믿겠으면 너희들 보는 앞에서 직접 세어 볼게."

농부는 주머니에서 돈을 꺼내 1탈러에 은화 24개씩 7탈러를 하나하나 전부 다 세어 보였습니다. 하지만 개구리들은 농부가 돈을 세거나 말거나 "악, 악, 악, 악." 계속 울었습니다. 농부는 발끈해서 소리쳤습니다.

"이봐. 그럼 잘난 척 그만하고 직접 세어 봐."

농부는 돈을 연못에 몽땅 던져 버리고 서서 기다렸습니다. 개구리들이 돈을 세고 나서 당연히 돌려줄 것으로 생각했기 때문입니다. 하지만 개구리들은 여전히 "악, 악, 악, 악" 끈질기게 울어댈 뿐, 돈을 돌려주지 않았습니다. 농부는 한참을 기다렸습니다. 하지만 날은 어둑해지고 집으로 가야 하고, 그래서 마침내 욕을 퍼부으며 냅다 소리 질렀습니다.

---

5. 독일어에서 개골개골, 개구리 울음소리를 표현하는 의성어는 "quak 꽉꽉"인데, 여기선 단축된 의성어 "ak 악"으로 표현했음. 독일어로 8은 "acht 아흐트"로 발음하는데, 개구리 울음소리가 흡사 "아흐트, 아흐트"처럼 들림.

"물첨벙이, 고집불통, 눈딱부리 주제에 주둥이만 커 가지고 귀 아프게 꽥꽥대기만 하는 녀석들아, 7탈러도 못 세냐? 돈을 다 셀 때까지 내가 기다릴 줄 알아?"

농부는 훌쩍 떠나 버렸습니다. 개구리들은 농부 뒤에다 대고 "악, 악, 악, 악" 하며 계속 울었습니다. 농부는 짜증스레 집으로 돌아왔습니다.

얼마 후, 농부는 다시 소 한 마리를 장만했습니다. 소를 잡아 놓고 어림으로 계산해 보았습니다. 고기를 잘 팔면 소 두 마리 값은 나올 것 같았습니다. 게다가 가죽은 어차피 남는 것, 이렇게 대충 생각하고 고기를 들고 도심으로 나갔습니다. 그런데 성문 앞에 이르자 개들이 떼를 지어 우르르 모여들었습니다. 맨 앞에 커다란 사냥개 그레이하운드가 펄쩍펄쩍 고기 주위를 돌면서 킁킁거리며 "바스[6], 바스, 바스, 바스" 하며 짖었습니다.

농부는 사냥개가 계속 짖어 대자 이렇게 말했습니다.

"알겠다. 고기 좀 달라고 '바스, 바스(조금만, 조금만)' 하는구나. 하지만 고기를 주면 내가 곤란해지잖아."

그러나 사냥개는 "바스, 바스"라고만 대답했습니다.

"고기를 전부 먹지 않겠다고 약속할 수 있어? 저기 네 친구들도 마찬가지야."

사냥개는 말했습니다.

"바스, 바스"

---

6. 독일어에서 개 짖는 소리를 표현하는 의성어는 Wau, wau, wau(바우, 바우, 바우)이다. 하지만 여기서 농부의 귀엔 "바우, 바우, 바우"가 "바스, 바스, 바스"처럼 들림. 독일어 "was 바스"는 의문대명사로 '무엇'을 뜻하지만 구어에서는 종종 부정대명사 'etwas 어떤 것, 조금'을 뜻하기도 함.

"흠, 정 그렇다면 줄게. 너를 모르는 것도 아니고, 네 주인이 누군지도 아니까 하지만 명심해라. 사흘 후 돈을 주지 않으면 정말 혼내 줄 거야. 돈을 꼭 갖고 와야 해."

농부가 고기를 내려놓고 돌아섰습니다. 개들은 와락 달려들며 "바스, 바스" 하고 요란스럽게 짖어 댔습니다. 농부는 멀리서 그 소리를 듣고 혼자 중얼거렸습니다.

"저것들 봐라. 이젠 녀석들 모두가 좀 달라고 하네. 하지만 큰놈이 나 대신 잘 알아서 하겠지."

사흘이 지나자 농부는 생각했습니다.

'오늘 저녁 돈이 들어올 거야.'

농부는 아주 기분이 좋았습니다. 하지만 돈을 갖고 오는 사람은 아무도 없었습니다. 농부가 말했습니다.

"세상에 믿을 사람 하나도 없어."

마침내 농부는 참다못해 도심에 있는 정육점 주인을 찾아가 돈을 내놓으라고 했습니다. 정육점 주인이 농담하느냐고 하자 농부는 말했습니다.

"농담이라니요. 내 돈 달라고요. 소를 잡았는데 사흘 전에 그 커다란 개가 당신한테 전부 다 갖다 주지 않았단 말이오?"

정육점 주인은 화를 펄펄 내며 빗자루를 들고 농부를 쫓아냈습니다. 농부는 말했습니다.

"두고 보자고. 이 세상에 정의는 살아 있는 법!"

농부는 왕이 사는 성으로 가서 알현을 청했습니다. 농부는 왕 앞으로 인도되었고, 왕은 공주와 나란히 앉아서 무슨 억울한 일을 당했기에 왔느냐고 물었습니다. 농부가 말했습니다.

"아유, 개구리들이랑 개들이 제 돈을 가져갔어요. 그런데 정육점 주인이 돈은 안 주고 되레 몽둥이세례를 퍼붓더라고요."

농부는 그동안 일어난 일을 장황하게 늘어놓았습니다. 그러자 공주가 깔깔거리며 웃기 시작했습니다. 왕은 농부에게 말했습니다.

"그대가 옳다고 할 순 없다. 하지만 내 딸을 아내로 주겠다. 생전 웃지 않던 공주가 그대 때문에 저렇게 웃는구나. 공주를 웃길 수 있는 사람에게 공주를 아내로 주겠다고 약속했으니, 이 행운을 하나님께 감사해라."

농부는 대답했습니다.

"아, 아닙니다. 저는 그렇게 못합니다. 집에 이미 아내가 있는 걸요. 하나만으로도 제겐 너무 벅차답니다. 집에만 가면 집 안 곳곳 어디에나 아내가 서 있는 것 같거든요."

왕은 벌컥 화를 내며 말했습니다.

"무례한 놈 같으니라고."

그러자 농부가 말했습니다.

"아, 폐하. 황소[7]한테 소고기 말고 뭘 또 기대하시겠습니까!"

그러자 왕은 이렇게 말했습니다.

"흠, 그렇다면 다른 것으로 보상해 줄 테니 일단 물러가거라. 사흘 후에 500탈러를 줄 테니 그때 와서 받아 가도록 해라."

농부가 성문을 나올 때 보초가 말했습니다.

"공주님을 웃겼다는데, 상금이 두둑할 걸세."

"응, 그런가 봐. 500탈러를 내준다니까."

---

7. Ochse: 황소는 바보, 시골뜨기라는 욕설을 뜻하기도 한다.

보초는 말했습니다.

"이보게, 그 돈에서 나한테 조금만 떼어 주게. 그렇게 많은 돈으로 뭐 하겠나!"

농부가 말했습니다.

"자네니까 200탈러를 주겠네. 사흘 뒤에 왕을 찾아가 돈을 받아 가게."

그때 한 장사꾼이 가까이서 두 사람이 주고받는 이야기를 엿듣고 농부를 좇아와 옷자락을 붙들며 말했습니다.

"하나님의 특별한 은총일세. 자네는 정말 행운아야! 내가 그 돈을 잔돈으로 바꿔 주겠네. 그 단단한 은화로 뭘 하겠나?"

그러자 농부는 말했습니다.

"유대인 양반, 그러면 나머지 300탈러를 가져가구려. 하지만 300탈러를 나한테 지금 잔돈으로 주시게. 그 돈은 사흘 뒤에 왕에게 가서 받고."

장사꾼은 약간 이익을 볼 수 있다는 생각에 기뻤습니다. 그래서 품질 나쁜 그로셴[8]로 300탈러를 농부에게 주었습니다. 품질 나쁜 그로셴 세 개는 좋은 그로셴 두 개 값밖에 되지 않았습니다.

사흘이 지나자 농부는 왕이 명한 대로 왕 앞에 나아갔습니다. 왕이 말했습니다.

"저 사람의 윗옷을 벗기고 500탈러를 담아 주어라."

"아, 그건 이제 제 돈이 아닙니다. 200탈러는 보초에게 그냥 줬고, 300탈러는 장사꾼이 잔돈으로 바꿔줬어요. 저는 그 돈을 받을 권리

---

8. 소 은화, 1/24탈러.

가 없습니다."

그때 보초병과 상인이 들어와서 농부에게서 얻어낸 돈을 달라고 청했습니다. 하지만 두 사람은 받을 액수만큼씩 매만 흠뻑 맞았습니다. 보초는 곤장 맛이 어떤지 이미 알고 있는 터라 묵묵히 견뎠습니다. 하지만 장사꾼은 울고불고 난리를 쳤습니다.

"애고, 애고, 나 죽는다! 이게 그 단단한 은화더냐?"

왕은 농부 때문에 웃지 않을 수 없었습니다. 왕은 화를 풀고 말했습니다.

"상금을 받기도 전에 다 잃어버렸으니 보상을 해주겠다. 내 보물 창고에 가서 원하는 만큼 돈을 가져가거라."

농부는 두말할 필요 없이 널찍한 주머니에 돈을 꽉꽉 채우고 여관으로 돌아와 얼마인지 다시 세기 시작했습니다. 그때 살금살금 농부를 뒤따라온 장사꾼이 농부가 혼자서 툴툴대는 소리를 엿들었습니다.

"교활한 왕 같으니라고, 날 속인 거야! 직접 나한테 돈을 줄 수 없었나? 그러면 얼마를 가졌는지 내가 알 수 있잖아. 하지만 되는대로 주머니에 처담았으니 제대로 받았는지 알 게 뭐야!"

장사꾼은 혼자서 중얼거렸습니다.

"하나님 맙소사, 감히 폐하께 저렇게 무례한 말을 함부로 지껄이다니. 당장 달려가 일러바쳐야지. 그럼 나는 상금을 받고 저 녀석은 벌을 받을 거야."

왕은 농부가 했다는 말을 듣고는 화가 머리끝까지 치밀어 장사꾼에게 죄인을 당장 데려오라고 했습니다. 장사꾼은 농부에게 달려갔습니다.

"폐하께서 당장 오라 하시네. 이대로 얼른 가 보게."

그러자 농부가 말했습니다.

"그래도 예는 갖춰야지. 윗옷부터 새로 맞춰야겠네. 이렇게 많은 돈을 가진 남자가 다 해져 낡아빠진 윗옷을 입고 가서야 되겠나?"

농부는 다른 윗옷을 입기 전에는 절대로 가지 않을 것 같았습니다. 장사꾼은 혹여 그새 왕의 노여움이 풀리면 어쩌나 걱정이 되었습니다. 그러면 상금이고 벌이고 다 날아 갈 판이라 이렇게 말했습니다.

"자네와의 우정을 생각해서 멋진 내 윗옷을 잠시만 빌려주겠네. 사랑하는데 못할 게 뭐가 있겠나!"

농부는 그렇게 하자며 장사꾼의 윗옷을 입었고, 두 사람은 길을 떠났습니다. 왕은 농부에게 장사꾼이 고자질한 못된 언사에 대해 말하며 호통을 쳤습니다.

그러자 농부는 말했습니다.

"아휴, 저자는 항상 거짓말만 해요. 입만 놀렸다 하면 진실이라곤 눈곱만큼도 없거든요. 아마 제가 입은 윗옷도 자기 거라고 우겨댈걸요?"

그러자 장사꾼이 버럭 소리를 질렀습니다.

"뭐가 어째? 윗옷이 내 게 아니라고? 자네와의 우정을 생각해서 내가 빌려준 거잖아? 폐하 앞에 나아갈 수 있게 말이야."

왕은 그 말을 듣고 이렇게 말했습니다.

"장사꾼이 나를 속이든 농부를 속이든, 어쨌거나 한 사람을 속인 건 분명하군."

왕은 유대인에게 '단단한 은화'를 더 내주었습니다. 그러는 동안 농부는 멋들어진 윗옷도 입고 주머니에 돈도 두둑이 챙겨 집으로 돌아가며 이렇게 말했답니다.

"이번에는 제법 수지맞았네."

8

별난 떠돌이 악사

옛날 옛적에 어떤 별난 떠돌이 악사가 살았습니다. 떠돌이 악사는 혼자서 외롭게 터벅터벅 숲 속을 걸어갔습니다. 이런저런 생각을 하다가 이제는 생각할 것도 없자 혼잣말을 중얼거렸습니다.

"숲 속을 혼자 걷자니 정말 심심하고 따분하네. 좋은 말벗이 없나, 한번 불러 봐야겠다."

떠돌이 악사는 등에 멘 바이올린을 내려 한 곡 켜기 시작했습니다. 바이올린 소리가 나무 사이사이로 울려 퍼졌습니다. 조금 지나자 늑대가 덤불 속에서 달려 나왔습니다.

"에이, 늑대잖아! 별로 보고 싶지 않은데."

늑대가 가까이 와서 말을 건넸습니다.

"아, 사랑스러운 악사님, 정말 아름다운 연주네요! 나도 배우고 싶어요."

떠돌이 악사는 대답했습니다.

"금세 배울 수 있지. 내가 시키는 대로만 하면 돼."

늑대가 말했습니다.

"정말요, 악사님. 선생님께 배우는 학생처럼 시키는 대로 할게요."

떠돌이 악사는 늑대에게 따라오라고 했습니다. 둘이서 함께 얼마쯤 걸어가니까 속이 비고 가운데가 쩍 갈라진 해묵은 떡갈나무가 나왔습니다. 떠돌이 악사는 말했습니다.

"이봐, 바이올린을 배우고 싶으면 앞발을 이 나무 틈새에 넣어 봐."

늑대는 시키는 대로 했습니다. 그러자 악사는 재빨리 돌멩이를 집어

들어 두 앞발을 있는 힘껏 내리쳤습니다. 늑대는 꼼짝없이 사로잡힌 꼴이 되었습니다. 떠돌이 악사는 말했습니다.

"다시 올 때까지 기다려."

그러고서 떠돌이 악사는 가 버렸습니다.

얼마 후 떠돌이 악사는 혼자서 또 중얼거렸습니다.

"숲 속을 혼자 걷자니 정말 심심하고 따분하네. 좋은 말벗이 없나, 한번 불러 봐야겠다."

떠돌이 악사는 다시 바이올린을 꺼내 연주하기 시작했습니다. 바이올린 소리가 숲 속 깊숙이 울려 퍼졌습니다. 조금 지나자 여우가 나무 사이에서 살금살금 걸어 나왔습니다.

"에이, 여우잖아! 별로 보고 싶지 않은데."

여우가 가까이 와서 말했습니다.

"아, 사랑스러운 악사님, 정말 아름다운 연주네요! 나도 배우고 싶어요."

떠돌이 악사는 말했습니다.

"금세 배울 수 있지. 내가 시키는 대로만 하면 돼."

여우가 대답했습니다.

"정말요, 악사님. 선생님께 배우는 학생처럼 시키는 대로 할게요."

떠돌이 악사는 말했습니다.

"그럼 날 따라와."

둘은 함께 얼마쯤 걸어갔습니다. 이윽고 양쪽 길섶에 덤불이 높다랗게 자란 오솔길이 나왔습니다. 떠돌이 악사는 걸음을 멈추고 작은 개암나무를 한쪽에서 휘어잡아 땅에다 내려놓고 발로 끝을 꼭 밟은 채, 다른 쪽에 있는 작은 나무도 휘어잡아 내려놓고 말했습니다.

"자, 여우야. 뭐 좀 배우고 싶으면 왼쪽 앞발을 내밀어."

여우는 시키는 대로 했습니다. 떠돌이 악사는 여우의 발을 왼쪽 나무줄기에 묶은 다음 또 말했습니다.

"여우야, 오른쪽 앞발도 내밀어 봐."

떠돌이 악사는 여우의 오른발을 오른쪽 나무줄기에다 잡아맸습니다. 떠돌이 악사는 줄 매듭이 단단한지 살펴본 뒤 나무줄기를 탁 놓았습니다. 나무들은 휙 하늘 높이 날아갔습니다. 여우도 튕겨 올라가 공중에 대롱대롱 매달려 버둥거렸습니다.

"다시 올 때까지 기다려."

떠돌이 악사는 이렇게 말하고 가 버렸습니다.

떠돌이 악사는 혼자서 또다시 중얼거렸습니다.

"숲 속을 혼자 걷자니 정말 심심하고 따분하네. 좋은 말벗이 없나, 한번 불러 봐야겠다."

떠돌이 악사는 다시 바이올린을 꺼냈고, 바이올린 소리가 숲에 울려 퍼졌습니다. 그러자 산토끼가 깡충깡충 뛰어왔습니다.

"에이, 산토끼잖아! 토끼는 싫은데."

산토끼가 말했습니다.

"아, 사랑스러운 악사님, 정말 아름다운 연주네요! 나도 배우고 싶어요."

떠돌이 악사는 말했습니다.

"금세 배울 수 있지. 내가 시키는 대로만 하면 돼."

산토끼가 대답했습니다.

"정말요, 악사님. 선생님께 배우는 학생처럼 시키는 대로 할게요."

그래서 둘은 함께 얼마쯤 걸어갔습니다. 이윽고 백양나무가 서 있는 숲 속의 빈터에 이르렀습니다. 떠돌이 악사는 기다란 줄을 산토끼의 목에 맨 다음 다른 쪽 끝은 나무에다 묶었습니다.

"자, 깡충깡충 토끼야, 나무를 빙빙 스무 번 돌아봐."

산토끼는 떠돌이 악사가 말하는 대로 했습니다. 하지만 스무 번을 돌자 목에 매인 줄도 나무줄기에 스무 번 칭칭 감겼습니다. 옴짝달싹 못 하게 된 산토끼는 줄을 잡아당기며 발버둥 쳤습니다. 하지만 그럴수록 줄이 토끼의 보드라운 목에 바싹 조여들어 아프기만 했습니다.

"다시 올 때까지 기다려."

떠돌이 악사는 이렇게 말하고 계속 걸어갔습니다.

한편, 늑대는 발을 요리조리 움직여 빼 보기도 하고, 돌도 깨물어 보고 한참 애를 쓰다가 드디어 두 앞발을 틈새에서 빼낼 수 있었습니다. 늑대는 분통이 터졌습니다. 떠돌이 악사를 갈기갈기 찢어 죽이려고 허겁지겁 뒤쫓아 갔습니다. 그때 여우가 달려오는 늑대를 보고 있는 힘을 다해 울부짖었습니다.

"늑대 형제, 날 좀 도와줘. 악사가 날 속였어."

늑대는 나무를 끌어내려 이빨로 줄을 끊고 여우를 풀어 주었습니다. 여우는 복수를 벼르며 늑대와 함께 갔습니다. 나무에 묶인 산토끼도 늑대와 여우가 발견해 풀어 줬습니다. 이제 모두 함께 적을 찾아 나섰습니다.

떠돌이 악사는 길을 가다가 또다시 바이올린을 연주했습니다. 이번에는 운이 좋았습니다. 한 가난한 나무꾼이 바이올린 소리를 듣자마자 자기도 모르게 하던 일을 딱 멈추고 도끼를 겨드랑이에 낀 채 음악을 들으려 다가왔습니다. 떠돌이 악사가 말했습니다.

"드디어 진짜 말벗이 오네. 난 사람을 찾았거든. 사나운 짐승들이 아니고."

떠돌이 악사는 바이올린을 연주하기 시작했습니다. 소리가 얼마나 황홀하고 감미로운지 가난한 나무꾼은 마법에 걸린 듯 우뚝 섰습니다. 기쁨이 넘쳐흐르며 가슴이 환하게 밝아졌습니다. 그렇게 서 있는데, 늑대와 여우와 산토끼가 다가왔습니다. 하지만 나무꾼은 녀석들이 뭔가 나쁜 짓을 하려고 오는 것을 단박 알아차렸습니다. 나무꾼은 번쩍번쩍 날이 선 도끼를 치켜들고 떠돌이 악사 앞을 가로막으며 떡 버티고 섰습니다. '조심, 이 사람한테 손만 대봐라, 따끔하게 혼내 줄 테니.' 하고 말하는 것 같았습니다. 그러자 짐승들은 겁을 먹고 숲 속으로 달아나 버렸습니다. 떠돌이 악사는 나무꾼을 위해 감사의 표시로 한 곡 더 연주하고는 다시 길을 떠났답니다.

◆9◆
열두 형제

옛날 옛날에 왕과 왕비가 행복하게 살고 있었습니다. 왕과 왕비는 열두 명의 아이를 두었는데 모두 아들이었습니다. 어느 날 왕이 왕비에게 말했습니다.

"당신이 낳을 열세 번째 아이가 딸이라면, 열두 아들은 모두 죽어야 하오. 그래야 딸아이가 큰 재산을 차지하고 이 나라도 다스릴 수 있을 테니까요."

왕은 열두 개의 관도 미리 짜 놓게 했습니다. 관마다 대팻밥을 가득 채우고 죽은 사람의 머리를 받쳐 주는 베개까지 넣어 두었습니다. 왕은 관들을 방 하나에 옮기게 하고 방문을 꼭 잠근 다음, 왕비에게 열쇠를 주면서 아무에게도 말하지 말리고 명했습니다.

왕비는 하루 내내 슬픔에 잠겨 앉아 있었습니다. 그러자 늘 어머니 곁에 붙어 있는 막내아들 벤야민이, 성경에서 따온 이름이랍니다, 왕비에게 물었습니다.

"어머니, 왜 그렇게 슬퍼하세요?"

왕비는 대답했습니다.

"말할 수 없단다."

하지만 막내가 계속 졸라대자, 마침내 왕비는 관이 있는 방으로 가서 방문을 열고 대팻밥을 가득 채운 열두 개의 관을 막내에게 보여줬습니다.

"사랑하는 벤야민, 이 관들은 아버지가 너와 네 형들을 위해 만들게 하신 거란다. 내가 딸을 낳으면 너희들을 다 죽여서 넣으려고 말이다."

왕비가 이렇게 말하며 흐느끼자 막내아들은 어머니를 위로했습니다.

"울지 마세요, 사랑하는 어머니. 우리가 여기를 떠나 살길을 찾아보겠어요."

그러자 왕비가 말했습니다.

"형들하고 숲으로 가거라. 숲에서 가장 높은 나무를 찾아서 너희 중 하나는 나무 위에 앉아 계속 망을 보고, 성탑 쪽을 지켜봐야 한다. 내가 아들을 낳으면 하얀 깃발을 꽂아 놓을 게. 그럼 너희가 다시 돌아와도 돼. 하지만 딸을 낳으면 붉은 깃발을 꽂을 테니, 너희는 그걸 보는 즉시 도망가야 한다. 주님께서 너희를 지켜 주시길. 나는 매일 밤 일어나 너희를 위해 겨울엔 불 옆에서 몸을 녹이고, 여름엔 더위에 고생하지 않게 해 달라고 기도할 것이야."

왕비의 축복을 받은 다음 왕자들은 숲으로 들어갔습니다. 열두 왕자는 번갈아 망을 보며 가장 키가 큰 떡갈나무에 앉아서 성탑 쪽을 살폈습니다. 어느덧 열하루가 지나고 벤야민이 차례가 되었습니다. 벤야민이 망을 보고 있는데 깃발 하나가 올랐습니다. 그런데 하얀 깃발이 아니라 핏빛의 붉은 깃발이었습니다. 붉은 깃발은 죽음을 예고하고 있었습니다. 그 말을 듣자 형들은 화가 나서 말했습니다.

"여자애 하나 때문에 우리가 죽어야 한다니! 꼭 복수하고 말겠어. 어떤 여자애든 우리 눈에 띄기만 해봐라, 붉은 피를 흘리게 될 테니."

왕자들은 더 깊은 숲으로 들어갔습니다. 가장 어두컴컴한 숲 한가운데에 오두막 하나가 보였습니다. 오두막은 아무도 살지 않는, 마법에 걸린 집이었습니다. 왕자들은 말했습니다.

"이제 여기서 살자. 벤야민, 네가 제일 어리고 약하니까 집에 남아 집 안일을 맡아라. 우린 나가서 먹을 것을 구해 올 게."

왕자들은 숲에 나가 토끼며 야생 노루며 새며 비둘기들 같은, 먹을 수 있는 것들을 잡아서 벤야민에게 갖다 줬습니다. 그러면 벤야민은 형들이 먹을 수 있도록 요리를 했습니다. 세월은 빠르게 흘러갔습니다. 어느덧 왕자들이 오두막집에서 산 지도 십 년이 되었습니다.

그동안, 어머니인 왕비가 낳은 공주는 무럭무럭 자랐습니다. 공주는 고운 마음씨에 얼굴도 예뻤고, 이마에는 황금별 하나가 박혀 있었습니다. 어느 날, 공주는 빨래 더미 속에서 열두 벌의 남자 셔츠를 보고 어머니에게 물었습니다.

"이 열두 벌의 셔츠는 누구 거죠? 아버지가 입기엔 너무 작잖아요?"

그러자 왕비는 무거운 가슴으로 대답했습니다.

"얘야, 네 열두 오빠 거란다."

공주가 물었습니다.

"열두 오빠가 어디 있어요? 오빠들이 있다는 소리는 들은 적이 없는데요."

왕비는 대답했습니다.

"어디 있는지는 하나님만 아신단다. 이 세상 어딘가를 정처 없이 헤매고 있겠지."

왕비는 공주를 관이 있는 방으로 데려갔습니다. 왕비는 방문을 열고 대팻밥을 가득 채워 넣고, 죽은 사람의 머리를 받치는 베개가 들어 있는 열두 개의 관을 공주에게 보여줬습니다. 왕비가 말했습니다.

"이 관들은 네 오빠들을 위해 짜 놓은 거란다. 하지만 오빠들은 네가 태어나기 전에 몰래 도망쳤지."

왕비는 공주에게 그때 있었던 일을 다 이야기해 줬습니다. 공주는 이야기를 듣고 나서 말했습니다.

"사랑하는 어머니, 울지 마세요. 제가 오빠들을 찾아볼게요."

공주는 열두 벌의 셔츠를 갖고 길을 떠났습니다. 공주는 곧장 숲으로 들어가서 하루 내내 걸었습니다. 저녁 무렵, 공주는 마법에 걸린 오두막집에 이르렀습니다. 집 안으로 들어갔더니 웬 소년이 있었습니다. 소년이 물었습니다.

"어디서 왔니? 어디로 가는 거야?"

소년은 우아한 옷을 입고 이마에 별이 박힌, 눈부시게 아름다운 소녀를 보고 깜짝 놀랐습니다.

"나는 공주야. 열두 오빠를 찾고 있단다. 푸른 하늘이면 어디라도 갈 거야. 오빠들을 찾을 때까지."

공주는 열두 벌의 셔츠도 오빠들 것이라며 소년에게 보여주었습니다. 벤야민은 공주가 동생이라는 것을 단박 알아차리고 말했습니다.

"나는 벤야민이야, 네 막내 오빠."

공주는 기쁨에 겨워 엉엉 울기 시작했습니다. 벤야민도 같이 울었습니다. 오누이는 너무 반가워서 입을 맞추고 꼭 끌어안았습니다. 벤야민이 말했습니다.

"그런데 동생아, 아직 문제가 있어. 우리끼리 약속한 게 있단다. 어떤 여자애든 만나기만 하면 다 죽여 버리기로 했거든. 여자애 하나 때문에 왕국을 떠나야 했으니까."

공주가 말했습니다.

"열두 오빠를 구할 수 있다면 난 기꺼이 죽을 수 있어."

그러자 벤야민은 대답했습니다.

"안 돼. 죽으면 안 돼. 이 물통 밑에 앉아 있어. 형들이 돌아오면 내가 잘 이야기해 볼게."

공주는 막내 오빠가 시키는 대로 했습니다. 밤이 되자 왕자들이 사냥에서 돌아왔습니다. 저녁 식사가 차려지고, 왕자들은 식탁에 둘러앉아 음식을 먹으며 벤야민에게 물었습니다.

"무슨 일 없었니?"

그러자 벤야민은 말했습니다.

"형들, 몰라?"

"응."

벤야민은 말을 이었습니다.

"형들은 숲에 있었고 난 집에만 있었는데, 형들보다 내가 더 많이 아네."

형들은 소리쳤습니다.

"그러니까 얘기해 보라고."

벤야민은 대답했습니다.

"그럼 형들도 맨 처음 만나는 여자애는 죽이지 않겠다고 약속해 줄래?"

그러자 형들은 일제히 소리쳤습니다.

"그래, 그 애는 살려줄 테니 어서 얘기나 하라고."

벤야민이 말했습니다.

"누이동생이 여기 와 있어."

벤야민이 물통을 들어 올리자 공주가 나왔습니다. 우아한 옷을 입고 이마에 황금별이 박혀 있는 공주는 정말 곱고도 아름다웠습니다. 왕자들은 누이동생을 얼싸안고 입맞춤을 하며 크게 반겼습니다. 모두 공주를 진심으로 사랑했죠.

이제 공주는 집에 남아 벤야민 곁에서 일을 거들었습니다. 열한 명의 형제는 배고프지 않도록 숲에 나가 노루와 새와 산비둘기 같은 들짐승들을 잡아왔습니다. 누이동생과 벤야민은 요리를 하고 식사를 준비했습니다. 누이동생은 요리할 때 필요한 나무를 해 오고, 채소 요리를 위해 나물을 캐고, 냄비를 불 위에 올려놓았습니다. 열한 명의 오빠들이 돌아올 때쯤이면 늘 상이 차려져 있었습니다. 공주는 집안도 깨끗이 치워놓고, 침대에는 깨끗하고 하얀 시트를 예쁘게 씌워 놓았습니다. 오빠들은 늘 만족하며 누이동생과 사이좋게 잘 지냈습니다.

그러던 어느 날, 막내 왕자와 공주는 기막히게 맛있는 음식을 요리했고, 온 식구가 다 식탁에 모여 앉아 먹고 마시며 즐겁게 식사를 했습니다. 그런데 마법에 걸린 오두막집 옆에는 아담한 정원이 있었습니다. 정원에는 물매화라고도 불리는 나리꽃 열두 송이가 피어 있었습니다.

공주는 오빠들을 기쁘게 해주고 싶었습니다. 그래서 식사할 때 오빠들에게 하나씩 주려고 꽃 열두 송이를 땄습니다. 하지만 공주가 꽃을 따는 순간, 오빠들은 열두 마리의 까마귀로 변해 숲 넘어 멀리 날아가 버렸습니다. 오두막집도 정원도 온데간데없이 사라졌습니다. 불쌍한 공주는 외딴 숲 속에 달랑 혼자 남았습니다. 공주가 주위를 둘러보는데, 웬 늙은 할머니가 불쑥 공주 옆에 서서 말했습니다.

"얘야, 무슨 짓을 한 거야? 열두 송이 하얀 꽃을 왜 가만 놔두지 않았어? 그 꽃은 네 오빠들이었는데. 오빠들은 이제 영원히 까마귀가 되어 버렸어."

공주는 훌쩍이면서 말했습니다.

"오빠들을 구할 방법이 없나요?"

할머니가 말했습니다.

"없어. 글쎄, 딱 하나 방법이 있긴 하지. 하지만 너무 어려워서 오빠들을 구할 수 없을 거야. 넌 칠 년 동안 벙어리처럼 지내야 하거든. 말을 해서도 안 되고 웃어도 안 돼. 말 한마디도 안 돼. 칠 년을 딱 한 시간 남겨 뒀다 해도 다 허사로 돌아가고 말아. 그 한마디 말에 네 오빠들은 죽는다고."

하지만 공주는 내심 말했습니다.

"난 오빠들을 꼭 구해 낼 거야."

공주는 길을 떠나 키가 큰 나무를 찾아서 위에 올라앉았습니다. 나무 위에서 실을 자으며 말도 하지 않고, 웃지도 않았습니다. 그러던 어느 날, 한 왕이 숲으로 사냥을 나왔습니다. 그런데 왕이 데리고 온 커다란 사냥개가 공주가 앉아 있는 나무쪽으로 달려왔습니다. 사냥개는 나무 주위를 펄쩍펄쩍 돌면서 위를 올려다보며 사납게 짖어 댔습니다. 그러자 왕이 달려와서 이마에 황금별이 박힌 아름다운 공주를 보았습니다. 왕은 공주의 아름다움에 홀딱 반해 아내가 되어 주지 않겠느냐고 큰소리로 물었습니다. 공주는 아무런 대답 없이 살짝 고개만 끄덕였습니다. 왕은 직접 나무 위로 올라가 공주를 안고 내려왔습니다. 왕은 공주를 말에 태워 성으로 데려와 모두 기뻐하는 가운데 성대한 결혼식을 올렸습니다. 하지만 신부는 아무 말도 하지 않았고 웃지도 않았습니다. 두 사람은 즐겁고 행복하게 살았습니다. 그렇게 몇 해가 지났을 때, 마음씨 고약한 왕의 어머니가 젊은 왕비를 헐뜯기 시작했습니다. 왕의 어머니는 왕에게 말했습니다.

"폐하가 데려온 여자는 천한 비렁뱅이 계집애예요. 남몰래 무슨 못된 짓을 하고 다니는지 알게 뭐예요. 벙어리라 말은 못 하더라도 한 번쯤 웃을 수는 있잖아요. 웃지 않는 사람은 악한 구석이 있는 법이라니까요."

왕은 처음에 어머니의 말을 믿지 않았습니다. 하지만 어머니는 계속 왕비를 헐뜯었습니다. 더 심한 일을 들먹이며 왕비를 모함하자 마침내 왕은 어머니의 말에 넘어가 왕비를 사형시키기로 했습니다.

마당에는 화형 불이 활활 지펴지고, 공주는 불에 타 죽을 운명이었습니다. 왕은 위층 창가에서 눈물을 지으며 그 광경을 지켜보고 있었습니다. 왕비를 여전히 사랑했으니까요. 이윽고 왕비는 말뚝에 묶였습니다. 불길이 왕비의 옷을 핥으려고 시뻘건 혀를 날름댔습니다. 바로 그때, 칠 년의 마지막 순간이 지났습니다. 갑자기 하늘에서 푸드덕거리는 소리가 나더니 열두 마리의 까마귀가 날아와 마당에 내려앉았습니다. 땅에 내려앉자마자 까마귀는 사라지고 마법에서 풀려난 열두 왕자가 서 있었습니다. 왕자들은 불길을 헤쳐 불을 꺼 버리고 사랑하는 누이동생을 풀어 주었습니다. 오빠들은 동생을 꼭 안아주고 입을 맞췄습니다. 이제 왕비는 입을 열어 말을 해도 되기 때문에, 왜 그동안 벙어리처럼 지냈는지, 한 번도 웃지 않았는지 왕에게 다 이야기했습니다. 왕비가 죄가 없다는 것을 알자 왕은 정말 기뻤습니다. 두 사람은 평생을 같이하며 행복하게 살았습니다. 하지만 왕의 마음씨 고약한 어머니는 재판을 받고 펄펄 끓는 기름이 든, 독사들이 우글대는 통속에서 끔찍한 죽음을 맞이했답니다.

◆10◆
건달

수탉이 암탉에게 말했습니다.

"도토리가 여물 때가 됐는데, 다람쥐가 다 물어 가기 전에 나랑 산에 가자. 실컷 먹어보자고."

암탉이 말했습니다.

"좋지. 가자. 우리 기분 한번 내보자."

암탉과 수탉은 산으로 갔습니다. 아주 화창한 날이라서 둘은 저녁 때까지 산에서 보냈습니다. 너무 배가 불러서 그랬는지 아니면 너무 신바람이 나서 그랬는지, 그건 모르겠지만, 아무튼 둘은 걸어서 집에 돌아가고 싶지 않았습니다. 그래서 수탉은 도토리 껍질로 조그만 마차를 만들어야 했습니다. 마차를 다 만들자, 암탉이 냉큼 들어앉았더니 수탉에게 말했습니다.

"자아, 이제 네가 마차를 끌어."

그러자 수탉이 말했습니다.

"너 참 웃기는구나. 마차를 끄느니 차라리 걸어서 집에 가겠다. 그리고 그렇게 말하지 않았잖아. 마부 석에 앉아 마부 노릇은 하겠지만 직접 마차를 끄는 일은 안 할래."

암탉과 수탉이 이러니저러니 다투고 있는데, 오리가 꽥꽥거리며 다가왔습니다.

"이 도둑놈들, 누가 너희더러 내 도토리 산에 들어오라고 했어? 기다려, 혼내 줄 테다!"

오리는 주둥이를 딱 벌리고 수탉에게 덤벼들었습니다. 하지만 수탉도 동작이 굼뜬 녀석은 아니라서 세차게 오리와 맞붙었습니다. 수탉이 며느리발톱으로 오리를 얼마나 사납게 할퀴어 대는지, 결국 오리는 살려 달라고 싹싹 빌며 그 벌로 수레를 끌겠다고 했습니다. 수탉은 마부 석에 앉았습니다. 마부가 된 거죠. 수탉은 오리를 계속 몰아댔습니다.

"이랴, 달려라! 힘껏 달려, 오리야!"

얼마쯤 달리다가, 걸어가고 있는 핀과 바늘을 만났습니다. 핀과 바늘이 소리쳤습니다.

"멈춰! 멈춰!"

핀과 바늘은 곧 깜깜해질 텐데, 그러면 더 걸을 수도 없는 데다 길도 너무 더러워 그러니 좀 태워 주면 안 되겠냐고 말했습니다. 성문 앞에 있는 재봉사의 집에 갔다가 맥주를 마시다 보니 늦어졌다는 겁니다. 수탉은 핀과 바늘이 날씬해서 자리를 많이 차지하지 않을 것 같아 두 녀석을 마차에 태워 주었습니다. 단, 자기 발이나 암탉의 발을 밟으면 안 된다고 했습니다. 일행은 밤늦게 한 여관에 도착했고, 거기서 하룻밤 묵어가기로 했습니다. 밤이라 더 달리고 싶지 않았고 오리도 발이 시원치 않아 비틀비틀했기 때문입니다. 처음에 여관 주인은 방이

다 찼다고 이런저런 핑계를 댔습니다. 고상한 손님들은 아니라고 내심 생각한 거죠. 하지만 오는 길에 암탉이 낳은 달걀도 주고, 매일 하나씩 알을 낳는 오리도 주겠다고 살살 구슬리니까 마침내 여관 주인은 하룻밤 자고 가라고 말했습니다. 일행은 새로 상을 봐오게 하고 흥청망청 신나게 먹고 마셨습니다. 먼동이 희붐하게 밝아 오는 이른 새벽, 모두 잠들어 있을 때, 수탉은 암탉을 깨웠습니다. 달걀을 콕콕 쪼아 둘이서 냉큼 먹어 치운 뒤 껍질은 화덕에다 던져 버렸습니다. 그리고 쿨쿨 자고 있는 바늘한테 가서 머리를 잡아 여관 주인이 앉는 안락의자의 방석에 꽂았습니다. 주인의 수건에는 핀을 꽂아 놓았습니다. 그러고는 너도나도 몰라, 하며 여관을 빠져나와 들판 너머로 냅다 달아났습니다. 오리는 바깥에서 자는 것을 좋아하기 때문에 마당에 있었습니다. 그런데 푸드덕거리는 소리에 퍼뜩 잠이 깨어 개울을 찾아가 둥둥 헤엄쳐 내려갔습니다. 그게 마차를 끌 때보다 훨씬 빨랐습니다. 몇 시간 후에야 여관 주인은 침대에서 일어나 세수를 하고 수건으로 얼굴을 닦으려 했습니다. 순간, 얼굴이 핀에 북 긁히며 한쪽 귀에서 다른 쪽 귀까지 빨간 줄이 쭉 나 버렸습니다. 그러자 여관 주인은 부엌에 가서 담뱃대에 불을 붙이려고 했습니다. 하지만 화덕에 다가가는 순간, 달걀 껍데기가 눈으로 탁 튀었습니다.

"오늘 아침엔 별것이 다 내 머리를 못살게 구네."

여관 주인은 짜증이 나서 할아버지의자[9]에 털썩 주저앉았습니다. 순간, 여관 주인은 펄쩍 뛰어오르며 비명을 질렀습니다.

"아얏!"

---

9. 등받이가 높은 안락의자.

이번에는 머리는 아니었지만 더욱 아팠습니다. 여관 주인은 화가 단단히 나서 분명 어제 밤늦게 왔던 손님들 짓이라고 의심했습니다. 여관 주인은 손님들을 여기저기 찾아보았지만, 손님들은 이미 달아나고 없었습니다. 그래서 여관 주인은 굳게 맹세했답니다. 게걸스레 먹고 돈도 내지 않고, 감사의 표시로 짓궂은 장난까지 치는 건달은 절대로 집에 들이지 않겠다고요.

◆11◆
오누이

오빠가 어린 누이의 손을 잡으며 말했습니다.

"엄마가 하늘나라로 가신 후 정말 하루도 마음 편할 날이 없었어. 새엄마는 우리를 날마다 때리고 가까이 가면 발로 막 걷어차며 쫓아내고. 먹을 거라곤 고작 남이 먹다 남긴 딱딱한 빵 껍질밖에 없거든. 식탁 밑에 있는 강아지가 우리보다 더 나아. 강아지한텐 그래도 가끔 맛있는 걸 던져 주잖아. 아이, 가여워라. 엄마가 이걸 아신다면! 우리 넓은 세상으로 멀리 떠나 버리자."

그래서 오누이는 초지를 지나고, 들판을 지나고 바위를 지나며 탈래탈래 종일 걸었습니다. 비가 내리자 누이동생이 말했습니다.

"하나님이 우리 마음을 아시고 함께 울고 계시나 봐!"

어둑해질 무렵, 오누이는 커다란 숲에 이르렀습니다. 슬프기도 하고, 배도 고프고, 먼 길을 걷느라 녹초가 된 오누이는 속이 텅 빈 나무속에 앉아 있다가 그만 잠이 들었습니다.

다음 날 아침, 오누이가 잠에서 깨어나니 해가 벌써 하늘 높이 솟아 나무속까지 따가운 햇볕이 들이비쳤습니다. 오빠가 말했습니다.

"누이야, 목이 말라. 샘물이 어디 있는지 알면 얼른 가서 마실 텐데. 어디서 물소리가 나는 것 같아."

오빠는 벌떡 일어나 누이동생의 손을 잡았습니다. 오누이는 샘을 찾아 나섰습니다. 그런데 마음씨 고약한 새엄마는 원래 마녀였습니다. 새엄마는 두 아이가 집을 나가는 것을 보고 살금살금 마녀 걸음으로 오누이를 뒤따라왔습니다. 새엄마는 숲 속에 있는 모든 샘에 마법을 걸어 놓았죠. 드디어 샘이 나왔습니다. 샘물이 반짝이며 바위 위로 퐁퐁 솟아올랐습니다. 오빠는 얼른 샘물을 마시려고 했습니다. 그런데 누이동생은 샘물이 졸졸거리며 말하는 소리를 들었습니다.

"나를 마시면 호랑이가 된단다. 나를 마시면 호랑이가 된단다."

누이동생은 소리쳤습니다.

"오빠, 제발, 마시지 마. 물을 마시면 오빠는 사나운 짐승이 되어 날 갈기갈기 찢어 죽일 거야."

오빠는 목이 몹시 말랐지만 물을 마시지 않고 말했습니다.

"다음 샘이 나올 때까지 기다릴게."

오누이가 두 번째 샘에 이르렀을 때, 누이동생은 샘물이 또 이렇게 말하는 것을 들었습니다.

"나를 마시면 늑대가 된단다. 나를 마시면 늑대가 된단다."

누이동생은 소리쳤습니다.

"오빠, 제발, 마시지 마. 물을 마시면 오빠는 늑대가 되어 날 잡아먹을 거야."

오빠는 물을 마시지 않았지만 이렇게 말했습니다.

"다음 샘이 나올 때까지 기다릴게. 하지만 다음엔 네가 뭐래도 꼭 물을 마실 거야. 목이 너무 마르거든."

오누이가 세 번째 샘에 이르렀을 때, 누이동생은 샘물이 졸졸거리며 말하는 소리를 들었습니다.

"나를 마시면 노루가 된단다. 나를 마시면 노루가 된단다."

누이동생은 말했습니다.

"아, 오빠. 제발 마시지 마. 물을 마시면 오빠는 노루가 되어 나를 혼자 두고 멀리 가 버릴 거야."

하지만 오빠는 무릎을 꿇고 몸을 숙여 샘물을 마셨습니다. 물방울이 입술에 닿는 순간, 오빠는 아기 노루가 되어 서 있었습니다.

누이동생은 마법에 걸린 오빠가 너무 가여워서 펑펑 울었습니다. 아기 노루도 누이동생 옆에 앉아 슬피 울었습니다. 이윽고 소녀가 말했습니다.

"사랑하는 노루야, 이제 그만 울어. 절대 네 곁을 떠나지 않을게."

누이동생은 금빛 양말 대님을 풀어서 아기 노루의 목에 매어 주었습니다. 그리고 갈대를 꼬아 보드라운 끈을 만들어 아기 노루를 묶은 뒤, 아기 노루를 끌고 숲 속으로 더 깊이 들어갔습니다. 오래오래 걸어서 이윽고 어느 작은 집에 이르렀습니다. 소녀가 안을 들여다보았더니 집은 비어있었습니다. 소녀는 '여기서 살면 되겠네.' 하고 생각했습니다.

누이동생은 나뭇잎과 이끼를 모아 아기 노루에게 푹신한 잠자리를 만들어 주었습니다. 그리고 아침마다 밖에 나가 뿌리며 산딸기며 도토리 같은 나무 열매를 모았습니다. 아기 노루에게는 연한 풀을 뜯어 와 손으로 먹였습니다. 그러면 아기 노루는 기분이 좋아 옆에서 팔짝팔짝 뛰어놀았습니다. 밤이 되어 피곤해지면 누이동생은 기도를 하고 아기 노루의 등을 베게 삼아 포근히 잠들었습니다. 오빠가 사람의 모습을 하고 있었더라면 더없이 멋진 생활이었을 겁니다.

오누이는 인적 없는 숲 속에서 그렇게 한동안 지냈습니다. 그러던 어느 날, 그 나라의 왕이 숲으로 대규모의 사냥을 나왔습니다. 뿔 나팔 소리, 개 짖는 소리, 사냥꾼들이 신나게 외쳐 대는 몰이 소리가 나무 사이사이로 울려 퍼졌습니다. 아기 노루는 그 소리를 듣자 사냥터에 가 보고 싶어 안달이 났습니다. 그래서 누이동생에게 말했습니다.

"아아, 사냥터에 나가게 해줘. 더 못 참겠어."

아기 노루가 계속 조르자, 누이동생은 할 수 없이 그러라고 했습니다.

"하지만 날이 저물면 꼭 돌아와야 해. 거친 사냥꾼들이 들어오지 못하게 문을 잠가 놓을 거야. 문을 두드리며 이렇게 말해. '누이야, 들여보내 줘!' 그래야 오빠인 줄 아니까. 그렇게 말하지 않으면 문을 열어 주지 않을 거야."

아기 노루는 팔짝팔짝 밖으로 뛰쳐나갔습니다. 밖으로 나오니 기분이 상쾌하고 신이 났습니다. 그런데 왕과 사냥꾼들이 아름다운 아기 노루를 보고 뒤를 쫓아왔습니다. 하지만 아기 노루를 따라잡을 수 없었습니다. 잡았다고 생각한 순간, 아기 노루는 덤불을 훌쩍 뛰어넘어 사라졌습니다. 날이 어둑해지자 아기 노루는 집으로 달려와 문을 두드리며 말했습니다.

"누이야, 들여보내 줘."

그러자 문이 열리고 아기 노루는 뛰어들어와 폭신한 잠자리에서 밤새 푹 쉬었습니다. 다음 날 아침 사냥이 다시 시작되었습니다. 사냥을 알리는 나팔 소리와 사냥꾼들의 우우, 하는 몰이 소리가 들려오자 아기 노루는 또 안달이 났습니다.

"누이야, 문 좀 열어 줘. 나가야겠어."

누이동생은 문을 열어 주면서 말했습니다.

"날이 저물면 꼭 돌아와서 어제처럼 말해야 해."

목에 금빛 줄을 맨 아기 노루를 다시 보자 왕과 사냥꾼들은 뒤를 쫓기 시작했습니다. 하지만 아기 노루가 얼마나 날렵했던지 온종일 쫓아다니다가 저녁때에서야 겨우 아기 노루를 포위할 수 있었습니다. 그러던 중 한 사냥꾼 때문에 발을 조금 다친 아기 노루는 절뚝거리며 느릿느릿 달아날 수밖에 없었습니다. 그러자 사냥꾼 하나가 살금살금 아기 노루의 뒤를 밟아 오두막까지 왔습니다. 아기 노루가 소리쳤습니다.

"누이야, 들여보내 줘."

문이 열렸고 얼른 다시 닫혔습니다. 사냥꾼은 보고 들은 것을 모두 잘 기억해 두었다가 왕에게 그대로 이야기했습니다. 왕이 말했습니다.

"내일 다시 한 번 뒤를 쫓아 보자."

누이동생은 아기 노루가 다친 것을 보고 소스라치게 놀랐습니다. 누이동생은 피를 닦아주고 약초를 붙여 주며 말했습니다.

"사랑하는 노루야, 상처가 나아야 하니까 잠자리에 가서 쉬어."

워낙 가볍게 다쳐서 아침이 되자 아기 노루는 하나도 아프지 않았습니다. 그때 밖에서 사냥하는 소리가 또 신나게 들렸습니다. 아기 노루가 말했습니다.

"못 참겠어. 사냥터에 갈래. 호락호락 잡힐 내가 아니란 말이야."

누이동생은 눈물을 흘리며 말했습니다.

"저들이 오빠를 죽일 거야. 그러면 나만 달랑 숲 속에 남게 되잖아. 온 세상으로부터 버림받은 채. 절대 내보낼 수 없어."

그러자 아기 노루가 대답했습니다.

"그럼 난 너무 슬퍼서 죽을 거야. 사냥 나팔 소리가 들리면 발이 근질거려 뛰어나가야 할 것 같아!"

누이동생은 마음이 무거웠지만 어쩔 수 없이 문을 열어 주었습니다. 아기 노루는 신이 나서 펄쩍펄쩍 숲으로 뛰쳐나갔습니다. 아기 노루를 보자 왕은 사냥꾼들에게 일렀습니다.

"밤늦게까지 하루 종일 뒤를 쫓아라. 하지만 노루를 다치게 해서는 안 된다."

이윽고 해거름이 지자 왕은 사냥꾼에게 말했습니다.

"숲 속에 있다는 오두막집으로 가자."

오두막집 문 앞에 이르자 왕은 문을 두드리며 소리쳤습니다.

"누이야, 들여보내 줘."

그러자 문이 열렸고, 왕은 성큼 들어갔습니다. 안에는 한 소녀가 서 있었습니다. 소녀는 눈부시게 아름다웠습니다. 그렇게 아름다운 소녀를 왕은 지금껏 본 적이 없었습니다. 소녀는 깜짝 놀랐습니다. 아기 노루가 아니라 황금 왕관을 쓴 남자가 쑥 들어오니까요. 왕은 다정한 눈길로 소녀를 바라보며 손을 내밀었습니다.

"나하고 같이 성에 가서 내 아내가 되어 주지 않겠소?"

소녀가 대답했습니다.

"예. 그런데 아기 노루도 데려가야 해요. 아기 노루를 두고 떠날 수 없어요."

그러자 왕이 말했습니다.

"평생 그대 곁에 두시오. 부족함 없이 지낼 수 있게 해주겠소."

그때 아기 노루가 팔짝팔짝 뛰어왔습니다. 누이동생은 아기 노루를 갈대 끈에 묶어 직접 끈을 잡고 숲 속 오두막집을 나왔습니다.

왕은 아름다운 소녀를 말에 태워 성으로 데려왔습니다. 두 사람은 성대한 결혼식을 올렸습니다. 이제 소녀는 왕비가 되었고, 두 사람은 오랫동안 행복하게 살았습니다. 아기 노루도 극진한 보살핌을 받으며 성내 정원에서 맘껏 뛰어다녔습니다. 그런데 오누이를 세상으로 내몰았던 새엄마인 누이동생은 분명 숲 속에서 사나운 짐승들에게 갈기갈기 찢겨 죽고, 아기 노루가 된 오빠도 사냥꾼의 총에 맞아 죽었을 거라고만 생각했습니다. 그런데 오누이가 아주 행복하게 잘살고 있다는 소리가 들려왔습니다. 새엄마는 샘도 나고 너무 미워서 속이 부글부글 끓어올라 잠시도 마음이 편치 않았습니다. 어떻게 하면 두 아이를 불행에 빠트릴 수 있을까, 하는 생각뿐이었습니다. 새엄마에게는 밤처럼 까맣고 못생긴 외눈박이 친딸이 하나 있었습니다. 그 딸은 엄마를 원망하며 이렇게 말했습니다.

"왕비가 되는 복은 당연히 내가 받았어야죠."

엄마는 딸을 달래며 말했습니다.

"조용히 해. 때가 되면 내가 다 알아서 할 테니까."

어느덧 그때가 다가왔습니다. 왕비는 예쁜 사내아이를 낳았습니다. 왕이 사냥을 나가자, 늙은 마녀는 시녀로 변장해서 왕비가 누워 있는 방으로 들어왔습니다. 마녀는 산모에게 말했습니다.

"이리 오세요. 목욕물이 준비됐어요. 목욕하면 몸에도 좋고 기운이 나실 거예요."

마녀의 딸도 엄마를 거들었습니다. 두 사람은 기운 없는 왕비를 목욕실로 데리고 가서 욕조에 앉혀 놓았습니다. 그리고 문을 잠그고 달아나 버렸습니다. 욕실 안에는 정말 지옥 불처럼 뜨겁게 불을 때 놓았습니다. 왕비는 그만 숨이 막혀 죽고 말았습니다.

일을 마친 마녀는 딸에게 잠잘 때 쓰는 모자를 씌우고 왕비의 침대에 눕게 했습니다. 얼굴과 모습을 왕비와 똑같이 바꿔 주었는데, 없는 한쪽 눈은 줄 수가 없었습니다. 그래서 마녀의 딸은 눈이 없는 쪽으로만 누워 있어야 했습니다. 외눈박이란 것을 왕이 눈치채지 못 하도록 말입니다. 저녁이 되자 왕이 돌아왔습니다. 왕은 아들이 태어났다는 소식을 듣고 더없이 기뻐하며 사랑하는 아내를 보려고 아내의 침대로 다가왔습니다. 그러자 늙은 마녀가 재빨리 소리쳤습니다.

"커튼을 열지 마세요. 왕비님은 쉬셔야 해요. 아직 밝은 빛을 보시면 안 된답니다."

왕은 돌아갔습니다. 하지만 가짜 왕비가 침대에 누워 있을 줄은 몰랐죠. 한밤중이 되어 모두 자고 있었습니다. 유모 혼자만 아기방에서 요람 옆을 지키며 앉아 있었습니다. 그런데 문이 열리더니 진짜 왕비가 스르륵 들어왔습니다. 왕비는 요람에서 아기를 꺼내 품에 안고 젖을 먹였습니다. 그러고는 자그마한 아기 베개를 탁탁 턴 다음, 아기를 다시 요람에 눕히고 이불을 덮어 주었습니다. 왕비는 아기 노루도 잊지 않고 아기 노루가 누워 있는 구석으로 가서 등을 부드럽게 쓸어 주었습니다. 그러고서 왕비는 다시 아무 말 없이 스르륵 문밖으로 나갔습니다. 다음 날 아침, 유모는 보초들에게 혹 밤사이에 성에 들어온 사람이 있었느냐고 물었습니다. 보초들이 대답했습니다.

"아뇨, 아무도 못 봤는데요."

왕비는 그렇게 밤마다 찾아왔습니다. 하지만 한마디도 하지 않았습니다. 유모는 그때마다 왕비를 보았지만, 아무에게도 말을 하지 못했습니다.

시간이 좀 흐른 어느 날 밤, 왕비가 드디어 말을 하기 시작했습니다.

"내 아기는 잘 있지? 내 노루는 잘 있지? 이제 두 번 더 오고, 다시는 안 올 텐데."

유모는 대답하지 않았습니다. 하지만 왕비가 사라지자 왕에게 가서 다 이야기했습니다. 왕은 말했습니다.

"하나님 맙소사, 이게 무슨 일인가! 오늘 밤에는 내가 아기 옆을 지킬 것이야."

밤이 되자 왕은 아기 방으로 갔습니다. 한밤중에 왕비는 다시 나타나 말했습니다.

"내 아기는 잘 있지? 내 노루는 잘 있지? 이제 한 번 더 오고, 다시는 안 올 텐데."

그리고 사라지기 전에 늘 그랬듯이 아기에게 젖을 먹이고 보살펴 주었습니다. 왕은 왕비에게 말을 걸지 못했습니다. 하지만 다음날 밤에도 왕은 아기 옆을 지켰습니다. 왕비가 또 말했습니다.

"내 아기는 잘 있지? 내 노루는 잘 있지? 이제 마지막인데, 다시는 못 오는데."

왕은 도저히 참을 수 없어서 왕비에게 달려가 말했습니다.

"당신은 사랑하는 내 아내가 틀림없소."

왕비가 대답했습니다.

"예, 저는 당신의 아내예요."

그 순간 왕비는 하나님의 은총으로 다시 생명을 얻었습니다. 생기 넘치고 발그레한 건강한 모습으로 왕비는 다시 살아났습니다. 왕비는 사악한 마녀와 마녀의 딸이 얼마나 못된 짓을 했는지 왕에게 다 말했습니다. 왕은 마녀와 마녀의 딸을 법정에 세웠고, 두 사람은 판결을 받았습니다. 마녀의 딸은 숲으로 끌려가 사나운 짐승들에게 갈기갈기 찢겨 죽었고, 마녀는 불에 던져져 참혹하게 타 죽었습니다. 마녀가 재로 변하자, 아기 노루는 다시 사람의 모습이 되었습니다. 그리고 오누이는 남은 평생을 함께 행복하게 잘살았답니다.

◆12◆
라푼첼

옛날에 한 부부가 살았습니다. 부부는 오래전부터 아기를 바랐지만 아기가 생기지 않았습니다. 하지만 드디어 자비로운 하나님이 소원을 들어주셔서 아내는 아기를 갖게 되었습니다. 부부가 사는 집 뒤채에는 자그마한 창문이 하나 있었는데, 아름다운 꽃과 채소들이 가득 어우러진, 멋진 정원을 창문으로 내다볼 수 있었습니다. 하지만 정원은 높다란 담장에 둘러싸였고, 대단한 힘을 가진 무시무시한 마녀의 정원이라서 아무도 들어가지 못했습니다. 어느 날, 아내는 창가에 서서 정원을 내려다보다가 밭이랑에 가득한 탐스러운 라푼첼(들상추)을 보았습니다. 아내는 들상추가 먹고 싶었습니다. 어찌나 싱싱하고 파릇파릇하게 보이는지 먹고 싶어서 안달이 날 지경이었습니다. 간절한 마음은 매일매일 커졌습니다. 하지만 들상추를 가져올 수 없다는 것을 잘 알기에 아내는 부쩍 여위고 파리하게 시들어 갔습니다. 그러자 남편이 깜짝 놀라서 물었습니다.

"여보, 어디 아파요?"

아내는 대답했습니다.

"아아, 집 뒤에 있는 정원의 들상추가 먹고 싶어요. 그렇지 않으면 죽을 거 같아요."

아내를 사랑하는 남편은 생각했습니다.

'아내를 죽게 내버려둘 순 없지. 무슨 대가를 치르더라도 들상추를 뜯어 와야겠다.'

날이 어둑어둑해지자 남편은 담장을 넘어 마녀의 정원으로 들어갔습니다. 남편은 재빨리 들상추를 한 움큼 뜯어 아내에게 갖다 주었습니다. 아내는 당장 들상추 샐러드를 만들어 정신없이 먹었습니다. 얼마나 기막히게 맛있는지 다음날 들상추가 세배나 더 먹고 싶었습니다. 그런 아내를 달래려고 남편은 다시 한 번 담장을 넘어 정원으로 갈 수밖에 없었습니다. 땅거미가 지자 남편은 또 담을 내려갔습니다. 그런데 담장에서 내려서는 순간, 그만 화들짝 놀랐습니다. 마녀가 딱 앞에 서 있었기 때문입니다. 마녀는 노한 눈길로 남편을 쏘아 보며 말했습니다.

"감히 내 정원으로 넘어오다니. 도둑놈처럼 내 들상추를 훔쳐 가려고? 따끔한 맛을 보여줄 테다."

남편은 대답했습니다.

"오, 제발 자비를 베풀어주세요. 어쩔 수 없었어요. 아내가 창밖을 내다보다가 들상추를 보고 너무 먹고 싶어 했거든요. 먹지 못하면 죽을 것 같다고 하면서요."

마녀는 화가 좀 누그러져서 남편에게 말했습니다.

"네가 말한 대로 사정이 그렇다면 좋다. 들상추를 원하는 만큼 뜯어 가거라. 단, 조건이 있다. 아기를 낳으면 나한테 아기를 줘야 한다. 아기는 잘 지내도록 내가 엄마처럼 잘 보살펴 주마."

남편은 겁이 나서 그러겠다고 약속했습니다. 드디어 아내가 아기를 낳자, 마녀는 바로 나타나 아기 이름을 라푼첼이라 짓고는 아기를 훌쩍 데려가 버렸습니다.

라푼첼은 태양 아래 가장 아름다운 아이로 자라나 어느덧 열두 살이 되었습니다. 그러자 마녀는 라푼첼을 숲 속에 있는 탑에 가뒀습니다. 탑에는 계단도 없고 문도 없고, 맨 꼭대기에 조그만 창만 달랑 하나 나 있었습니다. 탑에 들어가려면, 마녀는 밑에 서서 이렇게 소리쳤습니다.

"라푼첼, 라푼첼,
머리를 내려뜨리렴."

라푼첼의 머리는 길고 탐스럽고 마치 금실처럼 고왔습니다. 마녀의 목소리가 들리면 라푼첼은 땋아 올린 머리를 풀어서 창문 고리에 감은 다음, 20엘렌[10]이나 되는 아래로 길게 내려뜨렸습니다. 그러면 마녀는 땋은 머리채를 잡고 위로 올라왔습니다.

그렇게 몇 년이 흘렀습니다. 어느 날, 한 왕자가 숲을 달리다가 탑을 지나가는데, 어디선가 노랫소리가 들려왔습니다. 노랫소리가 너무나 곱

---

10. 독일의 옛 치수 이름, 1엘렌은 약 66cm.

고 아름다워 왕자는 말을 세우고 가만히 귀를 기울였습니다. 라푼첼이었습니다. 라푼첼이 감미로운 목소리로 외로움을 달래려고 부르는 노래였습니다. 왕자는 라푼첼에게 올라가려고 탑으로 들어가는 문을 찾았지만, 문은 보이지 않았습니다. 왕자는 다시 성으로 돌아왔습니다. 하지만 라푼첼의 노래가 마음속 깊이 남아 왕자는 매일 숲으로 나와 가만히 귀를 기울였습니다. 어느 날 왕자는 나무 뒤에 서 있었습니다. 그런데 마녀가 와서 위를 올려다보며 소리쳤습니다.

"라푼첼, 라푼첼,
머리를 내려뜨리렴."

그러자 라푼첼은 땋은 머리채를 내려뜨렸고, 마녀는 머리채를 잡고 라푼첼에게 올라갔습니다.

"저게 위로 올라가는 사다리구나. 나도 한 번 행운을 시험해 봐야지."

다음날 날이 어둑어둑해지자 왕자는 탑에 와서 소리쳤습니다.

"라푼첼, 라푼첼,
머리를 내려뜨리렴."

그러자 머리채가 길게 내려왔습니다. 왕자는 탑 위로 올라갔습니다.

웬 남자가 쑥 들어서자 라푼첼은 기절할 듯 놀랐습니다. 생전 남자를 본 적이 없었으니까요. 하지만 왕자는 아주 다정하게 말하기 시작했습니다. 노랫소리에 너무나 감동해 도무지 마음을 가라앉힐 수 없었다고, 라푼첼을 꼭 보고 싶었다고 말했습니다. 그러자 라푼첼은 더 이상 무섭지가 않았습니다. 왕자는 라푼첼에게 자기를 남편으로 받아들여 주지 않겠느냐고 물었습니다. 왕자는 젊고 아름다웠습니다. 라푼첼은 생각했습니다.

'저 남자는 왠지 늙은 고텔[11]아주머니보다 나를 더 사랑해 줄 것 같아.'

라푼첼은 왕자에게 손을 맡기며 그러겠다고 대답했습니다.

"왕자님하고 같이 갈게요. 하지만 어떻게 내려가야 할지 모르겠군요. 올 때마다 비단실 한 타래씩 가져오면 그걸로 사다리를 엮어 볼게요. 사다리가 다 만들어지면 내려갈 테니, 그러면 말에 태워 데리고 가세요."

그때까지는 왕자가 매일 저녁 찾아오기로 서로 약속했습니다. 낮에는 마녀가 오기 때문이었죠. 마녀는 아무런 낌새도 채지 못했습니다. 하지만 어느 날, 라푼첼이 말했습니다.

"고텔 아주머니, 젊은 왕자님보다 아주머니를 끌어올리기가 훨씬 힘들어요. 왜 그렇죠? 왕자님은 순식간에 올라오거든요."

그러자 마녀가 소리쳤습니다.

"이런, 못된 것. 무슨 소리야, 너를 세상과 끊어 놨다고 생각했는데. 감히 날 속이다니!"

마녀는 펄펄 뛰면서 라푼첼의 아름다운 머리채를 휙 낚아채 왼손에 몇 번 감고는, 오른손으로 가위를 잡아 들어 머리카락을 싹둑싹둑 잘라 버렸습니다. 아름다운 머리채가 바닥에 나뒹굴었습니다. 인정머리 없는 마녀는 가여운 라푼첼을 황량한 들판으로 내쫓았습니다. 라푼첼

---

11. Gothel : 마녀를 뜻함.

은 더할 수 없는 고통 속에서 힘겹게 살아가야만 했습니다.

라푼첼을 쫓아낸 바로 그 날 밤, 마녀는 자른 머리채를 창문 고리에 단단히 매 놓았습니다. 왕자가 와서 소리쳤습니다.

"라푼첼, 라푼첼,
머리를 내려뜨리렴."

마녀는 머리채를 내려뜨렸고, 왕자는 탑 위로 올라왔습니다. 하지만 사랑하는 라푼첼은 보이지 않고, 마녀 혼자 음흉한 눈초리로 독살스럽게 왕자를 노려보고 있었습니다. 마녀는 비웃었습니다.

"아하, 사랑하는 아내를 데리러 오셨구먼. 하지만 아름다운 새는 둥지에 없어. 노래를 부르지도 않고. 고양이가 데려갔거든. 고양이가 네 눈도 파 버릴 거야. 넌 라푼첼을 잃어버렸어. 다시는 볼 수 없을 거야."

왕자는 슬픔에 겨워 그만 넋을 잃고 말았습니다. 절망한 왕자는 탑에서 뛰어내렸습니다. 다행히도 목숨은 건졌지만, 떨어진 자리에 있던 가시덩굴에 눈을 찔려 눈이 멀고 말았습니다. 왕자는 숲 속을 헤매고 다녔습니다. 풀뿌리와 산딸기만 먹으며, 사랑하는 아내를 잃은 슬픔에 하염없이 울기만 했습니다. 그렇게 몇 년을 비참하게 떠돌아다니다가, 마침내 왕자는 라푼첼이 있는 황량한 들판으로 오게 되었습니다. 그동안 라푼첼은 아들과 딸 쌍둥이를 낳고 가난하게 살아가고 있었습니다. 어디선가 귀에 익은 목소리가 들려오자 왕자는 소리 나는 쪽으로 갔습니다. 왕자가 다가오자 라푼첼은 왕자를 알아보고 와락 목을 꺼안았습니다. 라푼첼은 펑펑 울었습니다. 라푼첼이 흘리는 눈물 두 방울이 왕자의 눈을 적셨습니다. 순간 왕자의 두 눈이 밝아지면서 왕자는 다시 볼 수 있었습니다. 왕자는 라푼첼을 자기 나라로 데려갔고, 모두 기뻐하며 반갑게 맞아 주었습니다. 라푼첼과 왕자는 오래오래 행복하고 즐겁게 잘살았답니다.

◆13◆
숲 속의 세 난쟁이

옛날에 홀아비와 과부가 있었습니다. 홀아비에게는 딸이 하나 있었고, 과부에게도 딸이 하나 있었습니다. 서로 알고 지내던 두 소녀는 어느 날 같이 산책한 뒤에 과부의 집으로 갔습니다. 과부가 홀아비의 딸에게 말했습니다.

"얘야, 네 아버지와 결혼하고 싶어 한다고 아버지에게 말해 주렴. 그러면 너는 매일 아침 우유로 세수하고 포도주를 마시게 될 거야. 하지만 내 딸은 물로 세수하고 물을 마실 거고."

소녀는 집으로 돌아와 과부의 말을 아버지에게 전했습니다. 그러자 홀아비가 말했습니다.

"글쎄, 어떻게 하면 좋을까? 결혼이란 기쁨이면서 고통이기도 한데."

홀아비는 좀처럼 결정을 내릴 수가 없었습니다. 그래서 장화를 벗으며 말했습니다.

"장화 밑창에 구멍이 났는데, 다락방에 갖고 올라가 커다란 못에다 걸어 놓고 물을 부어라. 물이 새지 않으면 다시 아내를 맞아들이고, 물이 새면 결혼하지 않겠다."

소녀는 아버지가 시키는 대로 했습니다. 그런데 물을 붓자 구멍이 오 그라들어 물이 장화 목까지 차올랐습니다. 소녀는 아버지에게 그대로 말했습니다. 아버지가 직접 올라가서 보니, 딸의 말이 맞았습니다. 그러자 아버지는 과부를 찾아가 청혼을 하고 결혼식을 올렸습니다.

다음 날 아침 두 소녀가 일어났을 때, 홀아비의 딸 앞에는 세숫물로 우유가 놓여 있었고, 마시라고 포도주도 놓여 있었습니다. 하지만 과부의 딸 앞에는 세수하고 마시라고 물만 놓여 있었습니다. 이튿날 아침, 홀아비의 딸 앞에도 과부의 딸 앞에도 세수하고 마시라고 물이 놓여 있었습니다. 사흘째 아침에는 홀아비의 딸 앞에 세수하고 마시라고 물만 놓여 있었고, 과부의 딸 앞에는 세수하라고 우유가 놓여 있었고, 마시라고 포도주도 놓여 있었습니다. 그 후로는 쭉 그랬습니다. 새엄마는 의붓딸에게 원수 대하듯 으르렁거렸습니다. 어떻게 하면 의붓딸을 더 못살게 괴롭힐 수 있을까, 매일 머리 굴리기에 바빴습니다. 또 샘도 많았습니다. 의붓딸은 예쁘고 참했지만, 친딸은 못생긴 데다 눈에 거슬리는 짓만 했으니까요. 얼음이 꽁꽁 얼고 산과 골짜기에는 눈이 가득 쌓인 어느 겨울날이었습니다. 새엄마는 종이로 옷을 만들어 놓고 의붓딸을 불러 말했습니다.

"이 옷을 입고 숲에 나가서 딸기를 한 바구니 가득 따와라. 딸기가 먹고 싶구나."

"세상에 맙소사, 겨울에는 딸기가 나지 않아요. 땅은 꽁꽁 얼어붙었고 모든 것이 온통 눈으로 덮였는데. 그런데 이 종이옷을 입고 나가라고요? 바깥은 너무 추워서 입김까지 얼어붙을 정도예요. 바람은 쌩쌩 몰아치고, 옷은 가시에 걸려 찢겨 나갈 텐데요."

"내 말을 거역하려는 거냐? 얼른 나가지 못해? 바구니 한가득 딸기를 가져오기 전에는 여기 얼씬도 말아라."

새엄마는 딱딱한 빵 한 조각을 주며 말했습니다.

"하루는 먹을 수 있을 것이다."

밖에서 얼어 죽든 굶어 죽든 내 눈앞에 두 번 다시는 나타나지 않겠지, 라고 새엄마는 속으로 생각했습니다.

소녀는 고분고분 새엄마가 시키는 대로 종이옷을 입고, 바구니를 들고 밖으로 나왔습니다. 사방 어디에도 온통 눈뿐이었고, 파란 풀이라고는 보이지도 않았습니다. 소녀는 숲으로 들어갔습니다. 걸어가는데 작은 집이 하나 나왔습니다. 난쟁이 셋이 밖을 내다보고 있었습니다. 소녀는 난쟁이들에게 인사를 하고 조심스레 문을 두드렸습니다. 난쟁이들은 들어오라고 소리쳤습니다. 소녀는 방으로 들어가 난롯가에 있는 긴 의자에 앉았습니다. 몸을 좀 녹이고 아침을 먹으려는데, 난쟁이들이 말했습니다.

"우리도 좀 줘."

"그러지요."

소녀는 선뜻 대답하고 빵을 반으로 잘라 난쟁이들에게 주었습니다. 난쟁이들이 물었습니다.

"한겨울에 그렇게 얇은 옷을 입고 숲 속에는 뭐 하러 왔니?"

소녀는 대답했습니다.

"아, 딸기를 따려고요. 바구니를 가득 채우지 못하면 집에 돌아갈 수 없어요."

소녀가 빵을 다 먹자 난쟁이들은 빗자루를 주며 말했습니다.

"뒷문 밖에 쌓인 눈을 쓸어라."

소녀가 밖으로 나가자 난쟁이 셋은 쑥덕거렸습니다.

"상냥하고 착하기도 해라. 빵도 나눠주고. 저 아이에게 뭘 선물할까?"

첫 번째 난쟁이가 밀했습니다.

"나는 저 애가 매일매일 예뻐지게 해줄래."

두 번째 난쟁이가 말했습니다.

"나는 저 애가 말을 할 때마다 입에서 금화가 나오게 해줄래."

세 번째 난쟁이가 말했습니다.

"나는 임금님이 저 애를 찾아와 아내로 삼게 해줄래."

소녀는 난쟁이들이 시킨 대로 작은 집 뒤쪽에 쌓인 눈을 빗자루로 쓸었습니다. 그런데 여러분, 소녀가 뭘 발견했을까요? 탐스럽게 익은 딸기였습니다. 검붉은 딸기가 눈 속에서 수북이 삐져나왔습니다. 소녀는 뛸 듯이 기뻐하며 허겁지겁 딸기를 바구니 가득 채웠습니다. 소녀는 난쟁이들과 일일이 악수를 하며 고맙다는 인사를 하고, 새엄마에게 딸기를 갖다 주려고 집으로 달려왔습니다. 그런데 소녀가 집에 들어서며 "다녀왔어요"라고 말하는 순간, 입에서 금화 한 닢이 톡 떨어졌습니다. 소녀는 숲에서 무슨 일이 있었는지 말했습니다. 그런데 한마디 할 때마다 금화가 입에서 톡톡 떨어져 방이 온통 금으로 뒤덮이고 말았습니다. 새엄마의 딸이 소리를 질렀습니다.

"저 건방진 것 봐. 돈을 저렇게 내던지다니."

하지만 속으로는 샘이 나서 자기도 숲에 나가 딸기를 따오겠다고 나섰습니다. 그러자 엄마가 말했습니다.

"사랑하는 딸아, 안 돼. 너무 춥단다. 얼어 죽어."

하지만 딸이 계속 졸라대자 결국 엄마는 허락해 주었습니다. 엄마는 모피 외투를 지어 딸에게 입혔습니다. 그리고 가는 길에 먹으라고 케이크까지 챙겨 주었습니다.

소녀는 숲으로 들어가 바로 작은 집으로 향했습니다. 세 난쟁이가
또 밖을 내다보았지만 소녀는 인사를 하지 않았습니다. 난쟁이들을 거
들떠보지도 않고 소녀는 쿵쿵거리며 방으로 휙 들어가 난롯가에 턱 앉
았습니다. 소녀는 가져온 버터 빵과 케이크를 먹기 시작했습니다. 난쟁
이들이 소리쳤습니다.

"우리도 좀 줘."

소녀는 대답했습니다.

"혼자 먹기도 모자라는데 남한테 나눠줄 게 어디 있어요?"

소녀가 빵을 다 먹자 난쟁이들이 말했습니다.

"여기 빗자루를 들고 밖에 나가 뒷문 앞을 깨끗이 쓸어라."

소녀는 대답했습니다.

"아이, 참, 직접 쓸어요. 난 이 집 하녀가 아니에요."

난쟁이들이 아무 선물도 줄 것 같지 않자 소녀는 문밖으로 휙 나왔
습니다. 난쟁이들은 쑥덕거렸습니다.

"버르장머리 없고 못됐네. 샘도 많고 남한테 베풀 줄도 모르고. 저
아이에게 뭘 줄까?"

첫 번째 난쟁이가 말했습니다.

"나는 저 애가 매일매일 미워지게 해줄래."

두 번째 난쟁이가 말했습니다.

"나는 말할 때마다 입에서 두꺼비가 튀어나오게 해줄래."

세 번째 난쟁이가 말했습니다.

"나는 불행하게 죽게 해줄래."

소녀는 밖에 나가 딸기를 찾았습니다. 하지만 딸기가 보이지 않자
투덜거리며 집으로 돌아왔습니다. 소녀는 숲 속에서 무슨 일이 있었는

지 어머니에게 이야기하려고 입을 열었습니다. 그런데 한마디 할 때마다 입에서 두꺼비가 툭툭 뛰어나왔습니다. 그래서 모두 소녀를 몹시 싫어하게 되었습니다.

새엄마는 화가 더 치밀었습니다. 날마다 예뻐지는 의붓딸을 어떻게 못살게 괴롭힐까, 하는 궁리만 했습니다. 마침내 새엄마는 솥을 화덕 위에 올려놓고 실타래를 펄펄 끓였습니다. 새엄마는 불쌍한 의붓딸의 어깨에 삶은 실타래를 걸쳐 주었습니다. 도끼도 하나 주었습니다. 꽁꽁 언 강에 가서 도끼로 얼음을 깨뜨리고 실타래를 빨아 오라는 것입니다. 소녀는 고분고분히 강에 가서 도끼로 얼음을 깨뜨렸습니다. 한창 얼음을 깨뜨리고 있는데, 아주 멋진 마차가 달려오다가 멈춰 섰습니다. 왕이 탄 마차였습니다. 왕이 물었습니다.

"얘야, 넌 누구냐? 거기서 뭘 하는 거냐?"

"저는 보잘것없는 계집으로 실타래를 빨고 있어요."

왕이 불쌍해서 보니 아주 어여쁜 소녀였습니다. 왕은 말했습니다.

"나하고 같이 가겠느냐?"

"예, 기꺼이 가겠어요."

소녀는 선뜻 대답했습니다. 새엄마와 그 딸의 눈에서 벗어날 수 있어서 기뻤으니까요.

소녀는 마차에 올라 왕과 함께 떠났습니다. 두 사람은 성에 도착하자 난쟁이가 말한 대로 성대한 결혼식을 올렸습니다.

일 년이 지나자 젊은 왕비는 아들을 낳았습니다. 의붓딸이 왕비가 되어 행복하게 산다는 소식을 듣자 새엄마는 딸을 데리고 성을 찾아왔습니다. 의붓딸을 방문 온 것처럼 말입니다. 하지만 어느 날, 왕이 밖으로 나가고 아무도 없자, 이 나쁜 여자는 왕비의 머리를 잡고 딸은 다리를 잡아 왕비를 침대에서 들어 올려 창밖에 흐르는 강물에다 던져 버렸습니다. 그러고서 새엄마의 미운 딸이 침대에 누웠습니다. 새엄마는 이불을 머리 위까지 덮어 주었습니다. 왕이 돌아와 아내와 말을 하려고 하자 새엄마는 소리쳤습니다.

"조용히 하세요. 지금은 안 돼요. 땀을 흘리고 누워 계시니 오늘은 쉬게 해주세요."

왕은 별다른 생각을 하지 않았습니다. 다음 날 아침, 왕은 다시 와서 아내와 이야기를 나누었습니다. 그런데 아내가 대답하는데, 한마디할 때마다 평소처럼 금화가 나오는 게 아니라 두꺼비가 툭툭 튀어나왔습니다. 왕은 어찌 된 일이냐고 물었습니다. 새엄마는 땀을 너무 많이 흘려서 그렇다며 곧 없어질 것이라고 대답했습니다.

그런데 그날 밤, 부엌에서 일하는 소년이 오리 한 마리가 하수 도랑을 헤엄쳐 오는 것을 보았습니다. 오리가 말했습니다.

"임금님, 뭘 하시나요?

주무시나요, 깨어 있나요?"

소년이 대답을 하지 않자, 오리가 또 말했습니다.

"내 손님들은 뭘 하고 있나요?"

그러자 소년이 대답했습니다.

"손님들은 쿨쿨 자고 있어요."

오리는 다시 물었습니다.

"내 아기는 뭘 하고 있나요?"

소년이 대답했습니다.

"요람에서 쌕쌕 자고 있어요."

그러자 오리는 왕비의 모습으로 변했습니다. 왕비는 위로 올라가 아기에게 젖을 먹이고 요람을 흔들어 주고 이불을 꼭꼭 덮어 주었습니다. 그린 다음 왕비는 다시 오리가 되어 하수 도랑을 헤엄쳐 가 버렸습니다. 그렇게 이틀 밤을 찾아온 오리는 사흘째 되는 날 다시 와서 부엌에서 일하는 소년에게 말했습니다.

"가서 임금님께 말씀드려라. 칼을 가져와 문지방에 서서 내 머리 위에서 세 번 휘두르시라고."

소년은 왕에게 달려가 말을 전했습니다. 그러자 왕은 칼을 가져와 유령의 머리 위에서 세 번 휘둘렀습니다. 그런데 세 번째 휘두르는 순간, 왕의 눈앞에 왕비가 서 있었습니다. 왕비는 전과 다름없는 생기 있고 건강한 모습이었습니다.

왕은 무척 기뻤습니다. 하지만 아기가 세례를 받는 일요일까지 왕비를 방에 숨겨 놓았습니다. 세례식이 끝나자 왕이 말했습니다.

"침대에 누워 있는 사람을 들어내 강물에 내던진 사람은 어떻게 하면 좋겠냐?"

새엄마가 대답했습니다.

"그런 못된 인간은 통속에 집어넣고 못을 탕탕 박아 산 위에서 강물로 굴려 버려야 해요."

그러자 왕이 말했습니다.

"네 판결대로 하렸다."

왕은 그런 통 하나를 가져오게 해 새엄마와 딸을 통속에 집어넣고 뚜껑에 못을 박게 했습니다. 통은 굴러 내려오다 물속에 풍덩 빠져 버렸답니다.

실 잣는 세 여인

옛날에, 실 잣기를 싫어하는 게으름뱅이 소녀가 있었습니다. 소녀는 어머니가 아무리 타일러도 실을 잣지 않았습니다. 결국 참다못한 어머니는 벌컥 화를 내며 딸을 때렸습니다. 소녀는 큰 소리로 울어대기 시작했습니다. 그때 마침 왕비가 마차를 타고 지나가다가 소녀의 울음소리를 듣고 마차를 세웠습니다. 왕비는 소녀의 집에 들어와 비명이 길 밖에까지 다 들리도록 왜 딸을 때리느냐고 어머니에게 물었습니다. 어머니는 딸이 게을러서 그렇다고 말하기가 창피했습니다. 그래서 이렇게 말했습니다.

"실을 그만 자으라고 아무리 말려도 안 돼요. 그저 실만 자으려 드니까요. 저는 가난해서 아마를 대줄 수가 없거든요."

그러자 왕비는 말했습니다.

"나는 실 잣는 소리가 무엇보다 듣기 좋던데. 돌돌돌, 물레 도는 소리처럼 흥겨운 소리도 없고. 그대 딸을 성으로 데려가게 해다오. 아마도 넉넉히 있으니, 하고 싶은 대로 얼마든지 실을 자을 수 있을 것이다."

어머니는 왕비의 말을 흔쾌히 받아들였고, 왕비는 소녀를 데려갔습니다. 성에 도착하자 왕비는 세 개의 방으로 소녀를 데리고 올라갔습니다. 세 방에는 최고로 좋은 아마가 바닥에서 천장까지 가득했습니다. 왕비가 말했습니다.

"자, 이 아마로 실을 자아다오. 일을 다 해내면, 큰아들을 남편으로 주겠다. 네가 비록 가난하지만, 상관없다. 부지런하고 성실하면 결혼 지참금으로 충분하니라."

소녀는 움찔 놀랐습니다. 300살이 되도록, 아침부터 밤까지 날마다 앉아 있어도, 실을 다 지을 수는 없었으니까요. 소녀는 혼자 남게 되자 엉엉 울기 시작했습니다. 손가락 하나 까딱하지 않고 사흘 내내 그러고 앉아 있었습니다. 사흘째 되는 날, 왕비가 다시 왔습니다. 그런데 자은 실이 보이지 않았습니다. 왕비가 의아해하자 소녀는 어머니 집을 떠나온 것이 너무 슬퍼서 일이 손에 잡히지 않았다고 둘러댔습니다. 왕비는 그럴 수도 있겠다고 생각했지만 방을 나가며 말했습니다.

"내일부터는 일을 시작해야 한다."

다시 혼자 남은 소녀는 어떻게 해야 할지 앞이 캄캄했습니다. 소녀는 수심에 잠겨 창가로 갔습니다. 그때 세 아주머니가 오고 있는 것이 보였습니다. 첫 번째 아주머니는 발이 넓적하고 평평했습니다. 두 번째 아주머니는 아랫입술이 어찌나 두텁던지 턱밑까지 축 늘어져 있었습니다. 세 번째 아주머니는 엄지손가락이 넓적했습니다. 아주머니 셋은 창문 앞에 서서 위를 올려다보며 무슨 걱정이 있느냐고 물었습니다. 소녀는 아주머니들에게 자신이 처한 어려움을 하소연했습니다. 그러자 아주머니들은 소녀를 도와주겠다며 말했습니다.

"우리를 결혼식에 초대해서 부끄럽게 여기지 말고 친척 아주머니라고 불러 다오. 그리고 식탁에 같이 앉게 해주렴. 그럼 아마 실을 금세 다 자아 줄게."

소녀가 대답했습니다.

"기꺼이 그렇게 하죠. 어서 들어와 물레질을 시작하세요."

소녀는 별스럽게 생긴 아주머니들을 들어오라고 하고, 첫 번째 방에 물레질할 수 있도록 앉을 자리를 만들어 주었습니다. 첫 번째 아주머니가 물레의 디딤판을 밟으며 실을 쭉쭉 잡아당겼습니다. 두 번째 아주머니는 실 가닥을 입에 적셔 촉촉하게 했습니다. 세 번째 아주머니는 실을 꼬아 손가락으로 작업대 위에서 탁탁 내리쳤습니다. 그럴 때마다 쪽 고르게 자은 실이 바닥에 떨어졌습니다. 소녀는 실 잣는 세 여인을 왕비의 눈에 띄지 않도록 숨겼습니다. 왕비가 올 때마다 소녀는 자은 실을 보여주었습니다. 그러면 왕비는 소녀를 침이 마르게 칭찬했습니다. 첫 번째 방을 비우자 두 번째 방으로 가서 실을 자았습니다. 마침내 세 번째 방도 금세 비웠습니다. 아주머니들은 소녀와 작별하며 말했습니다.

"우리에게 한 약속을 잊지 마라. 그래야 행복해질 테니."

소녀가 빈방들과 산더미처럼 쌓인 실을 보여주자 왕비는 결혼식 준비를 했습니다. 신랑은 솜씨 좋고 바지런한 아내를 얻었다고 기뻐하며 소녀를 한껏 칭찬했습니다. 그러자 소녀가 말했습니다.

"제게는 친척 아주머니가 세 분 있어요. 제게 정말 고맙게 해준 분들이라 이 행복한 시간에 함께 하고 싶어요. 결혼식에 초대해서 식탁에 같이 앉고 싶은데 허락해 주세요."

왕비와 신랑이 대답했습니다.

"허락하지 않을 이유가 어디 있겠느냐."

잔치가 시작되자 이상야릇하게 차려입은 세 여인이 들어왔습니다. 신부가 말했습니다.

"어서들 오세요, 아주머니."

그러자 신랑이 말했습니다.

"세상에, 어떻게 저런 흉한 여자들과 어울리게 됐단 말이오?"

왕자는 발이 넓적하고 평평한 여인에게 가서 물었습니다.

"어쩌다 발이 그렇게 넓적해졌소?"

여인이 대답했습니다.

"물레를 밟아서요. 하도 많이 밟아서요."

왕자는 두 번째 여인에게 가서 물었습니다.

"어쩌다 입술이 그렇게 축 늘어졌소?"

두 번째 여인이 대답했습니다.

"실을 핥아서요. 하도 많이 핥아서요."

왕자는 세 번째 여인에게 물었습니다.

"어쩌다 엄지손가락이 그렇게 넓적해졌소?"

세 번째 여인이 대답했습니다.

"실을 꼬아서요. 하도 많이 꼬아서요."

그러자 왕자는 소스라치며 말했습니다.

"아름다운 내 신부는 이제부터 절대로 물레에 손도 대지 못하게 하겠어."

그래서 게으름뱅이 소녀는 그 지긋지긋한 아마 실 잣기를 더 이상 하지 않아도 되었답니다.

◆15◆

헨젤과 그레텔

커다란 숲 앞에 가난한 나무꾼이 아내와 두 아이와 함께 살았습니다. 남자아이의 이름은 헨젤이었고 여자아이는 그레텔이었습니다. 워낙 가난한 살림이라 나무꾼은 늘 먹을 것이 부족했습니다. 어느 해, 온 나라에 심한 기근이 들자 그나마 매일 먹을 빵도 마련할 수 없었습니다. 나무꾼은 밤에 잠자리에 들어 이런저런 궁리에 걱정이 태산 같아 몸을 뒤척이다가 한숨을 폭 내쉬며 아내에게 말했습니다.

"이제 어쩌면 좋소? 우리도 먹을 것이 없는데, 불쌍한 우리 애들을 어떻게 먹여 살리지?"

그러자 아내가 대답했습니다.

"그럼 여보, 내일 아침 일찍 아이들을 숲으로 데리고 갑시다. 가장 울창한 숲 속으로 들어가 모닥불을 피워 주고 빵 한 조각씩 주자고요. 우리는 일하러 가고, 애들을 혼자 놔두면, 집으로 돌아오는 길을 찾지 못할 거예요. 애들을 떼어놓고 와요."

남편은 말했습니다.

"안 돼, 여보. 난 못 하오. 자식을 숲에 혼자 놔두자니, 그런 몹쓸 짓을 어떻게 하겠소. 당장 사나운 짐승들이 와서 애들을 갈기갈기 찢어 죽일 텐데."

"멍청한 영감 같으니라고. 안 그러면 우리 넷 다 굶어 죽게 생겼어요. 관을 짤 널빤지나 대패로 밀든지."

아내의 성화에 못 이겨 나무꾼은 결국 그러자고 하며 말했습니다.

"하지만 아이들이 너무 불쌍해."

그런데 너무 배가 고파 잠을 잘 수 없었던 두 아이도 새엄마가 하는 말을 다 엿들었습니다. 그레텔은 눈물을 뚝뚝 흘리며 헨젤에게 말했습니다.

"이제 우린 끝장인가 봐."

헨젤이 말했습니다.

"그레텔, 조용히 해. 너무 슬퍼하지 마. 무슨 방법이 있을 거야."

아버지와 새엄마가 잠이 들자 헨젤은 침대에서 일어나 윗옷을 입고는 아래 문을 열고 살그머니 밖으로 빠져나왔습니다. 달빛이 환히 비치고 있었습니다. 집 앞에 깔려 있는 하얀 조약돌들이 달빛을 빌아 진짜 은화처럼 반짝였습니다. 헨젤은 몸을 굽혀 윗옷 주머니에 조약돌들을 가득 집어넣고 다시 들어왔습니다. 헨젤이 그레텔에게 말했습니다.

"사랑하는 누이야, 걱정하지 말고 마음 편히 잠이나 푹 자. 하나님은 우리를 버리지 않으신단다."

헨젤은 다시 침대에 누웠습니다.

이른 새벽, 동이 트기도 전에 새엄마가 와서 아이들을 깨웠습니다.

"일어나, 게으름뱅이들아. 나무를 하러 숲에 가야겠다."

새엄마는 아이들에게 빵 한 조각씩 나눠주고는 말했습니다.

"점심때 먹어라. 먼저 먹지 말고. 더는 없으니까."

헨젤의 주머니에는 조약돌이 들어 있었기 때문에 그레텔이 앞치마 속에 빵을 넣었습니다. 이렇게 네 식구는 숲을 향해 떠났습니다. 얼마쯤 걸어가다 헨젤이 걸음을 멈추고 집 쪽을 돌아보았습니다. 또 가다가 돌아보고, 가다가 자꾸만 돌아보자 아버지가 말했습니다.

"헨젤 뭘 보느라고 그렇게 꾸물대고 있어. 조심하고 어서 걸어야지."

헨젤은 말했습니다.

"아, 아버지. 하얀 제 아기 고양이가 지붕 위에 앉아 잘 가라고 인사하네요."

그러자 새엄마가 말했습니다.

"이 바보야. 그건 네 아기 고양이가 아니라 굴뚝에 비친 아침 햇살이잖아."

하지만 헨젤은 아기 고양이를 쳐다본 것이 아니었습니다. 호주머니에서 반짝이는 조약돌을 하나씩 꺼내 길에 떨어뜨리고 있었던 겁니다.

숲 한가운데에 이르자, 아버지는 말했습니다.

"얘들아, 땔나무를 주워 오너라. 춥지 않게 불을 피워야겠다."

헨젤과 그레텔은 마른 나뭇가지를 작은 산더미만치 모아 갖고 왔습니다. 나뭇더미에 불이 붙어 제법 활활 타오르자 새엄마가 말했습니다.

"얘들아, 불 옆에 누워서 쉬렴. 우린 숲에서 나무를 베야겠다. 일이 끝나면 너희를 데리러 올게."

헨젤과 그레텔은 불 옆에 앉아 있다가 점심때가 되자 갖고 온 빵을 먹었습니다. 탕탕, 나무 찍는 도끼 소리가 들려서 아버지가 근처에 있으려니 생각했습니다. 하지만 그건 도끼 소리가 아니었습니다. 아버지가 말라죽은 나무에 매달아 놓은 나뭇가지가 바람을 타고 나무에 부딪치는 소리였습니다. 오래오래 앉아 있자니 아이들은 지쳐서 눈이 스르르 감기며 그만 잠이 곤히 들고 말았습니다. 아이들이 깨어나 보니 벌써 깜깜한 밤이었습니다. 그레텔이 훌쩍거리며 말했습니다.

"이 숲 속을 어떻게 빠져나가!"

헨젤은 그레텔을 달랬습니다.

"잠깐만 기다려. 달이 뜨면 길을 찾을 수 있어."

둥근 달이 환히 떠오르자, 헨젤은 누이동생의 손을 잡고 조약돌을 따라 걸었습니다. 새로 만든 은화처럼 반짝이는 조약돌이 집으로 가는 길을 가르쳐주었죠. 아이들은 밤새 내내 걸었습니다. 동틀 무렵 드디어 집에 도착해 문을 두드리니 새엄마가 문을 열었습니다. 헨젤과 그레텔을 보자 새엄마는 말했습니다.

"이런 못된 것들, 숲에서 무슨 잠을 그렇게 오래 자는 거야? 다시는 돌아오지 않을 줄 알았다."

하지만 아버지는 정말 기뻤습니다. 숲 속에 아이들 혼자만 달랑 두고 온 것이 영 마음에 걸렸던 것이었습니다.

얼마 지나지 않아 온 나라가 다시 어려워졌습니다. 아이들은 밤에 새엄마가 침대에서 말하는 것을 들었습니다.

"먹을 게 다 떨어졌어요. 이제 빵도 반 덩이밖에 없어요. 이러다간 정말 손가락만 빨게 생겼다고요. 애들을 집에서 내보내야 해요. 이번엔 길을 찾을 수 없도록 더 깊은 숲 속으로 데려갑시다. 달리 방법이 없잖아요."

나무꾼은 가슴이 무거웠습니다. 아버지는 생각했습니다.

'마지막 한 입이라도 아이들과 함께 나눠 먹으면 더 좋을 텐데.'

하지만 새엄마는 남편 말은 귓등으로도 안 듣고 계속 나무라기만 했습니다. 일단 한 번 양보하면, 두 번째에도 양보해야 하는 것이 세상 이치인가 봅니다. 나무꾼은 처음에 아내의 말을 들었기 때문에 두 번째 역시 말을 들어줄 수밖에 없었죠.

하지만 깨어 있던 아이들은 두 사람의 이야기를 다 들었습니다. 아버지와 새엄마가 잠들자 헨젤은 지난번처럼 조약돌들을 주워 오려고 살며시 일어났습니다. 하지만 새엄마가 문을 잠가 놓았기 때문에 헨젤은 밖으로 나갈 수 없었습니다. 헨젤은 누이동생을 달랬습니다.

"울지 마, 그레텔. 걱정 말고 푹 자. 하나님이 우리를 도와주실 거야."

다음 날 아침 일찍 새엄마가 와서 아이들을 침대에서 끌어냈습니다. 아이들은 이번에도 빵을 한 조각씩 받았는데, 지난번보다 훨씬 작은 빵이었습니다. 숲으로 가는 길에 헨젤은 호주머니 속에 든 빵을 잘게 부스러뜨렸습니다. 그리고 이따금 걸음을 멈추고 빵부스러기를 땅에 던졌습니다. 아버지가 말했습니다.

"헨젤, 왜 그렇게 두리번거리며 서 있느냐? 어서 가야지."

헨젤은 대답했습니다.

"제 비둘기가 지붕 위에 앉아서 잘 가라고 인사하네요."

그러자 새엄마가 말했습니다.

"바보 같으니, 네 비둘기가 아니라 굴뚝에 비친 아침 햇살이잖아."

하지만 헨젤은 빵부스러기를 조금씩 길에 전부 던졌습니다.

새엄마는 아이들을 한 번도 가 본 적이 없는 더 깊은 숲 속으로 데리고 갔습니다. 다시 커다란 모닥불을 지펴 놓고 새엄마가 말했습니다.

"얘들아, 여기 앉아 있어. 피곤하면 좀 자고. 우린 숲에 나무하러 가야겠다. 저녁때 일을 끝내면 너희들을 데리러 오마."

점심때가 되자 그레텔은 빵을 헨젤과 나눠 먹었습니다. 헨젤은 빵부스러기를 길에 뿌렸기 때문입니다. 빵을 먹고 헨젤과 그레텔은 잠이 들었습니다. 하지만 저녁때가 지났는데도 불쌍한 두 아이를 찾아오는 사람은 아무도 없었습니다. 아이들은 깜깜한 밤이 되어서야 비로소 눈을 떴습니다. 헨젤은 누이동생을 달랬습니다.

"기다려, 그레텔. 달이 뜨면 내가 뿌려 놓은 빵부스러기가 보일 거야. 그럼 집에 가는 길을 찾을 수 있어."

달이 뜨자 아이들은 길을 찾아 나섰습니다. 하지만 빵부스러기는 하나도 보이지 않았습니다. 숲과 들판을 날아다니는 수많은 새가 다 쪼아 먹었기 때문입니다. 헨젤이 그레텔에게 말했습니다.

"틀림없이 길이 나올 거야."

하지만 아이들은 길을 찾을 수 없었습니다. 아이들은 밤새 내내 걸었습니다. 그리고 아침부터 밤까지 하루를 더 꼬박 걸었지만 숲을 빠져나올 수 없었습니다. 헨젤과 그레텔은 배가 고팠습니다. 땅에 난 산딸기 몇 개밖에 먹은 것이 없었습니다. 너무 지쳐서 한 발자국도 움직일 수 없자 아이들은 나무 밑에 쓰러져 잠이 들었습니다.

아버지의 집을 떠난 지 벌써 사흘째 아침이 찾아왔습니다. 아이들은 다시 걷기 시작했지만 점점 더 깊은 숲 속으로 빠져들 뿐이었습니다. 당장 누가 와서 도와주지 않으면 배고프고 목이 말라 죽어 버릴 지경이었죠. 그런데 점심때쯤, 눈처럼 하얗고 아름다운 작은 새가 나뭇가지에 앉아 지저귀기 시작했습니다. 얼마나 곱게 노래를 부르는지 아이들은 걸음을 멈추고 가만히 귀를 기울였습니다. 작은 새는 노래를 끝내자 날개를 파닥이며 앞으로 날아갔습니다. 아이들은 새를 따라갔습니다. 그런데 오두막집이 하나 나오고, 새는 오두막집 지붕에 포르르 내려앉았습니다. 가까이 가 보니, 오두막집은 빵으로 지어져 있었습니다. 지붕은 과자였고 창문은 투명한 사탕이었습니다. 헨젤이 말했습니다.

"우와, 우리 한번 실컷 먹자. 난 지붕 한 조각 뜯어먹을 테니, 그레텔, 넌 창문을 뜯어먹어. 달콤할 거야."

헨젤은 맛이 어떤지 보려고 손을 뻗어 지붕을 조금 뜯어냈습니다. 그레텔은 창가에 서서 창문을 바삭바삭 갉아먹었습니다. 그때 방에서 가냘픈 소리가 흘러나왔습니다.

"바삭바삭, 파삭파삭,
누가 내 집 갉아먹지?"

아이들은 대답했습니다.

"바람이야, 바람이야,
하늘 아이, 바람이야."

아이들은 아랑곳하지 않고 계속 먹었습니다. 지붕에 맛들인 헨젤은 지붕을 크게 한 조각 떼어냈습니다. 그레텔은 둥그런 창문을 아예 통째로 떼어내 바닥에 주저앉아 맛있게 먹었습니다. 그때 문이 벌컥 열리며 꼬부랑 할머니가 지팡이를 짚고 어슬렁어슬렁 나왔습니다. 헨젤과 그레텔은 너무 놀라서 손에 들고 있던 것을 땅에 떨어뜨렸습니다. 할머니는 머리를 설레설레하며 말했습니다.

"아이, 참 예쁜 아이들이네. 누가 데려왔지? 어서 들어와. 나하고 같이 살자. 괜찮다니까."

할머니는 아이들의 손을 잡고 집 안으로 데리고 들어갔습니다. 안에는 맛있는 음식이 잔뜩 차려져 있었습니다. 우유며 설탕이 담뿍 든 팬케이크 하며, 사과도 있고 호두도 있었습니다. 할머니는 나중에 예쁜 침대 두 개에 하얀 시트를 깔아 주었습니다. 침대에 누운 헨젤과 그레텔은 마치 천상에라도 온 것 같은 기분이었습니다.

하지만 할머니는 아이들을 노리는 고약한 마녀였습니다. 다정한 척하면서 빵으로 집을 지어 놓고 아이들을 유혹했습니다. 어떤 아이든 손아귀에 들어오면 할머니는 아이를 죽여 요리를 해서 먹었습니다. 그날이 할머니에게는 잔칫날이었습니다. 마녀들은 눈이 빨갛고 멀리 볼 수 없습니다. 그런데 냄새는 동물들처럼 기막히게 잘 맡아서 사람이 다가오면 금세 알아채죠. 헨젤과 그레텔이 가까이 왔을 때 할머니는 심술궂게 웃으며 빈정댔습니다.

"걸려들었군. 다시는 도망갈 수 없을 게다."

다음 날, 아이들이 잠을 깨기 전에 할머니는 벌써 새벽같이 일어났습니다. 할머니는 통통하고 발그레한 뺨을 하고 색색 자고 있는 아이들을 들여다보며 중얼거렸습니다.

"정말 맛있겠다!"

할머니는 앙상한 길귀 손으로 헨젤을 움켜집고 작은 우리로 끌고 가서 안에 가두고 창살문을 잠가 버렸습니다. 헨젤은 소리소리 질렀지만 소용이 없었습니다. 할머니는 다시 돌아와 그레텔을 흔들어 깨우며 소리쳤습니다.

"냉큼 일어나, 이 게으름뱅이야. 물을 길어다 오빠한테 맛있는 것을 요리해 줘야지. 저 바깥 우리에 있는 네 오빠 살이 쪄야 한단 말이다. 포동포동해지면 잡아먹을 거야."

그레텔은 슬피 울기 시작했지만 소용없었습니다. 고약한 마녀가 시키는 대로 할 수밖에 없었죠.

불쌍한 헨젤은 최고로 맛난 음식을 먹었습니다. 하지만 그레텔은 게껍데기밖에 얻어먹지 못했습니다. 할머니는 아침마다 작은 우리에 와서 소리쳤습니다.

"헨젤, 손가락을 내밀어 봐. 얼마나 살이 올랐는지 만져 봐야겠다."

하지만 헨젤은 작은 뼈다귀를 내밀었습니다. 눈이 침침한 할머니는 그것이 헨젤의 손가락인 줄 알고, 왜 살이 찌지 않는지 이상하게 여겼습니다. 어느덧 4주가 지났는데도 헨젤은 여전히 홀쭉하게 여윈 채였습니다. 할머니는 안달을 부리다가 더는 기다리지 않겠다며 그레텔에게 소리쳤습니다.

"어이, 그레텔. 얼른 가서 물을 길어 오너라. 헨젤이 살이 쪘든 말랐든 내일은 녀석을 잡아먹어야겠다."

아이, 불쌍한 누이동생, 물을 길어 와야 하니 얼마나 슬펐겠습니까! 눈물이 뺨을 타고 줄줄 흘러내렸습니다. 그레텔은 부르짖었습니다.

"사랑하는 하나님, 제발 도와주세요. 차라리 숲 속에서 사나운 짐승들에게 잡아먹혔더라면 함께 죽기나 했을 텐데."

그러자 할머니가 말했습니다.

"징징대지 마. 소용없으니까."

아침 일찍 그레텔은 밖에 나가 물 솥을 걸고 불을 지펴야 했습니다. 할머니가 말했습니다.

"빵부터 구워야겠다. 화덕 오븐도 달궈 놓았고 밀가루도 벌써 반죽해 놨으니."

할머니는 불쌍한 그레텔을 불꽃이 넘실거리는 화덕 오븐 쪽으로 떠밀며 말했습니다.

"속에 들어가 화덕 오븐이 잘 달궈졌는지 보아라. 그래야 빵을 넣을 수 있으니까."

그레텔이 화덕 오븐 안에 들어가면 할머니는 화덕 문을 닫고 그레텔을 통째로 구워 먹을 속셈이었습니다. 하지만 그레텔은 할머니의 속셈을 눈치채고 말했습니다.

"어떻게 해야 하는지 잘 모르겠어요. 어떻게 들어가죠?"

할머니가 말했습니다.

"이런 멍청한 계집애 같으니. 구멍이 저렇게 넓잖아. 자, 봐라, 나도 들어가잖아."

할머니는 굼실굼실 걸어와 화덕 오븐 속에 머리를 쑥 들이밀었습니다. 순간, 그레텔은 할머니를 확 밀어 넣었습니다. 그리고 쇠문을 닫고 빗장을 질렀습니다. 으악! 할머니는 비명을 지르며 끔찍하게 울부짖었습니다. 그레텔은 달아났고, 사악한 마녀는 비참하게 타 죽고 말았습니다.

그레텔은 곧장 헨젤에게 달려가 우리 문을 열고 소리쳤습니다.

"오빠, 이제 우린 살았어. 늙은 마녀가 죽었어."

문이 열리자 헨젤은 새장에 갇혔던 새처럼 우리에서 뛰쳐나왔습니다. 얼마나 기쁜지 둘은 얼싸안고 깡충깡충 뛰며 볼에 입맞춤을 했습니다! 아이들은 이제 겁낼 필요가 없었기 때문에 마녀의 집으로 들어갔습니다. 집안에는 진주와 보석이 든 상자들이 구석구석 있었습니다. 헨젤이 말했습니다.

"조약돌보다 더 좋은데."

헨젤은 주머니에 진주와 보석을 꽉꽉 집어넣었습니다. 그레텔이 말했습니다.

"나도 좀 갖고 갈래."

그레텔도 앞치마에 진주와 보석을 가득 담았습니다. 헨젤은 말했습니다.

"자, 이제 그만 떠나자. 마녀의 숲에서 빠져나가야 해."

몇 시간 걸어가니까 큰 강이 나왔습니다. 헨젤은 말했습니다.

"강을 건널 수 없겠는데. 나무다리도 징검다리도 없잖아."

그레텔은 대답했습니다.

"나룻배도 안 다니네. 그런데 저기 하얀 오리가 헤엄치고 있잖아. 오리한테 부탁하면 건네줄 거야."

그레텔은 소리쳤습니다.

"오리야, 오리야,

그레텔과 헨젤이 여기 있단다,

나무다리도 없고 징검다리도 없고,

하얀 등에 우리를 좀 태워 주렴."

그러자 오리가 가까이 왔습니다. 헨젤이 먼저 올라타고 누이동생에게 옆에 앉으라고 했습니다. 하지만 그레텔은 말했습니다.

"안 돼, 오리한테 너무 무거워. 한 사람씩 건네 달라고 해야지."

착한 오리는 그렇게 했습니다. 오누이는 무사히 강을 건너 얼마 동안 걸었습니다. 그런데 갈수록 점점 눈에 익은 숲이 나타났습니다. 이윽고 저 멀리 집이 보였습니다. 아이들은 달리기 시작했습니다. 헨젤과 그레텔은 방으로 뛰어 들어가 아버지의 목을 얼싸안았습니다. 나무꾼은 아이들을 숲에 버리고 난 뒤, 마음 편한 날이 한 번도 없었습니다. 새엄마는 그동안 세상을 떠나 없었습니다. 그레텔이 앞치마를 활짝 벌리자 진주와 보석이 와르르 쏟아졌습니다. 헨젤도 호주머니에서 진주와 보석을 한 움큼씩 꺼내 놓았습니다. 이제 근심 걱정은 다 사라지고, 나무꾼과 아이들은 아주 아주 행복하게 살았답니다. 내 이야기는 이제 끝났어요. 앗, 그런데 저기 생쥐가 달려가네요. 저 녀석을 잡아 보세요, 엄청 커다란 털모자를 만들 수 있을 테니까요.

◆16◆
뱀이 가져온 잎사귀 세 잎

옛날에 가난한 한 남자가 살았습니다. 얼마나 가난한지 하나뿐인 아들도 먹여 살릴 수 없었습니다. 그러자 아들이 말했습니다.

"사랑하는 아버지, 어려운 형편에 제가 짐만 되네요. 차라리 집을 떠나 제힘으로 살아보겠어요."

아버지는 마음이 몹시 아팠지만 축복을 빌어 주고 아들을 떠나보냈습니다. 그때 마침 어느 막강한 나라의 왕이 전쟁을 치르고 있었습니다. 젊은이는 그 왕의 군대에 들어가 전쟁터에 나갔습니다. 적군과 마주쳐 전투가 벌어졌는데, 아주 위험한 상황이었습니다. 총알이 빗발치듯 쏟아지고 사방에서 동료들이 쓰러져 나갔습니다. 지휘관 역시 싸우다 죽자 살아남은 병사들은 도망치려고 했습니다. 젊은이는 앞으로 나서서 병사들을 격려하며 소리쳤습니다.

"조국이 멸망하는 걸 두고만 볼 순 없다."

그러자 병사들이 젊은이를 따랐습니다. 젊은이는 적진으로 돌진해 마침내 적군을 물리쳤습니다. 젊은이 덕분에 승리를 거두었다는 소식이 전해지자 왕은 젊은이를 최고 자리에 임명했고 많은 보물을 내려 주었습니다. 젊은이는 나라에서 으뜸가는 인물이 되었죠.

왕에게는 딸이 하나 있었습니다. 공주는 아주 아름다웠지만 남달리 까다롭고 별난 구석이 있었습니다. 공주는 자기가 먼저 죽으면, 산채로 같이 무덤에 묻히겠다고 약속할 수 있는 남자만 주인과 남편으로 받아들이겠다고 맹세했습니다. 공주는 이렇게 말했습니다.

"진심으로 날 사랑한다면, 나 없이 더 살 이유가 없잖아?"

대신 공주는 자기도 똑같이 남편이 먼저 죽으면, 무덤에 같이 들어가겠다고 했습니다. 이런 괴상한 맹세 때문에 구혼자들은 지금껏 죄다 겁이 나서 물러갔습니다. 하지만 공주의 아름다움에 홀딱 반한 젊은이는 공주와 무조건 결혼하겠다고 왕에게 청했습니다. 그러자 왕이 말했습니다.

"무슨 약속을 해야 하는지 알고 있는가?"

젊은이는 대답했습니다.

"공주님보다 오래 살면, 공주님과 같이 무덤에 들어가야 합니다. 하지만 저는 공주님을 너무나 사랑하기에 그런 것은 아랑곳하지 않습니다."

그러자 왕은 결혼을 허락했고, 두 사람은 성대한 결혼식을 올렸습니다.

두 사람은 한동안 행복하고 즐겁게 잘살았습니다. 그런데 젊은 왕비가 덜컥 중병이 들었습니다. 의사들도 병을 고칠 수 없었습니다. 죽어누워 있는 아내를 보자 젊은이는 문득 자신이 했던 약속을 머리에 떠올렸습니다. 산 채로 무덤에 들어갈 생각을 하니 끔찍했습니다. 하지만달리 방법이 없었습니다. 왕이 성문마다 보초를 세워 놓은 터라, 운명을 피해 갈 수가 없었습니다. 어느덧 공주의 시체를 왕가의 지하 묘실에 매장하는 날이 되었습니다. 젊은이도 같이 끌려내려갔습니다. 묘실문에 빗장이 질러졌고 자물쇠가 철컹 채워졌습니다.

공주의 관 옆에는 탁자가 있었습니다. 탁자 위에는 초 네 개와 빵 네덩이와 포도주 네 병이 놓여 있었습니다. 그게 다 떨어지면 굶어 죽을수밖에 없었습니다. 젊은이는 슬픔과 괴로움에 싸인 채, 매일 빵을 한입 먹고 포도주도 한 모금만 마셨습니다. 하지만 죽음은 서서히 다가왔습니다. 젊은이가 멍하니 앞만 쳐다보고 있는데, 묘실 한구석에서 뱀이 스르르 기어 나와 시체 쪽으로 다가갔습니다. 뱀이 시체를 물어뜯으려는 줄 알고 젊은이는 칼을 빼 들고 말했습니다.

"내가 살아 있는 한 공주님은 못 건드려."

젊은이는 뱀을 내리쳐 세 토막을 냈습니다. 그런데 잠시 후, 다른 뱀이 구석에서 스르르 기어 나왔습니다. 그 뱀은 토막이 나 죽어 있는 뱀을 보고 되돌아가더니 입에 푸른 잎사귀 세 잎을 물고 금세 다시 돌아왔습니다. 그러더니 세 토막으로 잘린 뱀을 원래대로 잇대어 놓고 상처에 잎사귀를 하나씩 붙였습니다. 그러자 잘린 토막들이 금세 붙더니 뱀은 꿈틀거리며 다시 살아났습니다. 뱀들은 잎사귀들을 바닥에 그대로 놔둔 채 부리나케 어디론가 가 버렸습니다. 모든 것을 지켜보고 있던 젊은이는 죽은 뱀을 살려낸 잎사귀의 신비로운 힘으로 혹 사람도 살려낼 수 있을지 모른다는 생각이 퍼뜩 들었습니다. 젊은이는 잎사귀들을 주워 하나는 시체의 입에, 두 개는 눈에 올려놓았습니다. 그러자마자 몸에 피가 돌기 시작하며 창백한 얼굴이 발그레 물들었습니다. 아내는 휴우, 숨을 내쉬더니 반짝 눈을 뜨고 말했습니다.

"오, 세상에, 여기가 어디지?"

젊은이가 대답했습니다.

"내 곁이라오, 여보."

젊은이는 어떤 일이 있었는지, 공주가 어떻게 다시 살아났는지 다 이야기해 줬습니다. 젊은이는 공주에게 포도주와 빵을 건네주었습니다. 공주는 다시 기운을 차리고 몸을 일으켰습니다. 두 사람은 문으로 가서 쾅쾅 두드리며 크게 소리쳤습니다. 그러자 보초가 그 소리를 듣고 왕에게 보고했습니다. 왕은 직접 내려와 지하 묘실 문을 열었습니다. 왕은 생생하고 건강한 두 사람을 보고 고생을 잘 이겨냈다고 무척 기뻐했습니다. 젊은이는 뱀이 가져온 잎사귀 세 잎을 시종에게 주며 말했습니다.

"잘 간직해라. 늘 몸에 지니고 있어야 한다. 어려움이 닥쳤을 때 도움이 될지도 모르니까."

하지만 공주는 죽었다 살아나자 마음이 변했습니다. 남편을 사랑하는 마음이 완전히 돌아선 것 같았습니다. 얼마 후 젊은이는 왕비와 함께 바다를 건너 늙은 아버지를 방문하려고 배에 올랐습니다. 하지만 배에 오르자 왕비는 자신을 죽음에서 살려낸 남편의 지극한 사랑과 믿음을 까맣게 잊어버리고 선장을 좋아하게 되었습니다. 어느 날 젊은이가 누워서 자고 있을 때, 왕비는 선장을 불러들였습니다. 왕비는 자는 남편의 머리를 잡고, 선장은 발을 잡아 젊은이를 바닷속에 던져 버렸습니다. 이런 사악한 짓을 하고 나서 공주는 선장에게 말했습니다.

"이제 집으로 돌아가 남편이 도중에 죽었다고 말합시다. 당신이 얼마나 훌륭한지 아버지께 말씀드리면 우리의 결혼을 허락하실 거예요. 당신에게 왕위도 물려주실 거고요."

하지만 충성스러운 젊은이의 시종은 모든 것을 빠짐없이 지켜보았습니다. 시종은 큰 배에서 몰래 조각배를 내렸습니다. 조각배에 올라탄 시종은 배반자들을 떠나보내고 주인을 찾아 나섰습니다. 시종은 주인의 시체를 바다에서 건져냈습니다. 그리고 몸에 지니고 다니던 뱀 잎사귀 세 잎을 눈과 입에다 올려놓았습니다. 다행히도 젊은이는 다시 살아났습니다.

두 사람은 밤낮으로 있는 힘을 다해 노를 저었습니다. 조각배는 물 위를 나는 듯이 달려 공주와 선장이 탄 배보다 먼저 집에 도착했습니다. 두 사람만 돌아온 것을 보고 이상하게 여긴 늙은 왕은 무슨 일이 있었는지 물었습니다. 공주가 저지른 사악한 짓을 듣자 왕은 말했습니다.

"공주가 그렇게 나쁜 짓을 했다니, 정말 믿을 수 없구나. 하지만 곧 진실이 밝혀지겠지."

왕은 두 사람에게 어느 사람도 눈치채지 못하게 비밀 방에 가 있으라고 했습니다. 그리고 바로 큰 배가 도착했습니다. 못된 공주는 슬픈 표정을 지으며 아버지 앞에 나타났습니다. 왕이 물었습니다.

"왜 너 혼자만 돌아왔느냐? 남편은 어디 있느냐?"

공주는 대답했습니다.

"아아, 아버지. 너무 슬퍼서 돌아왔어요. 남편이 배를 타고 기다리 갑자기 병에 걸려 세상을 떠났거든요. 착한 선장님이 도와주지 않았다면 저도 어찌 됐을지 몰라요. 선장님은 남편이 죽을 때 곁에 있었으니까 다 말씀드릴 수 있을 거예요."

그러자 왕은 말했습니다.

"내가 죽은 사람을 다시 살려내겠다."

왕은 방문을 활짝 열고 두 사람에게 나오라고 했습니다. 공주는 남편을 본 순간 벼락을 맞은 듯 무너져 내려 무릎을 꿇고 용서해 달라고 빌었습니다. 하지만 왕은 말했습니다.

"용서할 수 없다. 네 남편은 기꺼이 너와 죽고자 했고 네 목숨까지 다시 살려 놓지 않았더냐. 그런데 너는 자고 있는 남편을 죽이다니, 벌을 받아 마땅하다."

그래서 공주는 선장과 함께 구멍이 숭숭 뚫린 배에 태워져 바다에 띄워졌고, 두 사람은 곧 파도에 휩쓸려 바닷속에 가라앉았답니다.

◆17◆
하얀 뱀

옛날 옛날에, 지혜롭기로 온 나라에 이름난 왕이 살았습니다. 왕은 모르는 것이 없었습니다. 왕은 은밀하게 일어나는 일도 마치 공기를 통해 전해 듣는 듯했습니다. 그런데 왕은 이상한 습관이 하나 있었습니다. 점심때마다 식탁을 깨끗이 치우고 다들 물러가면, 왕은 신임하는 시종에게 움푹한 접시 하나를 가져오게 했습니다. 접시에는 뚜껑이 덮여 있어서 안에 무엇이 들었는지는 시종도 알지 못했습니다. 왕은 혼자가 아니면 절대 뚜껑을 열지 않았고, 먹지도 않았습니다. 그래서 안에 무엇이 들었는지 아는 사람은 아무도 없었습니다. 오랜 세월이 흐른 어느 날, 시종이 접시를 치우다가 호기심을 못 참고 접시를 자기 방으로 가져갔습니다. 시종은 방문을 꼭꼭 잠그고 뚜껑을 열었습니다. 그런데 접시 안에는 하얀 뱀 한 마리가 들어 있었습니다. 시종은 뱀을 보자 한번 맛을 보고 싶어 견딜 수가 없었습니다. 그래서 한 조각 조그맣게 잘라 입에 넣었습니다. 그런데 그게 혀에 닿자마자 창밖에서 가느다란 목소리로 뭐라고 소곤소곤하는 이상한 소리가 들려왔습니다. 시종은 창가로 가서 가만히 귀를 기울였습니다. 그것은 참새들이 이야기하는 소리였습니다. 참새들은 들과 숲에서 본 온갖 것들에 대해 재잘거리고 있었습니다. 뱀을 먹었더니 동물들이 하는 말을 알아들을 수 있게 된 것입니다.

그런데 바로 그날, 일이 터졌습니다. 왕비의 반지 중 가장 아름다운 반지가 사라진 것입니다. 그러자 어디든 마음대로 드나들 수 있는 시종이 반지를 훔쳤다는 의심을 받게 되었습니다. 왕은 시종을 불러 불같이 호령했습니다. 다음날까지 반지를 훔친 자가 누군지 말하지 않으면 그를 도둑으로 간주해 처벌하겠다고 으름장을 놓았습니다. 시종은 자신의 결백함을 맹세했지만, 아무 소용이 없었습니다. 상황은 더 나아지지 않은 채 시종은 일단 풀려났습니다. 시종은 초조하고 불안해서 어떻게 하면 곤경에서 벗어날 수 있을까 궁리하며 마당을 오락가락했습니다. 그때 시냇가에 나란히 앉아 한가로이 쉬고 있는 오리들이 보였습니다. 오리들은 부리로 날개 깃을 매끄럽게 고르며 허

123

물없이 말을 주고받고 있었습니다. 시종은 걸음을 멈추고 가만히 귀를 기울였습니다. 오리들은 아침에 어디를 뒤뚱거리며 돌아다녔고, 어떤 맛있는 먹이를 찾았는지 이야기하고 있었습니다. 그런데 한 오리가 툴툴댔습니다.

"난 체했나 봐. 허겁지겁 먹다가 왕비님 창문 밑에 있던 반지까지 꿀떡 삼켜 버렸거든."

시종은 얼른 오리의 목덜미를 움켜잡고 부엌으로 가서 요리사에게 말했습니다.

"통통하게 살찐 요놈을 잡아요."

요리사는 손으로 오리의 무게를 어림해 보며 말했습니다.

"그러죠. 살찌려고 염치없이 먹어 대더라고요. 진작 구워 먹어야 했어요."

요리사가 오리의 목을 자르고 내장을 끄집어내자 오리의 위에서 왕비의 반지가 나왔습니다. 시종은 왕에게 자신의 무죄를 바로 증명할 수 있었습니다. 왕은 자신이 내린 부당한 처사를 시종에게 보상해 주고 싶었습니다. 그래서 시종에게 소원을 말하라며, 원한다면 궁전에서 가장 높은 명예직을 주겠다고 했습니다.

하지만 시종은 모든 제안을 거절하고 말 한 마리와 여행경비만 달라고 했습니다. 얼마 동안 여기저기 돌아다니며 세상 구경을 하고 싶어서였습니다. 왕은 청을 들어주었고, 시종은 길을 떠났습니다. 어느 날 연못을 지나가던 젊은이는 갈대에 걸려서 입만 숨 가쁘게 뻐끔대고 있는 물고기 세 마리를 보았습니다. 물고기는 원래 말을 못한다고 알고 있지만, 젊은이는 물고기들이 이제 죽었다며 울부짖는 소리를 들었습니다. 시종은 불쌍한 마음이 들어 말에서 내려와 꼼짝 못 하는 물고기들을 다시 물속으로 돌려보냈습니다. 물고기들은 좋아서 꼬리를 파닥파닥하며 물 밖으로 머리를 내밀고 소리쳤습니다.

"당신을 잊지 않겠어요. 꼭 보답할게요."

시종은 말을 타고 계속 갔습니다. 얼마쯤 갔더니 발밑 모래 속에서 무슨 소리가 들리는 듯해 가만히 귀를 기울였습니다. 개미 왕이 투덜거리고 있었습니다.

"둔한 짐승을 타고 다니는 사람들이 제발 우리 쪽으로 안 왔으면 좋겠어! 저 미련한 말이 무거운 발굽으로 내 백성들을 막 짓밟잖아!"

시종은 샛길로 말을 몰았습니다. 그러자 개미 왕이 소리쳤습니다.

"당신을 잊지 않겠어요. 꼭 보답할게요."

길을 따라가니 숲이 나왔습니다. 숲에서 시종은 새끼들을 둥지 밖으로 몰아내며 소리치고 있는 까마귀 엄마와 까마귀 아버지를 보았습니다.

"냉큼 나가지 못해? 이 말썽꾸러기 쓸모없는 것들아. 더는 먹여 살릴 수 없다니까. 너희들도 다 컸으니까 먹이는 스스로 찾아."

불쌍한 새끼들은 땅에 앉아 작은 날개를 파닥이며 까옥까옥 울부짖었습니다.

"우리는 어려서 아직 날지도 못하는데 어떻게 먹이를 찾으라고요! 여기서 굶어 죽을 수밖에 없잖아요!"

그러자 착한 젊은이는 말에서 훌쩍 내려왔습니다. 젊은이는 말을 칼로 내리쳐 죽이고 까마귀 새끼들에게 먹으라고 주었습니다. 새끼들은 폴짝폴짝 뛰어와 배불리 먹은 뒤 소리쳤습니다.

"당신을 잊지 않겠어요. 꼭 보답할게요."

이제 젊은이는 걸어가야 했습니다. 한참을 걷자 큰 도시가 나왔습니다. 거리마다 사람들이 와글와글 북적이고 소란스러웠습니다. 그때 말을 탄 한 남자가 오더니 공주님이 신랑감을 찾고 있다고 알렸습니다. 하지만 공주와 결혼하려면 어려운 일을 해내야 하고, 만일 못하면 목숨을 잃게 될 것이라고 했습니다. 이미 수많은 사람이 청혼했다가 헛되이 목숨만 잃은 터였습니다. 하지만 공주를 본 젊은이는 더없이 아름다운 공주의 모습에 눈이 멀어 위험 따위는 까맣게 잊어버리고 왕을 찾아가 청혼을 했습니다.

왕은 젊은이를 바로 바다로 데려갔습니다. 왕은 젊은이가 보는 앞에서 황금 반지를 바다에 휙 던지더니 바닷속에서 다시 건져 오라고 했습니다. 그리고 한마디 덧붙였습니다.

"반지를 찾지 못하고 위로 올라오면, 그때마다 자네를 물에 밀어 넣겠다. 파도에 쓸려 죽을 때까지."

모두 아름다운 젊은이를 안타깝게 여기며 바닷가에 홀로 두고 떠났습니다. 젊은이는 바닷가에 서서 어떻게 해야 좋을지 생각했습니다. 그때 물고기 세 마리가 불쑥 헤엄쳐 왔습니다. 다름 아닌 젊은이가 목숨을 구해 준 물고기들이었습니다. 그런데 가운데 물고기가 입에 조개를 물고 와서 바닷가에 서 있는 젊은이의 발치에 내려놓았습니다. 젊은이가 조개를 집어 들어 입을 벌렸더니 안에 황금 반지가 들어 있었습니다. 젊은이는 뛸 듯이 기뻐하며 왕에게 반지를 갖고 갔습니다. 왕이 약속한 대로 상을 주리라 기대하면서 말입니다. 하지만 콧대 높은 공주는 젊은이의 신분이 자기만 못하다는 소리를 듣고 젊은이를 깔보며 또다른 일을 해내야만 한다고 요구했습니다. 공주는 정원으로 내려가 기장을 열 자루나 직접 풀밭에 쏟아 놓고 말했습니다.

"내일 아침 해뜨기 전까지 한 톨도 남김없이 다 주워 담아야 해요."

젊은이는 정원에 앉아 어떻게 하면 좋을지 곰곰 생각했습니다. 하지만 좋은 생각이 떠오르지 않자 날이 새면 꼼짝없이 죽겠구나 싶어 낙심에 차 앉아 있었습니다. 그런데 아침 첫 햇살이 정원에 비치자, 자루 열 개가 모두 기장으로 꽉 채워져 나란히 놓여 있었습니다. 기장은 한 톨도 남아 있지 않았습니다. 그러니까 개미 왕이 수천수만의 개미들을 데려와서 밤새 부지런히 기장을 자루에다 담아 놓은 것입니다. 은혜를 아는 개미들이었죠. 공주는 친히 정원에 내려와 젊은이가 완벽하게 해 놓은 일을 보고는 깜짝 놀랐습니다. 하지만 공주는 여전히 콧대를 낮추지 못하고 이렇게 말했습니다.

"두 가지 일을 무사히 해냈지만, 생명의 나무에서 사과를 따오기 전까지는 내 남편이 될 수 없어요."

젊은이는 생명의 나무가 어디 있는지 몰랐습니다. 그래서 무작정 길을 떠나 발길 따라 걸어갔지만 생명의 나무를 어디서 찾을지 막막했습니다. 어느 날 저녁, 이미 세 왕국을 거쳐 온 젊은이는 숲으로 들어가 나무 밑에 앉아 잠을 자려고 했습니다. 그런데 나뭇가지에서 바스락거리는 소리가 나더니 황금 사과가 손에 툭 떨어졌습니다. 동시에 까마귀 세 마리가 날아와 젊은이의 무릎에 앉더니 말했습니다.

"우리는 당신이 구해 준 까마귀들이에요. 우리 셋은 하마터면 굶어 죽을 뻔했죠. 그 까마귀 새끼들이 이렇게 컸답니다. 우리는 당신이 황금 사과를 찾아다닌다는 소리를 들었어요. 그래서 바다 너머 생명의 나무가 자라는 세상 끝까지 날아가 사과를 따왔답니다."

젊은이는 기쁨에 넘쳐 집으로 돌아왔습니다. 젊은이가 황금 사과를 건네주자 아름다운 공주도 이제 더는 다른 핑계를 댈 수 없었습니다. 두 사람은 생명의 사과를 반으로 잘라 나눠 먹었습니다. 그러자 공

주는 젊은이를 더없이 사랑하게 되었고, 두 사람은 평화롭고 행복하게
오래오래 살았답니다.

◆18◆

지푸라기와 숯과 콩

옛날, 어느 마을에 가난한 할머니가 살고 있었습니다. 할머니는 콩을 마
련해 요리하려고 했습니다. 할머니는 화덕에 불을 지피고 더 빨리 타라
고 지푸라기를 한 움큼 집어 불을 댕기고는 냄비에다 콩을 쏟았습니다.
그런데 콩 하나가 할머니도 모르게 바닥에 떨어져 지푸라기 옆으로 굴
렀습니다. 또 마침 빨갛게 단 숯 하나가 화덕에서 튀어나와 지푸라기와
콩 옆에 툭 떨어졌습니다. 지푸라기가 먼저 입을 열었습니다.

"얘들아, 어디서 왔니?"

숯이 대답했습니다.

"불 속에서 겨우 뛰어나왔어. 운이 좋았나 봐. 있는 힘을 다해 뛰어나
오지 않았더라면, 분명 불에 타 죽어 재가 되었을 거야."

그러자 콩이 말했습니다.

"나도 겨우 빠져나왔어. 할멈이 나를 냄비에 넣고 푹푹 삶았다면 친
구들처럼 꼼짝없이 죽이 되고 말았을걸."

지푸라기가 말했습니다.

"내 신세는 더 나았을 것 같아? 할멈이 내 형제들을 모두 불태워 버
렸는걸. 한꺼번에 예순 가닥을 덥석 움켜잡아 태워 죽였다고. 난 다행
히도 손가락 사이로 빠져나왔어."

숯이 말했습니다.

"이제 어떡하면 좋지?"

그러자 콩이 대답했습니다.

"우리 다 겨우 목숨을 건졌어. 그러니까 좋은 친구가 되어 사이좋게 한데 뭉치자. 우리 함께 다른 나라로 멀리 떠나자. 여기서는 또 무슨 불행한 일을 당할지 모르니까."

숯과 지푸라기도 콩의 제안이 마음에 들었습니다. 그래서 셋은 함께 길을 떠났습니다. 그런데 얼마 못 가서 자그마한 냇물이 나왔습니다. 징검다리도 없고 나무다리도 없고, 어떻게 냇물을 건너야 할지 몰랐습니다. 지푸라기가 좋은 방법이 생각나서 말했습니다.

"내가 물 위에 길게 누울 테니, 날 다리 삼아 건너가렴."

지푸라기는 이쪽에서 저쪽 물가로 기다랗게 누웠습니다. 먼저 성격이 불같이 급한 숯이 새로 만든 다리를 거침없이 쓱쓱 걸어갔습니다. 그런데 다리 한가운데쯤 왔을 때 문득 밑에서 졸졸거리는 물소리를 듣고는 겁이 덜컥 나서 우뚝 서버렸습니다. 숯은 더 걸을 수가 없었고, 지푸라기는 타기 시작하더니 이내 허리가 풀썩 꺾여 물속으로 빠져 버렸습니다. 숯도 지푸라기를 따라 물에 풍덩 빠져 치직 소리를 내며 그만 죽고 말았습니다. 조심스레 냇가에 남아 그 광경을 지켜보던 콩은 깔깔대고 웃었습니다. 어쩌나 우스운지 계속 웃고 또 웃다가 배가 그만 빵터져 버렸습니다. 그때 마침 여행 중이던 어떤 재봉사가 냇가에서 쉬고 있지 않았더라면, 콩도 꼼짝없이 끝장났을 겁니다. 정말 다행이었죠. 동정심 많은 재봉사는 바늘과 실을 꺼내 콩을 꿰매 주었습니다. 콩은 재봉사에게 진심으로 감사했습니다. 하지만 까만 실로 콩을 꿰맨 탓에, 그때부터 콩 배에 까맣게 꿰맨 자국이 남아 있게 되었답니다.

◆19◆
어부와 그의 아내

옛날 옛날에 한 어부와 어부의 아내가 바닷가 가까이 있는 오두막집에서 살았습니다. 어부는 날마다 바다로 나가 고기를 잡았습니다. 어부는 그렇게 고기를 잡고 또 잡았습니다.

어느 날, 어부는 낚시를 드리우고 앉아 맑은 물속만 들여다보고 있었습니다. 그렇게 한없이 앉아 있었습니다.

그런데 낚싯대가 물밑으로 쑥 내려갔습니다. 어부가 낚싯대를 들어 올렸더니 커다란 넙치가 딸려 올라왔습니다. 넙치가 어부에게 말했습니다.

"어부님, 제발 부탁이니 살려주세요. 나는 진짜 넙치가 아니라 마법에 걸린 왕자랍니다. 날 죽인들 무슨 소용이 있겠어요? 맛도 별로 없을 텐데! 헤엄쳐 가게 제발 바다에 도로 놔주세요."

그러자 어부는 말했습니다.

"흠, 긴말 필요 없다. 말하는 넙치인데 당연히 놔줘야지."

어부는 넙치를 맑은 물에 다시 놓아주었습니다. 넙치는 기다란 핏줄기를 뒤로 남기며 물밑으로 내려갔습니다. 어부는 그만 몸을 일으켜 아내가 있는 오두막집으로 돌아왔습니다. 아내가 말했습니다.

"여보, 오늘은 한 마리도 못 잡았어요?"

"아니, 넙치 하나를 잡긴 했는데, 마법에 걸린 왕자라고 하기에 다시 놔주고 왔소."

"그럼 아무 소원도 말하지 않고 놔줬단 말이에요?"

"그래요. 소원이라니, 무슨 소원을 말이오?"

130 130   그림 형제의 옛이야기 모음집 I

그러자 아내가 말했습니다.

"아휴, 이 오막살이가 지긋지긋하지도 않아요? 퀴퀴한 냄새도 나고 난 정말 싫단 말이에요. 아담한 집이라도 달라지 그랬어요. 다시 가서 넙치를 부르세요! 아담한 집 한 채 갖고 싶다고 말하라고요. 분명 당신 소원을 들어줄 거예요."

어부는 말했습니다.

"허, 참, 왜 또 가라는 거요?"

아내가 말했습니다.

"아휴, 잡은 넙치를 다시 놔주었잖아요. 분명 넙치가 소원을 들어줄 거라니까요. 얼른 가세요!"

어부는 영 마음이 내키지 않았습니다. 하지만 아내의 말을 거스르고 싶지 않아 할 수 없이 다시 바닷가로 나갔습니다.

그런데 바닷가에 나와 보니 물이 아까처럼 맑지 않고 누르스레한 초록빛이었습니다. 어부는 물가에 서서 말했습니다.

"어이, 어이, 팀페 테[12],
바다에 사는 넙치야,
내 아내 일제빌은,
내 마음과 다르구나."

---

12. 참조: 저지독일어(低地獨逸語)는 독일 북부를 중심으로 엘베 강 서쪽의 독일과 네덜란드 북동부에 걸쳐 사용되는 독일의 지역 언어이다. 약 500만 명이 일상 언어로 사용한다. 고지 독일어가 독일어의 표준이 되면서 오늘날에는 주로 구어 사용에 제한되어 있다. 또한 저지 독일어 내에도 지역에 따라 방언의 양상이 다양하여, 통일되어 있지 않다. 표준철자법은 없으며, 독일어 철자법이나 네덜란드어 철자법에 가까운 여러 표기가 혼재해 있다.

그러자 넙치가 헤엄쳐 와서 말했습니다.

"부인이 바라는 게 뭐죠?"

어부는 말했습니다.

"허, 참, 내가 널 잡았다고 했더니, 그럼 소원을 말해야 한다는 거야. 아내는 오막살이가 지긋지긋하대. 아담한 집 한 채 가졌으면 한단다."

그러자 넙치가 말했습니다.

"댁에 가 보세요. 이미 집을 갖고 있을 테니까요."

어부가 집에 왔더니, 아내는 오두막집에 앉아 있지 않았습니다. 오두막이 있던 자리에는 아담한 집이 한 채 서 있었습니다. 아내는 대문 앞 벤치에 앉아 있다가 남편의 손을 잡고 말했습니다.

"어서 들어가요. 안이 훨씬 더 좋다니까요."

두 사람은 안으로 들어갔습니다. 집에는 작은 현관과 아담하고 깨끗한 거실이 있었습니다. 침실도 있었고, 최고급 집기가 갖춰진 부엌과 음식 저장실도 있었습니다. 주석 그릇 하며 놋쇠 그릇도 맞춤하여 가지런히 놓여 있었습니다. 집 뒤에는 닭과 오리들이 종종대는 작은 마당과 채소와 과일나무가 자라는 정원도 있었습니다.

"보세요. 정말 좋지 않아요?"

아내가 말하자 남편이 대꾸했습니다.

"좋아요. 이대로라면 정말 행복하게 살 수 있겠구려."

아내는 말했습니다.

"그건 생각해봐야죠."

두 사람은 식사하고 잠자리에 들었습니다.

그렇게 한두 주쯤 지나자 아내가 말했습니다.

"여보, 집이 너무 좁아요. 마당도 정원도 손바닥만 하고. 넙치가 좀 더 큰 집도 줄 수 있었을 텐데. 이왕이면 돌로 지은 커다란 성에서 살고 싶단 말이에요. 넙치한테 가서 성을 달라고 부탁하세요."

그러자 남편이 말했습니다.

"아니, 이 집도 좋은데, 왜 군이 성에서 살려고 하오?"

아내는 말했습니다.

"아이, 참, 어서 가기나 해요. 넙치가 그렇게 해줄 거라니까요."

"여보, 그럴 순 없소. 넙치가 처음 이 집을 줬는데, 또 가서 부탁하고 싶지 않소. 넙치가 싫어할 거요."

남편이 말하자 아내가 말했습니다.

"가세요. 넙치는 분명 그래 줄 수 있고, 또 기꺼이 해줄 거예요. 어서요."

남편은 마음이 천근만근 무거웠습니다. 정말 가고 싶지 않았습니다. 남편은 혼자 중얼거렸습니다.

"이래선 안 되는데."

하지만 남편은 집을 나섰습니다.

어부가 바닷가에 왔더니 물빛은 누르스레한 초록빛이 아니었습니다. 물은 온통 검푸른 자줏빛에 잿빛마저 띠며 아주 탁했습니다. 하지만 물결은 여전히 잔잔했습니다. 어부는 물가에 서서 말했습니다.

"어이, 어이, 팀페 테,
바다에 사는 넙치야,
내 아내 일제빌은,
내 마음과 다르구나."

넙치가 물었습니다.
"부인이 바라는 게 뭐죠?"
그러자 어부는 풀이 죽은 목소리로 말했습니다.
"그게 글쎄, 아내가 돌로 지은 커다란 성에서 살고 싶다는구나."
넙치는 말했습니다.
"댁에 가 보세요. 부인이 문 앞에 서 있을 거예요."
어부가 집에 간다고 생각하며 왔더니, 집이 있던 자리에 돌로 지은 커다란 궁전이 우뚝 서 있었습니다. 아내는 막 성안으로 들어가려고 계단 위에 서 있었습니다. 아내는 남편의 손을 잡으며 말했습니다.
"어서 들어가요!"
남편은 아내와 함께 안으로 들어갔습니다. 들어갔더니 바닥이 대리석으로 된 크고 널찍한 현관 홀이 나왔습니다. 줄줄이 대령하고 있던 하인들은 커다란 문들을 활짝, 활짝 열어 주었습니다. 벽에는 아름다운 벽지가 발라져 있고, 방마다 황금 의자와 황금 탁자들이 놓여 있었습니다. 천장에는 수정 샹들리에가 걸려 있고 방에는 모두 양탄자가 깔려 있었습니다. 식탁 위에는 음식과 최고급 포도주가 상다리가 휘어지도록 가득 차려져 있었습니다. 집 뒤쪽으로 난 크고 너른 마당에는 마구간과 외양간과 마차가 그야말로 모두 최고로 갖춰져 있었습니다. 또한 반 마일쯤 펼쳐진 엄청 크고 멋진 정원에는 사슴이며 노루며 토끼가 있는가 하면, 여하튼 바라고 원하는 것들은 다 있었습니다. 아내가 말했습니다.

"어때요? 정말 아름답지 않아요?"

남편이 말했습니다.

"그렇군. 쭉 이랬으면 좋겠소. 이제 아름다운 성에서 만족하고 삽시다."

그러자 아내는 말했습니다.

"그건 생각해봐야죠. 일단 자고 나서 생각해요."

다음 날 아침 아내가 먼저 눈을 떴습니다. 날이 막 밝아 오고 있었습니다. 아내는 침대에서 눈 앞에 펼쳐진 찬란하고 아름다운 바깥 풍광을 내다보았습니다. 남편도 잠이 깨어 한바탕 늘어지게 기지개를 켰습니다. 아내는 팔꿈치로 남편의 옆구리를 쿡 찌르며 말했습니다.

"여보, 일어나서 창문 좀 내다봐요. 우리가 왕이 되어 온 나라를 다스릴 수 없을까요? 넙치한테 가서 왕이 되고 싶다고 부탁해 보세요!"

"허, 참, 여보, 왜 왕이 되려고? 난 싫소."

그러자 아내가 말했습니다.

"당신은 왕이 되고 싶지 않은지 몰라도 난 되고 싶다고요. 넙치한테 가서 내가 왕이 되고 싶어 한다고 하세요."

남편은 말했습니다.

"아, 글쎄, 여보, 왜 군이 왕이 되려고 그래? 넙치한테 그런 말은 하고 싶지 않소."

아내는 말했습니다.

"왜 못해요? 당장 가세요. 난 왕이 되고 싶단 말이에요."

왕이 되고 싶다는 아내의 성화에 어부는 천근만근 무거운 가슴을 안고 성을 나섰습니다. '이건 징말, 징말로 옳은 일이 아니야' 하고 생각했습니다. 정말 싫었지만 어부는 또 바닷가로 나갔습니다.

바닷가에 왔더니, 물빛은 온통 시커먼 잿빛이었고 밑에서 물이 세차게 용솟음치며 고약한 냄새가 진동했습니다. 어부는 물가에 서서 소리쳤습니다.

"어이, 어이, 팀페 테,
바다에 사는 넙치야,
내 아내 일제빌은,
내 마음과 다르구나."

넙치가 물었습니다.
"부인이 바라는 게 뭐죠?"
"허, 참, 글쎄, 왕이 되고 싶다는구나."
"댁에 가 보세요. 부인은 이미 그렇게 되었으니까요."

넙치의 말에 어부는 다시 발길을 돌려 궁전으로 돌아왔습니다. 그런데 성은 어마어마하게 큰 성으로 변해 있었습니다. 화려하게 장식된 탑까지 달려 있었죠. 성문 앞에는 보초들이 서 있었습니다. 병사들도 아주 많았고, 북을 치고 나팔을 부는 병사들도 많았습니다. 궁전 안에 들어갔더니 모든 게 다 진짜 대리석과 순금으로 되어 있었습니다. 벨벳 휘장에는 큼직한 금술들이 치렁치렁했습니다. 그때 홀 문이 활짝 열렸습니다. 홀 안에는 신하들이 다 모인 가운데 아내가 다이아몬드로 장식된 높다란 황금 왕좌에 앉아 있었습니다. 머리에는 커다란 황금 왕관을 쓰고 손에는 순금과 보석으로 장식된 왕 홀을 쥐고 있었습니다.
양옆에는 시녀 여섯이 키순서 대로 일렬로 죽 늘어서 있었습니다. 남편
은 앞으로 나와 말했습니다.

"세상에, 여보, 이제 왕이 된 거요?"

아내가 말했습니다.

"예, 이제 나는 왕이에요."

남편은 서서 아내를 묵묵히 바라보았습니다. 한참을 그렇게 바라보
더니 이렇게 말했습니다.

"허, 여보, 왕이 되니까 잘 어울리는구려! 이제 뭘 더 바라겠소."

하지만 아내는 안절부절 어쩔 줄을 모르며 말했습니다.

"아뇨, 여보. 지루하고 따분해서 더 이상 못 참겠어요! 넙치한테 가
서 왕이 됐으니까 이제 황제가 돼야겠다고 하세요!"

그러자 남편이 말했습니다.

"허, 참, 여보, 왜 황제가 되려고?"

아내는 말했습니다.

"여보, 넙치한테 가라니까요. 황제가 되고 싶다고 하세요."

"허, 참 넙치가 어떻게 황제를 만들어요. 그런 말은 하고 싶지 않소.
제국에는 황제가 딱 한 분밖에 없는데. 넙치도 황제는 못 만들어요."

그러자 아내가 말했습니다.

"뭐라고요? 나는 왕이고 당신은 내 남편이에요. 당장 가지 못해요?
가라니까요! 왕을 만들 수 있는 넙치라면 황제도 만들 수 있어요. 꼭
황제가 되어야겠어요! 당장 가요!"

어부는 갈 수밖에 없었습니다. 불안한 마음으로 바닷가로 나가면서
어부는 혼자 생각했습니다.

'이건 정말 아니야, 좋지 않아. 황제라니, 말도 안 돼. 넙치도 결국 지겨워할 거야.'

어느덧 어부는 바닷가에 이르렀습니다. 물빛은 시커멓고 탁했습니다. 물결이 위로 솟구치며 부글부글 거품이 일었습니다. 거센 회오리바람까지 횡횡 몰아치자 바닷물은 미친 듯 소용돌이쳤습니다. 어부는 등골이 오싹했지만 다시 물가에 서서 말했습니다.

"어이, 어이, 팀페 테,
바다에 사는 넙치야,
내 아내 일제빌은,
내 마음과 다르구나."

넙치가 물었습니다.
"부인이 바라는 게 뭐죠?"
어부는 말했습니다.
"허, 참, 글쎄, 아내는 황제가 되고 싶다는구나."
넙치가 말했습니다.
"댁에 가 보세요. 부인은 이미 그렇게 되었으니까요."
어부는 집으로 돌아왔습니다. 어부가 성에 왔더니, 온통 매끄러운 대리석으로 지은 왕궁이 우뚝 서 있고, 황금으로 장식한 하얀 설화석고 조각상들이 쭉 서 있었습니다. 성문 앞에서는 병사들이 나팔을 불고 팀파니와 북을 둥둥 두드리며 대열을 지어 행진하고 있었습니다. 성 안에는 남작들과 백작들과 공작들이 마치 하인들처럼 여기저기 대령하고 있다가 어부를 보자 황금 문을 활짝 열어 주었습니다. 안으로 들어가니까 아내는 높이가 2마일[13]은 되어 보이는 황금 옥좌에 떡하니 앉아 있었습니다. 머리에는 다이아몬드와 루비가 박혀 있는 큼지막한 황금 왕관을 쓰고 있었습니다. 왕관은 족히 3엘레[14]쯤 되어 보였습니다. 한 손에는 황제의 홀을 들고, 다른 손에는 제국의 사과[15]를 들고 있었습니다. 아내의 양옆에는 호위병들이 두 줄로 딱 버티고 서 있었습니다. 2마일은 되어 보이는 엄청 큰 거인부터 새끼손가락만 한 꼬마 난쟁이에 이르기까지 키 순서대로 늘어서 있었습니다. 그리고 아내 앞에는 수많은 영주와 공작이 서 있었습니다. 어부는 그들 사이를 비집고 나가 말했습니다.

"여보, 이제 황제가 되었단 말이오?"

아내가 말했습니다.

"예, 나는 황제예요."

어부는 가만히 서서 아내를 찬찬히 바라보았습니다. 아내를 한참 바라보더니 말했습니다.

"여보, 황제가 되니까 정말 잘 어울리는구려."

아내가 말했습니다.

"여보, 왜 그렇게 서 있어요? 황제가 됐으니, 나는 이제 교황도 돼야겠어요. 넙치한테 가요!"

어부는 말했습니다.

"허, 참, 여보, 아직도 바라는 게 더 있단 말이오? 당신이 교황이 될 수는 없어요. 기독교에 교황은 딱 한 분뿐이라오. 넙치도 교황은 못 만

---

13. 독일 마일 7532m, 아주 높아 보인다는 의미.
14. 독일의 옛 치수 이름, 1엘레: 약 2자 1치=66센티.
15. 지구 모양의 주먹만 한 공 위에 십자가를 올려놓은 것으로 황제의 권력을 상징함.

들어요."

하지만 아내는 말했습니다.

"여보, 교황이 되고 싶어요. 당장 가세요. 당장 오늘 나는 교황이 돼야겠어요."

어부는 말했습니다.

"아니, 여보, 나는 싫소. 넙치한테 말하고 싶지 않아요. 너무 욕심을 부리다간 끝이 안 좋다니까. 넙치도 교황은 만들 수 없어요."

그러자 아내는 말했습니다.

"여보, 바보 같은 소리 말아요! 황제를 만들 수 있다면 교황도 만들 수 있다고요. 얼른 가요. 나는 황제라고요. 당신은 내 남편이고. 이제 갈 거죠?"

어부는 정말 불안했지만 갈 수밖에 없었습니다. 하지만 기운이 빠져 몸이 덜덜 떨리고 다리가 후들거렸습니다. 그때, 바람 한 자락이 땅 위를 휙 몰아치더니 검은 구름이 뭉게뭉게 몰려들었습니다. 날이 어둑어둑해지며 나뭇잎들은 바람에 우수수 흩날렸습니다. 높다란 파도가 물이 끓듯 부글거리다 바닷가로 밀려와 철썩철썩 부딪혔습니다. 저 멀리 집채만 한 파도에 널뛰듯 흔들리며 조난 신호탄을 발사하는 배들이 보였습니다. 하늘은 한가운데에 조금만 파랗게 남겨 놓고, 거센 폭풍이 휘몰아칠 듯 온통 시뻘겠습니다. 덜컥 겁이 난 어부는 두려움에 떨며 물가에 서서 말했습니다.

"어이, 어이, 팀페 테,
바다에 사는 넙치야,
내 아내 일제빌은,

내 마음과 다르구나."

넙치가 물었습니다.

"부인이 바라는 게 뭐죠?"

어부는 대답했습니다.

"허, 참, 글쎄, 아내는 교황이 되고 싶다는구나."

넙치가 말했습니다.

"댁에 가 보세요. 부인은 이미 그렇게 되어 있으니까요."

어부는 집으로 돌아왔습니다. 집에 왔더니 어마어마하게 큰 교회가 수많은 성에 둘러싸여 서 있었습니다. 어부는 수많은 군중을 헤집고 안으로 들어갔습니다. 교회 안에는 수천수만 개의 촛불들이 환히 밝혀져 있었습니다. 아내는 황금 옷을 걸치고 훨씬 더 높은 교황 좌에 떡앉아 있었습니다. 머리에는 세 개의 커다란 황금 관을 층층 쌓아 올린 교황관을 쓰고 있었으며, 아내 주위에는 수많은 고위 성직자가 빙 둘러 서 있었습니다. 양옆에는 최고 높은 탑처럼 굵직하고 큰 초부터 주방용 작은 초까지 있었습니다. 황제들과 왕들은 모두 무릎을 꿇고 아내의 신발에 입을 맞췄습니다.

어부는 아내를 가만히 바라보며 말했습니다.

"여보, 이제 교황이 된 거요?"

아내가 말했습니다.

"예, 나는 교황이에요."

그러자 어부는 가까이 다가가 아내의 얼굴을 똑바로 바라보았습니다. 마치 태양을 보듯 눈이 부셨습니다. 어부는 그렇게 한참 바라보다가 말했습니다.

"여보, 교황이 되니까 정말 잘 어울리는구려!"

그런데 아내는 꼼짝 않고 나무토막처럼 뻣뻣이 앉아 있었습니다. 어부는 또 말했습니다.

"여보, 교황이 되었으니 이제 그만 만족하구려. 더 이상 될 것도 없잖아요."

아내가 말했습니다.

"생각해봐야죠."

두 사람은 잠자리에 들었습니다. 그래도 성이 차지 않은 아내는 꿈틀거리는 욕망 때문에 잠을 이룰 수가 없었습니다. 머릿속은 온통 또 무엇이 될 수 있을까, 하는 생각으로 꽉 차 있었습니다.

종일 뛰어다닌 어부는 곤히 잠들었습니다. 하지만 아내는 잠이 오지 않아 밤새 내내 뒤척이며 또 무엇이 될 수 있을까, 곰곰 생각했습니다. 하지만 도무지 생각이 나지 않았습니다. 어느덧 동이 터 오자 아내는 침대에 똑바로 앉아 아침노을을 물끄러미 바라보았습니다. 창문으로 해돋이를 보고 있던 아내는 '그래, 내가 해와 달을 떠오르게 할 수는 없을까.' 하는 생각이 불현듯 머리를 스쳤습니다.

"여보, 일어나요. 넙치한테 가서 하나님처럼 되고 싶다고 하세요."

아내는 팔꿈치로 남편의 옆구리를 쿡 찌르며 말했습니다. 반쯤 잠에 취해 있던 어부는 아내의 말에 너무나 놀라 그만 침대에서 굴러떨어졌습니다. 설마 내가 잘못 들은 거겠지, 하며 어부는 두 눈을 비비며 말했습니다.

"여보, 지금 뭐라고 했소?"

아내는 말했습니다.

"여보, 해와 달을 떠오르게 할 수 없다면, 정말 못 견딜 것 같아요.

내가 직접 해와 달을 뜨게 할 수 없다면, 마음이 편하지 않을 거란 말이에요."

아내의 눈빛이 어찌나 무시무시하던지 어부는 소름이 쫙 끼쳤습니다.

"당장 넙치한테 가요. 하나님처럼 되고 싶다니까요."

남편은 무릎을 꿇고 말했습니다.

"여보, 황제나 교황은 만들었지만 하나님이라니, 그건 넙치도 못할 거요. 제발 부탁하오. 교황이 된 거로 그만 만족하구려."

하지만 잔뜩 독이 오른 아내는 머리카락까지 곤두세우며 소리를 질렀습니다.

"못 참겠어! 더 이상 참을 수 없다고요! 당장 가지 못해요?"

어부는 바지를 입고 정신없이 밖으로 뛰쳐나갔습니다.

밖에는 폭풍이 어찌나 사납게 휘몰아치는지 제대로 서 있기도 힘들었습니다. 집들과 나무들이 쓰러지고, 산들이 부르르 떨고, 바윗덩어리들이 바다 속으로 굴러떨어졌습니다. 칠흑처럼 깜깜한 하늘에서는 천둥이 치고 번개가 번쩍거렸습니다. 교회 첨탑과 산처럼 거대한 파도가 하늘 높이 치솟으며 물마루에 거품이 허옇게 일었습니다. 어부는 소리를 질렀지만 자기 소리도 잘 들리지 않았습니다.

"어이, 어이, 팀페 테,
바다에 사는 넙치야,
내 아내 일제빌은,
내 마음과 다르구나."

넙치가 물었습니다.

"부인이 바라는 게 뭐죠?"

어부는 말했습니다.

"허, 참, 글쎄, 하나님이 되고 싶다는구나."

"댁에 가 보세요. 부인은 다시 오두막집에 앉아 있을 거예요."

그래서 어부와 어부의 아내는 지금까지도 오두막집에 앉아 있답
니다.

◆20◆

용감한 꼬마 재봉사

어느 여름날 아침, 꼬마 재봉사가 창가의 작업대에 앉아 신이 나서 열
심히 바느질하고 있었습니다. 그때 한 시골 아낙네가 길을 내려오며 외
쳤습니다.

"맛있는 잼 사세요! 맛있는 잼
사세요!"

그 소리가 어쩌나 맛있게 들리
는지 꼬마 재봉사는 창밖으로 자
그마한 머리를 쏙 내밀고 아낙네를
불렀습니다.

"여기요, 아주머니. 이리로 올라
오세요. 많이 사 드릴게요."

아낙네는 무거운 바구니를 들고

끙끙대며 4층까지 올라와 꼬마 재봉사에게 단지를 죄다 풀어 보여줬습니다. 꼬마 재봉사는 단지를 꼼꼼히 다 살펴보고, 높이 들어 코끝으로 킁킁 냄새도 맡아본 뒤 이렇게 말했습니다.

"잼이 맛있겠네요. 아주머니. 4로트[16]만 달아 주세요. 4분의 1파운드도 괜찮고요."

잼을 많이 팔 수 있으려니 기대했던 아주머니는 달라는 만큼 잼을 주고는 잔뜩 부아가 나서 투덜대며 가 버렸습니다.

"하나님, 잼에 축복을 내려 주시고, 제가 힘이 세지고 강해지도록 해주소서."

꼬마 재봉사는 큰 소리로 말하고 찬장에서 빵 덩이를 꺼내 한 조각 잘라서 잼을 발랐습니다.

"나중에 먹으면 아주 맛있지는 않겠지만, 그래도 한입 먹기 전에 이 재킷을 마저 끝내야겠다."

꼬마 재봉사는 빵을 옆에다 내려놓고 바느질을 계속했습니다. 그런데 마음이 들떠 바느질을 하다 보니 바늘땀이 점점 커졌습니다. 그새 달콤한 잼 냄새가 벽을 타고 솔솔 올라갔습니다. 그러자 벽에 총총 앉아 있던 파리 떼가 잼 냄새를 맡고 우르르 몰려와 빵 위에 내려앉았습니다.

"아니, 누가 너희더러 오라고 했어?"

꼬마 재봉사는 불청객들을 휘휘 쫓았습니다. 하지만 독일어를 알아듣지 못한 파리들은 절대 물러서지 않고 점점 더 몰려들었습니다. 꼬마 재봉사는 끝내 화가 치밀어 올랐습니다. 그래서 작업대 한쪽 구석

---

16. 1로트는 약 16g. 로트: 옛날의 중량단위로 1로트는 1/32 또는 1/30파운드, 1파운드는 500g.

에서 헝겊 쪼가리를 집어 들어 냅다 내려치며 버럭 소리를 질렀습니다.

"기다려, 한 방 먹여 줄 테니!"

헝겊 쪼가리를 들추고 세어 보니 적어도 일곱 녀석이 다리를 쭉 뻗고 널브러져 있었습니다.

"내가 이렇게 대단하단 말인가? 온 도시에 알려야지."

꼬마 재봉사는 자신의 용감무쌍한 행동에 스스로 감탄하며 말했습니다. 꼬마 재봉사는 부리나케 허리띠를 재단해서 바느질하고 위에다 큼지막하게 이렇게 수를 놓았습니다.

'한 방에 일곱을!'

꼬마 재봉사는 양 꼬리 살랑이듯 가슴이 콩콩 설렜습니다.

"에이, 도시가 뭐야! 온 세상이 알아야지!"

꼬마 재봉사는 허리띠를 질끈 매고 더 넓은 세상으로 나가기로 마음먹었습니다. 자기처럼 용감한 인물이 일하기에는 작업장이 너무 좁은 것 같았습니다. 꼬마 재봉사는 집을 떠나기 전에 가져갈 만한 것이 없나 집을 둘러보았는데, 달랑 오래된 치즈 한 덩이밖에 없었습니다. 꼬마 재봉사는 치즈를 호주머니에 집어넣었습니다. 성문 앞에서 꼬마 재봉사는 덤불에 갇혀 옴짝달싹 못하는 새 한 마리를 보았습니다. 그러자 그 새도 치즈가 들어 있는 호주머니에 쑥 집어넣고 두 발을 힘차게 내디디며 계속 걸어갔습니다. 꼬마 재봉사는 워낙 몸이 가볍고 날래서 좀처럼 피곤한 줄도 몰랐습니다. 꼬마 재봉사는 타달타달 산으로 난 길을 따라 걷다가 산봉우리로 올라갔습니다. 꼭대기에는 엄청나게 큰 거인이 앉아 유유히 주위를 둘러보고 있었습니다. 꼬마 재봉사는 거침없이 거인에게 다가가 말을 건넸습니다.

"어이, 안녕, 친구. 거기 앉아 넓은 세상을 구경하고 있구나? 세상이 어떤지 보려고 나도 막 가는 참인데 어때, 나랑 같이 가지 않을래?"

거인은 꼬마 재봉사를 기도 안 찬다는 듯 쓱 쳐다보더니 말했습니다.

"뭐야, 무례한 놈 같으니라고! 손톱만 한 놈이!"

그러자 꼬마 재봉사가 말을 받았습니다.

"그래? 그럼, 내가 어떤 남자인지 이걸 읽어보시지!"

꼬마 재봉사는 재킷 단추를 끌러 허리끈을 보여주었습니다.

"한 방에 일곱을!"

거인은 꼬마 재봉사가 일곱 사람을 때려죽인 줄 알고, 꼬마 녀석에게 약간의 존경심마저 일었습니다. 하지만 정말 그런지 재봉사를 먼저 시험해 보고 싶었습니다. 거인은 돌멩이를 손에 들고 물이 나올 때까지 꽉 쥐어 보이곤 말했습니다.

"그렇게 힘이 세다면, 날 따라 해봐."

재봉사가 말했습니다.

"고작 그게 다야? 나 같은 사람에겐 어린애 장난이지."

꼬마 재봉사는 호주머니에서 물렁물렁한 치즈를 꺼내 물이 주르륵 흘러내릴 때까지 꽉 쥐어짰습니다.

"어때? 좀 낫지 않아?"

거인은 말문이 막혔습니다. 꼬맹이가 그렇게 힘이 세다니, 도저히 믿을 수가 없었습니다. 그래서 이번에는 돌멩이를 집어 눈에 보이지 않을 정도로 아주 높이 던졌습니다.

"자, 오리 같은 꼬맹아, 따라 해 봐."

"흠, 제법이군. 그런데 돌멩이가 다시 땅에 떨어졌을 거야. 내가 던져 볼게. 땅에 떨어지는 일이 없을 테니."

꼬마 재봉사는 호주머니에서 새를 꺼내 휙 공중에 던졌습니다. 그러자 자유로워진 새는 너무 좋아 파닥파닥 하늘 높이 날아올라 다시 돌아오지 않았습니다. 꼬마 재봉사가 물었습니다.

"어때, 친구. 맘에 들어?"

거인은 말했습니다.

"제법 던지네. 하지만 무거운 것을 얼마나 들 수 있는지 봐야겠다."

거인은 꼬마 재봉사를 크고 우람한 떡갈나무가 땅에 쓰러져 있는 곳으로 데려가서 말했습니다.

"그렇게 힘이 세다면 이 나무를 숲 밖으로 날라야 하니 도와주렴."

꼬마 재봉사가 대답했습니다.

"좋아. 네가 나무를 어깨에 짊어져. 나는 잔가지가 많이 달린 나뭇가지 쪽을 들 테니까. 사실 그쪽이 훨씬 무겁거든."

거인은 떡갈나무를 어깨에 짊어졌습니다. 그러자 꼬마 재봉사는 가지에 살짝 걸터앉았습니다. 뒤를 돌아볼 수 없는 거인은 나무뿐만 아니라 꼬마 재봉사까지 날라야 했습니다.

"재봉사 셋이 말을 타고 성문을 나서네."

꼬마 재봉사는 뒤에서 너무 재미있고 기분이 좋아 휘파람으로 노래를 불렀습니다. 나무 나르는 일이 마치 어린애 장난이라도 되는 듯 말입니다. 끙끙거리며 무거운 나무를 얼마쯤 지고 가다가 거인은 도저히 더는 걸을 수 없었는지 소리쳤습니다.

"이봐, 나무를 내려놔야겠어."

그러자 꼬마 재봉사는 재빨리 뛰어내렸습니다. 그리고 마치 지금껏 나무를 들고 온 것처럼 두 팔로 얼른 나무를 얼싸안고 거인에게 말했습니다.

"덩치는 큰 녀석이 이깟 나무 하나 못 나르는군."

두 사람은 계속 걸었습니다. 벚나무 옆을 지나가는데, 무르익은 버찌들이 잔뜩 달려 있었습니다. 거인은 나무 꼭대기를 휙 잡아내려 재봉사에게 버찌를 따 먹으라고 손에 쥐어 주었습니다. 하지만 꼬마 재봉사는 힘이 없어서 나뭇가지를 붙잡고 있을 수 없었습니다. 거인이 손을 놓아 버리자 나무는 위로 휙 솟구쳤고, 꼬마 재봉사는 공중으로 붕 튕겨 올라갔습니다. 꼬마 재봉사가 무사히 내려오자 거인은 말했습니다.

"뭐야? 그깟 가느다란 나뭇가지 하나 제대로 붙들고 있을 힘도 없어?"

꼬마 재봉사는 대답했습니다.

"힘이 없어서 그런 게 아냐. 일곱을 한 방에 날려 버린 난데 그깟 게 일이나 된다고 생각하니? 저 아래 사냥꾼들이 덤불 쪽으로 총을 쏘잖아. 그래서 나무를 뛰어넘은 것뿐이야. 할 수 있으면 너도 한 번 뛰어넘어 봐."

거인은 펄쩍 뛰어올랐지만 나무를 넘지 못하고 그만 나뭇가지에 걸려 버렸습니다. 이번에도 꼬마 재봉사가 압도적인 승리를 거둔 셈이었습니다. 그러자 거인이 말했습니다.

"우리 동굴로 가자. 그렇게 용감하다면 우리와 함께 하룻밤 자고 가라고."

꼬마 재봉사는 그러기로 하고 거인을 따라갔습니다. 동굴에 갔더니 다른 거인들이 불 가에 앉아 구운 양을 한 마리씩 손에 들고 뜯어먹고 있었습니다. 꼬마 재봉사는 휘휘 둘러보며 '내 작업실보다는 훨씬 넓군.'이라고 생각했습니다. 거인은 꼬마 재봉사에게 침대 하나를 가리키며 누워서 푹 자라고 말했습니다. 하지만 침대가 너무 커서 꼬마 재봉사는 침대에 눕지 않고 한쪽 구석에 자리를 잡고 누웠습니다. 한밤중이 되자 거인은 꼬마 재봉사가 깊이 잠들었으리라 생각하고는 살며시 일어났습니다. 거인은 큼지막한 쇠몽둥이로 침대를 내려쳐 단번에 쪼개 버렸습니다. 거인은 '메뚜기 같은 녀석, 드디어 없애 버렸다.' 하고 생각했습니다. 다음날 새벽, 거인들은 숲으로 들어갔습니다. 꼬마 재봉사에 대해서는 까맣게 잊어버렸죠. 그런데 꼬마 재봉사가 불쑥 나타나 활기차고 씩씩하게 걸어왔습니다. 깜짝 놀란 거인들은 꼬마 재봉사가 자기들을 다 때려죽일까 봐 겁이 나서 냅다 줄행랑을 놓았습니다.

꼬마 재봉사는 뾰족한 코끝이 가리키는 대로 계속 걸어갔습니다. 한참을 걸었더니 어느 왕궁의 마당에 이르렀습니다. 꼬마 재봉사는 녹초가 된 터라 풀밭에 누워 깜빡 잠이 들었습니다. 그러자 사람들이 와서 누워 있는 꼬마 재봉사를 요리조리 살펴보고 허리띠에 적힌 '한 방에 일곱을!'이라는 글귀를 읽었습니다.

"와우, 위대한 전쟁 영웅이 평화로운 이곳에서 뭘 하려는 걸까? 대단한 분이 틀림없어."

사람들은 왕에게 가서 이 사실을 보고했습니다. 그리고 전쟁이 일어나면 꼭 필요하고 중요한 인물일 테니 떠나게 해서는 안 된다고 말했습니다. 왕은 귀가 솔깃했습니다. 그래서 신하를 보내 꼬마 재봉사가 깨어나면 군에서 복무하는 것이 어떠냐고 제안해 보라고 했습니다. 신하는 잠자는 재봉사 곁에 서서 기다렸습니다. 이윽고 꼬마 재봉사가 늘어지게 기지개를 켜며 눈을 뜨자, 신하는 왕의 제안을 전했습니다. 꼬마 재봉사는 대답했습니다.

"바로 그 때문에 내가 여기 왔습니다. 폐하의 군대에 들어가겠습니다."

꼬마 재봉사는 정중하고 극진한 대접을 받고 특별한 집까지 얻었습니다.

하지만 다른 군인들은 꼬마 재봉사를 곱지 않은 시선으로 바라보았습니다. 내심 아주 멀리 사라졌으면 좋겠다고 생각하며 수군거렸습니다.

"이러다간 정말 큰일 날 거야. 자칫 싸움이라도 붙으면 어떡해. 한방에 일곱이 나가떨어질 텐데. 맞설 수 있는 사람이 우리 중 하나도 없잖아."

병사들은 결심하고 우르르 왕에게 몰려가 군대에서 제대하고 싶다며 이렇게 말했습니다.

"한 방에 일곱씩이나 때려죽이는 사람과 우린 도저히 함께 지낼 수 없습니다."

왕은 안타깝고 슬펐습니다. 한 사람 때문에 충성스러운 신하들을 다 잃게 생겼으니까요. 왕은 재봉사를 다시는 보고 싶지 않았고 쫓아버리고 싶었습니다. 하지만 떠나라고 할 용기가 나지 않았습니다. 그러다가 자신과 백성들을 다 때려죽이고 왕좌를 차지할까 봐 두려웠습니다. 왕은 한참을 궁리한 끝에 마침내 좋은 방법을 찾아냈습니다. 왕은 꼬마 재봉사에게 사람을 보내 자기 뜻을 전했습니다. 내용은 이랬습니다.

"그대는 위대한 전쟁 영웅이니 다음과 같은 제안을 하련다. 거인 둘이 강도질과 살인과 방화와 약탈 질을 일삼으며 숲 속에 살고 있는데, 나라에 크나큰 해악을 끼치고 있다. 무서운 녀석들이라 목숨을 걸지 않고선 가까이 다가갈 수 없다. 만약 이 거인들을 잡아 죽이면 딱 하나뿐인 공주를 아내로 주겠고 지참금으로 나라의 반을 떼어 주겠다. 또

한 기사 백 명을 보내 돕도록 하겠다."

꼬마 재봉사는 바로 자기 같은 사람이 해볼 만한 일이라고 생각했습니다. 아름다운 공주에다 나라의 절반을 주겠다니, 그런 제안이 날마다 들어오는 것은 아니지 않습니까! 꼬마 재봉사는 대답했습니다.

"좋소. 하지만 거인들을 처치하는데 백 명의 기사는 필요 없습니다. 한방에 일곱을 쓰러트린 사람이 고작 둘을 상대하는데 무서울 리 있겠소."

꼬마 재봉사는 길을 떠났고, 기사 백 명이 뒤를 따랐습니다. 숲 근처에 오자 꼬마 재봉사는 기사들에게 말했습니다.

"일단 여기서 기다리오. 나 혼자 거인들을 끝장내고 올 테니."

꼬마 재봉사는 숲으로 뛰어 들어가 좌우를 둘러보았습니다. 꼬마 재봉사는 이내 나무 밑에 누워 자고 있는 거인 둘을 보았습니다. 어찌나 코를 드르렁거리는지 나뭇가지들이 콧바람에 오르락내리락 휘청거렸습니다. 꼬마 재봉사는 바지런히 돌멩이들을 주워 양쪽 호주머니에 불룩하게 채우고는 나무에 올라갔습니다. 나무 중간쯤 와서 가지를 타고 주르륵 내려와 자고 있는 거인들 바로 위에 앉았습니다. 그리고 한 거인의 가슴에다 돌멩이를 하나씩 계속 떨어트렸습니다. 그 거인은 한동안 아무것도 느끼지 못하다가, 결국 잠이 깨어 친구를 툭 치며 말했습니다.

"왜 때려?"

다른 거인이 말했습니다.

"꿈꾸니? 내가 안 때렸는데."

거인들은 자려고 다시 누웠습니다. 꼬마 재봉사는 두 번째 거인에게 돌멩이를 던졌습니다. 두 번째 거인이 소리쳤습니다.

"뭐하는 짓이야? 왜 돌을 던져?"

첫 번째 거인이 투덜거렸습니다.

"난 안 던졌는데."

거인들은 잠시 티격태격하다가 피곤해서 그냥 넘어가기로 하고 다시 눈을 감았습니다. 꼬마 재봉사는 다시 장난하기 시작했습니다. 가장 듬직한 돌멩이를 골라 첫 번째 거인의 가슴에 힘껏 던졌습니다. 첫 번째 거인은 빽 소리를 질렀습니다.

"너, 정말 너무 하는 거 아니냐!"

첫 번째 거인은 미친 사람처럼 벌떡 일어나 친구를 나무에 확 밀쳤습니다. 나무가 다 부르르 떨렸습니다. 그러자 다른 거인도 똑같이 첫 번째 거인을 밀쳤습니다. 거인들은 화가 머리끝까지 났습니다. 나무를 뿌리째 뽑아 들어 서로 치고받고 한바탕 싸우다가 결국 둘 다 땅에 쓰러져 죽고 말았습니다. 꼬마 재봉사는 나무에서 뛰어 내려와 말했습니다.

"내가 앉아 있는 나무를 뽑지 않아서 천만다행이지. 하마터면 다람쥐처럼 다른 나뭇가지로 건너뛸 뻔했잖아. 하지만 나야 원래 날래니까!"

꼬마 재봉사는 칼을 뽑아 거인들 가슴을 서너 번 힘껏 찔렀습니다. 그런 다음 기사들에게 가서 말했습니다.

"다 해치웠소. 거인 둘을 다 때려눕혔어요. 정말 힘들었다오. 궁지에 몰리니까 글쎄 나무를 뿌리째 뽑아 들고 맞서더리고요. 하지만 한 방에 일곱을 때려눕히는 나 같은 사람한테 저들이 어쩌겠소? 다 소용없지요."

기사들이 물었습니다.

"다친 데는 없나요?"

꼬마 재봉사는 대답했습니다.

"어림없지, 털끝 하나 건드리지 못했다오."

기사들은 도저히 믿을 수가 없어서 말을 타고 숲으로 들어갔습니다. 그런데 거인들은 온통 피투성이가 되어 누워 있었고, 주변에는 뿌리째 뽑힌 나무들이 널려 있었습니다.

꼬마 재봉사는 왕에게 약속한 상을 달라고 청했습니다. 하지만 왕은 약속한 것을 후회하며 이 영웅을 없애 버릴 새로운 방법을 생각해 냈습니다.

"내 딸과 나라의 절반을 얻으려면, 다시 한 번 그대의 용맹을 발휘해 주기 바란다. 이마에 뿔이 하나 달린 외뿔 짐승 하나가 숲에서 설치고 다니며 막대한 손해를 끼치고 있다. 그놈을 잡아오너라."

"외뿔 짐승 하나쯤이야 거인 둘보다도 무섭지 않습니다. 한방에 일곱을 때려눕히는 것이 제 일인데요."

꼬마 재봉사는 밧줄과 도끼를 들고 숲으로 들어가 따라온 부하들을 또 숲 밖에서 기다리라고 했습니다. 오래 찾을 필요도 없었습니다. 외뿔 짐승은 이내 나타났습니다. 녀석은 단숨에 뿔로 찔러 버리겠다는 기세로 돌진해 왔습니다.

"가만, 가만, 살살해. 그렇게 서두르면 안 되지."

꼬마 재봉사는 외뿔 짐승이 아주 가까이 올 때까지 가만히 기다렸다가, 나무 뒤로 잽싸게 몸을 숨겼습니다. 외뿔 짐승은 온 힘을 다해 달려들었습니다. 나무를 거세게 들이받더니 뿔이 나무에 꽉 박혀 버렸습니다. 외뿔 짐승은 뿔을 다시 빼낼 수 없어서 결국 잡히고 말았습니다.

"녀석을 잡았다."

재봉사는 소리치며 나무 뒤에서 나왔습니다. 외뿔 짐승의 목에 밧줄을 매고 도끼로 나무를 쳐서 뿔을 빼냈습니다. 일이 다 끝나자 재봉사는 외뿔 짐승을 끌고 왕에게 갔습니다.

하지만 왕은 여전히 약속한 상을 줄 마음이 없었습니다. 왕은 세 번째로 또 다른 요구를 내걸었습니다. 공주와 결혼식을 올리기 전에 숲에서 큰 피해를 주고 있는 멧돼지를 잡아와야 하고, 사냥꾼들이 재봉사를 도와주기로 했습니다. 재봉사가 말했습니다.

"그러죠. 식은 죽 먹기예요."

재봉사가 사냥꾼들을 숲 속으로 데리고 들어가지 않자, 사냥꾼들은 안도의 숨을 내쉬었습니다. 멧돼지한테 여러 번 호되게 당한 터라 녀석을 다시 쫓을 마음이 전혀 없었습니다. 멧돼지는 재봉사를 보자 입에 거품을 물고 이빨을 득득 갈며 달려들었습니다. 멧돼지가 재봉사를 땅바닥에 내리꽂으려는 순간, 우리의 영웅은 몸을 휙 날려 근처에 있는 작은 예배당으로 들어갔습니다. 들어가서 다시 위쪽 창문으로 껑충 뛰어내려 밖으로 빠져나왔습니다. 멧돼지가 재봉사 뒤를 쫓아 예배당으로 들어가자 재봉사는 예배당 앞으로 돌아와 문을 닫아 버렸습니다. 예배당에 갇힌 멧돼지는 미친 듯 날뛰었습니다. 하지만 덩치가 크고 무거운 데다 굼떠서 창밖으로 뛰어내릴 수도 없었습니다. 꼬마 재봉사는 사냥꾼들을 불렀습니다. 사냥꾼들이 잡힌 멧돼지를 확인한 다음 꼬마 재봉사는 왕에게 갔습니다. 왕은 싫든 좋든 이번에는 약속을 지켜야 했습니다. 그래서 꼬마 재봉사에게 공주와 왕국의 절반을 주었습니다. 만약 앞에 서 있는 사위가 전쟁 영웅이 아니라 꼬마 재봉사라는 사실을 알았더라면 왕은 더욱 마음이 아팠을 터입니다. 결혼식은 성대했지만 기쁨은 덜했습니다. 재봉사는 일약 공주의 남편이 돼 버렸습니다.

얼마 지나서 젊은 공주는 남편이 밤에 잠꼬대하는 소리를 들었습니다.

"이봐, 젊은이, 재킷을 만들고 바지도 기워 놔. 자로 귀싸대기 얻어맞고 싶지 않으면!"

공주는 남편이 미천한 출신이라는 것을 알아챘습니다. 그래서 다음 날 아버지에게 괴로운 심정을 하소연하며, 일개 재봉사인 남편에게서 벗어나게 도와 달라고 했습니다. 왕은 딸을 달랬습니다.

"오늘 밤, 침실 문을 열어 두어라. 내 부하들이 밖에 서 있다가, 그자가 잠들면 들어갈 테니. 꽁꽁 묶어서 배에 태우고 아주 멀리 보내 버릴 거야."

공주는 만족해했습니다. 하지만 왕의 무기 담당 병사가 이 말을 죄다 엿들었습니다. 젊은 주인을 좋아하는 병사는 재봉사에게 계획을 다 고해바쳤습니다. 꼬마 재봉사가 말했습니다.

"그런 계획이라면 빗장을 질러 막아야지."

꼬마 재봉사는 평소처럼 공주와 함께 잠자리에 들었습니다. 공주는 남편이 잠이 든 줄 알고 살며시 일어나 문을 열어 놓고 다시 누웠습니다. 자는 척 누워 있던 꼬마 재봉사는 또랑또랑한 목소리로 소리쳤습니다.

"이봐, 젊은이, 재킷을 만들고 바지도 기워 놔. 자로 귀싸대기 얻어맞고 싶지 않으면! 한방에 일곱을 때려눕혔어. 거인을 둘이나 죽였고, 외뿔 짐승을 끌고 왔고, 멧돼지도 잡았다고. 이런 내가 밖에 있는 저 녀석들을 무서워할 것 같아!"

왕의 부하들은 재봉사의 말을 듣고 기절할 듯 놀라 마치 마왕의 군대가 쫓아오기라도 하는 듯 냅다 달아났습니다. 그 후로는 감히 재봉사에게 덤벼드는 사람은 아무도 없었습니다. 꼬마 재봉사는 평생을 왕으로 살았답니다.

◆21◆
재투성이 아셴푸텔

옛날에 한 부자의 아내가 병이 들었습니다. 아내는 죽을 때가 가까워져 오자 하나밖에 없는 어린 딸을 침대맡으로 불러 말했습니다.

"애야, 믿음을 가지고 착하게 살아야 한다. 그러면 사랑하는 하나님이 늘 너를 도와주실 거야. 엄마도 하늘나라에서 내려다보며 너를 지켜 줄게."

그러고서 어머니는 눈을 감고 숨을 거두었습니다. 소녀는 매일 어머니의 무덤을 찾아가 슬피 울었지만, 하나님을 믿으며 착하게 살았습니다. 어느덧 겨울이 되자 눈이 솜이불처럼 무덤을 하얗게 덮었습니다. 그리고 봄 햇살이 눈을 걷어 갈 즈음, 아버지는 새 아내를 맞아들였습니다.

새엄마는 딸 둘을 데리고 들어왔습니다. 딸들은 얼굴은 하얗고 예뻤지만 마음은 시커멓고 심술이 많았습니다. 불쌍한 소녀에게는 힘든 나날이 시작되었습니다.

"저 멍청한 계집애가 왜 우리랑 방에 앉아 있어! 밥을 먹으려면 밥값을 하라고. 당장 나가, 이 부엌데기야."

새엄마의 딸들은 소녀에게 이렇게 말하며 예쁜 옷을 홀랑 빼앗고, 대신 낡은 잿빛 작업복을 입히고 나막신을 줬습니다.

"고상한 공주님 멋 부린 꼴 좀 봐!"

딸들은 소리치고 깔깔거리며 소녀를 부엌으로 끌고 갔습니다. 소녀는 아침부터 밤까지 힘들게 일을 해야 했습니다. 날이 밝기도 전에 일어나서 물을 길어 오고 불을 지피고 요리를 하고 빨래를 했습니다. 딸들은 별별 방법을 다 써서 소녀를 놀리고 구박했습니다. 심지어 완두콩과 납작 콩을 재 속에 쏟아 놓고 소녀더러 죄다 골라내라고 했습니다. 소녀는 녹초가 되도록 일을 하고도 밤에 침대에서 자지 못하고 화덕 옆에 쌓인 잿더미에서 자야 했습니다. 그래서 늘 더럽게 재를 잔뜩 묻히고 다니는 소녀를 보고 사람들은 아셴푸텔[17]이라고 불렀습니다.

어느 날, 아버지가 장에 가면서 뭘 사다 줄까 하고 의붓딸들에게 물었습니다. 큰딸은 말했습니다.

"예쁜 옷이요."

둘째 딸이 말했습니다.

"진주랑 보석이요."

그러자 아버지가 물었습니다.

---

17. 재투성이 아가씨라는 뜻.

"아셴푸텔, 너는 뭘 갖고 싶니?"

"아버지, 집에 돌아오실 때 맨 먼저 모자에 스치는 잔 나뭇가지를 꺾어다 주세요."

아버지는 장에서 의붓딸들에게 줄 예쁜 옷과 진주와 보석을 샀습니다. 그리고 말을 타고 집으로 돌아오는 길에 푸르게 우거진 수풀을 지나다가 개암나무 가지에 스쳐 모자가 홀렁 벗겨졌습니다. 아버지는 개암나무 가지를 꺾어 집에 가지고 왔습니다. 아버지는 의붓딸들에게 예쁜 옷과 진주와 보석을 주었습니다. 아셴푸텔에게는 개암나무 숲에서 가져온 나뭇가지를 주었습니다. 아셴푸텔은 아버지에게 감사하고 어머니 무덤으로 가서 무덤 위에 개암나무 가지를 심어 놓고 하염없이 울었습니다. 나뭇가지에 물 주듯 눈물이 펑펑 쏟아져 내렸죠. 개암나무 가지는 쑥쑥 자라 아름다운 나무가 되었습니다. 아셴푸텔은 하루에 세 번씩 나무 밑에 가서 울며 기도했습니다. 그런데 그때마다 하얀 작은 새가 나무에 날아와 아셴푸텔이 소원을 말하면, 원하는 것을 턱턱 던져 주었습니다.

그러던 어느 날, 왕이 큰 잔치를 열었습니다. 왕자의 신부를 찾는 잔치였습니다. 사흘 동안 열리는 잔치에 온 나라의 아름다운 아가씨들이 전부 초대되었습니다. 두 의붓딸도 초대를 받아 기쁨에 들떠 아셴푸텔을 불러 말했습니다.

"머리를 빗겨 줘. 구두도 닦아주고 허리띠도 꽉 조여 줘. 성안에서 열리는 무도회에 가거든."

아셴푸텔은 시키는 대로 했습니다. 하지만 무도회에 같이 가고 싶어서 눈물을 흘리며 새엄마에게 허락해 달라고 말했습니다. 새엄마는 말했습니다.

"뭐라고, 아셴푸텔. 재투성이에다 그 더러운 몰골을 하고 무도회에 간다고? 옷도 없고 구두도 없는 주제에 춤을 추고 싶다니!"

하지만 아셴푸텔이 계속 애원을 하자 새엄마는 마침내 말했습니다.

"납작 콩 한 사발을 재 속에 쏟아 놓았다. 두 시간 안에 콩들을 다 골라내면 함께 가도 좋다."

소녀는 뒷문으로 정원에 나가 소리쳤습니다.

"말 잘 듣는 비둘기들, 잉꼬비둘기들아,

하늘 아래 예쁜 새들, 모두 와서 도와주렴.

콕콕 콩알 골라,

좋은 콩은 단지에

나쁜 콩은 모이주머니에."

그러자 하얀 비둘기 두 마리가 부엌 창문으로 날아들었습니다. 잇따라 잉꼬비둘기들도 포르르 날아들었습니다. 마침내 하늘 아래 갖가지 새들이 떼 지어 날아와 잿더미 주위에 내려앉았습니다. 비둘기들은 머리를 까닥이며 콕, 콕, 콕, 콕 쪼기 시작했습니다. 그러자 다른 새들도 콕, 콕, 콕, 콕 좋은 콩알을 쪼아 내 사발에 담았습니다. 한 시간도 채 못 되어 새들은 좋은 콩알을 다 골라놓고 날아가 버렸습니다. 소녀는 콩이 담긴 사발을 새엄마에게 가져갔습니다. 이제 무도회에 같이 갈 수 있다고 생각하니 기뻤습니다. 하지만 새엄마는 말했습니다.

"안 돼, 아셴푸텔. 옷도 없고 춤도 못 추잖아. 웃음거리밖에 안 될 텐데."

아셴푸텔이 흐느껴 울자 새엄마가 말했습니다.

"그럼 납작 콩 두 사발을 한 시간 안에 재 속에서 골라내면 함께 가도 좋다."

새엄마는 아셴푸텔이 절대 못 할 거로 생각했습니다. 새엄마가 콩두 사발을 재 속에 쏟아 놓고 가자 소녀는 또 뒷문으로 정원에 나가소리쳤습니다.

"말 잘 듣는 비둘기들, 잉꼬비둘기들아,
하늘 아래 예쁜 새들, 모두 와서 도와주렴.
콕콕 콩알 골라,
좋은 콩은 단지에
나쁜 콩은 모이주머니에."

그러자 하얀 비둘기 두 마리가 부엌 창문으로 날아들었습니다. 잇따라 잉꼬비둘기들도 포르르 날아들었습니다. 마침내 하늘 아래 갖가지 새들이 떼 지어 날아와 잿더미 주위에 내려앉았습니다. 비둘기들은 머리를 까닥이며 콕, 콕, 콕, 콕 쪼기 시작했습니다. 그러자 다른 새들도 콕, 콕, 콕, 콕 좋은 콩알을 쪼아 내 사발에 담았습니다. 삼십 분도 안 되어 새들은 좋은 콩알을 다 골라놓고 날아가 버렸습니다. 소녀는 콩이 담긴 사발을 새엄마에게 가져갔습니다. 이제 무도회에 같이 갈 수 있다고 생각하니 기뻤습니다. 하지만 새엄마는 말했습니다.

"그래도 소용없어. 갈 수 없어. 옷도 없고 춤도 못 추잖아. 괜히 우리만 망신당하게."

새엄마는 홱 돌아서서 오만한 두 딸만 데리고 총총 떠났습니다.

집에 혼자 남은 아셴푸텔은 어머니의 무덤에 있는 개암나무 밑에 가서 소리쳤습니다.

"나무야, 흔들흔들 살랑살랑 흔들어라,
금과 은을 나한테 던져 주렴."

그러자 새가 금실 은실로 지은 옷이랑 비단실과 은실로 수놓은 구두를 던져 주었습니다. 소녀는 부리나케 옷을 갈아입고 무도회에 갔습니다. 금빛 옷을 입은 소녀는 눈부시게 아름다웠습니다. 새엄마와 새엄마의 딸들은 아셴푸텔을 전혀 알아보지 못하고 다른 나라에서 온 공주라고 생각했습니다. 아셴푸텔이라고는 꿈에도 생각하지 못했습니다. 지저분한 집 한구석에 쪼그려 앉아 잿더미 속에서 콩알을 골라내고 있을 터였기 때문입니다. 왕자가 다가와 아셴푸텔의 손을 잡고 춤을 추었습니다. 왕자는 다른 아가씨들과는 춤을 추려고 하지 않았습니다. 다른 남자가 와서 춤을 청하면 소녀의 손을 놓아주지 않고 말했습니다.

"아가씨는 나하고 춤을 춘다오."

춤을 추다 보니 어느덧 밤이 되었습니다. 아셴푸텔이 집에 가려 하자 왕자가 말했습니다.

"함께 가겠소. 집까지 바래다주리다."

왕자는 아름다운 소녀가 뉘 집 딸인지 알고 싶었습니다. 하지만 아셴푸텔은 슬쩍 빠져나와 비둘기 집으로 뛰어들어 갔습니다. 왕자는 소녀의 아버지가 올 때까지 기다렸습니다. 그리고 아버지에게 누군지 모르는 아가씨가 비둘기 집으로 뛰어들어 갔다고 말했습니다. 아버지는 '아셴푸텔인가?' 하고 생각했습니다. 아버지는 도끼와 곡괭이를 가져오게 해 비둘기 집을 두 동강으로 부쉈습니다. 하지만 안에는 아무도 없었습니다. 집에 왔더니 굴뚝에 걸린 기름 등잔의 희미한 빛 속에서 아셴푸텔은 더러운 옷을 입은 채 잿더미에 누워 있었습니다. 아셴푸텔은 재빠르게 비둘기 집 뒤쪽으로 뛰어내려 개암나무가 있는 데로 달려갔던 것입니다. 거기서 아름다운 옷을 벗어 무덤 위에 놓았더니 새가 날아와 옷을 다시 물어 갔습니다. 잿빛 작업복으로 갈아입은 아셴푸텔은 얼른 부엌으로 달려와 잿더미 속에 앉은 것입니다.

다음날, 잔치가 다시 시작되자 아버지와 새엄마와 새엄마 딸들은 집을 나갔습니다. 아셴푸텔은 개암나무에 가서 말했습니다.

"나무야, 흔들흔들 살랑살랑 흔들어라,
금과 은을 나한테 던져 주렴."

그러자 새가 어제보다 훨씬 더 화려하고 우아한 옷을 던져 주었습니다. 아셴푸텔이 그 옷을 입고 무도회에 나타나자 모두 소녀의 아름다운 모습에 감탄했습니다. 아셴푸텔이 오기를 기다렸던 왕자는 얼른 소녀의 손을 잡았습니다. 왕자는 아셴푸텔하고만 춤을 췄습니다. 다른 남자들이 와서 춤을 청하면 왕자는 대답했습니다.

"아가씨는 나하고 춤을 춘다오."

어느덧 밤이 되어 아셴푸텔은 가려고 했습니다. 그러자 왕자는 아셴푸텔이 어느 집으로 들어가는지 보려고 뒤를 따라갔습니다. 하지만 아셴푸텔은 왕자의 눈을 피해 집 뒤쪽 정원으로 달려갔습니다. 정원에는 배들이 탐스럽게 열린 아름답고 커다란 배나무가 하나 있었습니다. 소녀는 다람쥐처럼 재빠르게 배나무로 올라가 나뭇가지 사이에 숨었습니다. 왕자는 아셴푸텔이 어디로 사라졌는지 알 수가 없었습니다. 왕자는 아셴푸텔의 아버지가 올 때까지 기다렸다가 말했습니다.

"누군지 모르는 아가씨가 눈앞에서 사라졌다. 배나무로 올라간 것 같아."

아버지는 '아셴푸텔인가?' 하고 생각했습니다. 아버지는 도끼를 가져오게 해 배나무를 베었습니다. 하지만 나무 위에는 아무도 없었습니다. 부엌으로 들어갔더니 아셴푸텔은 평소처럼 잿더미 속에 누워 있었습니다. 아셴푸텔은 나무 뒤쪽으로 뛰어내려 개암나무에 앉아 있는 새에게 아름다운 옷을 벗어 주고 잿빛 작업복으로 갈아입은 것입니다.

사흘째 되는 날, 아버지와 새엄마와 새엄마 딸들이 집을 나가자 아셴푸텔은 또다시 어머니 무덤에 가서 개암나무에게 말했습니다.

"나무야, 흔들흔들 살랑살랑 흔들어라,
금과 은을 나한테 던져 주렴."

그러자 새가 소녀에게 난생처음 보는 눈부시게 화려한 옷과 황금 구두를 던져 주었습니다. 아셴푸텔이 그 옷을 입고 무도회에 나타나자 모두 입을 딱 벌리고 할 말을 잃었습니다. 왕자는 아셴푸텔하고만 춤을 췄습니다. 다른 남자가 와서 춤을 청하면 왕자는 말했습니다.

"아가씨는 나하고 춤을 춘다오."

어느덧 또 밤이 되었습니다. 아셴푸텔이 가려 하자 왕자는 바래다 주겠다고 나섰습니다. 하지만 아셴푸텔이 어찌나 재빠르게 달아나는지 또 소녀를 놓치고 말았습니다. 하지만 왕자는 이번에는 꾀를 써서 계단을 온통 역청으로 칠해 놓으라고 한 터였습니다. 그래서 계단을 뛰어 내려오던 아셴푸텔의 왼쪽 구두가 역청에 들러붙고 말았습니다. 왕자는 구두를 집어 들었습니다. 자그맣고 우아한 황금 구두였습니다. 다음 날 아침, 왕자는 아셴푸텔의 아버지에게 구두를 갖고 가서 말했습니다.

"이 황금 구두가 발에 꼭 맞는 아가씨를 아내로 삼겠다."

왕자의 말을 듣고 새엄마의 딸들은 기뻤습니다. 둘 다 발이 예뻤기 때문입니다. 먼저 큰딸이 구두를 방으로 갖고 들어가 신어 보았습니다. 하지만 구두가 너무 작아 엄지발가락이 들어가지 않았습니다. 그러자 옆에 서 있던 새엄마가 칼을 건네주며 말했습니다.

"발가락을 잘라 버려. 왕비가 되면 걸을 필요가 없잖아."

언니는 발가락을 자르고 억지로 발을 밀어 넣었습니다. 몹시 아팠지만 꾹 참고 밖에 있는 왕자에게 갔습니다. 왕자는 큰딸을 신부로 생각하고 말에 태워 갔습니다. 그런데 무덤 옆을 지나가는데, 비둘기 두 마리가 개암나무에 앉아 구구구 울어댔습니다.

"구구구 보세요, 구구구 보세요.
신발에서 피가 흘러요.
신발이 너무 작잖아요,
진짜 신부는 집에 있어요."

왕자가 신부의 발을 내려다봤더니 정말 신발에서 피가 흘렀습니다. 왕자는 말을 돌려 가짜 신부를 집에 다시 데려갔습니다. 왕자는 진짜 신부가 아니라며 둘째 딸에게 신발을 신어 보라고 말했습니다. 둘째 딸은 구두를 방으로 갖고 들어가 신어 보았습니다. 다행히 발가락은 쏙 들어갔지만, 발뒤꿈치가 너무 컸습니다. 그러자 새엄마는 둘째 딸에게 칼을 건네며 말했습니다.

"발뒤꿈치를 좀 잘라 내. 왕비가 되면 걸을 필요가 없잖아."

여동생은 발뒤꿈치를 조금 잘라 내고 억지로 발을 집어넣었습니다. 몹시 아팠지만 꾹 참고 밖에 있는 왕자에게 갔습니다. 왕자는 둘째 딸을 신부로 생각하고 말에 태워 갔습니다. 그런데 개암나무를 지나가는데, 비둘기 두 마리가 나무에 앉아 구구구 울어댔습니다.

"구구구 보세요, 구구구 보세요.
신발에서 피가 흘러요.
신발이 너무 작잖아요,
진짜 신부는 집에 있어요."

왕자가 신부의 발을 내려다봤더니 신발에서 피가 줄줄 흘러나와 하얀 양말이 빨갛게 물들어 있었습니다. 왕자는 말을 돌려 가짜 신부를 집에 다시 데려갔습니다. 왕자가 말했습니다.

"이 아가씨도 내가 찾던 신부가 아니다. 딸이 또 없느냐?"

아버지는 대답했습니다.

"없습니다. 죽은 아내가 낳은 아셴푸텔이 있기는 하지만, 작고 보잘 것없는 애라 절대로 왕자님이 찾으시는 신부가 아닐 겁니다."

하지만 왕자는 아셴푸텔을 데려오라고 했습니다. 그러자 새엄마가 말했습니다.

"아이, 안 돼요. 아이가 너무 더러워서 남들 앞에 나설 수가 없어요."

하지만 왕자는 아셴푸텔을 꼭 봐야겠다고 했습니다. 아셴푸텔은 먼저 손과 얼굴을 깨끗이 씻은 다음 왕자 앞에 나가서 무릎을 굽혀 절했습니다. 왕자가 황금 구두를 건네주자 아셴푸텔은 등받이 없는 의자에 앉아 무거운 나막신을 벗고 황금 구두에 발을 집어넣었습니다. 구두는 맞춘 듯 발에 꼭 맞았습니다. 아셴푸텔이 일어나자 왕자는 아셴푸텔의 얼굴을 들여다보았습니다. 왕자는 아셴푸텔이 함께 춤을 췄던 그 아름다운 아가씨임을 알아보고 탄성을 질렀습니다.

"아가씨가 진짜 신부요!"

깜짝 놀란 새엄마와 두 딸은 너무 화가 나서 얼굴이 하얗게 질렸습니다. 왕자는 아셴푸텔을 말에 태우고 집을 떠났습니다. 그런데 개암나무를 지나가는데, 비둘기 두 마리가 나무에 앉아 구구구 울어댔습니다.

"구구구 보세요, 구구구 보세요.

신발에서 피가 흐르지 않아요.

신발이 작지 않아요,

진짜 신부를 왕자님이 데려가네요."

비둘기들은 노래를 부른 뒤 포르르 날아와 아셴푸텔의 어깨 위에 내려앉았습니다. 왕자와의 결혼식이 열리는 날, 고약한 언니들이 찾아와 행복을 축하한답시고 알랑거렸습니다. 신부 가족이 교회로 갈 때, 큰딸은 신부 오른쪽에 둘째 딸은 신부 왼쪽에 섰습니다. 그런데 비둘기들이 두 딸의 눈을 하나씩 콕 쪼아 빼 버렸습니다. 교회에서 나올 때, 큰딸은 신부 왼쪽에 둘째 딸은 신부 오른쪽에 섰습니다. 그러자 비둘기들은 두 딸의 남은 눈마저 콕 쪼아 빼 버렸습니다. 못되게 굴며 거짓말을 하니까 결국 벌을 받아 평생 장님이 되어 살았답니다.

◆22◆

수수께끼

옛날에 한 왕자가 살았습니다. 왕자는 세상을 두루 돌아다니고 싶어서 충성스러운 하인 하나만 데리고 길을 떠났습니다. 어느 날 왕자는 커다란 숲으로 들어갔습니다. 날은 저무는데 여관은 보이지 않고 어디서 하룻밤을 묵을지 막막했습니다. 그때 작은 집 쪽으로 걸어가고 있는 소녀가 보였습니다. 왕자가 가까이 가서 보니 어여쁜 소녀였습니다. 왕자는 소녀에게 말을 걸었습니다.

"애야, 나하고 하인하고 저 집에서 하룻밤 묵어갈 수 있을까?"

소녀는 슬픈 목소리로 대답했습니다.

"예. 그러실 순 있지만, 권하고 싶지는 않군요. 들어가지 마세요."

"왜 들어가지 말라는 거지?"

왕자가 묻자 소녀는 한숨을 푹 내쉬더니 말했습니다.

"새엄마가 마법을 부리는데 아주 고약해요. 낯선 사람을 좋아하지도 않고요."

왕자는 마녀의 집이라는 것을 단박 알아챘습니다. 하지만 날이 캄캄해서 더 갈 수도 없었고, 별로 무섭지도 않아 성큼 집 안으로 들어갔습니다. 불 옆 팔걸이의자에 앉아 있던 늙은 마녀는 빨갛게 핏발선 눈으로 낯선 사람들을 바라보았습니다.

"안녕하시오. 앉아서 편히 쉬시게."

마녀는 그렁그렁한 소리를 내며 사뭇 친절하게 굴었습니다. 석탄을 헤집으며 후후 불어 불길을 살리고 작은 냄비에 뭔가를 끓였습니다. 딸은 아무것도 먹지도 마시지도 말고, 조심하라고 두 사람에게 귀띔해 주었습니다. 늙은 마녀가 독을 섞어 마실 것을 만든다는 것입니다. 왕자와 하인은 새벽까지 푹 잤습니다. 떠날 채비를 끝내고 왕자가 말에 올라타자 마녀가 말했습니다.

"잠깐만 기다리게. 이별주 한 잔 받게나."

마녀가 음료를 가지러 간 사이에 왕자는 말을 타고 떠나 버렸습니다. 고약한 마녀가 음료를 갖고 나왔더니 안장을 단단히 매느라 미처 떠나지 못한 하인 혼자만 남아 있었습니다. 마녀는 말했습니다.

"이걸 주인님께 갖다 드리게."

그런데 그 순간 잔이 쨍그랑 깨지며 독약이 말에게 튀었습니다. 어찌나 강한 독약이었던지 말은 그 자리에서 쓰러져 죽어 버렸습니다. 하인은 주인을 뒤쫓아 가서 무슨 일이 있었는지 이야기했습니다. 하지만 안장을 놔두고 왔기 때문에 안장을 가지러 다시 돌아왔습니다. 그런데 까마귀 한 마리가 죽은 말 위에 앉아 살을 쪼아 먹고 있었습니다.

"이거라도 먹어야지, 오늘 먹을 게 없을지도 모르잖아."

하인은 이렇게 말하고 까마귀를 잡아서 들고 갔습니다. 왕자와 하인은 하루 종일 헤맸지만 숲을 빠져나올 수 없었습니다. 어스름이 내려앉을 무렵, 드디어 여관이 하나 보이자 두 사람은 들어갔습니다. 하인은 여관 주인에게 저녁거리로 까마귀를 건네주며 요리해 달라고 부탁했습니다. 하지만 그곳은 살인자들의 소굴이었습니다. 날이 어두워지자 두 손님을 죽이고 물건을 빼앗으려고 살인자 열두 명이 여관에 들이닥쳤습니다. 살인자들은 한바탕 일을 벌이기 전에 식탁에 둘러앉았습니다. 여관 주인과 마녀도 같이 앉아서 까마귀 고기를 잘게 다져 넣은 수프를 한 그릇씩 먹었습니다. 하지만 두어 숟가락 뜨자마자 모두 쓰러져 죽어 버렸습니다. 말고기에 들어 있던 독이 까마귀에게 퍼진 것입니다.

이제 집 안에는 여관 주인의 딸밖에 남지 않았습니다. 정직한 딸은 그런 흉악한 짓에 자기는 가담하지 않았다고 왕자에게 말했습니다. 소녀는 문을 모두 활짝 열어젖혀 방 안에 쌓인 보물들을 보여주었습니다. 하지만 왕자는 보물은 필요 없다고, 소녀에게 다 가지라고 하고는 하인과 같이 다시 말을 달렸습니다.

왕자와 하인은 오랫동안 여기저기 떠돌아다녔습니다. 그러다가 어느 날 어느 도시에 이르렀는데, 그곳에는 아름답지만 아주 거만한 공주가 살고 있었습니다. 공주는 자기가 풀 수 없는 수수께끼를 내는 사람과 결혼하겠다고 선언했습니다. 하지만 공주가 사흘 안에 수수께끼를 풀면, 수수께끼를 낸 사람의 목을 치겠다고 했습니다. 공주는 워낙 똑똑해서 늘 정해진 시간 안에 수수께끼를 알아맞혔습니다. 그래서 벌써 아홉 명이나 죽어 나갔죠. 하지만 왕자는 공주의 아름다운 모습에 그만 눈이 멀어 목숨 걸고 해보겠다고 나섰습니다. 왕자는 공주 앞에 나가 수수께끼를 냈습니다.

"아무도 때리지 않았는데, 열둘을 때려죽인 것은 무엇입니까?"

공주는 생각하고 또 생각했지만 그게 뭔지 알 수가 없었습니다. 답이 나오지 않자 공주는 수수께끼 책들을 펴 보았습니다. 하지만 거기에도 그런 수수께끼는 나오지 않았습니다. 한마디로 지혜가 바닥 난 것입니다. 공주는 어찌할 바를 몰라 하녀에게 왕자의 침실에 몰래 들어가 무슨 꿈을 꾸는지 엿들어 보라고 일렀습니다. 왕자가 꿈결에 수수께끼의 답을 말할지도 모른다는 생각이었습니다. 하지만 눈치 빠른 하인은 왕자 대신 침대에 누웠습니다. 하녀가 망토를 뒤집어쓰고 살그머니 다가오자 하인은 망토를 확 벗기고 회초리를 휘두르며 하녀를 내쫓아 버렸습니다. 다음날 밤, 공주는 혹시 하녀보다 더 잘 엿들을 수 있지 않을까 싶어 이번에는 시녀를 들여보냈습니다. 하지만 이번에도 하인은 시녀의 망토를 확 벗기고 회초리를 휘두르며 내쫓아 버렸습니다. 셋째 날 밤, 왕자는 이제 별일이 있겠나 싶어 침대에 누웠습니다. 그런데 이번에는 회백색 망토를 몸에 두른 공주가 직접 와서 왕자 곁에 앉았습니다. 공주는 왕자가 잠들어 꿈꾸고 있으려니 생각하고 꿈결에 대답하는 사람이 많으니까 왕자도 그러리라 기대하며 말을 걸었습니다. 하지만 깨어 있던 왕자는 공주의 말을 똑똑히 다 잘 알아들었습니다.

"아무도 때리지 않았다, 그게 무슨 뜻이죠?"

왕자는 대답했습니다.

"독약 먹고 죽은 말을 까마귀가 쪼아 먹고 죽었다는 거지요."

공주가 다시 물었습니다.

"열둘을 때려죽였다, 그건 뭐죠?"

"그 까마귀를 먹고 열두 명의 살인자가 죽었다는 거지요."

수수께끼의 답을 알아낸 공주는 슬그머니 방을 빠져나오려고 했습니다. 하지만 왕자는 공주의 망토를 와락 움켜잡았습니다. 그래서 공주는 망토를 두고 갈 수밖에 없었습니다. 다음 날 아침, 공주는 수수께끼를 풀었다고 알리고 재판관 열두 명을 불러 답을 말했습니다. 하지만 왕자는 재판관들에게 한마디 하겠다고 청했습니다.

"어젯밤 공주님이 몰래 찾아와 답을 캐물었습니다. 내가 말해 주지 않았다면 수수께끼를 풀지 못했을 겁니다."

그러자 재판관들은 말했습니다.

"증거를 보여주시오."

그러자 왕자의 하인이 망토 세 벌을 가져왔습니다. 재판관들은 공주가 즐겨 입는 회백색 망토를 보고는 이렇게 말했답니다.

"망토에 금실 은실로 수놓게 하시오. 공주님이 입으실 결혼 예복입니다."

◆23◆
생쥐와 새와 소시지

옛날에 생쥐와 작은 새와 소시지가 만나 한식구가 되어 같이 살았습니다. 셋은 오랫동안 사이좋게 잘살았고 살림도 꽤 넉넉해졌습니다. 작은 새는 날마다 숲으로 날아가 땔감을 물어 왔습니다. 생쥐는 물을 길어 오고 불을 지피고 상을 차렸고, 소시지를 요리했습니다.

그런데 너무 편안하면 늘 새로운 것이 욕심나는 법이랍니다! 어느 날, 작은 새는 날아가다가 우연히 다른 새와 마주쳤습니다. 작은 새는 자신이 얼마나 멋지게 사는지 한바탕 자랑을 늘어놓았습니다. 하지만 다른 새는 생쥐와 소시지는 집에서 편히 지내는데 혼자서 힘든 일을 하고 있으니 참 불쌍한 멍청이라고 놀렸습니다. 생쥐는 불을 지피고 물을 길어 오고는 상을 차리라고 할 때까지 자기 방에서 쉴 수 있기 때문입니다. 소시지는 냄비 옆에서 음식이 잘 끓는지 지켜보다가 식사 때가 되면 죽이나 채소 속에 쑥 들어가 기름을 치고 짭짤한 맛을 내서 식사를 준비하면 그만입니다. 그리고 작은 새가 집에 돌아와 무거운 짐을 내려놓으면 모두 식탁에 둘러앉고, 식사가 끝나면 다음 날 아침까지 늘어지게 잤습니다. 정말 멋진 생활이었습니다. 하지만 작은 새는 다른 새의 말을 듣자 문득 생각이 달라졌습니다.

다음 날, 작은 새는 절대 나무하러 가지 않겠다고 했습니다. 너무 오랫동안 머슴 노릇을 하며 바보처럼 살아왔다고 투덜거리며 이제는 서로 일을 바꿔서 다른 식으로 해보자고 했습니다. 생쥐와 소시지는 펄펄 뛰었지만 새가 대장이었습니다. 그래서 제비를 뽑아 소시지가 나무를 해오고 생쥐는 요리하며 작은 새는 물을 길어 오기로 정했습니다.

자, 과연 어떻게 됐을까요? 소시지는 나무를 하러 갔고, 작은 새는 불을 지폈습니다. 생쥐는 불 위에 냄비를 올려놓았습니다. 작은 새와 생쥐는 소시지가 다음 날 쓸 나무를 가지고 집에 오기만을 기다렸습니다. 하지만 한참을 기다려도 소시지가 오지 않자, 작은 새와 생쥐는 왠지 불길한 예감이 들었습니다. 작은 새는 소시지를 마중하러 나갔습니다. 그런데 멀지 않은 곳에 개가 한 마리 길에 앉아 있었습니다. 그러니까 소시지를 본 개가 이게 웬 떡이냐 싶어 와락 덤벼들어 닥치는 대로 먹어 치운 것입니다. 작은 새는 그건 공공연한 날강도 짓이었다고 따지고 들었지만, 소용이 없었습니다. 개는 소시지가 가짜 상표를 갖고 있어서 죽였을 뿐이라고 말했습니다.

작은 새는 나무를 물고 집으로 날아와 생쥐에게 보고 들은 것을 말해 줬습니다. 작은 새와 생쥐는 몹시 슬펐지만 그래도 최선을 다해 계속 같이 살아보자고 했습니다. 그래서 작은 새는 식탁을 차리고 생쥐는 음식을 준비했습니다. 생쥐는 소시지가 그리했듯이 기름을 치려고 냄비에 담긴 채소 속에 쑥 들어가 다시 빠져나오려고 했습니다. 하지만 제대로 들어가기도 전에 꼴딱 빠져 목숨을 잃었습니다.

작은 새가 음식을 차리려고 왔습니다. 그런데 요리하던 생쥐가 보이지 않자 당황한 새는 나무를 여기저기 마구 내던졌습니다. 그리고 애타게 생쥐를 부르며 찾았지만 끝내 찾을 수 없었습니다. 그런데 아차하는 사이에 하르르 나무에 불이 붙어 버려 불이 나고 말았습니다. 작은 새는 물을 길어 오려고 허겁지겁 우물로 갔습니다. 그런데 그만 두레박을 손에서 놓쳐 버렸습니다. 두레박이 밑으로 떨어지면서 작은 새도 물속으로 딸려 들어갔습니다. 작은 새는 다시 나오지 못하고 우물에 빠져 죽고 말았답니다.

◆24◆

홀레 할머니

옛날에 두 딸을 둔 과부가 살았습니다. 딸 하나는 예쁘고 부지런했지만, 다른 딸은 못생긴 데다 게을렀습니다. 과부는 못생기고 게으른 딸을 친딸이라고 훨씬 더 예뻐했습니다. 그래서 예쁘고 부지런한 딸이 부엌데기처럼 온갖 집안일을 도맡아 해야 했습니다. 또 불쌍한 소녀는 날마다 큰길에 있는 우물가에 앉아 손가락에 피가 나도록 실을 자아야 했습니다. 어느 날, 얼레가 피에 흠뻑 물들자 소녀는 몸을 굽혀 우물에 얼레를 닦으려 했습니다. 그런데 그만 얼레를 놓쳐 물속에 풍덩 빠뜨리고 말았습니다. 소녀는 울면서 새엄마에게 달려와 사실대로 다 말했습니다. 하지만 새엄마는 소녀를 무섭게 야단치며 쌀쌀맞게 말했습니다.

"얼레를 빠뜨렸으면 꺼내 와야지."

소녀는 우물가로 되돌아왔지만 어떻게 해야 좋을지 막막했습니다. 소녀는 두려움에 떨다가 우물 속으로 풍덩 뛰어들었습니다. 소녀는 깜빡 정신을 잃었습니다. 그런데 퍼뜩 눈을 뜨고 정신을 차려 보니 자신이 아름다운 풀밭에 누워 있었습니다. 눈이 부신 햇살 아래 온갖 꽃이 헤아릴 수 없이 많이 피어 있는 아름다운 풀밭이었습니다. 소녀는 풀밭을 걸어갔습니다. 얼마 걷자 빵이 가득 든 빵 굽는 화덕이 나왔습니다. 빵이 소리쳤습니다.

"아아, 날 좀 꺼내 줘. 날 좀 꺼내 줘. 꺼내 주지 않으면 타 버릴 거야. 나는 벌써 다 구워졌다고."

소녀는 화덕에 다가가 기다란 나무 주걱으로 빵을 하나하나 다 꺼내 줬습니다. 소녀는 계속 걸었습니다. 얼마 걷자 이번에는 사과가 주렁주렁 열린 사과나무가 나왔습니다. 사과나무가 소리쳤습니다.

"아아, 날 좀 흔들어 줘. 날 좀 흔들어 줘. 우리 사과들은 벌써 다 익었다고."

소녀가 나무를 흔들어 주자 사과가 비 오듯 후드득 떨어졌습니다. 계속 흔들어 댔더니 사과가 죄다 떨어졌습니다. 소녀는 사과를 한 무더기 수북이 모아 놓고 다시 걸었습니다. 이윽고 작은 집이 하나 나왔습니다. 웬 늙은 할머니가 밖을 내다보고 있었습니다. 그런데 할머니의 이가 엄청나게 커서 소녀는 더럭 겁이 났습니다. 소녀가 달아나려고 하자 할머니가 뒤에서 소리쳤습니다.

"얘야, 뭐가 그렇게 무서워? 나하고 같이 살자. 집안일을 다 맡아서 착실하게만 해주면 잘 지낼 수 있을 게다. 내 침대를 잘 정리하고, 깃털 이불을 열심히 털어 주기만 하면 된단다. 깃털을 날려 줘야 이 세상에 눈이 펄펄 내리거든. 나는 홀레 할머니란다."

홀레 할머니는 아주 다정하게 말했습니다. 그제야 소녀는 마음을 놓고 그러겠다며 할머니 집에서 일을 시작했습니다. 소녀는 할머니 마음에 쏙 들게 맡은 일을 잘했습니다. 늘 이불도 탁탁 세게 털어 깃털이 눈송이처럼 펄펄 흩날리게 했습니다. 그 대신 소녀도 편안하게 잘 지냈습니다. 욕도 듣지 않았고 날마다 굽거나 삶은 고기도 먹을 수 있었습니다. 소녀는 홀레 할머니 집에서 그렇게 한동안 잘 지냈습니다. 하지만 소녀는 웬일인지 슬펐습니다. 처음에는 왜 슬픈지 이유를 몰랐습니다. 그러다가 결국 집이 그리워서 그렇다는 것을 깨달았습니다. 집에서보다 홀레 할머니와 지내는 것이 백배 천배 훨씬 나았지만, 그래도 집에 가고 싶었습니다. 소녀는 홀레 할머니에게 말했습니다.

"집에 돌아가고 싶어요. 여기 밑에서 잘 지내고 있지만, 더 오래는 못 있겠어요. 식구들에게 다시 올라가고 싶어요."

홀레 할머니는 말했습니다.

"집에 돌아가고 싶다니 기특하구나. 성심껏 일해 줬으니까 내가 다시 데려다줄게."

홀레 할머니는 소녀의 손을 잡고 커다란 문 앞으로 데려갔습니다. 그러자 문이 활짝 열렸습니다. 소녀가 문 밑에 섰더니 엄청나게 많은 황금이 비 오듯 후드득후드득 쏟아졌습니다. 황금은 소녀에게 척척 달라붙어 소녀의 몸을 온통 덮어 버렸습니다.

"부지런히 일했으니 다 갖고 가라."

홀레 할머니는 이렇게 말하며 우물에 빠뜨렸던 얼레도 소녀에게 돌려주었습니다. 그러자 문이 다시 닫히고, 소녀는 어느새 땅 위에 올라와 있었습니다. 집에서 얼마 멀지 않은 곳이었습니다. 소녀가 집 마당에 들어서자 우물 위에 앉아 있던 수탉이 소리쳤습니다.

"꼬끼오 꼬꼬.

우리 황금 아가씨가 돌아왔네요."

소녀는 집 안으로 들어갔습니다. 새엄마와 게으름뱅이 딸은 황금으로 뒤덮여 나타난 소녀를 무척 반갑게 맞아 주었습니다.

소녀는 그동안 겪었던 일을 다 이야기했습니다. 새엄마는 소녀가 어떻게 어마어마한 부자가 되었는지 듣자 못생기고 게으른 딸에게도 그런 행운을 안겨 주고 싶었습니다. 그래서 게으른 딸은 우물가에 앉아 실을 자아야만 했습니다. 게으른 소녀는 가시나무 울타리에 손가락을 찔러 얼레에 피를 흠뻑 묻혔습니다. 그러고는 얼레를 우물에 던진 뒤 자신도 풍덩 물속으로 뛰어들었습니다. 게으른 소녀도 부지런한 소녀처럼 아름다운 풀밭으로 나왔고, 똑같은 길을 따라 걷게 되었습니다. 빵 굽는 화덕이 있는 곳에 이르자, 빵이 또 소리쳤습니다.

"아아, 날 좀 꺼내 줘. 날 좀 꺼내 줘. 꺼내 주지 않으면 타 버릴 거야. 나는 벌써 다 구워졌다고."

그러자 게으른 소녀는 대답했습니다.

"내 손을 왜 더럽히겠어."

그리고는 그냥 가 버렸습니다. 얼마 안 가서 사과나무가 나왔습니다. 사과나무가 또 소리쳤습니다.

"아아, 날 좀 흔들어 줘. 날 좀 흔들어 줘. 우리 사과들은 벌써 다 익었다고."

하지만 게으른 소녀는 이렇게 말했습니다.

"그걸 말이라고 하니? 내 머리에 떨어지면 어쩌려고."

그리고는 계속 걸었습니다. 이윽고 홀레 할머니 집이 나왔습니다. 게으른 소녀는 할머니의 이가 엄청나게 크다는 것을 이미 들은 터라 할머니가 별로 무섭지 않았습니다. 그래서 할머니 집에서 함께 살며 일을 하기로 했습니다. 게으른 소녀는 첫날은 억지로 참으며 홀레 할머니가 시키는 대로 부지런히 일했습니다. 선물 받을 엄청난 황금을 생각하며 할머니의 말을 고분고분 잘 들었습니다. 하지만 웬걸 이튿째부터 게으름을 피우기 시작하더니 사흘째 되는 날에는 아침에 아예 일어날 생각도 하지 않았습니다. 홀레 할머니의 침대도 정리하지 않았고 깃털이 날리도록 이불도 털지 않았습니다. 홀레 할머니는 게으른 소녀에게 금세 지쳐 버렸습니다. 그래서 일을 그만두라고 말했더니 게으른 소녀는 반색하며 이제 황금비가 쏟아지려니 생각했습니다. 홀레 할머니는 게으른 소녀를 문으로 데려갔습니다. 하지만 게으른 소녀가 문 밑에 서자 황금이 아니라 시커먼 역청이 커다란 솥에서 주르르 쏟아졌습니다.

"일해 준 것에 대한 보수다."

홀레 할머니는 이렇게 말하고 문을 닫아 버렸습니다. 온몸에 시꺼먼 역청을 뒤집어쓴 채 집으로 돌아온 게으른 소녀를 보고 우물 위에 앉아 있던 수탉이 소리쳤습니다.

"꼬끼오 꼬꼬,
우리 더러운 아가씨가 돌아왔네요."

그리고 역청은 게으른 소녀에게 시꺼멓게 들러붙어서 죽을 때까지 벗겨지지 않았답니다.

일곱 마리 까마귀

옛날에 일곱 아들을 둔 아버지가 살았습니다. 아버지는 딸을 간절히 바랐지만 소원은 이루어지지 않았습니다. 그런데 마침내 아내가 다시 임신해서 아기가 태어났는데, 딸이었습니다. 이루 말할 수 없이 기뻤죠. 하지만 아기가 너무 허약하고 작아서 비상세례[18]를 주기로 했습니다. 아버지는 한 아들에게 얼른 우물에 가서 세례 때 쓸 성수를 떠오라고 했습니다. 그러자 나머지 여섯 아들도 같이 뛰어갔습니다. 그런데 아이들은 서로 먼저 물을 푸겠다고 티격태격하다가 물동이를 그만 우물에 빠뜨리고 말았습니다. 아이들은 어떻게 해야 좋을지 몰라 우두커니 서서 아무도 감히 집에 갈 엄두를 내지 못했습니다. 아이들이 돌아오지 않자 아버지는 마음이 조마조마했습니다.

"놀다가 또 깜빡한 게 틀림없어, 못된 녀석들."

아버지는 딸아이가 세례도 받지 못하고 하늘나라로 갈까 봐 걱정되었습니다. 아버지는 울컥 화가 치밀어 이렇게 소리쳤습니다.

"녀석들, 모두 까마귀나 되어 버려라."

아버지의 말이 떨어지기가 무섭게 머리 위에서 파닥파닥 날개 치는 소리가 났습니다. 아버지가 하늘을 올려다보았더니 석탄처럼 새까만 까마귀 일곱 마리가 멀리 날아가고 있었습니다.

아버지와 어머니는 한번 입 밖에 내뱉은 저주를 다시 되돌릴 수가 없었습니다. 아들 일곱을 잃어 몹시 슬펐지만 사랑하는 어린 딸이 어

---

18. 세례 받는 사람이 위독할 때 사제를 대신하여 평신도가 예식을 생략하고 세례를 주는 일.

느 정도 위안이 되었습니다. 딸은 곧 건강을 회복했고 날이 갈수록 예쁘게 자랐습니다. 소녀는 오랫동안 오빠들이 있다는 것을 전혀 몰랐습니다. 아버지 어머니가 오빠들에 대해 아무 말도 해주지 않아서였습니다. 그런데 어느 날, 소녀는 사람들이 자기를 보고 수군거리는 소리를 우연히 들었습니다. 사람들은 소녀가 예쁘긴 하지만 바로 소녀 때문에 오빠 일곱이 불행한 일을 당했다고 수군거렸습니다. 소녀는 정말 슬펐습니다. 그래서 아버지 어머니에게 오빠들이 있었는지, 그럼 지금 다들 어디에 있는지 물었습니다. 그러자 부부는 더 이상 비밀을 숨길 수 없었습니다. 하지만 오빠들이 그렇게 된 것은 하늘의 뜻이었을 뿐, 소녀가 태어났기 때문에 생긴 일은 아니라고 말했습니다. 하지만 소녀는 까마귀가 된 오빠들이 계속 마음에 걸렸습니다. 오빠들을 구해야 한다는 생각에 한시도 마음이 편하지 않았던 소녀는 마침내 몰래 집을 떠났습니다. 어떤 대가를 치르더라도 어딘가에 있을 오빠들을 꼭 찾아내 저주를 풀어 주리라 마음먹고 넓은 세상으로 나갔습니다. 소녀는 부모님을 기억할 수 있는 반지 하나와 배고플 때 먹을 빵 한 덩이와 목마를 때 마실 물 단지, 그리고 피곤할 때 앉아 쉴 수 있는 의자 하나만 가지고 길을 떠났습니다.

소녀는 계속 걸었습니다. 걷고 또 걸어 마침내 아주 멀리 세상 끝에 이르렀습니다. 소녀는 해에게 갔습니다. 하지만 해는 너무나 뜨겁고 무서웠고, 어린아이들을 잡아먹었습니다. 소녀는 얼른 도망쳐서 달에게 갔습니다. 하지만 달은 등골이 섬뜩할 정도로 차갑고 고약했습니다. 달은 소녀를 보자 말했습니다.

"사람 고기 냄새가 나는구나."

소녀는 얼른 도망쳐 별들에게 갔습니다. 별들은 다정하고 친절했고 저마다 특별한 의자에 앉아 있었습니다. 샛별이 일어나 소녀에게 병아리 다리를 건네주며 말했습니다.

"이게 없으면 유리산으로 올라가는 문을 열 수 없단다. 네 오빠들은 유리산에 있단다."

소녀는 병아리 다리를 받아 보자기에 고이 싸 들고 다시 길을 떠났습니다. 이윽고 유리산에 도착했더니 문이 잠겨 있었습니다. 소녀는 병아리 다리를 꺼내려고 보자기를 폈습니다. 하지만 보자기에는 아무것도 들어 있지 않았습니다. 마음씨 고운 별들이 준 선물을 잃어버린 것입니다. 이제 어쩌면 좋겠습니까? 오빠들을 구해야 하는데 유리산에 들어가는 열쇠를 잃어버렸으니 말입니다. 착한 여동생은 결국 칼을 꺼내 새끼손가락을 잘라 자물쇠에 꽂았습니다. 그러자 다행히 문이 덜컹 열렸습니다. 소녀가 안으로 들어갔더니 난쟁이가 마주 오며 물었습니다.

"얘야, 뭘 찾니?"

소녀는 대답했습니다.

"오빠들을 찾고 있어요. 일곱 마리 까마귀요."

그러자 난쟁이가 말했습니다.

"까마귀님들은 지금 집에 안 계시는데. 돌아오실 때까지 기다리려면 들어오려무나."

난쟁이는 까마귀들이 먹을 식사를 접시 일곱 개와 잔 일곱 개에 담아 내왔습니다. 여동생은 일곱 개의 접시에서 음식을 한 입씩 먹고 일곱 개의 잔에서 물을 한 모금씩 마셨습니다. 그리고 마지막 잔 속에다 갖고 온 반지를 떨어뜨려 놓았습니다.

갑자기 하늘에서 파닥파닥 날개 치는 소리와 깍깍거리는 소리가 났습니다. 난쟁이가 말했습니다.

"끼미 거님들이 집에 오시니 보다."

까마귀들은 집에 들어와 먹고 마시려고 접시와 잔을 찾다가 저마다 한마디씩 말했습니다.

"누가 내 접시에서 음식을 먹었지? 내 잔에서 누가 마신 거야? 분명 사람의 입인데."

그런데 일곱 번째 오빠가 잔을 비우자 반지가 굴러 나왔습니다. 반지를 들여다보던 오빠는 부모님의 반지인 것을 단박 알아채고 말했습니다.

"오, 하나님, 여동생을 보내 주셨다면 우리는 구원받을 텐데."

소녀는 문 뒤에 서서 가만히 엿듣고 있다가 그 말을 듣고 오빠들 앞으로 나왔습니다. 그러자 까마귀들은 모두 사람의 모습으로 돌아왔습니다. 여동생과 오빠들은 서로 얼싸안고 입을 맞추며 기뻐했습니다. 그리고 사이좋게 다 함께 집으로 돌아왔답니다.

◆26◆

빨간 모자

옛날에 사랑스러운 여자아이가 살고 있었습니다. 아이를 본 사람은 누구나 다 아이를 귀여워했습니다. 하지만 누구보다도 아이를 예뻐한 사람은 아이의 할머니였습니다. 할머니는 아이에게 늘 뭐든 주고 싶어 했습니다. 어느 날, 할머니는 빨간 벨벳으로 작은 모자를 만들어 아이에게 선물했습니다. 모자는 아이에게 잘 어울렸고, 아이는 늘 그 모자만 쓰고 다녔습니다. 그래서 사람들은 아이를 빨간 모자라고 불렀습니다. 어느 날, 어머니가 빨간 모자에게 말했습니다.

"이리 와 봐, 빨간 모자야. 여기 케이크하고 포도주가 있으니 할머니께 갖다 드리렴. 할머니가 몸이 편찮으셔서 약해지셨는데 이걸 드시면 기운이 좀 나실 거야. 날이 더워지기 전에 어서 떠나거라. 밖에 나가면 길을 벗어나지 말고 얌전히 가야 해. 한눈팔다가 넘어져서 병이라도 깨지면 할머니 드실 게 없으니까. 할머니 방에 들어가면 여기저기 기웃거리지 말고 먼저 '안녕하세요.' 하고 아침 인사부터 드려야 한다."

"예, 그렇게 할게요."

빨간 모자는 그러겠다고 엄마에게 약속했습니다. 할머니는 마을에서 삼십 분쯤 걸리는 저 바깥 숲 속에 살고 있었습니다. 빨간 모자가 숲으로 들어가자 늑대가 불쑥 나타났습니다. 하지만 늑대가 얼마나 못된 동물인지 모르는 빨간 모자는 하나도 무섭지 않았습니다. 늑대가 말했습니다.

"안녕, 빨간 모자야."

"고마워. 너도 안녕, 늑대야."

"빨간 모자야, 이른 아침부터 어디를 그렇게 가니?"

"할머니 집에 가."

"앞치마에 담은 건 뭐지?"

"케이크와 포도주야. 어제 케이크를 구웠거든. 할머니가 편찮으시고 기운이 없으시단다. 그래서 이걸 드시고 기운 차리시라고."

"할머니는 어디 사시니, 빨간 모자야?"

"한 십오 분쯤 더 가면 커다란 떡갈나무 세 그루가 나오는데 그 밑에 할머니 집이 있어. 아래에 개암나무 울타리가 있고. 보면 금방 알 거야."

빨간 모자가 대답하자 늑대는 속으로 생각했습니다.

'여리고 보들보들한 게, 군침이 흐르네. 늙은 할멈보다 맛이 훨씬 더 좋을 거야. 어린 것과 할멈, 둘 다 감쪽같이 잡아먹으려면 꾀를 써야 해.'

늑대는 잠시 빨간 모자와 나란히 걸어가다가 말했습니다.

"빨간 모자야. 이 예쁜 꽃들 좀 봐. 여기저기 온통 꽃이잖아. 왜 둘러보지 않는 거야? 재재거리는 새들 노랫소리도 전혀 안 들리나 봐. 학교 가는 것처럼 앞만 보고 걷는구나. 얼마나 재미있고 신나는 숲인데."

그러자 빨간 모자는 살짝 눈을 치켜 떠봤습니다. 나무 사이로 햇살이 남실남실 춤추듯 비쳐들고 숲은 온통 아름다운 꽃으로 덮여 있었습니다. 빨간 모자는 생각했습니다.

'예쁜 꽃다발을 갖다 드리면 할머니가 좋아하실 거야. 아직 이른 시간이니까 늦지 않겠지.'

빨간 모자는 길을 벗어나 숲 속으로 들어가 꽃을 따기 시작했습니다. 꽃 한 송이를 꺾으면 저쪽 멀리 더 예쁜 꽃들이 있는 것 같아 자꾸만 숲 속 깊이 들어가게 되었습니다. 하지만 늑대는 곧장 할머니 집으로 달려가 문을 두드렸습니다.

"누구냐?"

"빨간 모자예요. 케이크와 포도주를 가져왔어요. 문 좀 열어 주세요."

그러자 할머니가 소리쳤습니다.

"손잡이를 누르고 들어와. 기운이 없어서 일어날 수가 없구나."

늑대가 손잡이를 누르니까 문이 활짝 열렸습니다. 늑대는 아무 말도 하지 않고 곧장 침대로 가서 할머니를 꿀꺽 삼켜 버렸습니다. 그런

다음 할머니 옷을 입고 잠자리용 모자를 쓰고 침대에 누워 커튼을 쳤습니다.

그때 빨간 모자는 여기저기 숲을 헤매며 꽃을 땄습니다. 한 아름 넘치게 꽃을 따자 그제야 할머니 생각이 나서 다시 할머니 집으로 향했습니다. 그런데 할머니 집에 왔더니 이상하게도 문이 활짝 열려 있었습니다. 방에 들어갔더니 왠지 방이 낯설게 느껴져 빨간 모자는 생각했습니다.

'아이, 이상해라. 오늘 왠지 으스스한걸. 할머니 집에 오면 항상 기분이 좋았는데!'

빨간 모자는 크게 말했습니다.

"안녕하세요!"

하지만 아무 대답이 없었습니다. 그러자 빨간 모자는 할머니 침대로 다가가 커튼을 젖혔습니다. 할머니는 모자를 얼굴까지 푹 눌러쓰고 정말 이상한 모습으로 누워 있었습니다.

"아이, 할머니, 귀가 왜 이렇게 커요!"

"네 말을 더 잘 들으려고."

"아이, 할머니, 눈이 왜 이렇게 커요!"

"너를 더 잘 보려고."

"아이, 할머니, 손이 왜 이렇게 커요!"

"널 더 꽉 붙잡으려고."

"그런데 할머니, 입이 정말 엄청나게 크시네요!"

"널 더 잘 잡아먹으려고."

늘대는 말을 끝내기가 무섭게 침대에서 펄쩍 뛰어나와 가엾은 빨간 모자를 한입에 삼켜 버렸습니다.

굶주린 배를 게걸스레 채운 늘대는 다시 침대에 누워 잠이 들었고 드르렁드르렁 집이 떠나갈 듯 코를 골기 시작했습니다. 그때 마침 사냥꾼이 집 앞을 지나가다가 '할머니가 요란하게도 코를 고시네! 무슨 일인지 들여다봐야겠는데.' 하고 생각했습니다. 그래서 방에 들어가 침대에 다가갔더니 원, 세상에 늘대가 침대에 누워 있었습니다.

"이 못된 놈, 바로 여기에 있었구나. 얼마나 오랫동안 네놈을 찾았는데."

사냥꾼은 늘대에게 엽총을 겨누었습니다. 그런데 순간, 늘대가 할머니를 잡아먹었을지도 모른다는 생각이 퍼뜩 머리를 스쳤습니다. 어쩌면 할머니를 구할 수 있을지도 모르는 일이었습니다. 그래서 사냥꾼은 총을 쏘지 않고 가위를 가져와 자고 있는 늘대의 배를 가르기 시작했습니다. 몇 번 가위질하자 빨간 모자가 반짝 보였습니다. 몇 번 더 가위질하니까 소녀가 팔짝 뛰어나오며 소리쳤습니다.

"아, 무서워서 혼났어요. 늘대 배 속은 정말 깜깜해요!"

늙은 할머니도 살아서 나왔지만 거의 숨을 쉴 수 없는 지경이었습니다. 빨간 모자는 재빨리 커다란 돌멩이들을 날라 와 늘대 배 속에 집어넣었습니다. 이윽고 잠에서 깨어난 늘대는 달아나려고 했습니다. 하지만 돌멩이가 너무 무거워 그만 폭 고꾸라지더니 그 자리에서 죽고 말았습니다.

세 사람은 모두 기뻐했습니다. 사냥꾼은 늘대 가죽을 벗겨 집에 가져갔고 할머니는 빨간 모자가 갖고 온 케이크와 포도주를 먹고 다시 기운을 차렸습니다. 그리고 빨간 모자는 이렇게 맘속으로 다짐했습니다.

'앞으로는 엄마가 가지 말라고 하면 길을 벗어나 절대로 혼자 숲 속으로 들어가지 않을 거야.'

그 후, 또 이런 일도 있었답니다. 어느 날, 빨간 모자는 할머니에게 또 빵을 갖다 드리러 갔습니다. 그런데 다른 늑대가 나타나 길을 벗어나게 하려고 빨간 모자를 살살 꾀었습니다. 하지만 빨간 모자는 이번에는 꾐에 넘어가지 않았습니다. 그리고 할머니에게 늑대를 만났는데 늑대가 친절하게 인사는 했지만 바라보는 눈이 고약하더라고 말했습니다.

"큰길이 아니었다면 나를 잡아먹었을 거예요."

그러자 할머니는 말했습니다.

"늑대가 집 안으로 들어오지 못하게 얼른 문을 잠가야겠다."

그런데 얼마 지나지 않아 늑대가 문을 탕탕 두드리며 소리쳤습니다.

"할머니, 문 좀 열어 주세요. 빨간 모자예요. 빵을 가지고 왔어요."

할머니와 빨간 모자는 아무 대꾸도 하지 않고 문도 열어 주지 않았습니다. 그러자 회색 늑대는 집 주위를 빙빙 돌더니 훌쩍 지붕 위로 뛰어 올라갔습니다. 빨간 모자가 저녁 무렵 집에 돌아갈 때까지 기다렸다가 살금살금 뒤따라가 어두워지면 덥석 잡아먹으려는 속셈이었습니다. 하지만 할머니는 늑대의 꿍꿍이속을 단박 눈치챘습니다. 할머니 집 앞에는 돌로 된 커다란 구유가 있었습니다. 할머니가 말했습니다.

"빨간 모자야. 어제 소시지를 끓였는데, 물동이에 소시지 끓인 물을 담아 와 구유에 부으렴."

빨간 모자는 소시지 끓인 물을 퍼 날라 엄청나게 커다란 구유를 가득 채웠습니다. 소시지 냄새가 솔솔 올라와 코끝에 맡아지자 늑대는 쿵쿵거리며 내려다보았습니다. 그러다가 목을 너무 길게 빼는 바람에 기우뚱하더니 주르륵 미끄러져서 커다란 구유 속에 풍덩 빠져 죽고 말았습니다. 빨간 모자는 신나게 집으로 돌아왔고, 그때부터는 아무도 빨간 모자를 해치지 못했답니다.

◆27◆

브레멘 음악대

옛날 한 남자에게 당나귀 한 마리가 있었습니다. 당나귀는 오랜 세월 꾸준히 곡식 자루를 방앗간으로 실어 날랐습니다. 하지만 이제는 기운이 없어서 점점 일하기가 힘들어졌습니다. 그러자 주인은 인제 그만 사료를 주어야겠다고 생각했습니다. 당나귀는 이상한 낌새를 알아차리고 주인집에서 도망쳐 나왔습니다. 그리고 브레멘 시의 음악 대원이 되려고 브레멘으로 떠났습니다. 얼마쯤 가자 사냥개가 길에 누워 있었습니다. 사냥개는 매우 지친 듯 숨을 헐떡이고 있었습니다. 당나귀가 물었습니다.

"어이, 용맹한 친구, 왜 그렇게 헉헉거려?"

그러자 개가 대답했습니다.

"휴우, 내가 늙고 점점 약해지고 사냥도 할 수 없으니까 주인이 죽이려고 하잖아. 그래서 도망쳤어. 하지만 이제 어떻게 먹고살아야 할지 걱정이란다."

당나귀가 말했습니다.

"그러면 말이야, 나는 지금 음악 대원이 되려고 브레멘으로 가는 길이거든. 나하고 같이 가자. 너도 음악대에 들어가면 되잖아. 나는 라우테[19]를 연주하고 너는 팀파니를 치고."

개는 그것도 괜찮을 듯해서 당나귀와 함께 길을 떠났습니다. 그런데 얼마 가지 않아 길에 앉아 있는 고양이를 만났습니다. 고양이는 사흘 내내 비만 오는 날씨처럼 얼굴을 잔뜩 찌푸리고 있었습니다. 당나귀가 물었습니다.

"어이, 늙은 이발사 친구, 안 좋은 일이라도 있니?"

그러자 고양이가 대답했습니다.

"목숨이 왔다 갔다 하는데, 즐거울 게 뭐가 있겠니. 늙어서 이빨도 무뎌지니까 쥐 사냥을 하기보다는 그르렁거리며 난로 뒤에 앉아 있는 게 더 좋더라고. 그러니까 주인아줌마가 나를 물에 빠뜨려 죽이려고 하는 거야. 겨우 도망을 쳤지만, 이제 어디로 가야 할지 모르겠단다."

"우리와 같이 브레멘에 가자. 너는 세레나데를 잘 부르잖아. 음악 대원을 하면 된다고."

고양이는 좋은 생각인 것 같아 당나귀와 개와 함께 길을 떠났습니다. 이윽고 집에서 도망친 세 유랑자가 농가를 지나가는데, 수탉이 대문 위에 올라앉아 있는 힘을 다해 울고 있었습니다. 당나귀가 말했습니다.

"뼛속 사무치게 악을 쓰는구나. 왜 그래?"

그러자 수탉이 대답했습니다.

"날씨가 좋을 거라고 알려주는 거야. 성모 마리아가 아기 예수의 속

---

19. 옛 현악기.

옷을 빨아 말리는 날이거든. 하지만 인정머리 없는 주인아줌마가 내일 일요일에 손님들이 온다며 닭고기 수프를 만들라고 요리사에게 말하더라고. 오늘 저녁 내 목이 달아나게 생겼단 말이야. 그래서 죽기 전에 실컷 외쳐 보는 거야."

당나귀가 말했습니다.

"저런, 붉은 볏 친구야, 차라리 우리랑 같이 브레멘에 가자. 어디를 가든 죽는 것보다는 나을 거야. 넌 목소리가 좋으니까 우리 모두 함께 연주하면 멋있는 음악이 될걸."

수탉은 당나귀의 제안이 마음에 들었습니다. 그래서 수탉은 당나귀와 개와 고양이와 함께 길을 떠났습니다.

하지만 브레멘 도시는 하루에 갈 수 있는 거리가 아니었습니다. 그래서 저녁 즈음 숲에 이르자 거기서 하룻밤을 지내기로 했습니다. 당나귀와 개는 커다란 나무 밑에 누웠고 고양이와 수탉은 나뭇가지에 올라갔습니다. 수탉은 가장 안전한 나무 꼭대기까지 날아올라 갔습니다. 수탉은 잠들기 전에 다시 한 번 사방을 둘러보았습니다. 그런데 저 멀리 깜박깜박 불빛이 보이는 것 같았습니다. 수탉은 친구들을 불러 불빛이 보이니까 근처에 분명 집이 있을 거라고 말했습니다. 당나귀가 말했습니다.

"그럼 그리로 가 보자. 여기는 잠자리가 불편하잖아."

개는 살점 붙은 뼈다귀 두어 개쯤은 건질 수 있으리라 생각했습니다. 네 동물은 불빛을 향해 걸어갔습니다. 불빛은 갈수록 점점 밝아지고 커지더니 불이 환히 켜진 도둑의 소굴이 나왔습니다. 가장 키가 큰 당나귀가 창가로 다가가 안을 들여다보았습니다. 수탉이 물었습니다.

"뭐가 보여, 회색 말 같은 친구야?"

당나귀는 대답했습니다.

"뭐가 보이냐고? 맛있는 음식과 음료가 식탁에 잔뜩 차려져 있어. 도둑들이 식탁에 둘러앉아 신나게 먹고 있는데."

수탉이 말했습니다.

"그건 우리가 먹어야 하는데."

당나귀가 말했습니다.

"맞아, 맞아. 아아, 우리가 저기 앉아 있다면 정말 좋을 텐데!"

그래서 동물들은 도둑들을 어떻게 집에서 쫓아낼까 의논한 끝에 드디어 좋은 방법을 하나 생각해 냈습니다. 우선 당나귀가 창문에 앞발을 올려놓고 서기로 했습니다. 그럼 개가 당나귀의 등에 올라타고, 개 위에 고양이가 기어 올라탄 다음 마지막으로 수탉이 고양이의 머리 위에 날아올라 앉기로 했습니다. 네 동물은 신호에 맞춰 일제히 곡을 연주하기 시작했습니다. 당나귀는 히힝 히힝 소리치고, 개는 멍멍 짖고, 고양이는 야옹야옹, 수탉은 꼬끼오 꼬끼오 울었습니다. 그러고는 와장창 창문을 깨뜨리며 일제히 안으로 뛰어들었습니다. 도둑들은 난데없는 끔찍한 소리에 펄쩍 뛰었습니다. 도둑들은 유령이 쳐들어온 줄 알고 겁에 질려 숲 속으로 냅다 달아났습니다. 네 동물은 기분이 좋아서 식탁에 앉아 남은 음식을 마냥 먹어 치웠습니다.

식사를 마치자 네 음악 대원은 불을 끄고 각자 마음에 맞고 편한 잠자리를 찾았습니다. 당나귀는 거름더미 위에 누웠습니다. 개는 문 뒤에 누웠고 고양이는 따뜻한 잿더미 옆 화덕 위에 누웠습니다. 수탉은 닭장의 홰에 올라앉았습니다. 동물들은 먼 길을 걸어서 녹초가 되었기에 이내 잠이 들었습니다. 어느덧 밤 12시가 지났습니다. 도둑들이 멀리서 보니까 집에 불은 꺼지고 조용한 것 같았습니다. 두목이 말했습니다.

"괜히 겁먹었던 것 같아."

두목은 부하에게 집을 잘 살펴보고 오라고 했습니다. 부하가 집에 와서 보니 집안은 쥐 죽은 듯 조용했습니다. 부하는 등불을 켜려고 부엌으로 들어가 고양이의 눈에 성냥개비를 갖다 댔습니다. 불타는 듯 이글이글한 고양이의 눈이 벌 건 석탄인 줄 알고 불을 붙이려고 했던 겁니다. 그러자 새침데기 고양이는 부하의 얼굴에 와락 달려들어 침을 뱉으며 꽉 할퀴었습니다. 부하는 기겁하고 놀라 뒷문으로 나가려고 했습니다. 하지만 문 뒤에 누워 있던 개가 펄쩍 뛰어올라 다리를 꽉 물었습니다. 부하는 마당을 가로질러 거름더미 옆을 달려갔습니다. 그러자 당나귀가 뒷발로 냅다 걷어찼습니다. 그때 홰에 앉아 있던 수탉이 그 소동에 퍼뜩 잠이 깨어 "꼬끼오!" 하고 목청껏 울었습니다. 도둑은 걸음아 나 살려라, 달려가서 두목에게 말했습니다.

"세상에, 집안에 앉아 있던 무시무시한 마녀가 버럭 호통을 치더니 기다란 손톱으로 얼굴을 확 할퀴더라고요. 또 문 앞에는 웬 남자가 칼을 들고 서 있다가 다리를 꽉 찔렀고요. 마당에는 시커먼 괴물이 누워 있다가 몽둥이로 나를 후려쳤어요. 그리고 지붕 위에는 재판관이 앉아 '저 못된 놈을 잡아와라.' 하고 호통을 치는 바람에 냅다 도망쳐 나왔어요."

그 후 도둑들은 집에 얼씬도 하지 못했습니다. 하지만 브레멘의 네 음악 대원은 집이 마음에 쏙 들어 집을 떠날 생각이 없었습니다.

그리고 이 이야기를 마지막으로 해준 사람은 아직도 이 이야기를 하고 다닌답니다.

노래하는 뼈

옛날 어떤 나라에 멧돼지가 가축을 죽이고 엄니로 사람을 물어뜯고 다녀서 큰 걱정거리였습니다. 왕은 이 재앙을 물리칠 수 있는 사람에게 큰 보상을 내리겠다고 약속했습니다. 하지만 멧돼지는 워낙 크고 힘이 세기 때문에 아무도 감히 녀석이 사는 숲 근처에 가려고 하지 않았습니다. 마침내 왕은 멧돼지를 사로잡거나 죽이는 사람에게는 외동딸을 아내로 주겠다고 널리 알렸습니다.

그 나라에는 가난한 집의 아들인 두 형제가 살았습니다. 두 형제는 멧돼지를 잡아오겠다고 나섰습니다. 꾀가 많고 영악한 형은 용기를 뽐내고 싶었고, 순진하고 바보 같은 동생은 마음이 착해서였습니다. 왕이 말했습니다.

"각자 서로 반대쪽에서 숲 속으로 들어가거라. 그럼 짐승을 더 잘 찾을 수 있을 것이다."

그래서 형은 서쪽에서 숲으로 들어갔고, 동생은 동쪽에서 들어갔습니다. 동생이 얼마쯤 걸어갔더니 검은 창을 든 난쟁이가 다가와서 말했습니다.

"자네는 마음이 곱고 착하니까 이 창을 줄게. 이 창을 갖고 사나운 멧돼지와 맞서 봐. 자네를 해치지 못할 테니까 겁내지 말고."

동생은 난쟁이에게 고맙다고 말하고는 씩씩하게 계속 걸었습니다. 얼마 지나지 않아 멧돼지가 동생을 향해 씩씩거리며 달려왔습니다. 동생은 창을 마주 겨누었습니다. 사납게 날뛰며 미친 듯 달려들던 멧돼지는 그만 창에 찔려서 심장이 두 쪽이 나고 말았습니다. 동생은 그 어마어마한 녀석을 왕에게 가져가려고 어깨에 둘러메고 집으로 향했습니다. 동생이 숲 반대쪽으로 나오자 숲 입구에 집이 하나 보였습니다. 안에는 사람들이 춤을 추고 포도주를 마시며 즐겁게 놀고 있었습니다. 한편 형은 먼저 그 집으로 들어갔습니다. 멧돼지가 어디 도망갈 것도 아닌데 용기도 낼 겸 술 한 잔 걸치고 가자, 했던 거죠. 하지만 동생이 멧돼지를 둘러멘 채 숲에서 나오는 것을 보고는 샘이 나서 심통이 부글부글 끓어올랐습니다. 형은 동생을 불렀습니다.

"어이, 동생, 어서 들어와. 좀 쉬었다 가. 포도주도 한잔 하고. 힘이 날 거야."

동생은 아무 의심도 않고 들어가서는 착한 난쟁이가 준 창으로 멧돼지를 죽였다고 이야기했습니다. 그러자 형은 동생을 붙잡아 두었다가 날이 어둑해지자 함께 길을 떠났습니다. 두 형제는 캄캄한 어둠 속을 걸어 다리가 놓여 있는 시냇가에 이르렀습니다. 그러자 형은 동생을 앞서 걷게 했고 다리 한가운데에 이르자 뒤에서 동생을 힘껏 때렸습니다. 동생은 다리 아래로 떨어져 죽고 말았습니다. 형은 다리 밑에 동생을 묻은 뒤 멧돼지를 왕에게 가져가 자기가 죽였다고 거짓말을 했습니다. 그리고 공주를 아내로 맞았습니다. 동생이 돌아오지 않는 이유를 형은 이렇게 말했습니다.

"아마도 멧돼지에게 물어 뜯겨 죽었을 거예요."

모두 형의 말을 믿었습니다.

하지만 하나님 앞에서는 아무것도 숨길 수 없는 법, 형의 사악한 짓도 드러나기 마련입니다. 몇 년이 지난 후 양치기가 양 떼를 몰고 다리를 건너다가 다리 밑 모래에서 눈처럼 하얀 뼈를 보았습니다. 양치기는 그 뼈로 뿔 나팔의 주둥이를 만들면 좋겠다 싶었습니다. 그래서 다리 밑으로 내려가 뼈를 주워 깎아서 뿔 나팔의 주둥이를 만들었습니다. 그런데 양치기가 처음으로 뿔 나팔을 입에 대고 불자 정말 놀랍게도 뼈가 저절로 노래하기 시작했습니다.

"오, 사랑하는 양치기야,
내 뼈를 불고 있네.
형이 나를 죽여서
다리 밑에 묻었단다.
멧돼지를 빼앗아
공주를 얻으려고."

"참 신기한 뿔 나팔이네, 노래하잖아. 임금님께 가져가야겠다."

왕 앞에서 뿔 나팔은 다시 노래를 부르기 시작했습니다. 하지만 왕은 무슨 말인지 단박 알아듣고는 다리 밑을 파보라고 했습니다. 그러자 맞아 죽은 동생의 유골이 고스란히 나왔습니다. 나쁜 형은 자기가 저지른 짓을 변명할 길이 없었습니다. 사람들은 형을 자루에 넣고 꿰맨 다음 산 채로 물에 풍덩 던져 버렸습니다. 동생의 유골은 교회 묘지에 고이 묻혀 영원한 안식을 얻게 되었답니다.

◆29◆
악마의 황금 머리카락 세 개

옛날에 한 가난한 여인이 아들을 낳았습니다. 그런데 아기는 태어날 때 머리에 양 막[20]을 쓰고 나왔고, 열네 살이 되면 공주를 아내로 맞게 된다는 예언을 빌렸습니다. 그 후 며칠 지나지 않아 왕이 마을에 왔습니다. 하지만 마을 사람들은 왕인 줄 몰랐습니다. 왕이 새로운 일이 있느냐고 묻자 사람들은 이렇게 대답했습니다.

"얼마 전에 한 아이가 머리에 양 막을 쓰고 태어났어요. 그런 아이는 뭘 해도 행운이 따를 겁니다. 열네 살이 되면 공주님을 아내로 맞는다는 예언도 있었다니까요."

마음씨 나쁜 왕은 그 예언을 듣자 화가 났습니다. 그래서 아이의 부모를 찾아가 아주 친절하게 말했습니다.

"집도 가난한데, 아이를 내게 맡기시오. 잘 돌봐 주리다."

아이의 부모는 처음에는 안 된다고 했습니다. 하지만 낯선 남자가 묵직한 돈 꾸러미를 내놓자 '행운을 타고난 아이니까 잘 될 거야.'라고 생각하며 아이를 내주었습니다.

왕은 아기를 상자에 집어넣었습니다. 왕은 말을 타고 달리다가 깊은 강이 나오자 상자를 물속에 던져 버렸습니다. 그리고 왕은 생각했습니다.

'이제 엉뚱한 녀석이 내 딸을 데려갈 염려는 없어.'

하지만 상자는 물속에 가라앉지 않고 배처럼 둥둥 떠내려갔습니다. 상자에 물 한 방울도 새어 들어오지 않았습니다. 상자는 왕이 사는 수도에서 2마일 떨어진 곳까지 떠내려가다가 물방앗간 둑에 걸려 멈춰 섰습니다. 그런데 다행히 방앗간에서 일하는 젊은이가 마침 거기 서 있다가 상자를 보고는 갈고리로 끌어냈습니다. 젊은이는 큰 보물을 발견한

20. 태아를 둘러싼 반투명의 얇은 막으로 아기가 태어날 때 머리에 쓰고 나오면 길조로 여겼음.

줄 알고 상자를 열었습니다. 그러나 상자 안에는 생기 넘치고 똘똘하게 잘생긴 사내아이가 누워 있었습니다. 젊은이는 아이를 방앗간 주인 부부에게 데려갔습니다. 아이가 없는 부부는 아주 좋아하며 말했습니다.

"하나님께서 주신 선물이야."

방앗간 주인 부부는 주운 아기를 정성껏 돌보았고 아이는 착하고 예쁘게 무럭무럭 자랐습니다.

그러던 어느 날, 왕이 비바람이 몰아치자 물방앗간에 들어왔습니다. 왕은 헌칠한 젊은이를 보고는 방앗간 주인 부부에게 아들이냐고 물었습니다.

"아니요. 주운 아이예요. 14년 전에 상자에 담겨 떠내려왔지요. 둑에 걸린 것을 여기서 일하는 애가 건져냈습니다."

왕은 젊은이가 자신이 물속에 던져 버린 바로 그 행운아라는 것을 단박 알아챘습니다. 왕이 말했습니다.

"여보게, 왕비에게 편지를 보내야 하는데 저 애를 시켜도 괜찮겠나? 수고비로 금화 두 닢을 주겠다."

방앗간 주인 부부는 대답했습니다.

"분부대로 하겠습니다."

그러고는 젊은이에게 떠날 채비를 하라고 일렀습니다. 왕은 왕비에게 편지를 썼습니다.

'이 편지를 가져온 젊은이를 도착하는 즉시 죽여서 묻어 버리시오. 내가 돌아가기 전에 해치워야 하오.'

젊은이는 편지를 갖고 길을 떠났습니다. 그런데 도중에 길을 잃어버려 날이 저물 무렵 깊은 숲 속으로 들어왔습니다. 어둠 속에서 작은 불빛이 보였습니다. 불빛을 따라갔더니 오두막집이 나왔습니다. 젊은이는 안으로 들어갔습니다. 웬 할머니가 불 가에 혼자 앉아 있다가 젊은이를 보고 깜짝 놀랐습니다. 할머니가 물었습니다.

"어디서 오는 게냐? 어디 가는 길이냐?"

"방앗간에서 왔어요. 왕비님께 편지를 갖고 가는 길인데 숲에서 그만 길을 잃었어요. 하룻밤만 재워 주세요."

그러자 할머니는 말했습니다.

"이 불쌍한 것아, 너는 도둑 소굴에 잘못 들어왔어. 도둑들이 돌아오면 당장 너를 죽일 텐데."

젊은이는 말했습니다.

"올 테면 오라지요, 하나도 안 무서워요. 너무 지쳐서 더 이상 걸을 수도 없고요."

젊은이는 긴 의자에 몸을 쭉 펴고 누워 잠이 들었습니다. 곧 도둑들이 왔습니다. 도둑들은 화를 내며 웬 낯선 젊은이가 누워 있느냐고 물었습니다. 할머니가 대답했습니다.

"아, 순진한 아이야. 숲 속에서 길을 잃었다지 뭐야. 불쌍해서 들어오라고 했어. 왕비님께 편지를 전하러 가는 길이래."

도둑들은 편지를 뜯어서 읽었습니다. 편지는 젊은이가 도착하는 즉시 죽이라는 내용이었습니다. 인정머리 없는 도둑들이지만 젊은이가 불쌍해서 두목은 편지를 찢어 버리고 편지를 새로 썼습니다. 젊은이가 도착하면 바로 공주와 결혼을 시키라는 내용이었습니다. 도둑들은 젊은이를 다음 날 아침까지 자도록 내버려두었습니다. 그리고 젊은이가 일어나자 편지를 주고 숲에서 나가는 길을 가르쳐주었습니다.

편지를 받아 읽고 난 왕비는 편지에 쓰인 대로 성대한 결혼식을 준비했고 공주는 행운아와 결혼했습니다. 젊은이는 아름답고 아주 다성

했습니다. 그래서 공주는 즐겁고 행복하게 살았습니다.

얼마 후, 성에 돌아온 왕은 예언이 이루어져 행운아가 공주와 결혼한 것을 보고는 물었습니다.

"대체 이게 어찌 된 일이오? 편지에 내린 명령하고는 영 다르지 않소?"

그러자 왕비는 편지를 건네며 뭐라고 씌어 있는지 직접 읽어보라고 했습니다. 왕은 편지를 읽고서 편지가 바뀐 것을 알았습니다. 왕은 행운아에게 맡겼던 편지는 어쩌고 왜 다른 편지를 가져왔느냐고 물었습니다. 행운아가 대답했습니다.

"저는 모르겠어요. 숲에서 자던 날 밤에 편지가 바뀌었나 봐요."

그러자 왕은 노발대발 소리쳤습니다.

"그렇게 쉽게 넘어갈 일은 아니지. 공주를 얻으려면 지옥에 가서 악마의 머리에서 황금 머리카락 세 개를 뽑아 와야 한다. 공주와 계속 살려면 내가 요구하는 것을 가져오너라."

그러면 행운아를 영원히 떨쳐 버릴 수 있으리라고 내심 기대한 것입니다. 하지만 행운아는 이렇게 대답했습니다.

"그럼 황금 머리카락을 가져오겠어요. 악마는 무섭지 않아요."

젊은이는 작별 인사를 하고 유랑 길을 떠났습니다.

이윽고 행운아는 어느 큰 도시를 지나게 되었습니다. 성문을 지키는 파수병이 무슨 일을 하느냐, 뭘 아느냐고 물었습니다. 행운아는 대답했습니다.

"나는 모르는 것이 없어요."

그러자 파수병은 말했습니다.

"그럼 부탁 하나만 들어주게. 시장이 열리는 광장의 분수에서 옛날에는 포도주가 솟아 나왔다네. 그런데 요즘은 바짝 말라 물 한 방울 나오지 않아. 왜 그러는지 말해줄 수 있겠나?"

"돌아올 때까지 기다려 주시면 알려드릴게요."

행운아는 이렇게 대답하고 계속 걸어서 다른 도시에 이르렀습니다. 성문을 지키는 파수병이 무슨 일을 하느냐, 뭘 아느냐고 물었습니다. 행운아가 대답했습니다.

"나는 모르는 것이 없어요."

"그럼 부탁 하나만 들어주게. 우리 도시에 나무가 한 그루 있는데 옛날에는 황금 사과가 열리더니 지금은 이파리도 나지 않아. 왜 그러는지 말해 줄 수 있겠나?"

행운아는 대답했습니다.

"돌아올 때까지 기다려 주시면 알려드릴게요."

행운아는 계속 걸어서 커다란 강에 이르렀습니다. 강을 건너는데 뱃사공이 무슨 일을 하느냐, 뭘 아느냐고, 또 물었습니다. 행운아가 대답했습니다.

"나는 모르는 것이 없어요."

"그럼 부탁 하나만 들어주게. 나는 왔다 갔다 한없이 배를 저어야만 하네. 교대해 주는 사람도 없다니까. 왜 그러는지 말해 줄 수 있겠나?"

행운아는 대답했습니다.

"돌아올 때까지 기다려 주시면 알려드릴게요."

강을 건너자 지옥으로 들어가는 입구가 보였습니다. 지옥은 연기에 시꺼멓게 그을려 어둠침침했습니다. 악마는 집에 없고 악마의 할머니만 널찍한 안락의자에 앉아 있었습니다. 그리 나빠 보이지 않는 할머니는 행운아를 보고 물었습니다.

"왜 왔니?"

행운아는 대답했습니다.

"악마의 머리에서 황금 머리카락 세 개를 뽑아 가려고요. 그렇지 않으면 아내하고 계속 같이 살 수 없거든요."

그러자 악마의 할머니는 말했습니다.

"그건 어렵겠는데. 악마가 집에 돌아와 너를 보면 죽이려들 텐데, 정말 불쌍하구나. 내가 도울 수 있는지 보자."

그러고서 악마의 할머니는 행운아를 개미로 만들었습니다.

"내 치맛주름 속으로 기어들어 가게. 그럼 안전할 테니까."

행운아는 대답했습니다.

"예. 그럴게요. 그런데 알고 싶은 것이 세 가지 있어요. 옛날엔 포도주가 솟아 나오던 분수가 지금은 바짝 말라 물도 안 나오는데, 왜 그렇지요? 또 옛날에 황금 사과가 열렸던 나무가 이파리도 나지 않는데, 왜 그렇지요? 또 뱃사공은 교대도 못 하고 왔다 갔다 한없이 배를 저어야만 하는데, 왜 그렇지요?"

그러자 악마의 할머니는 말했습니다.

"그것참 어려운 문제로구나. 하지만 숨죽이고 조용히 있어라. 내가 황금 머리카락을 세 개 뽑을 테니까 그때 악마가 뭐라고 하는지 잘 들으렴."

저녁이 되자 악마가 집에 돌아왔습니다. 악마는 들어오자마자 수상쩍은 낌새를 맡고 말했습니다.

"흠, 냄새가 나. 사람 냄새가 나는걸. 뭔가 수상해."

악마는 구석구석 돌아보았지만 아무것도 찾을 수 없었습니다. 그러자 악마의 할머니가 나무랐습니다.

"막 치우고 깨끗이 정리해 놓았더니 다시 어질러 놓기나 하는구나. 너는 늘 사람 냄새가 난다고만 하냐! 어서 앉아서 저녁이나 먹어."

악마는 먹고 마시고 나자 나른해져서 할머니의 무릎을 베고 누워 이를 좀 잡아 달라고 했습니다. 그러더니 얼마 지나지 않아 깜박 잠이 들어 드르렁드르렁 코를 골았습니다. 그러자 할머니는 황금 머리카락 한 개를 쑥 뽑아 옆에다 놓았습니다. 악마가 비명을 올렸습니다.

"아얏! 뭘 하시는 거예요?"

"꿈이 하도 뒤숭숭해서 네 머리를 잡았나 보다."

할머니가 대답하자 악마가 물었습니다.

"무슨 꿈을 꾸셨게요?"

"시장이 열리는 광장의 분수에서 옛날에는 포도주가 솟아 나왔단다. 그런데 지금은 바짝 말라 물도 나오지 않는다는 꿈이었어. 도대체 왜 그럴까?"

악마는 대답했습니다.

"히히, 사람들이 그걸 어떻게 알겠어! 샘물 속 돌멩이 밑에 두꺼비가 앉아 있거든요. 두꺼비를 죽여야 다시 포도주가 나올 거예요."

악마의 할머니는 다시 이를 잡아 주었습니다. 악마는 다시 잠이 들어 창문이 덜컹거리도록 코를 골았습니다. 할머니는 두 번째 머리카락을 쑥 뽑았습니다. 그러자 악마는 화가 나서 소리 질렀습니다.

"아얏! 뭐하시는 거예요?"

악마의 할머니는 대답했습니다.

"화내지 마. 꿈결에 그랬단다."

"또 무슨 꿈을 꾸셨는데요?"

"어떤 나라에 과일나무가 한 그루 있는데 옛날엔 황금 사과가 열리더니 지금은 이파리도 나지 않는다는 꿈이었어. 도대체 왜 그럴까?"

악마는 대답했습니다.

"히히, 사람들이 그걸 어떻게 알겠어!"

"쥐가 나무뿌리를 갉아먹어서 그래요. 쥐를 죽이면 다시 황금 사과가 열릴 거예요. 하지만 더 갉아먹게 두면 나무가 완전히 말라죽을 걸요. 이제 꿈 타령 좀 그만하세요. 잠자는데 또 깨우시면 따귀를 때릴 거예요."

할머니는 악마를 살살 달래며 이를 잡아 주었습니다. 악마가 잠들어 드르렁드르렁 코를 골자 할머니는 다시 세 번째 황금 머리카락을 쑥 뽑았습니다. 악마는 펄쩍 일어나 소리소리 지르며 할머니에게 버릇없이 덤벼들었습니다. 하지만 할머니는 악마를 다시 살살 달래며 말했습니다.

"나쁜 꿈을 꾸었는데 어쩌겠냐!"

그래도 호기심이 당기는지 악마가 물었습니다.

"도대체 무슨 꿈인데요?"

"어떤 뱃사공이 교대도 못 하고 왔다 갔다 한없이 배를 저어야 한다고 투덜대는 꿈이었어. 도대체 왜 그럴까?"

악마는 대답했습니다.

"히히, 멍청한 녀석! 강을 건너려고 누가 오면 노를 손에 쥐여주면 될 텐데. 그럼 그 사람이 배를 저을 거잖아요. 사공은 풀려나고요."

황금 머리카락 세 개를 뽑아냈고 세 가지 답도 얻었겠다, 악마의 할머니는 날이 밝을 때까지 마왕을 자도록 가만히 내버려뒀습니다.

악마가 다시 집을 나가자 할머니는 치맛주름에서 개미를 꺼냈습니다. 할머니는 행운아를 다시 사람 모습으로 바꿔 놓았습니다.

"자, 황금 머리카락 세 개다. 세 가지 질문에 대해 악마가 뭐라고 했는지는 질 들었겠지."

행운아는 말했습니다.

"예, 잘 들었어요. 잊지 않을게요."

할머니가 말했습니다.

"그럼 됐다. 어서 가 봐라."

행운아는 할머니에게 어려울 때 도와줘서 고맙다고 인사하고 지옥을 나왔습니다. 다 잘 끝나서 기분이 좋았습니다. 이윽고 뱃사공에게 왔을 때, 행운아는 약속한 대로 해답을 말해야 했습니다. 행운아는 말했습니다.

"날 먼저 건네주면 여기서 벗어날 방법을 말해 줄게요."

건너편 기슭에 도착하자 행운아는 악마에게서 들은 말을 해주었습니다.

"강을 건너려고 누가 오면 노를 손에 쥐여주면 돼요."

행운아는 계속 걸어서 과일이 열리지 않은 나무가 있는 도시로 왔습니다. 파수병이 해답을 듣고 싶어 하자 행운아는 악마한테 들은 이야기를 해줬습니다.

"나무뿌리를 갉아먹는 쥐를 죽이면 다시 황금 사과가 열릴 거예요."

그러자 파수병은 고맙다며 황금을 잔뜩 실은 당나귀 두 마리를 선물로 주었습니다. 마지막으로 행운아는 샘물이 말라 버린 도시로 왔습니다. 행운아는 파수병에게 악마한테 들은 이야기를 해줬습니다.

"우물 속 돌멩이 밑에 두꺼비가 앉아 있는데 그놈을 찾아서 죽이면 포도주가 다시 펑펑 나올 거예요."

파수병은 고맙다며 황금을 잔뜩 실은 당나귀 두 마리를 선물로 주었습니다.

드디어 행운아는 아내가 있는 집으로 돌아왔습니다. 아내는 행운아를 다시 만나게 되었고, 또 모든 일이 잘되었다는 이야기에 진심으로 기뻐했습니다. 행운아는 왕에게 왕의 요구대로 악마의 황금 머리카락 세 개를 바쳤습니다. 왕은 황금을 잔뜩 실은 당나귀 네 마리를 보고 크게 기뻐하며 이렇게 말했습니다.

"그래, 다 해냈으니 이제 공주와 함께 살아도 좋다. 그런데 사위, 저 많은 황금이 어디서 났는지 말해 주겠나? 정말 엄청나지 않은가!"

행운아는 대답했습니다.

"강을 건너가니까 강가에 모래 대신 황금이 쫙 깔렸더라고요. 그래서 가져왔지요."

그러자 욕심이 난 왕이 말했습니다.

"나도 가져올 수 있을까?"

행운아는 대답했습니다.

"얼마든지요. 강가에 뱃사공이 있을 테니 건너게 해 달라고 하세요. 건너편 기슭에서 자루를 꽉 채워 오시면 돼요."

욕심 많은 왕은 급히 서둘러 길을 떠났습니다. 강에 이르자 왕은 사공에게 건너가게 해 달라고 손짓했습니다. 뱃사공이 와서 왕을 배에 태웠습니다. 하지만 뱃사공은 건너편 기슭에 도착하자 왕의 손에 노를 쥐여주고 냅다 달아나 버렸습니다. 그때부터 왕은 자기가 지은 죗값으로 한없이 노를 저어야만 했답니다.

"아직도 임금님은 노를 젓고 있을까요?"

"그럼요. 노를 건네받을 사람은 아무도 없었을 테니까요."

30

이와 벼룩

한집에서 사는 이와 벼룩이 달걀 껍데기 속에 맥주를 빚었습니다. 그런데 이가 그 속에 풍덩 빠져 그만 화상을 입고 말았습니다. 벼룩이 그것을 보고 엉엉 울기 시작했습니다. 그러자 작은 방문이 물었습니다.

"벼룩아, 왜 우니?"

"이가 화상을 입었단다."

방문은 벼룩의 말을 듣고서 삐걱거리기 시작했습니다. 구석에 있던 빗자루가 물었습니다.

"문아, 왜 삐걱거리니?"

"삐걱거릴 수밖에.

이가 화상을 입어

벼룩이 울고 있잖아."

그러자 빗자루가 쓱쓱 싹싹 미친 듯이 방을 쓸기 시작했습니다. 작은 마차가 지나가다가 물었습니다.

"빗자루야, 왜 그렇게 방을 쓰니?"

"쓸 수밖에.

이가 화상을 입어

벼룩은 울고

문은 삐걱거리고 있잖아."

그러자 작은 마차가 말했습니다.

"그럼 나는 달릴래."

마차는 바람처럼 쌩쌩 달리기 시작했습니다. 마침 쓰레기 디미가 달리는 마차를 보고 물었습니다.

"마차야, 왜 그렇게 달리니?"

"달릴 수밖에.

이가 화상을 입어

벼룩은 울고

문은 삐걱거리고

빗자루는 쓸고 있잖아."

그러자 쓰레기 더미가 말했습니다.

"그럼 나는 활활 탈래."

쓰레기 더미는 활활 타기 시작했습니다. 쓰레기 더미 옆에 있던 나무가 물었습니다.

"쓰레기 더미야, 왜 그렇게 타니?"

"탈 수밖에.

이가 화상을 입어

벼룩은 울고

문은 삐걱거리고

빗자루는 쓸고

마차는 달리고 있잖아."

그러자 나무가 말했습니다.

"그럼 나는 흔들래."

나무는 흔들거리기 시작했습니다. 이파리들이 우수수 다 떨어졌습니다. 소녀가 물동이를 들고 오다가 물었습니다.

"나무야, 왜 그렇게 흔드니?"

"흔들 수밖에.

이가 화상을 입어

벼룩은 울고

문은 삐걱거리고

빗자루는 쓸고

마차는 달리고

쓰레기 더미는 타고 있잖아."

그러자 소녀가 말했습니다.

"그럼 나는 물동이를 깨뜨릴래."

소녀는 물동이를 깨뜨렸습니다. 퐁퐁 솟아나던 샘물이 물었습니다.

"애야, 물동이를 왜 깨뜨려?"

"물동이를 깨뜨릴 수밖에.

이가 화상을 입어

벼룩은 울고

문은 삐걱거리고

빗자루는 쓸고

마차는 달리고

쓰레기 더미는 타고

나무는 흔들고 있잖아."

그러자 샘물이 말했습니다.

"아이, 그럼 나는 흐를래."

샘물은 콸콸 흐르기 시작했습니다. 그러자 모두 물속에 빠져 죽고 말았답니다. 소녀도 나무도 쓰레기 더미도 마차도 빗자루도 방문도 벼룩도 이도 모두 다 함께 말입니다.

31

손 없는 아가씨

옛날에 물방앗간 주인이 점점 가난해져 마침내 물레방아와 그 뒤에 있는 큰 사과나무밖에 남지 않게 되었습니다. 어느 날 방앗간 주인은 숲으로 나무를 하러 갔습니다. 그런데 생전 처음 보는 웬 노인이 다가와 말했습니다.

"힘들게 나무나 베며 살 게 뭐가 있겠나. 나한테 물레방아 뒤에 있는 것을 주겠다고 약속하면 너를 부자로 만들어 줄 텐데."

방앗간 주인은 '물레방아 뒤에 사과나무밖에 더 있어?' 하고 생각하며 그러겠다고 낯선 노인에게 증서를 써 주었습니다. 노인은 히죽 비웃으며 말했습니다.

"삼 년 뒤에 와서 내 것을 가져가겠네."

그러고서 노인은 훌쩍 가 버렸습니다. 방앗간 주인이 집으로 돌아오자 아내가 나오며 말했습니다.

"여보, 우리 집에 갑자기 엄청난 금은보화가 굴러들어 왔는데 어떻게 된 일이죠? 궤짝이며 상자며 보물로 가득 찼어요. 갖고 온 사람은 없는데, 무슨 영문인지 정말 모르겠어요."

방앗간 주인은 대답했습니다.

"숲에서 만난 낯선 노인이 준 거라오. 많은 재물을 주겠다고 나한테 약속했거든. 대신 나는 물레방아 뒤에 있는 것을 주겠다고 증서를 써 주었다오. 저 큰 사과나무를 내주면 될게요."

그러자 아내는 소스라쳐서 말했습니다.

"아이고, 여보. 악마였어요. 사과나무가 아니라 뒷마당을 쓸고 있던 우리 딸을 노린 것이라고요."

방앗간 주인의 딸은 예쁘고 믿음이 깊은 아가씨였습니다. 삼 년 동안 죄를 짓지 않고 날마다 하나님을 경외하며 살았습니다. 어느덧 세월이 흘러 악마가 데리러 오겠다고 한 날이 되었습니다. 아가씨는 깨끗이 목욕을 하고 분필로 자신의 주위에 둥그렇게 원을 그렸습니다. 악마는 아침 일찍 나타났습니다. 하지만 아가씨에게 가까이 올 수 없었습니다. 악마는 화를 내며 방앗간 주인에게 말했습니다.

"네 딸이 씻지 못하게 물을 다 치워 버리게. 물 때문에 힘을 쓸 수 없잖나."

방앗간 주인은 겁에 질려 시키는 대로 했습니다. 다음 날 아침 악마가 다시 찾아왔습니다. 하지만 아가씨는 손에다 눈물을 흘리며 펑펑 울어 손이 아주 깨끗했습니다. 악마는 이번에도 아가씨에게 가까이 올 수 없었습니다. 악마는 불같이 화를 내며 방앗간 주인에게 말했습니다.

"네 딸의 손목을 잘라 버리게. 안 그러면 내가 손도 댈 수 없어."

방앗간 주인은 소스라쳐서 대답했습니다.

"어떻게 자식의 손목을 자르란 말이오!"

그러자 악마는 을러댔습니다.

"못하겠다면 좋다. 대신 너를 데려가겠다."

아버지는 겁이 나서 시키는 대로 하겠다고 약속했습니다. 그러고는 딸에게 말했습니다.

"애야, 네 두 손을 자르지 않으면 악마가 나를 데려가겠다는구나. 무서워서 그러겠다고 약속했단다. 어려운 처지에 놓인 나를 좀 도와주렴. 너한테 못할 짓을 하는 이 아버지를 용서해다오."

아가씨는 말했습니다.

"사랑하는 아버지, 해야 할 일을 하세요. 저는 아버지의 딸입니다."

아가씨는 두 손을 내밀며 손목을 자르라고 했습니다. 악마는 세 번째로 아가씨를 찾아왔습니다. 하지만 아가씨는 한참 펑펑 울었기 때문에 양말까지 깨끗해져 있었습니다. 악마는 또 물러설 수밖에 없었고, 아가씨에 대한 권리를 고스란히 잃어버렸습니다.

방앗간 주인은 아가씨에게 말했습니다.

"네 덕분에 큰 재산을 얻었다. 평생 너를 귀하게 받들며 살겠다."

하지만 아가씨는 이렇게 대답했습니다.

"저는 여기서 살 수가 없어요. 집을 떠나겠어요. 필요한 것은 동정심 많은 사람들이 주겠지요."

아가씨는 손이 없는 두 팔을 등 뒤에 묶어 달라고 하고 날이 밝자 길을 떠났습니다. 아가씨는 하루 종일 걸었고, 밤에 왕이 사는 성의 정원에 이르렀습니다. 어슴푸레한 달빛에 탐스러운 과일들이 주렁주렁 열린 나무들이 보였습니다. 하지만 정원을 빙 둘러싸고 있는 도랑 때문에 안으로 들어갈 수가 없었습니다. 온종일 걸은 데다 아무것도 먹지 못해 배가 몹시 고팠던 아가씨는 생각했습니다.

'아, 저 안에 들어가면 과일을 먹을 수 있을 텐데! 안 그러면 이대로 죽고 말 거야.'

아가씨는 무릎을 꿇고 하나님께 간절히 기도했습니다. 그러자 홀연히 천사가 나타나 수문을 막아 버렸습니다. 도랑에 물이 마르자 아가씨는 정원으로 건너갈 수 있었습니다. 아가씨는 천사와 더불어 정원으로 들어갔습니다. 정원에는 배들이 탐스럽게 열린 배나무가 있었습니다. 하지만 배의 개수를 일일이 다 세어 놓은 터였습니다. 아가씨는 배고픔을 달래려고 나무에 다가가서 입으로 배를 베어 먹었습니다. 딱 한

개만 먹었습니다. 그런데 정원사가 그 광경을 지켜보고 있었습니다. 하지만 천사가 옆에 있으므로, 무서워 감히 소리도 지르지 못하고 말도 걸지 못했습니다. 아가씨가 유령인 줄 알았죠. 아가씨는 배를 먹고 허기를 채우자 덤불 숲에 몸을 숨겼습니다. 다음 날 아침, 정원의 주인인 왕이 정원으로 내려와 일일이 배를 세어 보았습니다. 배 한 개가 모자라자 왕은 정원사에게 나무 밑에도 없는데 배가 어디 갔느냐고 물었습니다. 정원사는 대답했습니다.

"어젯밤에 손이 없는 유령이 들어와서 입으로 베어 먹었습니다."

그러자 왕이 말했습니다.

"어떻게 유령이 도랑을 건너왔단 말이냐? 배를 먹고 어디로 가더냐?"

정원사는 대답했습니다.

"눈처럼 하얀 옷을 입은 사람이 하늘에서 내려오더니 수문을 닫아 물을 막았어요. 유령이 건너올 수 있게요. 분명 천사였어요. 어찌나 무서운지 물어보지도 못하고 소리도 지르지 못했습니다. 유령은 배를 다 먹은 다음 물러갔습니다."

왕은 말했습니다.

"네 말이 사실인지 오늘 밤 내가 함께 지켜보겠다."

날이 어두워지자 왕은 유령에게 말을 붙여 보려고 신부를 대동하고 정원으로 내려왔습니다. 세 사람은 나무 밑에 앉아 조심스레 지켜보았습니다. 이윽고 밤 12시가 되자 아가씨가 덤불 숲에서 살금살금 걸어 나와 배를 입으로 베어 먹었습니다. 아가씨의 옆에는 하얀 옷을 입은 천사가 서 있었습니다. 신부가 앞으로 나서며 말했습니다.

"하늘에서 왔느냐, 이 세상에 사느냐? 유령이냐, 사람이냐?"

아가씨는 대답했습니다.

"유령이 아니에요. 저는 세상에서 버림받은 불쌍한 사람이에요. 하나님만 저를 버리지 않으셨지요."

왕은 말했습니다.

"세상 사람들이 다 그대를 버렸는지 몰라도, 나는 그대를 버리지 않으리라."

왕은 아가씨를 성으로 데리고 왔습니다. 아가씨는 정말 예쁘고 믿음이 깊었습니다. 그래서 왕은 아가씨를 진심으로 사랑했고, 은으로 손을 만들어 주고 아가씨를 아내로 맞아들였습니다.

일 년 후 왕은 전쟁터에 나가게 되었습니다. 왕은 젊은 왕비를 어머니에게 부탁하며 말했습니다.

"왕비가 아기를 낳으면 어머니께서 잘 보살펴 주세요. 편지로 즉시 소식을 알려주시고요."

왕비는 예쁜 아들을 낳았습니다. 왕의 어머니는 기쁜 소식을 알려주려고 왕에게 바로 편지를 썼습니다. 그런데 편지를 가지고 가던 전령이 냇가에서 좀 쉰다는 것이 먼 길을 걷느라 지쳐서 그만 깜박 잠이 들어 버렸습니다. 그러자 믿음 깊은 왕비를 해치려고 늘 노리고 있던 악마가 와서 편지를 다른 편지와 바꾸어 놓았습니다. 다른 편지에는 왕비가 아주 못생기고 괴물 같은 아이를 낳았다고 쓰여 있었습니다. 편지를 읽고 깜짝 놀란 왕은 몹시 슬펐습니다. 하지만 돌아갈 때까지 왕비를 잘 보살펴 달라고 어머니에게 답장을 썼습니다. 하지만 왕의 편지를 가지고 돌아오던 전령은 같은 장소에서 쉬다가 또 깜박 잠이 들고 말았습니다. 그러자 악마가 다시 나타나 왕비와 아기를 죽이라는 내용의 다른 편지를 주머니에 집어넣었습니다. 늙은 어머니는 편지를 받고 소스라치게 놀랐습니다. 편지 내용을 도저히 믿을 수가 없었던 어머니는 왕에게 다시 편지를 썼습니다. 하지만 또 똑같은 대답이었습니다. 악마가 또 가짜 편지를 전령의 주머니에 슬쩍 집어넣었기 때문입니다. 마지막 편지에는 왕비를 죽였다는 증거로 왕비의 혀와 눈을 뽑아 잘 간직해 두라고까지 쓰여 있었습니다.

늙은 어머니는 아무 죄 없는 왕비가 피 흘리며 죽어야 하는 사실에 슬피 울었습니다. 그래서 밤중에 암사슴을 데려오라고 해서 혀와 눈을 뽑아내 잘 간직했습니다. 늙은 어머니는 왕비에게 말했습니다.

"왕이 명령한 대로 왕비를 죽이지는 못하겠소. 하지만 여기 더 있을 수는 없으니까 아이를 데리고 넓은 세상으로 떠나시오. 다시는 돌아오지 마오."

어머니는 아이를 왕비의 등에 업혀 주었습니다. 가여운 왕비는 눈물을 흘리며 떠났습니다. 왕비는 크고 깊은 숲에 이르자 무릎을 꿇고 하나님에게 기도했습니다. 그러자 하나님의 천사가 나타나 왕비를 어떤 작은 집으로 안내했습니다. 집에는 '누구든 들어와서 살 수 있어요.'라는 팻말이 걸려 있었습니다. 그리고 눈처럼 하얀 옷을 입은 아가씨가 집에서 나오며 말했습니다.

"어서 오세요, 왕비님."

아가씨는 왕비를 안으로 데리고 들어갔습니다. 그리고 아기를 왕비의 등에서 내려 품에 안고 젖을 먹인 뒤 자그맣고 예쁜 아기 침대에 눕혔습니다. 불쌍한 왕비가 물었습니다.

"내가 왕비인 줄 어떻게 알았어요?"

하얀 옷을 입은 아가씨가 대답했습니다.

"나는 하나님께서 왕비님과 아기를 돌보라고 보내신 천사예요."

왕비는 그 집에서 극진한 보살핌을 받으며 칠 년을 살았습니다. 그리고 왕비의 깊은 믿음을 본 하나님이 은총을 베풀어 잘린 손이 다시 자라났습니다.

마침내 왕이 전쟁터에서 돌아왔습니다. 왕은 도착하자마자 아내와 아기부터 보고 싶어 했습니다. 늙은 어머니는 슬피 울면서 말했습니다.

"몹쓸 사람 같으니라고. 나보고 아무 죄 없는 두 생명을 죽이라니, 어찌 그런 편지를 쓴 게요?"

어머니는 악마가 쓴 가짜 편지 두 통을 보여주며 말을 이었습니다.

"나는 명령한 대로 했다오."

어머니는 증거로 혀와 눈을 보여주었습니다. 왕은 불쌍한 아내와 어린 아들을 생각하며 하염없이 흐느꼈습니다. 늙은 어머니는 그런 아들을 보고 측은한 생각이 들어 말했습니다.

"왕비는 살아 있으니 진정하시오. 내가 몰래 암사슴을 죽여 증거를 남겨 둔 거니까. 왕비는 아기를 등에 업혀 넓은 세상으로 나가라고 떠나보냈다오. 왕이 화가 단단히 난 듯하니 다시는 돌아오지 말라고 다짐까지 받았지요."

그러자 왕이 말했습니다.

"사랑하는 아내와 아이를 찾으러 하늘 끝까지 가겠어요. 찾기 전에는 먹지도 마시지도 않겠어요. 그동안 죽임을 당했거나 굶어 죽지 않았다면 말입니다."

왕은 칠 년 동안 아내와 아기를 찾아 헤맸습니다. 낭떠러지며 동굴이며 구석구석 다 찾아다녔지만 아내와 아이는 어디에도 없었습니다. 왕은 두 사람이 죽었을지도 모른다고 생각했습니다. 두 사람을 찾아 헤매는 동안 왕은 먹지도 마시지도 않았습니다. 하지만 하나님이 보살펴 주었습니다. 마침내 왕은 커다란 숲으로 오게 되었습니다. '누구는 들어와서 살 수 있어요.'라는 팻말이 걸린 자은 집이 보였습니다. 하얀 옷을 입은 아가씨가 나오더니 왕의 손을 잡고 안으로 들어가며 말했습니다.

"어서 오세요, 임금님."

아가씨는 왕에게 어디서 왔느냐고 물었습니다. 왕은 대답했습니다.

"아내와 아이를 찾아 칠 년째 이렇게 헤매고 다니지만 아직도 찾지 못했소."

천사가 먹을 것과 마실 것을 내왔지만 왕은 입에 대지도 않은 채 좀 쉬고 싶다고 했습니다. 자려고 누운 왕은 얼굴에 수건을 덮었습니다.

그러자 천사는 왕비와 아들이 있는 방으로 갔습니다. 왕비는 아들을 늘 '슬픔이'라고 불렀습니다.

"아이하고 나가보세요. 남편이 왔어요."

왕비는 왕이 누워 있는 방으로 갔습니다. 그때 왕의 얼굴에서 수건이 떨어졌습니다. 왕비가 말했습니다.

"슬픔아, 아버지 얼굴에 수건을 다시 덮어 드려라."

아이는 수건을 집어 왕의 얼굴에 다시 덮어 주었습니다. 하지만 왕은 잠결에 왕비의 말을 듣고 다시 수건을 떨어뜨려 보았습니다. 그러자 아이는 짜증을 부리며 말했습니다.

"어머니, 아버지가 이 세상에 없는데, 아버지에게 수건을 덮어 드리라니요? 어머니가 '하늘에 계신 우리 아버지'라고 기도하는 법을 가르쳐주시며 그러셨잖아요, 아버지는 하늘에 계신 하나님이시라고요. 저 낯선 남자분을 제가 어떻게 알아요. 우리 아버지가 아니에요."

그 말을 듣고 왕은 벌떡 일어나 왕비에게 누구냐고 물었습니다. 왕비는 대답했습니다.

"저는 당신의 아내입니다. 저 애는 당신 아들 슬픔이고요."

왕은 왕비의 손을 보고 말했습니다.

"내 아내는 은으로 만든 손을 가졌소."

왕비는 대답했습니다.

"자비로우신 하나님께서 제 손을 원래대로 다시 자라나게 해주셨어요."

천사는 방에서 은으로 만든 손을 가져와 왕에게 보여주었습니다. 그때야 비로소 왕은 사랑하는 아내와 아들이 확실하다는 것을 알았습니다. 왕은 두 사람에게 입을 맞추며 몹시 기뻐했습니다.

"이제야 비로소 무거운 돌덩이가 가슴에서 떨어져 나간 듯하오."

세 사람은 천사와 함께 식사하고 늙은 어머니가 있는 성으로 돌아왔습니다. 온 나라가 기뻐하는 가운데 왕과 왕비는 다시 결혼식을 올리고 오래오래 아주 행복하게 살았답니다.

◆32◆
똑똑한 한스

한스의 어머니가 물었습니다.

"한스, 어디 가니?"

한스가 대답했습니다.

"그레텔에게요."

"잘 다녀와라, 한스."

"잘 다녀올게요, 엄마."

"그래, 한스."

한스는 그레텔에게 갔습니다.

"안녕, 그레텔."

"안녕, 한스. 뭐 좋은 거 가져왔니?"

"아무것도 안 가져왔어. 한스에게 줘."

그레텔은 한스에게 바늘을 주었습니다. 한스가 말했습니다.

"잘 있어, 그레텔."

"잘 가, 한스."

한스는 바늘을 건초 수레에다 꽂아 놓고 수레 뒤를 따라 집으로 돌아왔습니다.

"다녀왔어요, 엄마."

"어서 와라, 어디 갔다 왔니?"

"그레텔에게요."

"뭘 갖다 줬니?"

"아무것도 안 갖다 줬어요. 그레텔이 줬어요."

"그레텔이 뭘 주던?"

"바늘을 줬어요."

"바늘은 어디 있니, 한스?"

"건초 수레에 꽂아 놓았어요."

"바보 같은 짓을 했구나. 한스. 바늘은 소매에 꽂았어야지."

"괜찮아요. 다음에는 잘할게요."

"한스, 어디 가니?"

"그레텔에게요, 엄마."

"잘 다녀와라, 한스."

"잘 다녀올게요. 엄마."

"그래, 한스."

한스는 그레텔에게 왔습니다.

"안녕, 그레텔."

"안녕, 한스. 뭐 좋은 거 가져왔니?"

"아무것도 안 가져왔어. 한스에게 줘."

그레텔은 한스에게 칼을 주었습니다.

"잘 있어, 그레텔."

"잘 가, 한스."

한스는 칼을 소매 속에 찔러 넣고 집으로 돌아왔습니다.

"다녀왔어요, 엄마."

"어서 와라. 어디 갔다 왔니?"

"그레텔에게요."

"뭘 갖다 줬니?"

"아무것도 안 갖다 줬어요. 그레텔이 줬어요."

"그레텔이 뭘 주던?"

"칼을 줬어요."

"칼은 어디 있니, 한스?"

"소매 속에요."

"바보 같은 짓을 했구나. 한스. 칼은 주머니에 넣었어야지."

"괜찮아요. 다음에는 잘할게요."

"한스, 어디 가니?"

"그레텔에게요, 엄마."

"잘 다녀와라, 한스."

"잘 다녀올게요. 엄마."

"그래, 한스."

한스는 그레텔에게 왔습니다.

"안녕, 그레텔."

"안녕, 한스. 뭐 좋은 거 가져왔니?"

"아무것도 안 가져왔어. 한스에게 줘."

그레텔은 한스에게 아기 염소를 주었습니다.

"잘 있어, 그레텔."

"잘 가, 한스."

한스는 염소의 다리를 묶어서 주머니에 집어넣었습니다. 집에 왔더니 아기 염소는 숨이 막혀 죽어 있었습니다.

"다녀왔어요, 엄마."

"어서 와라. 어디 갔다 왔니?"

"그레텔에게요."

"뭘 갖다 줬니?"

"아무것도 안 갖다 줬어요. 그레텔이 줬어요."

"그레텔이 뭘 주던?"

"염소를 줬어요."

"염소는 어디 있니, 한스?"

"주머니 속에요."

"바보 같은 짓을 했구나. 한스. 염소는 줄에 묶어서 끌고 왔어야지."

"괜찮아요. 다음에는 잘할게요."

"한스, 어디 가니?"

"그레텔에게요, 엄마."

"잘 다녀와라, 한스."

"잘 다녀올게요. 엄마."

"그래, 한스."

한스가 그레텔에게 왔습니다.

"안녕, 그레텔."

"안녕, 한스. 뭐 좋은 거 가져왔니?"

"아무것도 안 가져왔어. 한스에게 줘."

그레텔은 한스에게 베이컨 한 조각을 주었습니다.

"잘 있어, 그레텔."

"잘 가, 한스."

한스는 베이컨을 줄에 묶어 질질 끌었습니다. 그러자 개들이 와서 베이컨을 냉큼 먹어 버렸습니다. 집에 왔더니 손에는 빈 끈만 있었습니다.

"다녀왔어요, 엄마."

"어서 와라. 어디 갔다 왔니?"

"그레텔에게요."

"뭘 갖다 줬니?"

"아무것도 안 갖다 줬어요. 그레텔이 줬어요."

"그레텔이 뭘 주던?"

"베이컨 한 조각을 줬어요."

"베이컨은 어디 있니, 한스?"

"줄에 묶어서 끌고 오는데 개들이 먹어 버렸어요."

"바보 같은 짓을 했구나. 한스. 베이컨은 머리에 이고 왔어야지"

"괜찮아요. 다음에는 잘할게요."

"한스, 어디 가니?"

"그레텔에게요, 엄마."

"잘 다녀와라, 한스."

"잘 다녀올게요. 엄마."

"그래, 한스."

한스는 그레텔에게 왔습니다.

"안녕, 그레텔."

"안녕, 한스. 뭐 좋은 거 가져왔니?

"아무것도 안 가져왔어. 한스에게 줘."

그레텔은 한스에게 송아지를 주었습니다.

"잘 있어, 그레텔."

"잘 가, 한스."

한스가 송아지를 머리에 이니까 녀석이 얼굴을 마구 걷어찼습니다.

"다녀왔어요, 엄마."

"어서 와라. 어디 갔다 왔니?"

"그레텔에게요."

"뭘 갖다 줬니?"

"아무것도 안 갖다 줬어요. 그레텔이 줬어요."

"그레텔이 뭘 주던?"

"송아지요."

"송아지는 어디 있니, 한스?"

"머리에 이니까 얼굴을 걷어찼어요."

"바보 같은 짓을 했구나. 한스. 송아지는 끌고 와서 꼴 시렁에 매어 놓아야지."

"괜찮아요. 다음에는 잘할게요."

"한스, 어디 가니?"

"그레텔에게요, 엄마."

"잘 다녀와라, 한스."

"잘 다녀올게요. 엄마."

"그래, 한스."

한스가 그레텔에게 왔습니다.

"안녕, 그레텔."

"안녕, 한스. 뭐 좋은 거 가져왔니?"

"아무것도 안 가져왔어. 한스에게 줘."

그레텔이 한스에게 말했습니다.

"너하고 같이 갈게."

한스는 그레텔을 밧줄에 묶어 질질 끌고 와서는 시렁에다 꽁꽁 묶어놓고 어머니에게 갔습니다.

"다녀왔어요, 엄마."

"어서 와라. 어디 갔다 왔니?"

"그레텔에게요."

"뭘 갖다 줬니?"

"아무것도 안 갖다 줬어요. 같이 왔어요."

"그레텔은 어디 있니?"

"밧줄에 묶어 끌고 와서 시렁에 묶어놓고 건초를 던져 주었어요."

"바보 같은 짓을 했구나, 한스. 그레텔에게 다정한 눈빛을 던져 주어야지[21]."

"괜찮아요. 다음에는 잘할게요."

한스는 외양간으로 가서 송아지와 양의 눈을 죄다 뽑아서는 그레텔의 얼굴에 던졌습니다. 그러자 그레텔은 화가 나서 밧줄을 풀고 달아나 한센이라는 사람의 신부가 되었답니다.

◆33◆

세 가지 언어

옛날 스위스에 한 늙은 백작이 살았는데, 백작에게는 달랑 아들 하나밖에 없었습니다. 하지만 아들은 워낙 멍청해서 무엇 하나 제대로 배우지를 못했습니다. 그래서 아버지가 말했습니다.

"얘야, 내가 아무리 애를 써도 네 머릿속에는 아무것도 집어 넣어줄 수가 없구나. 여기를 떠나거라. 유명한 스승에게 너를 맡겨야겠다. 그분이면 너를 가르칠 수 있을 것이다."

젊은이는 낯선 도시로 가서 꼬박 일 년을 그 스승 밑에서 지내고 다시 집으로 돌아왔습니다. 아버지가 물었습니다.

"그래, 뭘 배워 왔느냐?"

---

21. 독일어를 직역하면 '다정한 눈을 던지다' 이다.

아들이 대답했습니다.

"아버지, 개가 뭐라고 짖는지 배워 왔어요."

그러자 아버지는 탄식했습니다.

"하나님 맙소사. 배워 왔다는 게 고작 그거냐? 아무래도 너를 다른 도시에 사는 스승에게 보내야겠다."

그래서 젊은이는 다른 도시에 사는 스승을 찾아가 또 일 년을 지내고 집으로 돌아왔습니다. 아버지가 물었습니다.

"애야, 뭘 배워 왔니?"

아들이 대답했습니다.

"아버지, 새들이 뭐라고 말하는지 배워 왔어요."

아버지는 불같이 화를 내며 말했습니다.

"어휴, 이 멍청한 녀석아! 배운 것 없이 귀중한 시간을 헛되이 보내고 내 눈앞에 나타나다니, 부끄럽지도 않냐? 너를 세 번째 스승에게 보내겠다. 하지만 이번에도 제대로 배우지 못하면, 너는 내 아들이 아니다."

아들은 세 번째 스승 밑에서도 일 년을 지내고 집으로 돌아왔습니다. 아버지가 물었습니다.

"애야, 뭘 배워 왔니?"

아들이 대답했습니다.

"아버지, 이번 해에는 개구리들이 뭐라고 울어 대는지 배워 왔어요."

그러자 아버지는 노발대발 펄쩍 뛰며 하인들을 불러 말했습니다.

"이놈은 이제 내 아들이 아니다. 내 집에서 쫓아낼 터, 숲에 데려가 죽여 버려라."

하인들은 아들을 숲으로 끌고 갔습니다. 하지만 불쌍해서 차마 죽이지 못하고 아들을 풀어 주었습니다. 대신 아들을 죽였다는 증거로 노부의 눈과 혀를 뽑아 아버지에게 가져왔습니다.

젊은이는 여기저기 한참 떠돌아다니다가 어느 날 어느 성에 이르러 하룻밤만 재워 달라고 청했습니다. 성주가 말했습니다.

"좋다. 원한다면 저 아래 오래된 탑에서 자라. 하지만 경고하건대 거기는 생명이 위험한 곳이다. 사나운 개들이 득시글거리고 끊임없이 짖어 대고 으르렁대며 시간 맞춰서 사람을 먹이로 주면 곧바로 먹어 치우지."

이곳 사람들 모두 개들 때문에 고통을 받으며 살고 있지만 아무도 도와줄 사람이 없다고 했습니다. 그러자 겁이 없는 젊은이는 이렇게 말했습니다.

"제가 내려가겠습니다. 으르렁거리는 개들에 던져 줄 것이나 좀 주세요. 아무 일 없을 겁니다."

젊은이가 가겠다고 우기자 사람들은 사나운 짐승들에게 던져 줄 먹이를 주고 젊은이를 탑으로 데려갔습니다. 젊은이가 탑 안에 들어서자 개들은 짖지도 않고 반기듯 꼬리를 살랑거리며 젊은이의 주위를 맴돌았습니다. 개들은 던져 주는 먹이를 넙죽넙죽 받아먹으며 젊은이를 털 끝만큼도 건드리지 않았습니다. 다음 날 아침 젊은이가 건강하고 멀쩡한 모습으로 다시 나타나자 사람들은 모두 깜짝 놀랐습니다. 젊은이는 성주에게 말했습니다.

"개들이 왜 탑에 살면서 사람들에게 해를 끼치는지 자기네 말로 말해 줬어요. 개들은 마법에 걸려서 탑 밑에 있는 어마어마한 보물을 지켜야 한대요. 누구든 보물을 꺼내 가기 전에는 조금도 편하게 지낼 수가 없다더군요. 보물을 꺼내는 방법도 말하더라고요."

젊은이의 말에 사람들은 모두 기뻐했습니다. 성주는 젊은이가 무사히 보물을 꺼내 오면 아들로 삼겠다고 말했습니다. 어떻게 해야 하는지 아는 젊은이는 다시 내려가서 금이 가득 든 궤를 들고 올라왔습니다. 그러자 사납게 울부짖던 개들의 소리가 다시는 나지 않았고 개들도 감쪽같이 사라졌습니다. 그리고 나라는 어려운 상황에서 벗어나게 되었습니다.

얼마 후 젊은이는 로마로 가고 싶은 생각이 들었습니다. 그래서 로마로 가다가 개구리들이 앉아서 개굴개굴하는 늪을 지나게 되었습니다. 젊은이는 개구리들이 무슨 말을 하는지 귀를 기울였습니다. 하지만 젊은이는 개구리의 말을 듣고 나자 슬펐습니다. 깊은 생각에 잠긴 채 젊은이는 이윽고 로마에 도착했습니다. 그런데 마침 교황이 세상을 떠나서 누구를 후임 교황으로 정할지 추기경들 사이에 의견이 분분했습니다. 마침내 추기경들은 하나님의 계시를 받은 사람을 교황으로 선정하기로 합의를 보았습니다. 그런데 결정을 내리자마자 웬 젊은 백작이 교회로 들어왔고, 갑자기 눈처럼 하얀 비둘기 두 마리가 포르르 날아와 젊은이의 양어깨에 내려앉았습니다. 추기경들은 그것을 하나님의 계시라고 여기고 그 자리에서 젊은이에게 교황이 되겠냐고 물었습니다. 젊은이는 자신이 교황이 될 자격이 있는지 알 수가 없어 마음을 정할 수가 없었습니다. 하지만 비둘기들은 젊은이에게 교황직을 받아들이라고 했습니다. 마침내 젊은이가 그러겠다고 하자 추기경들은 젊은이를 성유로 축성했고 교황으로 추대했습니다. 로마로 오는 길에 젊은이는 자신이 거룩한 교황이 된다는 개구리들의 말을 듣고 그토록 깜짝 놀란 것입니다. 그 말은 실제 그대로 이루어졌습니다. 그런데 미사곡을 불러야 하는데 젊은이는 단 한마디의 가사도 몰랐죠. 하지만 비둘기 두 마리가 어깨에 앉아서 귓속말로 다 가르쳐주었답니다.

<h2>◆34◆</h2>
<h2>똑똑한 엘제</h2>

옛날, 어떤 아버지에게 똑똑한 엘제라고 불리는 딸이 있었습니다. 딸이
다 자라자 아버지가 말했습니다.

"이제 결혼을 시켜야겠소."

어머니가 대답했습니다.

"예. 저 애를 달라는 사람만 있으면요."

마침내 멀리서 한스라는 사람이 와서 엘제에게 청혼을 했습니다. 하
지만 한스는 엘제가 정말로 똑똑한지 보고 나서 결혼하겠다고 했습니
다. 아버지가 말했습니다.

"오, 얼마나 영리한데요."

어머니가 말했습니다.

"그럼요. 바람이 거리를 지나가는 것도 볼 수 있고, 파리가 기침하는
소리도 들을 수 있어요."

그러자 한스가 말했습니다.

"그래요? 아무튼, 똑똑하지 않으면 데려가지 않겠어요."

모두 식탁에 둘러앉아 식사한 다음 어머니가 말했습니다.

"엘제, 지하실에 가서 맥주를 가져오렴."

똑똑한 엘제는 벽에 걸린 주전자를 내려 들고 지하실로 내려갔습니
다. 심심하지 않게 주전자 뚜껑을 달칵달칵 열었다 닫았다 하며 지하

실로 내려온 엘제는 작은 의자를 맥주 통 앞에 갖다 놓았습니다. 몸을 굽히지 않아도 되니 허리가 아프다거나 하는 반갑지 않은 일을 당할 염려가 없을 테니까요. 엘제는 주전자를 맥주 통 앞에다 놓고 꼭지를 돌렸습니다. 맥주가 주르륵 흘러나오는 동안 눈을 가만히 둘 수는 없는 터, 벽을 올려다보며 휘휘 사방을 두리번거렸습니다. 그런데 바로 머리 위에 곡괭이가 걸려 있었습니다. 미장이가 깜박 잊고 그냥 가 버린 모양이었습니다. 똑똑한 엘제는 울면서 말했습니다.

"한스하고 결혼해서 아이를 낳고, 아이가 크면 지하실에 가서 맥주를 받아오라고 심부름을 시키겠지. 하지만 곡괭이가 머리에 떨어지면 아이가 죽을 텐데."

엘제는 엉엉 울기 시작했습니다. 그런 불행한 일이 일어날 수도 있다고 생각하니 슬퍼서 목 놓아 통곡했습니다. 위에 있는 사람들은 맥주를 기다렸지만, 똑똑한 엘제는 돌아오지 않았습니다. 그러자 어머니가 하녀에게 말했습니다.

"엘제가 뭘 하는지 지하실에 내려가 봐라."

하녀가 지하실로 내려갔더니 엘제가 맥주 통 앞에 앉아 엉엉 울고 있었습니다. 하녀는 물었습니다.

"엘제, 왜 울어?"

엘제가 대답했습니다.

"아, 내가 울지 않을 수 있느냐고. 한스하고 결혼해서 아이를 낳고, 아이가 크면 맥주를 받아와야 할 텐데 저 곡괭이가 머리에 떨어지기라도 하면 아이가 죽을 것 아냐."

하녀가 말했습니다.

"우리 엘제, 정말 똑똑하구나!"

하녀는 엘제 옆에 털썩 주저앉아 앞으로 일어날지도 모르는 불행한 일을 생각하며 같이 엉엉 울었습니다. 한참을 기다려도 하녀는 돌아오지 않고 위에 있는 사람들은 더 목이 말랐습니다. 아버지는 하인에게 말했습니다.

"엘제와 하녀가 뭘 하는지 지하실에 내려가 봐라."

하인이 지하실에 내려갔더니 똑똑한 엘제와 하녀가 엉엉 울면서 앉아 있었습니다. 하인이 물었습니다.

"왜 울어?"

엘제가 대답했습니다.

"아, 내가 울지 않을 수 있느냐고. 한스하고 결혼해서 아이를 낳고, 아이가 크면 맥주를 받아와야 할 텐데, 저 곡괭이가 머리에 떨어지기라도 하면 아이가 죽을 거 아냐."

하인이 말했습니다.

"우리 엘제, 정말 똑똑하구나!"

하인도 엘제 옆에 털썩 주저앉아 큰 소리로 울기 시작했습니다. 위에 남은 사람들은 하인을 기다렸고, 하인은 돌아오지 않았습니다. 그러자 아버지가 어머니에게 말했습니다.

"엘제가 뭘 하는지 당신이 지하실에 내려가 보구려."

그래서 어머니가 내려갔더니 세 사람 모두 슬피 울고 있었습니다. 어머니는 왜 우는지 물었습니다. 엘제는 앞으로 태어날 아이가 크면 맥주를 받아와야 하는데, 머리에 곡괭이가 떨어져 죽으면 어떻게 하느냐고 했습니다. 그러자 어머니도 말했습니다.

"우리 엘제, 정말 똑똑하구나!"

어머니도 털썩 주저앉아 같이 엉엉 울었습니다. 이윽고 위에서 기다리던 아버지는 아내는 돌아오지 않고 목은 점점 더 말라 오자 말했습니다.

"엘제가 뭘 하는지 내가 직접 지하실에 가봐야겠다."

아버지가 지하실에 내려갔더니 모두 울면서 앉아 있었습니다. 우는 이유를 들어봤더니 앞으로 엘제가 낳을지도 모르는 아이 때문이었습니다. 아이가 주전자에 맥주를 받고 있는데, 바로 그 순간 곡괭이가 머리에 떨어져 죽을 수도 있지 않겠느냐는 말이었습니다. 아버지가 소리쳤습니다.

"우리 엘제, 정말 똑똑하구나!"

그러고서 아버지도 털썩 주저앉아 같이 울었습니다. 위에는 예비 신랑만 달랑 혼자 남아 있었습니다. 한참을 기다렸지만 아무도 돌아오지 않자 예비 신랑은 이렇게 생각했습니다.

'다들 밑에서 나를 기다리고 있나 봐. 무슨 일인지 가 봐야겠다.'

한스가 내려갔더니 다섯 사람 모두 질펀히 앉아서 서럽게 통곡하고 있었습니다. 한스가 물었습니다.

"아니 무슨 사고라도 일어났나요?"

엘제는 대답했습니다.

"오, 한스, 우리가 결혼해서 아이를 낳고, 아이가 크면 지하실에서 맥주를 받아오라고 시킬 거잖아요? 그런데 저 위에 걸린 곡괭이가 밑으로 떨어지면 머리가 깨져 죽을지도 모른다고요. 그런데 어떻게 울지 않을 수가 있어요?"

그러자 한스가 말했습니다.

"흠, 가사를 돌보는데 그 정도의 머리면 충분하오. 똑똑한 엘제, 당신과 결혼하겠소."

한스는 엘제의 손을 잡고 올라가서 결혼식을 올렸습니다.

결혼하고 얼마 후, 한스가 말했습니다.

"여보, 밖에 나가 일해서 돈을 벌어 와야겠소. 그런데 빵이 필요하니 당신은 밭에 가서 곡식을 베어 오구려."

"예, 그럴게요, 여보."

한스가 일하러 나가자 똑똑한 엘제는 죽을 맛있게 끓여서 밭으로 나갔습니다. 밭에 도착한 엘제는 혼자 중얼거렸습니다.

"무엇부터 하지? 곡식을 벨까? 아니면 먼저 먹을까? 에이, 먼저 먹어야겠다."

그러더니 죽 한 냄비를 싹싹 비웠습니다. 배가 부른 엘제는 또 혼자 중얼거렸습니다.

"무엇부터 하지? 곡식을 벨까? 아니면 먼저 잘까? 에이, 먼저 자야겠다."

엘제는 곡식 밭에 누워 깜박 잠이 들었습니다. 벌써 집에 돌아온 한스는 엘제가 오지 않자 이렇게 말했습니다.

"우리 똑똑한 엘제는 부지런도 하지. 밥 먹으러 집에 오지도 않고."

하지만 밤이 되었는데도 엘제가 돌아오지 않자 한스는 곡식을 얼마나 베었는지 보려고 밭에 나갔습니다. 그런데 베어 놓은 곡식은 하나도 없었고, 엘제는 밭에 누워 쿨쿨 자고 있었습니다. 한스는 얼른 집에 가서 작은 방울들이 잘랑잘랑 달린 새잡이 그물을 가져와 엘제에게 덮어씌웠습니다. 엘제는 여전히 쿨쿨 잤습니다. 한스는 집으로 돌아와 대문을 잠그고 의자에 앉아 일했습니다. 어느덧 날이 깜깜해지자 똑똑한 엘제는 잠에서 깨어났습니다. 자리에서 일어나는데 딸랑딸랑 소리가 났습니다. 발을 뗄 때마다 딸랑거렸죠. 엘제는 깜짝 놀라 자기가 정말로 똑똑한 엘제인지 아닌지 어리둥절해서 이렇게 중얼거렸습니다.

"내가 엘제야? 아니면 엘제가 아니야?"

하지만 답은 나오지 않았습니다. 결국 엘제는 한참 머릿속을 헤매다가 생각했습니다.

'집에 가서 물어봐야겠다. 내가 엘제인지, 아닌지 다른 사람들은 분명 알 거야.'

엘제는 집으로 달려갔습니다. 하지만 대문은 잠겨 있었습니다. 엘제는 창문을 두드리며 소리쳤습니다.

"한스, 엘제 안에 있어요?"

한스가 대답했습니다.

"안에 있소."

엘제는 깜짝 놀라 말했습니다.

"어머나, 그럼 나는 엘제가 아니네."

엘제는 다른 집으로 갔습니다. 하지만 사람들은 딸랑딸랑 방울 소리를 듣고 문을 열어 주지 않았습니다. 엘제는 머물 곳이 없었습니다. 그래서 마을을 떠났고, 다시는 아무도 엘제를 보지 못했답니다.

◆35◆
하늘나라에 간 재봉사

어느 화창한 날이었습니다. 하나님은 사도들과 성인들을 모두 데리고 하늘나라의 정원을 산책하러 나갔고, 하늘나라에는 성 베드로만 남아 있었습니다. 하나님은 베드로에게 당신이 없는 동안 아무도 하늘나라에 들이지 말라고 단단히 일렀습니다. 그래서 베드로는 문 앞에 서서 문을 지키고 있었습니다.

얼마 후 누가 문을 두드렸습니다. 베드로는 누구지, 왜 왔는지 물었습니다. 그러자 가냘픈 목소리가 대답했습니다.

"저는 가난하고 정직한 재봉사인데, 좀 들여 보내주세요."

베드로가 말했습니다.

"오, 그래? 교수대에 매달린 도둑놈만큼이나 정직하겠지. 손님이 맡긴 옷감을 잘라 내 슬쩍하지 않았더냐? 자네는 하늘나라에 들어올 수 없어. 주님께서 외출하신 동안 아무도 들이지 말라고 하셨거든."

그러자 재봉사가 소리쳤습니다.

"제발 자비를 베풀어주세요. 훔친 것이 아니에요. 작업대에서 저절로 떨어진 헝겊쪼가리인데, 말할 값어치도 없어요. 보세요, 먼 길을 오느라 발에 물집이 잡혀 다리를 절룩거리잖아요. 다시 돌아갈 수가 없다고요. 들여보내만 주시면 궂은일은 제가 다 할게요. 아이들도 안아주고 기저귀도 빨래할게요. 아이들이 앉아 노는 의자들도 말끔히 치우고 닦고, 찢어진 옷도 기울게요."

성 베드로는 불쌍해서 재봉사의 비쩍 마른 몸이 겨우 들어올 수 있을 만큼 하늘나라의 문을 빠끔 열어 주었습니다. 그리고 하나님이 돌아와 눈치라도 채면 화를 낼 터니 쥐 죽은 듯 조용히 있으라고 했습니다. 재봉사는 고분고분 말을 들었습니다. 하지만 성 베드로가 문밖에 나가자 호기심에 가득 찬 재봉사는 기회다 싶어서 하늘나라를 구석구석 돌아보며 구경했습니다. 이윽고 재봉사는 아름답고 멋진 의자들이 죽 놓여 있는 곳에 이르렀습니다. 의자들 한가운데에는 반짝이는 보석으로 장식한 커다란 황금 의자가 놓여 있었습니다. 황금 의자는 다른 의자들보다 훨씬 더 높았고 앞에 황금 발판이 놓여 있었습니다. 하나님이 하늘나라에 있을 때 앉는 안락의자였죠. 하나님은 그 의자에 앉아 지상에서 일어나는 일을 다 내려다보았습니다. 재봉사는 가만히 서서 안락의자를 한참 바라보았습니다. 다른 의자보다 마음에 들어서였습니다. 마침내 재봉사는 호기심을 억누르지 못하고 올라가서 안락의자에 앉았습니다. 그러자 지상에서 벌어지는 일이 훤히 다 보였습니다. 어떤 못생기고 늙은 아낙네가 시냇가에서 빨래하다가 베일 두 개를 슬쩍 감추는 광경이 눈에 잡혔습니다. 재봉사는 그것을 보고 화가 치밀었습니다. 그래서 도둑 아낙네를 향해 황금 발판을 냅다 집어 던졌는데, 지상으로 던져 버린 발판을 도로 갖다 놓을 수 없었습니다. 재봉사는 슬그머니 황금 의자에서 내려와 문 뒤의 자기 자리로 돌아왔습니다. 그리고 아무 일 없는 양 시치미를 뚝 떼고 앉아 있었습니다.

이윽고 하나님이 함께 갔던 하늘나라의 수행원들을 거느리고 돌아왔습니다. 하나님은 문 뒤에 있는 재봉사를 보지 못하고 안락의자에 가서 앉았습니다. 그런데 발판이 없었습니다. 하나님은 성 베드로에게 발판이 어디 있느냐고 물었지만 성 베드로도 몰랐습니다. 그러자 하나님은 하늘나라에 들인 사람이 없느냐고 물었습니다. 성 베드로가 대답했습니다.

"다리를 저는 재봉사 외에는 아무도 안 왔는데요. 저 문 뒤에 앉아 있어요."

그러자 하나님은 재봉사를 앞으로 불러내 발판을 치웠는지, 치웠다면 어디에 갖다 놓았는지 물었습니다. 그러자 재봉사는 반색하며 대답했습니다.

"오, 주님. 화가 나서 지상에 있는 늙은 아낙네에게 던져 버렸어요. 빨래하다가 베일 두 개를 슬쩍 훔치더라고요."

그러자 하나님이 말했습니다.

"이 어리석은 자야. 너처럼 내가 심판을 내렸다면 네가 어떤 일을 당했을지 아느냐? 벌써 오래전에 의자며 긴 의자며 안락의자, 부지깽이 할 것 없이 다 죄인들에게 집어 던져 버리고 하나도 남지 않았을 거다. 너는 하늘나라에 더 있을 수 없다. 다시 나가서 어디든 마음대로 가거라. 여기서 나 말고는 아무도 벌을 내릴 수 없다. 나는 하나님이니."

베드로는 재봉사를 다시 하늘나라 밖으로 데리고 나갔습니다. 다 해진 신발에 발은 퉁퉁 부르터서 재봉사는 지팡이를 짚고 '잠시 기다리는 곳, 바르트아인바일(Warteinweil)'[22]로 갔답니다. 믿음 깊은 군인들이 앉아 즐거이 놀고 있는 곳이었죠.

◆36◆
요술 식탁, 황금 당나귀, 자루 속에 든 몽둥이

옛날에 재봉사가 살았습니다. 재봉사에게는 아들 셋과 염소 한 마리가 있었는데, 식구들 모두 염소젖을 먹고 살았습니다. 그래서 염소는 매일 풀밭으로 데리고 나가 잘 먹여야 했습니다. 아들들이 교대로 그 일을 했습니다. 어느 날, 큰아들은 염소를 좋은 풀이 자라는 교회 묘지로 데려가 맘껏 뛰놀며 풀을 뜯어 먹게 했습니다. 저녁에 집에 갈 시간이 되자 큰아들이 물었습니다.

---

22. 바르트아인바일, Warteinweil: 민중 사이에 전해져 내려오는, 마음 착한 보병들의 죽은 영혼이 정화될 때까지 머무르는 천국, 지옥, 연옥 사이의 가상의 장소.

"염소야, 배부르니?"
염소가 대답했습니다.

"배가 너무 불러서,
이파리 하나도 더 못 먹겠어요.
매애! 매애!"

"그럼 집에 가자."
큰아들은 이렇게 말하고 줄을 잡고 염소를 우리로 끌고 가 단단히
묶어놓았습니다.
재봉사가 물었습니다.
"그래, 염소는 제대로 먹였니?"
큰아들이 대답했습니다.
"그럼요. 너무 배가 불러 이파리 하나도 더 못 먹겠대요."
하지만 아버지는 직접 확인하려고 우리에 내려가 그 기특한 짐승을
쓰다듬어 주며 물었습니다.
"염소야, 그래 배가 부르냐?"
그러자 염소가 대답했습니다.

"어떻게 배가 불러요?
무덤 위만 뛰어다니고
이파리는 하나도 못 봤는데요.
매애! 매애!"

"아니, 이게 무슨 소리야!"

새봉사는 버럭 소리를 지르고 뛰어 올라가 큰아들에게 말했습니다.

"이 거짓말쟁이야, 염소를 굶겨 놓고 뭐 배불리 먹였다고?"

재봉사는 화가 나서 벽에 걸린 재단용 자를 내려 아들을 때린 뒤 집에서 내쫓았습니다.

다음날은 둘째 아들이 차례가 되었습니다. 둘째는 좋은 풀이 무성하게 자란 정원 울타리 한 곳을 찾았습니다. 염소는 풀을 깨끗이 다 뜯어 먹었습니다. 저녁에 둘째 아들이 집에 가려고 염소에게 물었습니다.

"염소야, 배부르니?"

염소가 대답했습니다.

"배가 너무 불러서,

이파리 하나도 더 못 먹겠어요.

매애! 매애!"

"그럼 집에 가자."

둘째 아들은 이렇게 말하고 염소를 끌고 집에 가서 우리에 단단히 묶었습니다. 늙은 재봉사가 물었습니다.

"그래, 염소는 제대로 먹였니?"

둘째 아들이 대답했습니다.

"그럼요. 너무 배가 불러 이파리 하나도 더 못 먹겠대요."

하지만 재봉사는 둘째 아들의 말을 믿을 수 없었습니다. 그래서 우리에 내려가 염소에게 물었습니다.

"염소야, 그래 배부르냐?"

염소가 대답했습니다.

"어떻게 배가 불러요?
무덤 위만 뛰어다니고
이파리는 하나도 못 봤는데요.
매애! 매애!"

"이 못된 녀석! 이렇게 착한 짐승을 굶게 하다니!"
재봉사는 버럭 소리를 지르고 뛰어 올라가 재단용 자로 둘째 아들을 때려 문밖으로 쫓아냈습니다.
이제 막내아들 차례가 되었습니다. 막내아들은 일을 잘하고 싶었습니다. 그래서 기막히게 좋은 나뭇잎들이 무성한 덤불을 찾아내 염소에게 먹였습니다. 저녁에 막내아들은 집에 가려고 염소에게 물었습니다.
"염소야, 배부르니?"
염소가 대답했습니다.

"배가 너무 불러서,
이파리 하나도 더 못 먹겠어요.
매애! 매애!"

"그럼 집에 가자."
막내아들은 이렇게 말하고 염소를 우리로 끌고 가서 단단히 묶었습니다. 늙은 재봉사가 말했습니다.
"그래, 염소는 제대로 먹었니?"

막내아들이 대답했습니다.

"그럼요. 너무 배가 불러 이파리 하나도 더 못 먹겠대요."

하지만 재봉사는 그 말을 믿을 수가 없어서 우리에 내려가 염소에게 물었습니다.

"염소야, 그래 배부르냐?"

못된 염소는 이렇게 대답했습니다.

"어떻게 배가 불러요?
무덤 위만 뛰어다니고
이파리는 하나도 못 봤는데요.
매애! 매애!"

"이 거짓말쟁이 녀석들! 하나같이 못되고 무책임하구나. 이제 네 녀석에게 다시는 바보 취급을 당하지 않겠다!"

재봉사는 펄펄 화를 내며 한달음에 뛰어 올라가 재단용 자로 불쌍한 막내아들의 등을 마구 때렸습니다. 그러자 막내아들도 집에서 뛰쳐나가 버렸습니다.

이제 늙은 재봉사는 염소와 단둘이 남게 되었습니다. 다음 날 아침, 재봉사는 우리로 내려가 염소를 쓰다듬어 주며 말했습니다.

"가자, 예쁜 염소야, 오늘은 내가 직접 풀밭으로 데리고 가마."

재봉사는 염소 줄을 끌고 푸른 울타리 덤불로 갔습니다. 거기에는 서양톱풀 같은 염소들이 잘 먹는 풀이 잔뜩 나 있었습니다. 재봉사가 말했습니다.

"자, 배부르게 한번 맘껏 먹어보아라."

그러고서 염소를 풀어 풀을 뜯게 했습니다. 저녁이 되자 재봉사가 물었습니다.

"염소야, 배부르니?"

염소가 대답했습니다.

"너무 배가 불러서,
이파리 하나도 더 못 먹겠어요.
매애! 매애!"

"그럼 집에 가자."

재봉사는 염소를 우리로 데려가 단단히 묶었습니다. 재봉사는 우리에서 나가려다 말고 다시 몸을 돌려 말했습니다.

"이제야 정말 배불리 먹었겠구나!"

하지만 염소는 여느 때와 다름없이 소리쳤습니다.

"어떻게 배가 불러요?
무덤 위만 뛰어다니고
이파리는 하나도 못 봤는데요.
매애! 매애!"

재봉사는 그 말을 듣고 기가 막혔습니다. 아무 죄도 없는 세 아들을 내쫓았다는 것을 그제야 깨닫고, 재봉사는 소리쳤습니다.

"이런 배은망덕한 놈 같으니, 어디 두고 봐라. 너를 그냥 쫓아내기만 하면 안 되겠다. 정직한 재봉사들 앞에 얼씬도 못 하도록 표시를 해주마."

재봉사는 후다닥 뛰어 올라가 면도칼을 가져와서는 염소의 머리에 비누칠을 하고 손바닥처럼 반질반질하게 털을 싹 밀어 버렸습니다. 그러고서 자로 때리는 것은 너무 점잖다고 생각해서 채찍으로 마구 때렸습니다. 그러자 염소는 펄쩍펄쩍 냅다 달아나 버렸습니다.

이제 쓸쓸히 혼자 남은 재봉사는 큰 슬픔에 잠겨 아들들을 다시 불러오고 싶었습니다. 하지만 아들들이 어디로 갔는지 아는 사람은 아무도 없었습니다.

그런데 큰아들은 목공 일을 배우려고 소목장이 밑으로 들어갔습니다. 큰아들은 꾸준하고 부지런히 목공 일을 배웠습니다. 어느덧 견습 기간이 끝나고 떠날 때가 되자 스승은 큰아들에게 작은 식탁을 하나 주었습니다. 특별하게 보이지 않는 평범한 나무 식탁이었는데, 그게 신통한 구석이 있었습니다. 식탁을 세워 놓고 "식탁아, 상 차려라." 하면 바로 깨끗한 식탁보가 획 덮이고, 접시가 척 놓이고, 나이프와 포크가 접시 옆에 가지런히 놓였습니다. 그리고 삶은 고기와 구운 고기가 담긴 그릇이 한 상 가득 차려지고, 또 반짝거리는 커다란 유리잔에는 붉은 포도주가 담겨 있었습니다. 큰아들은 마음이 흐뭇해서 '이것만 있으면 평생 먹고 살겠다.' 하고 생각했습니다. 큰아들은 신나게 세상을 돌아다녔습니다. 여관이 좋든 나쁘든, 음식이 나오든 말든 전혀 걱정하지 않았습니다. 여관에 들어가지 않고 들판이건 숲이건 풀밭이건 마음 내키는 대로 아무 데서나 등에 지고 있던 식탁을 내려놓고 "식탁아, 상 차려라." 하면 먹고 싶은 음식이 다 나왔으니까요. 그러던 어느 날, 큰아들은 아버지에게 돌아가고 싶었습니다. 그동안 아버지의 화도 많이 가라앉았을 터이고, 요술 식탁을 보면 반갑게 맞아 줄 것 같았습니다. 큰아들은 집으로 가는 도중에 손님이 북적대는 한 여관에서 하룻밤 묵게 되었습니다. 사람들은 큰아들을 따뜻이 맞아 주며 앉아서 함께 식사하자고 했습니다. 그렇지 않으면 먹을 게 없을지도 모른다고 말했습니다. 젊은 목공은 대답했습니다.

"아닙니다. 몇 입 안 되는 음식을 제가 빼앗아 먹을 수가 없지요. 대신 제가 여러분을 초대하고 싶습니다."

손님들은 큰아들의 말을 농담으로 알아듣고 껄껄 웃었습니다. 하지만 큰아들은 나무 식탁을 방 한가운데 놓고 말했습니다.

"식탁아, 상 차려라!"

그러자 말이 끝나기가 무섭게 음식이 한 상 가득 차려졌습니다. 여관 주인은 꿈에서라도 내올 수 없을 만큼 훌륭한 음식이었습니다. 기막히게 맛있는 냄새가 솔솔 풍겨 왔습니다. 소목장이 큰아들은 말했습니다.

"자, 맘껏 드세요, 여러분."

두말할 필요가 없었습니다. 손님들은 무슨 말인지 알아듣고 나이프를 들고 우르르 식탁에 달려들어 맛있게 먹었습니다. 그런데 가장 놀랐던 것은, 한 그릇을 비우면 음식이 가득 담긴 그릇이 금세 또 나타나는 것이었습니다. 한쪽 구석에 서서 그 광경을 지켜보고 있던 여관 주인은 어안이 벙벙했습니다. 하지만 여관에 저런 요리사가 있으면 좋겠다고 생각했습니다. 큰아들과 손님들은 밤이 깊도록 한데 어울려 놀았습니다. 이윽고 손님들은 잠자리에 들었고, 큰아들도 요술 식탁을 벽에다 기대 놓고 침대에 누웠습니다. 하지만 여관 주인은 이 생각, 저 생각에 잠을 이룰 수가 없었습니다. 그런데 헛간에 세워 둔, 요술 식탁과 똑같이 생긴 낡은 식탁이 문득 떠올랐습니다. 여관 주인은 그 식탁을 몰래 가져와 요술 식탁과 슬쩍 바꿔 놓았습니다. 다음 날 아침, 큰아들은 숙박비를 치른 뒤 식탁을 등에 지고 길을 떠났습니다. 그 식탁이 가짜 라는 것은 전혀 몰랐습니다. 점심때가 되어 큰아들은 집에 도착했습니 다. 아버지는 아들을 보고 무척 기뻐하며 물었습니다.

"그래, 사랑하는 아들아, 뭘 배워 왔니?"

"아버지, 저는 소목장이가 되었어요."

그러자 아버지가 말했습니다.

"그거 좋은 직업이지. 그런데 여행길에서 뭘 가져왔느냐?"

"아버지, 제가 가져온 것 중 최고는 저 식탁이에요."

재봉사는 식탁을 요리조리 살펴보더니 말했습니다.

"대단한 작품 같지는 않구나. 낡아빠진 식탁이야."

큰아들이 대답했습니다.

"하지만 이건 요술 식탁이에요. 식탁을 세워 놓고 상을 차리라고 하 면 기막히게 맛있는 음식이 뚝딱 차려지고요, 기분 좋아지는 포도주도 나와요. 친척들과 친구분들 모두 초대하세요. 실컷 먹고 마시며 즐기시 라고요. 요술 식탁만 있으면 모두 배불리 먹을 수 있거든요."

손님들이 모두 모이자 큰아들은 방 한가운데에 식탁을 놓고 말했 습니다.

"식탁아, 상 차려라."

하지만 식탁은 꼼짝도 하지 않았습니다. 말을 알아듣지 못한 다른 식탁처럼 텅 빈 채 음식을 차려 내지 않았습니다. 불쌍한 큰아들은 그 제야 비로소 식탁이 바뀌었다는 것을 알아채고 거짓말쟁이가 된 것이 부끄럽기만 했습니다. 친척들은 어처구니없다는 듯 큰아들을 비웃으며 먹지도 마시지도 못한 채 돌아갔습니다. 아버지는 옷감을 꺼내 와 재봉 일을 계속했습니다. 그리고 큰아들은 어느 소목장이 밑에서 일을 하게 되었습니다.

둘째 아들은 물방앗간 주인 밑에서 방앗간 일을 배웠습니다. 견습 기간이 끝나자 스승이 말했습니다.

"열심히 잘했으니 특별한 당나귀를 주겠다. 이 당나귀는 짐수레를 끌지도 않고 곡식 자루를 나르지도 않는단다."

그러자 둘째 아들이 물었습니다.

"그럼 어디에다 쓰지요?"

방앗간 주인이 대답했습니다.

"이 당나귀는 금화를 쏟아 낸단다. 커다란 보자기 위에 당나귀를 세워 놓고 '브리클레브리트' 하고 말하면, 이 신통한 녀석이 금화를 쏟아 낸다고. 그것도 앞뒤로 말이지."

"그것참 좋네요."

둘째 아들은 스승에게 고맙다고 인사를 하고 세상으로 나왔습니다. 금이 필요하면 당나귀에게 '브리클레브리트' 하고 말했습니다. 그러면 금화가 와르르 비 오듯 쏟아져 그저 땅에서 줍기만 하면 되었습니다. 둘째 아들은 어디를 가든 최고만 찾았습니다. 비싼 것일수록 더 좋았습니다. 주머니가 늘 두둑했으니까요. 그렇게 한동안 세상 구경을 하고 다니던 둘째 아들은 생각했습니다.

'아버지를 찾아뵈어야겠다. 황금 당나귀를 보시면 화도 풀고 반갑게 맞아 주실 거야.'

둘째 아들은 형의 식탁이 바뀌어 버린 여관에 묵게 되었습니다. 둘째 아들이 당나귀를 끌고 들어가자 여관 주인은 고삐를 넘겨받아 마구간에 데려가려고 했습니다. 둘째 아들은 말했습니다.

"수고하실 필요가 없어요. 제 회색 당나귀는 제가 직접 마구간에 끌고 가서 매어 놓을게요. 녀석이 어디 있는지 잘 알아둬야 하니까요."

여관 주인은 이상한 생각이 들었습니다. 당나귀를 직접 돌보겠다고 하는 것을 보면 많이 먹을 손님은 아닐 거로 생각했습니다. 그런데 손님이 주머니에서 금화 두 닢을 꺼내더니 좋은 것으로만 장을 봐오라고 했습니다. 눈이 휘둥그레진 주인은 부리나케 달려가 가장 좋은 것을 구해 왔습니다. 이윽고 식사를 마친 둘째 아들이 얼마냐고 물었습니다. 여관 주인은 기회를 놓치지 않고 음식값을 두 배로 부르며 금화 몇 닢을 더 얹어 달라고 했습니다. 둘째 아들은 주머니를 뒤졌지만, 마침 금화가 하나도 없었습니다. 둘째 아들이 말했습니다.

"주인아저씨, 잠시만 기다리세요. 얼른 가서 돈을 가져올 테니."

둘째 아들은 식탁보를 갖고 나갔습니다. 무슨 영문인지 궁금했던 여관 주인은 몰래 뒤를 따라갔습니다. 그런데 둘째 아들이 마구간 문을 잠그는 바람에 여관 주인은 옹이구멍으로 들여다보았습니다. 둘째 아들은 당나귀 밑에다 식탁보를 깔더니 '브리클레브리트' 하고 외쳤습니다. 순간 당나귀가 앞뒤로 금화를 쏟아 내기 시작했습니다. 마치 황금비가 세차게 내리는 것 같았습니다. 여관 주인은 말했습니다.

"와우, 저렇게 많은 두카텐[23]을 빨리도 만들어 내네! 저런 돈주머니가 있으면 나쁘지 않겠는데!"

둘째 아들은 음식값을 치른 뒤 잠자리에 들었습니다. 밤이 되자 여관 주인은 살그머니 마구간으로 내려가 금화를 찍어내는 그 당나귀를 다른 곳으로 데려갔습니다. 대신 다른 당나귀를 그 자리에 묶어놓았습

---

23. 옛 유럽 금화.

니다. 다음 날 아침, 둘째 아들은 당나귀를 끌고 일찌감치 길을 떠났습니다. 바뀐 당나귀를 황금 당나귀인 줄 알았던 것입니다. 점심때가 되어 둘째 아들은 집에 도착했습니다. 아버지는 둘째 아들을 보고 무척 기뻐하며 반갑게 맞아 주었습니다. 늙은 아버지가 물었습니다.

"그래, 아들아, 넌 뭐가 된 거냐?"

둘째 아들이 대답했습니다.

"방앗간 일을 배워 왔어요, 아버지."

"여행길에서 뭘 가져왔느냐?"

"당나귀밖에 안 가져왔어요."

그러자 아버지가 말했습니다.

"당나귀는 여기에도 많지 않으냐. 착한 염소라면 더 좋았을 텐데."

아들이 대답했습니다.

"하지만 이 당나귀는 보통 당나귀가 아니에요. 황금 당나귀라고요. 제가 '브리클레브리트' 하고 말하면, 이 착한 녀석이 보자기 하나 가득 금화를 쏟아 내요. 친척들을 다 부르세요. 다 부자로 만들어 줄 테니까요."

재봉사가 말했습니다.

"그것참 좋구나. 그럼 나도 바늘과 씨름하지 않아도 될 테니까."

아버지는 부리나케 뛰어가서 친척들을 다 불렀습니다. 친척들이 한데 모이자 둘째 아들은 자리를 만들어 보자기를 펼쳐 놓고 당나귀를 방으로 끌고 와서 말했습니다.

"자, 다들 보세요. 브리클레브리트."

하지만 떨어진 것은 금화가 아니었고, 당나귀는 그런 기술을 알지도 못한 것이 분명했습니다. 하기야 모든 당나귀가 그런 기술을 배울 수는 없으니까요. 둘째 아들은 그만 코가 쑥 빠져 그제야 속아 넘어간 것을 알게 되었습니다. 둘째 아들은 올 때처럼 빈손으로 돌아가는 친척들에게 사과했습니다. 아버지는 다시 바늘을 들고, 둘째 아들은 어느 방앗간 주인집에서 붙어살며 일을 하게 되었습니다.

막내아들은 선반 기술자 밑으로 들어가서 일을 배웠습니다. 선반 기술은 아주 정교한 일이라서 가장 오래 배워야 했습니다. 형들은 동생에게 편지를 보내 어처구니없는 일을 당했다고 다 알려주었습니다. 마지막 날 밤에 여관 주인이 신기한 물건들을 훔쳐 갔다고 말입니다. 막내아들이 일을 다 배우고 떠날 때가 되자 스승은 그동안 착실히 일했다며 자루를 선물로 주며 말했습니다.

"이 안에 몽둥이가 들어 있다."

"자루는 어깨에 둘러멜 수도 있고 쓸모가 있지만, 자루 속에 든 몽둥이는 어디에다 쓰죠? 무겁기만 하잖아요."

그러자 스승이 대답했습니다.

"그 말을 하려던 참이다. 누가 널 해치려 들면 '몽둥이야, 나와라.'라고 해라. 그럼 자루 속에서 몽둥이가 튀어나와 사람들 등을 두들기며 한바탕 춤을 출 거다. 몽둥이에 맞은 사람들은 아마 한 여드레는 꼼짝도 못 하고 누워 있어야 할 거야. 네가 '몽둥이야, 들어가라.' 하기 전에는 춤을 멈추지 않을 테니까."

막내아들은 고맙다고 인사를 한 뒤 자루를 둘러메고 길을 떠났습니다. 누가 가까이 다가와 때릴 듯이 올러대면 '몽둥이야, 나와라.' 했습니다. 그럼 바로 몽둥이가 튀어나와 차례로 상대방의 등을 늘씬하게 두들겨 팼습니다. 조끼를 벗을 틈도 주지 않았고 눈 깜짝할 사이에 벌어지는 일이라 자기들이 언제 얻어맞았는지도 모를 정도였습니다. 저녁 무렵, 젊은 선반 기술자는 형들이 속임수를 당했던 여관에 도착했습니다. 막내아들은 자루를 식탁에 내려놓고 세상을 다니며 갖가지 신기한 물건들을 다 보았다고 하며 이야기를 꺼냈습니다.

"글쎄 말입니다. 요술 식탁이나 황금 당나귀 같은 정말 놀라운 것들도 있죠. 하지만 내가 얻은 보물에 비하면 다 아무것도 아니에요. 보물은 이 자루 속에 들어 있어요."

여관 주인은 귀를 쫑긋 세우며 생각했습니다.

'대체 뭐지? 자루 속에 보물이 가득 들어 있나 봐. 저것도 슬쩍 내 손에 넣어야겠다. 좋은 일은 모두 삼세번 일어난다잖아.'

잘 시간이 되자 막내아들은 자루를 베개 삼아 베고 긴 의자에 누웠습니다. 막내아들이 깊이 잠든 듯하자 여관 주인은 살그머니 다가와 자루를 조심스레 잡아당겼습니다. 자루를 빼내고 다른 자루를 밀어 넣으려는 생각이었습니다. 하지만 그때만을 기다리고 있던 막내아들은 여관 주인이 자루를 쑥 빼내려는 순간 소리쳤습니다.

"몽둥이야, 나와라."

그러자 몽둥이가 튀어나와 주인을 흠씬 두들겨 팼습니다. 주인은 살려 달라고 비명을 질렀습니다. 하지만 악악거릴수록 몽둥이는 더욱 세게 장단까지 맞춰 가며 주인의 등을 두들겨 댔습니다. 결국 여관 주인은 기진맥진 바닥에 쭉 뻗어 버렸습니다. 그러자 막내아들이 말했습니다.

"요술 식탁과 황금 당나귀를 당장 내놓지 않으면 몽둥이춤이 다시 시작될 거야."

그러자 여관 주인은 기죽은 목소리로 말했습니다.

"아이고, 안 돼요. 다 내놓을게요. 제발 저 도깨비방망이나 다시 자루 속으로 치워 주세요."

막내아들이 말했습니다.

"그래, 한번은 용서해 주겠디. 하지만 다음부터는 조심하는 게 좋을 거야!"

그러고서 '몽둥이야, 들어가라!' 하고 소리치니까 몽둥이는 잠잠해졌습니다.

다음 날 아침 막내아들은 요술 식탁과 황금 당나귀를 가지고 아버지 집으로 돌아왔습니다. 아버지는 막내아들을 보고 몹시 기뻐하며 낯선 곳에서 무엇을 배워 왔느냐고 물었습니다. 막내아들이 대답했습니다.

"사랑하는 아버지, 저는 선반공이 되었어요."

아버지가 말했습니다.

"흠, 아주 정교한 기술이지. 그런데 여행길에서 뭘 가져왔느냐?"

막내아들이 대답했습니다.

"아주 귀한 물건을 가져왔어요, 아버지. 자루 속에 든 몽둥이예요."

그러자 아버지가 소리쳤습니다.

"뭐야! 몽둥이라니! 고작 그딴 것을 만드느라 그렇게 고생했단 말이냐? 아무 나무에서나 잘라 오면 그만인 것을."

"그런 게 아니에요, 아버지. '몽둥이야, 나와라.' 하고 소리치면 몽둥이가 튀어나와 저한테 못되게 구는 놈들을 두들겨 패주거든요. 상대방이 바닥에 뻗어 제발 살려 달라고 싹싹 빌 때까지 절대 그치지 않는다고요. 보세요, 이 몽둥이로 여관 주인이 형들을 속이고 빼돌린 요술 식탁과 황금 당나귀를 다시 찾아왔어요. 형들을 부르시고, 친척들도 다 오라고 하세요. 실컷 먹고 마시도록 잘 대접하고, 호주머니에 금화도 두둑이 넣어 드릴 테니까요."

늙은 재봉사는 아들의 말이 썩 믿기지 않았지만 어쨌든 친척들을 다 불렀습니다. 막내아들은 방에 보자기를 깔고 황금 당나귀를 끌고 들어와 작은형에게 말했습니다.

"형, 당나귀한테 말해 봐."

둘째가 소리쳤습니다.

"브리클레브리트."

순간, 소나기가 쏟아지듯 금화가 와그르르 보자기에 쏟아졌습니다. 모인 사람들이 들고 가기 힘들 정도로 많이 쏟아 낸 뒤에야 당나귀는 멈췄습니다. (여러분들 얼굴에 나도 그곳에 있었으면 참 좋았겠다, 하고 씌어 있네요) 이제 막내아들은 요술 식탁을 가져와 말했습니다.

"형, 식탁한테 말해 봐."

소목장이 형이 말했습니다.

"식탁아, 상 차려라."

말이 끝나기가 무섭게 식탁보가 깔리고, 예쁜 그릇에 담긴 음식이 한 상 가득 푸짐하게 차려졌습니다. 모인 사람들은 모두 함께 식사했습니다. 재봉사가 집에서 그렇게 맛있는 음식을 먹어보기는 평생 처음이었습니다. 친척들은 밤늦도록 함께 앉아 신나고 즐겁게 놀았습니다. 재봉사는 바늘이며 실이며 자며 다리미며 모두 장 속에 집어넣고 자물쇠를 채웠습니다. 그러고는 세 아들과 함께 풍요롭고 즐겁게 살았답니다.

그런데 재봉사가 세 아들을 쫓아내게 만든 문제의 그 염소는 어떻게 되었을까요? 이제부터 그 이야기를 해줄게요. 염소는 여우 굴로 숨어들었습니다. 대머리가 너무 부끄러웠거든요. 그런데 여우가 집에 돌아왔더니 어둠 속에서 커다란 눈들이 번쩍번쩍 자기를 노려보는 것이 아니겠습니까. 여우는 소스라치게 놀라서 냅다 돌아 나왔습니다. 그러다 여우는 곰을 만났는데, 정신이 나간 듯한 여우를 보고 곰이 물었습니다.

"여우 형세, 무슨 일이야? 얼굴이 왜 그래?"

붉은 여우가 대답했습니다.

"어휴, 웬 무시무시한 짐승이 내 굴에 들어앉아 눈에 불을 켜고 노려보더라니까."

곰이 대답했습니다.

"당장 쫓아내 주지."

곰은 여우하고 같이 굴로 가서 안을 들여다보았습니다. 하지만 이글거리는 눈을 보는 순간, 곰도 덜컥 겁이 났습니다. 곰은 무시무시한 녀석과 상대하고 싶지 않아서 꽁무니를 빼고 달아났습니다. 곰은 달아나다가 벌을 만났습니다. 곰이 기분이 좋지 않은 것을 눈치채고 벌이 물었습니다.

"곰아, 늘 명랑한 네가 왜 죽어 가는 얼굴을 하고 있어?"

곰이 대답했습니다.

"말은 쉽지. 웬 무시무시한 눈딱부리가 붉은 여우네 집에 떡하니 앉아 있는데 쫓아낼 수가 있어야지."

벌이 말했습니다.

"에고, 딱해라. 나는 너희들이 거들떠보지도 않는 힘없고 약한 동물이지만, 내가 도와줄 수 있을 거야."

벌은 여우 굴 속으로 날아갔습니다. 그리고 반질반질한 염소 머리에 침을 한 방 따끔하게 놓았습니다. 그랬더니 염소는 펄쩍 뛰며 "매애! 매애!" 울부짖으며 미친 듯이 밖으로 뛰쳐나갔습니다. 염소가 어디로 갔는지는 이날 이때껏 아무도 모른답니다.

엄지둥이

옛날에 가난한 농부가 살았습니다. 어느 날 저녁, 농부는 화덕 가에 앉아 불을 헤집고, 아내는 앉아서 실을 잣고 있었습니다. 농부가 말했습니다.

"아이가 없으니 정말 쓸쓸하구려! 우리 집은 너무 조용해요. 다른 집들은 시끌벅적하고 재미있는데."

그러자 아내는 한숨을 쉬며 대답했습니다.

"그래요. 아이가 하나라도 있으면 좋겠어요. 엄지손가락만큼 아주 작은 아이라도 좋아요. 진심으로 사랑해 줄 텐데."

그런데 아내가 시름시름 앓아눕더니 일곱 달 뒤에 아기를 낳았습니다. 아이는 팔다리 다 멀쩡했지만 키가 엄지손가락보다 크지 않았습니다. 부부가 말했습니다.

"우리가 바라던 대로요. 예쁘게 잘 키워 봅시다."

부부는 생긴 모습대로 아이 이름을 엄지둥이라고 지었습니다. 부부는 엄지둥이를 잘 먹였지만 엄지둥이는 더 자라지 않고 늘 태어날 때 그대로였습니다. 하지만 눈에 총기가 있었고, 영리하고 눈치가 빨라 뭐든지 척척 다 해냈습니다.

어느 날, 농부는 나무를 하러 숲에 갈 채비를 마치고 혼자 중얼거렸습니다.

"나중에 누가 마차를 몰고 와주면 좋을 텐데."

그러자 엄지둥이가 말했습니다.

"아버지, 제가 마차를 몰고 갈게요. 저를 믿으세요. 시간 맞춰서 숲에 갈 테니까."

농부는 껄껄 웃으며 말했습니다.

"어떻게 하려고? 넌 너무 작아서 고삐를 잡고 말을 몰 수 없을 텐데."

"상관없어요, 아버지. 어머니가 말을 마차에 매주시면, 말의 귓속에 들어가 앉아 어디로 가라고 알려주면 되거든요."

아버지가 대답했습니다.

"알았다, 한 번 해보자."

갈 시간이 되자 어머니는 마차에 말을 매고 엄지둥이를 말의 귓속에 앉혀 주었습니다. 그러자 꼬마는 말에게 어디로 가야 하는지 크게 소리쳤습니다.

"이랴, 끌끌! 오른쪽, 왼쪽!"

마치 마부가 모는 것처럼 마차는 숲을 향해 제대로 잘 달려갔습니다. 엄지둥이가 '왼쪽, 왼쪽!' 하며 길모퉁이를 막 돌고 있는데, 마침 낯선 남자 둘이 지나가다가 마차를 보았습니다. 한 남자가 말했습니다.

"어, 저게 뭐지? 마차는 달리고 말을 모는 마부 소리도 들리는데 마부가 안 보이잖아."

다른 남자가 말을 받았습니다.

"뭔가 이상해. 수레가 멈춰 서는 데까지 따라가 보자고."

이윽고 마차는 숲 속으로 들어가 나무 베는 곳에 가서 멈춰 섰습니다. 엄지둥이는 아버지를 보고 소리쳤습니다.

"보세요, 아버지. 마차를 몰고 왔어요. 이제 저를 내려 주세요."

아버지는 왼손으로 말을 잡고, 오른손으로 꼬마 아들을 말의 귀에서 꺼내 주었습니다. 엄지둥이는 신이 나서 지푸라기 위에 팔짝 내려앉았습니다. 낯선 두 남자는 엄지둥이를 보고 너무 놀라서 말문이 막혔습니다. 한 남자가 다른 남자를 옆으로 끌고 가서 말했습니다.

"여보게, 저 꼬맹이를 큰 도시로 데려가 돈을 받고 보여주면 대박이 날 거야. 저 녀석을 사자."

두 남자는 농부에게 가서 말했습니다.

"저 꼬마를 우리에게 파시오. 잘 보살펴 주리다."

아버지가 대답했습니다.

"안 돼요. 내가 얼마나 사랑하는 아이인데. 세상 돈을 다 준다고 해도 팔 수 없소."

파느니 마니, 오가는 말을 듣고 있던 엄지둥이는 아버지의 재킷을 잡고 어깨에 올라가 귀에 대고 소곤거렸습니다.

"아버지, 저를 넘기세요. 다시 돌아올 테니까요."

그래서 아버지는 돈을 두둑이 받고 엄지둥이를 두 남자에게 넘겨주었습니다. 남자들은 엄지둥이에게 물었습니다.

"어디 앉을래?"

"그냥 아저씨 모자챙에 앉혀 주세요. 왔다 갔다 걷기도 하고 경치도 구경하게요. 안 떨어지니까 걱정하지 마시고요."

남자들은 엄지둥이가 말한 대로 해주었습니다. 엄지둥이는 아버지와 작별을 하고 남자들과 함께 길을 떠났습니다. 계속 걸어가는데 어느덧 어스름이 내려앉았습니다. 엄지둥이가 말했습니다.

"급하니까 좀 내려 주세요."

엄지둥이를 모자에 얹고 가던 남자가 대답했습니다.

"위에 그냥 있어. 거기다 그냥 해도 상관없으니까. 새들도 가끔 실례한단다."

엄지둥이가 말했습니다.

"안 돼요. 저도 예의가 뭔지 아는데, 그럴 수 없어요. 얼른 내려 주세요."

그러자 남자는 모자를 벗고 엄지둥이를 길옆 밭에다 내려놓았습니다. 엄지둥이는 폴짝 뛰어 흙덩이 사이를 기어 다니다가 쥐구멍을 보더니 쏙 들어갔습니다. 엄지둥이는 깔깔거리며 소리쳤습니다.

"안녕, 아저씨들. 저는 여기 두고 집에 가시죠."

남자들은 달려와서 막대기로 쥐구멍을 쑤셔 댔습니다. 하지만 헛수고였습니다. 엄지둥이는 계속 더 안쪽으로 들어갔으니 말입니다. 곧 날이 깜깜해지자 남자들은 씩씩거리며 빈손으로 집으로 돌아가야 했습니다.

남자들이 가자 엄지둥이는 쥐구멍 밖으로 기어 나왔습니다.

"이렇게 깜깜한데 밭을 걸어가는 것은 너무 위험해. 목이나 다리가 부러지기에 십상이니까!"

그런데 다행히도 빈 달팽이 집을 보고 엄지둥이가 말했습니다.

"아이, 고마워라. 여기서 밤을 보내면 안전하고 좋겠네."

엄지둥이는 달팽이 집에 쏙 들어가 앉았습니다. 그런데 얼마 후, 막 잠이 들려는 참인데 두 남자가 지나가는 소리가 들렸습니다. 한 남자가 말했습니다.

"어떻게 부자 목사한테서 돈과 은을 훔쳐내지?"

"제가 알려드릴게요."

엄지둥이가 끼어들며 소리치자 한 도둑이 깜짝 놀라서 말했습니다.

"이게 무슨 소리야? 누가 뭐라고 했잖아?"

남자들은 걸음을 멈추고 가만히 귀를 기울였습니다. 엄지둥이가 다시 말했습니다.

"날 데리고 가세요. 그럼 도와드릴게요."

"대체 어디 있는 거야?"

엄지둥이가 대답했습니다.

"땅바닥을 보세요. 소리 나는 쪽을 잘 살펴보시라고요."

마침내 도둑들은 엄지둥이를 발견해 들어 올렸습니다. 도둑들이 말했습니다.

"요 꼬마 녀석아. 어떻게 우리를 돕겠다는 거야!"

엄지둥이가 대답했습니다.

"들어보세요. 쇠창살 틈으로 목사님 방에 몰래 들어가서 아저씨들이 원하는 것을 넘겨 드릴게요."

도둑들이 말했습니다.

"좋아, 네 실력이 어떤지 한번 보자."

목사관에 도착하자 엄지둥이는 목사님 방으로 기어들어 갔습니다. 그러더니 다짜고짜 있는 힘을 다해 소리 질렀습니다.

"여기 있는 것을 몽땅 가져갈까요?"

도둑들은 움찔 놀라 말했습니다.

"살살 말해라, 사람들 깨겠다."

하지만 엄지둥이는 못 들은 척 다시 소리쳤습니다.

"뭘 원하세요? 여기 있는 것을 몽땅 가져갈까요?"

그러자 바로 옆방에서 자고 있던 주방 하녀가 그 소리를 듣고 침대에서 벌떡 일어나 가만히 귀를 기울였습니다. 하지만 도둑들은 화들짝 놀라 멀찌감치 달아났습니다. 하지만 다시 용기를 낸 도둑들은 '꼬맹이가 우릴 놀리는구나.' 하고 생각하며 다시 돌아와 속삭였습니다.

"장난치지 말고 뭘 좀 넘겨라."

그러자 엄지둥이는 다시 한 번 목청껏 소리쳤습니다.

"다 주겠다니까요. 어서 손이나 내미세요."

내내 귀를 세우고 있던 주방 하녀는 엄지둥이의 말을 똑똑히 듣고 후다닥 일어나 허겁지겁 방으로 들어왔습니다. 도둑들은 사나운 사냥꾼들에게 쫓기듯 냅다 도망쳐 버렸습니다. 어두워서 아무것도 보이지 않자 주방 하녀는 촛불을 가지러 갔습니다. 하지만 하녀가 불을 켜 들고 다시 왔을 때, 엄지둥이는 이미 아무도 모르게 헛간으로 빠져나간 뒤였습니다. 하녀는 구석구석 온 방 안을 살펴보았지만, 아무것도 없었습니다. 하녀는 다시 침대에 누우며 '눈 뜬 채 소리까지 들었지만 아무래도 꿈을 꾸었나 보다.' 하고 생각했습니다.

엄지둥이는 건초더미 위로 기어 올라가 좋은 잠자리를 찾아냈습니다. 거기서 한숨 푹 자고, 날이 밝으면 부모님이 있는 집으로 돌아갈 생각이었습니다. 하지만 세상사 뜻대로 되지 않는 법, 별별 일을 다 겪게 마련이죠! 그럼요, 세상에 슬프고 험한 일이 얼마나 많은데요! 희붐히 날이 밝아 오자 하녀는 소에게 여물을 주려고 일찍감치 일어났습니다. 하녀는 먼저 헛간으로 와서 한 아름 가득 건초를 집어 들었는데, 그게 하필이면 불쌍한 엄지둥이가 누워 자고 있는 건초였습니다. 엄지둥이는 아무것도 모르고 쿨쿨 자다가 암소의 입 속에서야 퍼뜩 잠이 깨었습니다. 암소가 건초를 먹으며 엄지둥이까지 입 속에 집어넣은 것입니다.

"아이고, 맙소사. 어쩌다 맷돌 판에 들어왔지!"

하지만 엄지둥이는 자기가 어디 있는지 금세 알아차렸습니다. 암소의 이 사이에 끼었다 하면 으스러질 판이라 조심했습니다. 하지만 어쩔 수 없이 주르륵 밀려 암소의 위 속으로 들어갔습니다. 엄지둥이가 말했습니다.

"방에 창문도 없고, 햇빛도 들어오지 않고, 불도 켜져 있지 않잖아."

엄지둥이는 숙소가 영 마음에 들지 않았습니다. 게다가 꾸역꾸역 건초가 자꾸만 밀려 들어와 방은 점점 더 좁아지니, 정말로 싫었습니다. 마침내 겁이 난 엄지둥이는 힘껏 소리쳤습니다.

"여물은 인제 그만 줘요. 그만 좀 주라니까요."

하녀는 소 젖을 짜고 있다가 그 소리를 들었습니다. 하지만 소리는 들리는데 아무도 보이지 않았습니다. 그런데 목소리가 지난밤에 들렸던 바로 그 목소리였습니다. 하녀는 너무 놀라 의자에서 미끄러져 엉덩 방아를 찧는 바람에 우유를 왈칵 엎질러 버렸습니다. 하녀는 허둥지둥 목사님에게 달려가 소리쳤습니다.

"아이고 세상에, 목사님. 소가 말을 했어요."

"미쳤구나."

목사님은 이렇게 대답했지만 무슨 일인지 직접 살펴보려고 외양간에 왔습니다. 그런데 외양간에 발을 들여놓자마자, 엄지둥이가 다시 소리쳤습니다.

"여물은 이제 그만 줘요. 그만 좀 주라니까요."

목사님은 소스라치게 놀라 암소가 귀신 들렸다고 생각하고 암소를 죽이라고 했습니다. 사람들은 암소를 잡아 암소의 위를 거름더미에 내다 버렸습니다. 위 속에 들어 있던 엄지둥이는 위에서 빠져나오려고 끙 끙거렸습니다. 겨우 틈을 찾아서 머리를 내미는 순간 또 다른 불행이 덮쳤습니다. 배고픈 늑대가 달려와 암소의 위를 통째로 꿀꺽 삼켜 버린 것입니다. 하지만 엄지둥이는 용기를 잃지 않았습니다. 혹시 늑대에게 잘 얘기하면 나올 수 있지 않을까 싶어서 배 속에서 소리쳤습니다.

"늑대야, 내가 기막힌 먹이가 어디 있는지 알고 있단다."

늑대가 물었습니다.

"거기가 어딘데?"

"요렇게 저렇게 생긴 집이 있는데, 하수구를 통해 기어들어 가. 그럼 케이크도 있고 베이컨도 있고 소시지도 있어. 네가 먹고 싶은 만큼 얼마든지 먹을 수 있단다."

엄지둥이는 늑대에게 바로 자기 집을 가르쳐주었습니다. 두말할 필요 없이 늑대는 밤이 되자 하수구를 비집고 들어가서 식료품 저장실에서 맘껏 먹었습니다. 배가 부르자 늑대는 다시 나가려고 했습니다. 하지만 배가 너무 뚱뚱해서 온 길로 다시 나갈 수가 없었습니다. 바로 그것을 노리고 있던 엄지둥이는 늑대 뱃속에서 쿵쿵 뛰고 소리소리 지르며 소동을 피우기 시작했습니다. 늑대가 말했습니다.

"조용히 안 해? 사람들 깨겠다."

엄지둥이가 대답했습니다.

"뭐야, 넌 실컷 먹었잖아. 나도 재밌게 놀래."

엄지둥이는 있는 힘을 다해 다시 소리를 지르기 시작했습니다. 그 소리에 아버지와 어머니가 잠이 깨어 저장실로 달려왔습니다. 문틈으로 들여다봤더니 늑대가 있는 터라, 부리나케 돌아 나가서 아버지는 도끼를 들고 왔고, 어머니는 커다란 낫을 들고 왔습니다. 아버지는 저장실로 들어가며 말했습니다.

"당신은 내 뒤에 있어요. 내가 저놈을 내려칠 테니까. 그래도 안 죽으면, 당신이 낫으로 때려잡아 배를 갈라 버려요."

그러자 아버지의 목소리를 듣고 엄지둥이가 소리쳤습니다.

"아버지, 저 여기 있어요. 늑대 배 속에 있어요."

아버지는 떨 듯이 기뻐하며 말했습니다.

"오 하나님, 감사합니다. 우리 아이를 다시 찾았습니다."

아버지는 어머니에게 엄지둥이가 다칠지도 모르니 낫을 치우라고 했습니다. 아버지는 팔을 번쩍 들어 늑대의 머리를 단숨에 내리쳤습니다. 늑대가 쓰러져 죽자 아버지와 어머니는 칼과 가위를 가져와 배를 가르고 엄지둥이를 꺼냈습니다. 아버지가 말했습니다.

"휴우, 네 걱정을 얼마나 걱정했는데!"

"알아요, 아버지. 저는 별별 세상을 다 구경하며 돌아다녔어요. 맑은 공기를 마시니 살 것 같네요."

"대체 어디 있었니?"

"아, 아버지. 쥐구멍에도 있었고요, 암소 배 속에도 있었고 늑대 배 속에도 있었어요. 이제 아버지와 어머니 곁에 있을래요."

"우리도 온 세상 재물을 다 준다고 해도 다시는 너를 팔지 않겠다."

아버지와 어머니는 사랑스러운 엄지둥이를 꼭 끌어안고 입을 맞췄습니다. 그리고 먹을 것과 마실 것을 주고, 또 새 옷도 만들어 주었답니다. 입고 있던 옷은 여행길에 너덜너덜 다 해져 버렸으니까요.

◆38◆
여우 부인의 결혼식

이야기 하나

옛날에 꼬리가 아홉 개 달린 늙은 여우가 있었습니다. 그런데 늙은 여우는 아내가 바람을 피우는 것 같아서 아내의 마음을 떠보기로 했습니다. 늙은 여우는 긴 외자 밑에 축 늘어져서 옴짝달싹 않고 완전히 죽은 척했습니다. 그러자 여우 부인은 자기 방으로 들어가서 나오지 않았습니다. 고양이 하녀는 화덕에 앉아 요리했습니다. 얼마 후, 늙은 여우가 죽었다는 소식이 알려지자 청혼자들이 찾아오기 시작했습니다. 누군가 톡톡 문을 두드렸습니다. 하녀가 문을 열었더니 젊은 여우였습니다.

젊은 여우가 물었습니다.
"고양이 아가씨, 뭐해요?
자요, 깨어 있어요?"

고양이 하녀가 대답했습니다.
"자지 않고, 깨어 있어요.
제가 뭐 하는지 알고 싶어요?
맥주를 따뜻하게 데워 버터를 넣었는데,
한 번 드셔 볼래요?"

여우가 말했습니다.
"아뇨, 아가씨, 고마워요! 여우 부인은 뭐 하세요?"

고양이 하녀가 대답했습니다.
"방에 들어앉아
슬퍼하고 계세요.
새빨개진 눈으로 흐느끼면서요.

주인 남편이 돌아가셨거든요."

"아가씨, 젊은 여우가 찾아왔다고 전해 줘요. 청혼하러 왔다고요."

"그럴게요, 젊은이."

총총 고양이가 걸어가서, 톡톡 문을 두드렸습니다.

"마님, 안에 계세요?"

"아유 그래, 고양이야."

"밖에 청혼자가 왔어요."

"얘야, 어떻게 생겼는데? 죽은 주인님처럼 멋진 꼬리가 살랑살랑 아홉 개 달렸더냐?"

"아뇨, 달랑 하나요."

"그럼 싫다."

고양이 하녀는 내려가서 청혼자를 돌려보냈습니다. 곧 또 문을 두드리는 소리가 났습니다. 여우 부인에게 청혼하러 온 여우였습니다. 하지만 꼬리가 두 개여서 처음 온 여우보다 나을 게 없었습니다. 꼬리 셋 달린 여우, 꼬리 넷 달린 여우, 꼬리가 하나씩 더 달린 여우들이 차례차례 찾아왔지만 죄다 거절당했습니다. 마침내 늙은 주인처럼 꼬리 아홉 개가 달린 여우가 찾아왔습니다. 그 소리에 여우 부인은 뛸 듯이 기뻐하며 고양이에게 말했습니다.

"문을 활짝 열고

늙은 여우는 밖으로 치워 버려."

그리고 결혼식을 올리려는 순간, 늙은 여우가 긴 의자 밑에서 벌떡 일어났습니다. 늙은 여우는 모두 흠씬 때려서 여우 부인과 함께 집에서 내쫓아 버렸답니다.

이야기 둘

늙은 여우가 죽고 난 뒤 늑대가 청혼하러 와서 문을 탕탕 두드렸습니다. 여우 부인을 시중드는 고양이 하녀가 문을 열었더니, 늑대가 인사를 하고 말했습니다.

"안녕, 케레비츠의 고양이 아가씨,
왜 혼자 앉아 있어요?
맛있는 거라도 만들어요?"

고양이가 대답했습니다.

"빵을 부스러뜨려 우유에다 넣었어요.
한번 드셔 볼래요?"

늑대가 대답했습니다.

"아뇨, 고마워요. 여우 부인은 안 계세요?"

고양이 하녀가 말했습니다.

"마님은 방에 계세요,
슬프고 가슴이 아파
서럽게 우시면서요.
주인님이 돌아가셨거든요."

늑대가 말했습니다.

"새 남편을 원하시면
내려오시라고 해요."

꼬리를 뱅글뱅글 살랑거리며,
고양이는 부리나케 층계를 올랐습니다.

거실 앞에 서서 다섯 황금 가락지로
문을 톡톡 두드리며 말했습니다.
"마님, 계세요?
새 남편을 원하시면
내려오시래요."
여우 부인이 물었습니다.
"빨간 바지를 입고 입이 뾰족하더냐?"
고양이가 대답했습니다.
"아뇨."
"그럼 쓸모가 없어."

늘대가 거절을 당하고 돌아간 다음, 개와 사슴과 토끼와 곰과 사자가 찾아왔습니다. 그리고 숲에 사는 모든 짐승이 줄줄이 찾아왔지만, 누구든 죽은 남편이 지녔던 좋은 성품 중 하나씩은 꼭 모자랐습니다. 그래서 고양이는 청혼자들을 매번 돌려보내야 했습니다. 마침내 젊은 여우가 찾아왔습니다. 여우 부인이 물었습니다.
"빨간 바지를 입고 입이 뾰족하더냐?"
고양이 하녀가 대답했습니다.
"예, 그래요."
"올라오시라고 해라."
여우 부인은 이렇게 말하고 하녀에게 결혼식을 준비하라고 했습니다.
"고양이야, 방을 깨끗이 치우고,
늙은 여우를 창밖으로 던져 버리렴.
통통하게 살진 쥐를 잡아와서는,

만날 저 혼자서 다 먹더구나.

니한테는 조금도 주지 않았어."

여우 부인은 젊은 여우 신랑과 결혼식을 올렸고, 사람들은 환호를 지르며 신나게 춤을 추었답니다. 잔치가 끝나지 않았으면, 아마 아직도 춤을 출 걸요.

◆39◆

꼬마 요정들

이야기 하나

옛날에 가난한 구두장이가 살았습니다. 구두장이는 잘못한 것도 없는데 점점 가난해졌습니다. 마침내 구두 한 켤레를 지을 가죽밖에는 아무것도 남지 않았습니다. 그날 저녁, 구두장이는 다음날 구두를 만들려고 남은 가죽을 마름질해 놓았습니다. 양심에 거리낄 것이 없는 구두장이는 편안한 마음으로 잠자리에 들어 모든 것을 하나님께 맡기고 잠이 들었습니다. 다음 날 아침, 구두장이는 기도하고 나서 구두를 지으려고 작업대에 앉았습니다. 그런데 구두 한 켤레가 뚝딱 만들어져 작업대 위에 놓여 있는 게 아닙니까? 구두장이는 깜짝 놀라 아무 말도 할 수가 없었습니다. 구두를 손에 들고 꼼꼼히 살펴보았지만, 완벽한 솜씨로 바늘 한 땀 잘못 기워진 데가 없었습니다. 곧 손님이 들어왔습니다. 구두를 보자 손님은 무척 마음에 든다며 평소 가격보다 돈을 더 내놓고 구두를 사 갔습니다. 그 돈으로 구두장이는 구두 두 켤레를 만들 가

죽을 장만했습니다. 저녁에 구두장이는 다시 가죽을 마름질해 놓고 다음 날 아침 맑은 정신으로 구두를 만들기로 했습니다. 하지만 그럴 필요가 없었습니다. 아침에 눈을 뜨니 구두 두 켤레가 벌써 만들어져 떡하니 놓여 있었으니까요. 손님들도 바로바로 들어와 구두 네 켤레의 가죽을 살 만큼 돈을 주었고, 다음 날 아침에는 또 뚝딱 구두 네 켤레가 만들어져 있었습니다. 계속 이런 일이 일어났습니다. 저녁에 가죽을 마름질해 놓으면 다음 날 아침 구두가 만들어져 있었습니다. 구두장이는 금세 많은 돈을 벌어 마침내 큰 부자가 되었습니다. 크리스마스를 얼마 앞둔 어느 날 저녁이었습니다. 구두장이는 그날도 가죽을 마름질해 놓고 잠자리에 들기 전에 아내에게 말했습니다.

"오늘 밤은 자지 말고 누가 우리를 도와주는지 지켜보는 게 어떻겠소?"

아내도 그리하자며 불을 껐습니다. 두 사람은 방 한구석에 걸린 옷가지 뒤에 몸을 숨기고 정신을 바짝 차리고 지켜보았습니다. 밤 열두 시가 되자 조그맣고 귀여운 꼬마 요정 둘이 발가벗은 채 들어왔습니다. 꼬마 요정들은 구두장이의 작업대에 앉더니 마름질한 가죽으로 구두를 만들기 시작했습니다. 바늘로 찌르고 꿰매고 또 탁탁 두드리며, 자그마한 손가락을 바쁘게 놀렸습니다. 구두장이는 너무 놀라서 눈을 뗄 수가 없었습니다. 꼬마 요정들은 잠시도 쉬지 않고 구두를 다 만들어 작업대에 올려놓더니 후다닥 사라졌습니다.

다음 날 아침 아내가 말했습니다.

"작은 이들 덕분에 부자가 되었어요. 우리도 고맙다는 인사를 해야죠. 옷도 안 입고 돌아다니니 얼마나 춥겠어요. 여보, 이렇게 할까요? 속옷이랑 윗옷이랑 조끼랑 바지를 만들어 주고 양말도 한 켤레 떠서 줄래요. 그러니까 당신도 구두 한 켤레씩 만들어 주세요."

남편이 말했습니다.

"좋은 생각이오."

그날 저녁, 준비를 끝낸 구두장이와 아내는 마름질한 일감 대신 선물을 작업대에 올려놓고 숨었습니다. 꼬마 요정들이 와서 어떻게 하는지 지켜보려고요. 밤 열두 시가 되자 꼬마 요정들이 뛰어들어와 바로 일을 시작하려 했습니다. 하지만 마름질한 가죽 대신 작은 옷가지들만 놓여 있으니까 깜짝 놀라더니 이내 뛸 듯이 기뻐했습니다. 꼬마 요정들은 후딱 옷을 입고는 예쁜 옷을 매만지며 노래를 불렀습니다.

"우리 소년들 예쁘고 멋지지 않나요?

이제 구두장이가 아니랍니다!"

꼬마 요정들은 의자 위로 팔짝팔짝 뛰어다니며 춤을 추다가 문밖으로 사라졌고, 다시는 찾아오지 않았습니다. 그리고 구두장이는 하는 일마다 잘 되어 평생 행복하게 잘 살았답니다.

이야기 둘

옛날에 가난한 하녀가 있었습니다. 부지런하고 깔끔한 하녀는 매일 집 안을 청소하고 나서 쓰레기를 문 앞에 있는 쓰레기 더미에 쏟아 버렸습니다. 어느 날 아침, 하녀는 쓰레기를 버리려다가 쓰레기 더미에서 편지를 발견했습니다. 글을 읽을 줄 몰랐던 하녀는 빗자루를 구석에다 세워 두고 편지를 주인에게 가져갔습니다. 편지는 꼬마 요정들이 하녀에게 아기가 세례를 받는데 대모를 서 달라고 부탁하는 내용이었습니다. 하녀는 어떻게 해야 할지 몰랐습니다. 주인은 이러한 부탁을 거절하면 절대 안 된다고 거듭 말했습니다. 마침내 하녀는 가겠다고 승낙했습니다. 그러자 꼬마 요정 세 명이 와서 하녀를 요정들이 사는 산속 동굴로 데려갔습니다. 그곳에 있는 것은 모두 작았지만, 앙증맞게 예쁘고 화려했습니다. 아기 엄마는 진주 구슬로 장식된 까만 흑단 침대에 누워 있었습니다. 금실로 수놓은 이불과 상아로 만든 아기 요람, 황금 욕조가 있었습니다. 하녀는 대모를 서 주고 집으로 돌아가려 했습니다. 하지만 꼬마 요정들은 사흘만 함께 있어 달라고 간곡히 청했습니다. 그래서 하녀는 사흘 내내 꼬마 요정들의 극진한 대접을 받으며 재미있고 즐겁게 지냈습니다. 어느덧 집에 갈 시간이 되자 꼬마 요정들은 하녀의 주머니에 금을 가득 넣어주고 다시 산 어귀까지 바래다주었습니다. 집에 도착한 하녀는 다시 일하려고 구석에 세워 둔 빗자루를 들고 집 안을 쓸기 시작했습니다. 그때 웬 낯선 사람들이 안에서 나오더니 소녀에게 대뜸 누구며, 여기서 뭘 하느냐고 물었습니다. 하녀는 사흘이 아니라 칠 년 동안 꼬마 요정들과 산속에서 함께 지냈고, 주인은 그동안 세상을 뜨고 없었답니다.

이야기 셋

옛날에 꼬마 요정들이 와서 요람에서 아기를 훔쳐 가고, 대신 괴물 같이 생긴 아기를 뉘어 놓았습니다. 커다란 머리통에 눈이 통방울 같은 아기 괴물은 그저 먹고 마시려고만 들었습니다. 아기 엄마는 어찌할 바를 몰라 이웃 여자에게 가서 하소연했습니다. 이웃 여자는 아기 괴물을 부엌으로 데려가 화덕에 앉혀 놓고, 불을 피워 달걀 껍데기 두 개에 물을 끓이라고 일러주었습니다. 그럼 아기 괴물은 웃을 거고, 아기 괴물이 웃으면 모든 게 끝날 거라고 했습니다. 아기 엄마는 이웃 여자가 시키는 대로 했습니다. 계란 껍데기에 물을 담아 불에 올려놓자 멍청한 아기가 말했습니다.

"베스터발트[24]만큼
나이를 먹었지만
달걀 껍데기에 물을 끓이는 것은
보지 못했다고."

그러고는 깔깔거리며 웃었습니다. 그러자 한 무리의 꼬마 요정들이 불쑥 나타나 진짜 아기를 화덕 위에 내려놓고, 아기 괴물은 도로 데려갔답니다.

◆40◆
도둑 신랑

옛날에 예쁜 딸을 둔 물방앗간 주인이 있었습니다. 딸이 크자 방앗간 주인은 딸이 좋은 남자와 결혼해서 잘살기를 바랐습니다. 그래서 반듯한 남자가 와서 청혼하면 딸을 주려고 생각했습니다. 어느 날, 돈이 아주 많아 보이는 사람이 와서 청혼했습니다. 방앗간 주인은 남자가 별로 흠잡을 데 없이 보여서 딸을 주기로 했습니다. 하지만 아가씨는 신부가 신랑을 사랑하듯 남자를 사랑할 수 없었고, 선뜻 신뢰할 수가 없었습니다. 남자를 보거나 생각하면 왠지 섬뜩한 기분이 들었습니다. 어

24. 베스터발트: 라인 강 유역의 산악지방.

느 날, 남자가 아가씨에게 말했습니다.

"나의 신부가 우리 집에 한 번도 오지 않는구려."

아가씨가 대답했습니다.

"당신 집이 어딘지 몰라서요."

남자가 말했습니다.

"우리 집은 저기 울창한 숲 속에 있어요."

아가씨는 가는 길을 잘 모른다고 둘러댔습니다. 그러자 남자가 말했습니다.

"다음 일요일에는 꼭 와야 해요. 손님들을 초대했으니까. 길을 찾을 수 있도록 숲 속에 재를 뿌려 놓겠어요."

일요일이 되자 아가씨는 길을 나섰습니다. 하지만 왜 그런지 마음이 불안했습니다. 아가씨는 길을 표시해 두려고 호주머니 양쪽에다 완두콩과 까치콩을 잔뜩 집어넣었습니다. 숲 어귀에는 재가 뿌려져 있었습니다. 아가씨는 길을 따라가며 걸음걸음마다 오른쪽, 왼쪽에 완두콩을 몇 개씩 떨어트렸습니다. 하루 종일 내내 걸었더니 마침내 어두컴컴한 숲 한가운데에 외딴집이 보였습니다. 집은 어둡고 음산해 보여서 마음에 들지 않았습니다. 아가씨가 들어갔더니 안에는 아무도 없고 쥐 죽은 듯 고요했습니다. 갑자기 어디선가 소리가 들렸습니다.

"돌아가요, 돌아가요, 신부 아가씨.
여기는 살인자가 사는 집이라고요."

아가씨는 고개를 들어 위를 보았습니다. 벽에 걸린 새장 속에서 새가 다시 소리쳤습니다.

"돌아가요, 돌아가요, 신부 아가씨.
여기는 살인자가 사는 집이라고요."

아름다운 신부는 이 방 저 방 온 집 안을 돌아다녔습니다. 하지만 집은 텅 비었고 아무도 없었습니다. 마침내 아가씨가 지하실로 내려갔더니 늙은 할머니가 고개를 흔들거리며 앉아 있었습니다. 아가씨가 물었습니다.

"신랑이 여기 사는지 말해 주실래요?"

할머니가 대답했습니다.

"에고, 이 불쌍한 것, 어쩌자고 여기를 왔어! 여기는 살인자의 소굴이야. 이제 곧 결혼식을 올릴 줄 알고 있구나. 그런데 결혼을 하자마자 아가씨는 죽어. 보라고, 커다란 솥에 물을 올려놨잖아. 살인자들에게 잡히면 죽는다니까. 아가씨를 인정사정없이 토막을 내서 푹푹 삶아 먹어 버릴 거야. 사람을 잡아먹는 자들이거든. 내가 불쌍히 여겨 구해 주지 않으면 아가씨는 죽은 목숨이야."

할머니는 들키지 않도록 아가씨를 커다란 통 뒤로 데려갔습니다. 할머니가 말했습니다.

"쥐죽은 듯 조용히 있어. 꼼짝하지 말고, 절대 움직이면 안 돼. 그랬다간 아가씨는 끝장이야. 오늘 밤, 도둑들이 잠이 들면 같이 도망가자. 오래전부터 나도 기회만 엿보고 있었지."

할머니의 말이 끝나자마자 사악한 도둑 일당이 돌아왔습니다. 도둑들은 한 젊은 아가씨를 질질 끌고 왔습니다. 아가씨는 비명을 지르며 애걸복걸했습니다. 하지만 술에 취한 도둑들은 들은 척도 않고 흰 포도주와 붉은 포도주와 노란 포도주를 한 잔씩 가득 따라서 끌려온 아가씨에게 주었습니다. 포도주 석 잔을 다 마신 아가씨는 그만 심장이 터져 죽어 버렸습니다. 도둑들은 고운 옷을 찢어 벗기고 아가씨를 탁자 위에 올려놓았습니다. 도둑들은 아가씨의 아름다운 몸을 토막토막 내서 소금을 뿌렸습니다. 통 뒤에 숨어 있던 불쌍한 아가씨는 부들부들 떨었습니다. 저들의 손에 달린 자신의 운명이 불 보듯 빤했으니까요. 한 도둑이 죽은 아가씨의 새끼손가락에 끼어 있는 금반지를 보았습니다. 하지만 반지가 잘 빠지지 않자 손도끼로 손가락을 내려쳤습니다. 그런데 손가락이 툭 튀어 통 쪽으로 넘어와 바로 숨어 있던 아가씨의 무릎에 떨어지고 말았습니다. 도둑은 등불을 들고 손가락을 찾았지만, 손가락은 아무 데도 없었습니다. 그러자 다른 도둑이 말했습니다.

"자네, 저 커다란 통 뒤도 봤나?"

그때 할머니가 소리쳤습니다.

"자, 어서들 와서 먹어. 손가락은 내일 찾고. 손가락에 발이 달렸겠냐."

그러자 도둑들이 말했습니다.

"할머니 말이 맞아."

도둑들은 손가락을 그만 찾기로 하고 식탁에 앉았습니다. 할머니는 잠자는 약을 포도주에 한 방울씩 떨어트렸습니다. 금세 도둑들은 지하실 바닥에 털버덕 누워 코를 드르렁거렸습니다. 그 소리에 아가씨는 통 뒤에서 나왔습니다. 땅바닥에 나란히 누워 자고 있는 도둑들을 살금살금 타고 넘었습니다. 혹 누가 깰까 봐 간이 콩알만 해졌지만 하나님의 도움으로 무사히 빠져나왔습니다. 할머니도 함께 올라와서 문을 열고 도둑의 소굴을 빠져나왔습니다. 아가씨가 뿌려 놓은 재는 바람에 다 날려 가고 없었습니다. 하지만 완두콩과 까치콩은 그새 싹이 터서 달빛을 받으며 길을 가르쳐주었습니다. 아가씨와 할머니는 밤새 내내 걸어서 아침에 물방앗간에 도착했습니다. 아가씨는 아버지에게 그동안 무슨 일이 있었는지 다 이야기했습니다.

결혼식 날이 되자 신랑이 나타났습니다. 물방앗간 주인은 친척과 친구들을 모두 초대했습니다. 그리고 모두 식탁에 둘러앉아 한 사람씩 돌아가며 이야기를 하기로 했습니다. 하지만 신부는 가만히 앉아서 아무 말도 하지 않았습니다. 그러자 신랑이 신부에게 물었습니다.

"자, 당신은 아는 이야기가 없어요? 하나 해 봐요."

신부가 대답했습니다.

"그럼 꿈 이야기를 할게요. 혼자서 숲 속을 걸어가는데, 집이 나왔어요. 안에는 아무도 없었어요. 그런데 벽에 걸린 새장에서 새가 소리치더라고요.

"돌아가요, 돌아가요, 신부 아가씨.

여기는 살인자가 사는 집이라고요."

새는 한 번 더 소리쳤어요. 여보, 그냥 꿈속에서 그랬다고요. 그래서 이 방 저 방 가 봤지만 다 텅 비어있었어요. 왠지 으스스하더라고요. 마침내 지하실로 내려갔더니 늙은 할머니가 고개를 흔들거리며 앉아 있었어요. 그래서 물었죠. '신랑이 여기 사는지 말해 주실래요?' 그랬더니 할머니가 '에고, 이 불쌍한 것, 여기는 살인자의 소굴이야. 신랑은 여기 살지만 아가씨를 토막 내서 푹푹 삶아 먹어 버릴 거야.'라고 했어요. 여보, 그냥 꿈속에서 그랬다고요. 할머니는 나를 커다란 통 뒤에 숨겨 줬어요. 숨자마자 도둑들이 젊은 아가씨를 질질 끌고 돌아왔어요. 그리고 여자에게 흰 포도주랑 붉은 포도주랑 노란 포도주를 마시라고 줬어요. 아가씨는 포도주를 마시고 심장이 터져 버렸죠. 여보, 그냥 꿈속에서 그랬다고요. 도둑들은 고운 옷을 찢어 벗기고 아가씨를 탁자 위에서 토막토막 내서 소금을 뿌렸어요. 여보, 그냥 꿈속에서 그랬다고요. 한 도둑이 죽은 아가씨의 새끼손가락에 끼여 있는 반지를 봤어요. 하

지만 반지가 잘 빠지지 않자 손도끼로 손가락을 내려쳤어요. 그런데 손
가락이 통 뒤로 툭 튀어 바로 내 무릎에 떨어졌어요. 자, 이게 바로 그
반지 낀 손가락이에요."

이 말과 함께 신부는 손가락을 꺼내 사람들에게 보여주었습니다.

이야기를 듣다가 얼굴이 백지장처럼 하얗게 질린 도둑은 벌떡 일어
나 달아나려고 했습니다. 하지만 도둑은 손님들에게 붙잡혀 재판을 받
았습니다. 도둑과 그 일당 모두 흉악한 범죄를 저지른 벌로 처형을 당
했답니다.

◆41◆
코르베스 씨

옛날에 암탉과 수탉이 살았습니다. 둘은 함께 여행을 떠나기로 했습니
다. 수탉은 빨간 바퀴가 네 개 달린 멋진 마차를 만들었고, 생쥐 네 마
리를 마차에 매었습니다. 암탉은 수탉과 함께 마차에 올라타고 길을 떠
났습니다. 얼마 가지 않아 암탉과 수탉은 고양이를 만났습니다. 고양
이가 물었습니다.

"어디 가니?"

수탉이 대답했습니다.

"우리 모두 저기
코르베스 씨 집에 간단다."

고양이가 말했습니다.

"나도 같이 가자."

수탉이 대답했습니다.

"좋아. 뒤에 타. 앞에 있으면 떨어질지 모르니까.

모두 모두 조심하세요,
빨간 바퀴를 더럽히면 안 돼요.
바퀴는 데굴데굴.
생쥐는 찍찍찍찍.
우리 모두 저기
코르베스 씨 집에 갑니다."

그다음에는 맷돌이 왔습니다. 그다음에는 달걀, 그다음에는 오리, 그다음에는 핀 침, 그리고 마지막으로 바늘이 왔습니다. 모두 마차에 올라타고 함께 갔습니다. 그런데 코르베르 씨 집에 갔더니, 코르베르 씨가 없었습니다. 그래서 생쥐들은 마차를 헛간으로 끌고 갔습니다. 암탉은 수탉이랑 횃대로 날아올랐습니다. 고양이는 벽난로 옆에 앉았습니다. 오리는 물통 속에 들어갔습니다. 달걀은 수건을 몸에 돌돌 말았습니다. 핀 침은 의자 쿠션에 박혔습니다. 바늘은 침대 위 베개 한가운데 박혔습니다. 맷돌은 문 위에 드러누웠습니다. 그때 코르베스 씨가 집에 돌아왔습니다. 코르베스 씨는 벽난로에 가서 불을 피우려고 했습니다. 그러자 고양이가 코르베스 씨 얼굴에 재를 날렸습니다. 코르베스 씨가 허둥지둥 부엌으로 달려가서 얼굴을 씻으려고 했습니다. 그러자 오리가 얼굴에 물을 확 뿌렸습니다. 코르베르 씨는 수건으로 얼굴을 닦으려고 했습니다. 그러자 달걀이 굴러 나와 탁 깨지며 코르베르 씨 눈에 붙어 버렸습니다. 코르베르 씨는 좀 쉬려고 의자에 앉았습니다. 그러자 핀 침이 쿡 찔렀습니다. 코르베스 씨는 화가 나서 침대에 벌렁 누웠습니다. 하지만 머리가 베개에 닿는 순간 바늘이 따끔 찔렀습니다. 코르베르 씨는 비명을 지르며 노발대발 바깥으로 나가려고 했습니다. 하지만 대문 앞에 오자 맷돌이 우당탕 떨어져서 코르베스 씨는 그만 죽고 말았답니다. 코르베스 씨는 정말 나쁜 사람이었나 봐요.

◆42◆
대부님

옛날에 가난한 남자가 살았습니다. 남자는 아이들이 많아서, 대부가 되어 달라고 여기저기 부탁을 하도 많이 했기 때문에, 또 아기가 태어나자 부탁할 사람이 하나도 없었습니다. 남자는 어떻게 하면 좋을지 걱정하다가 잠자리에 들었습니다. 그런데 꿈을 꾸었습니다. 성문 앞에 가서 맨 처음 만나는 사람에게 대부가 되어 달라고 부탁하라는 꿈이었습니다. 남자는 눈을 뜨자 꿈에서 가르쳐준 대로 하기로 했습니다. 남자는 성문 앞에 나가 처음 만난 사람에게 아기의 대부가 되어 달라고 부탁했습니다. 그러자 낯선 남자는 작은 물병을 주며 말했습니다.

"기적의 물이라네. 이 물로 병을 고칠 수 있지. 하지만 저승사자가 어디 서 있는지 잘 봐야 하네. 저승사자가 머리맡에 서 있으면 환자에게 이 물을 주게. 그럼 병이 나을 거야. 하지만 저승사자가 발치에 서 있으면 애를 써 봤자 아무 소용없네. 죽을 수밖에 없어."

그때부터 남자는 환자가 살지 죽을지 정확하게 알아맞힐 수 있었습니다. 그 재주로 남자는 유명해졌고 돈도 많이 벌었습니다. 어느 날,

남자는 왕의 아이가 병이 들었다고 성으로 불려 나갔습니다. 방에 들어갔더니 아이의 머리맡에 저승사자가 서 있었습니다. 남자는 기적의 물로 아이의 병을 고쳐 주었습니다. 두 번째도 그랬습니다. 하지만 세 번째는 저승사자가 발치에 서 있어서 왕의 아이는 죽고 말았습니다.

어느 날, 남자는 기적의 물로 그동안 무슨 일을 했는지 말하고 싶어서 대부님을 찾아갔습니다. 그런데 집에 들어갔더니 정말 이상한 일이 벌어졌습니다. 일 층에서 쓰레받기와 빗자루가 죽을 듯 서로 치고받으며 싸우고 있었습니다. 남자가 물었습니다.

"대부님은 어디 계신가?"

빗자루가 대답했습니다.

"이 층에."

남자가 이 층으로 올라가자, 죽은 손가락들이 즐비하게 널려 있었습니다.

"대부님은 어디 계신가?"

손가락 중 하나가 대답했습니다.

"한 층 더."

삼 층에는 해골이 무더기로 쌓여 있었습니다. 해골들은 남자에게 한 층 더 올라가라고 했습니다. 사 층으로 올라가자, 불에 올려놓은 프라이팬에서 물고기들이 지글지글 저절로 구워지고 있었습니다. 물고기들이 말했습니다.

"한 층 더."

오 층으로 올라가자, 방이 하나 나왔습니다. 남자는 열쇠 구멍으로 들여다보았습니다. 안에는 대부가 있었는데, 이마에 기다란 뿔 두 개가 나 있었습니다. 남자가 문을 열고 들어가자, 대부는 잽싸게 침대에 드러

누워 이불을 덮었습니다. 남자가 물었습니다.

"대부님, 집 안에 참 이상한 일들이 벌어지고 있는데, 대체 무슨 일이에요? 일 층에서는 쓰레받기와 빗자루가 죽을 듯 서로 치고받으며 싸우고 있다니까요."

대부님이 대답했습니다.

"멍청하기는, 하인과 하녀가 저들끼리 이야기하는 거잖나."

"하지만 이 층에 죽은 손가락들이 널려 있더라고요."

"어유, 바보 같으니라고! 그건 우엉이야."

"삼 층에는 해골들이 무더기로 쌓여 있는데요."

"멍청이, 그건 양배추야."

"사 층에서는 물고기들이 프라이팬에서 지글지글 구워지고 있던데요?"

이렇게 말을 하자 물고기들이 휙 나타나 식탁에 척 올랐습니다.

"오 층에 올라와서 열쇠 구멍으로 들여다보니까 안에 대부님이 계시잖아요. 엄청 기다란 뿔을 달고서요."

"에이, 그럴 리가 없어."

남자는 겁이 덜컥 나서 냅다 달아났답니다. 그렇지 않았다면 알 게 뭐에요, 대부님이 무슨 짓을 했을지.

◆43◆

트루데 아주머니

옛날에 어린 소녀가 있었습니다. 소녀는 고집이 세고 건방져서 부모님의 말씀을 도무지 듣지 않았습니다. 그러니까 잘될 리가 있겠습니까? 어느 날 소녀가 말했습니다.

"트루데 아주머니 이야기를 많이 들었어요. 아주머니 집에 한번 가 보고 싶어요. 참 별나게 사시는 분이래요. 집 안에 신기한 물건들도 많 다고 하더라고요. 궁금해서 견딜 수가 없어요."

하지만 부모님은 절대로 안 된다고 말렸습니다.

"트루데 아주머니는 나쁜 여자야. 못된 짓만 한단다. 네가 거기 가는 날에는 우리 딸이 아니다."

하지만 소녀는 부모님의 말씀을 귓등으로 흘리고 트루데 아주머니 를 찾아갔습니다. 집에 갔더니 트루데 아주머니가 물었습니다.

"얼굴이 왜 그렇게 창백하니?"

"어휴, 아까 본 것이 너무 무서워서요."

소녀는 이렇게 대답하며 온몸을 바들바들 떨었습니다.

"뭘 봤는데?"

"계단에서 시커먼 남자를 봤어요."

"그건 숯쟁이야."

"초록 남자도 봤어요."

"그건 사냥꾼이야."

"시뻘건 남자도 본 걸요."

"그건 정육사야."

"그런데요, 트루데 아주머니, 소름이 쫙 끼치더라고요. 창문으로 들 여다보니까 아주머니는 보이지 않고, 머리 위에서 불이 활활 타오르는 악마가 있었어요."

트루데 아주머니가 말했습니다.

"오호, 제대로 차려입은 마녀를 네가 본 게구나. 오래전부터 얼마나 간절히 기다렸는데. 너는 나한테 불빛을 비춰 줘야 해."

그러고서 트루테 아주머니는 소녀를 당장 통나무로 만들어 불 속에 휙 던져 넣었습니다. 불이 활활 타오르자 트루테 아주머니는 그 옆에 앉아 불을 쬐면서 이렇게 말했답니다.

"그것참 환하게 잘도 탄다!"

◆44◆
대부가 된 저승사자

옛날에 아이를 열둘이나 둔 가난한 남자가 살았습니다. 남자는 아이들을 먹여 살리기 위해 밤낮으로 일해야 했습니다. 하지만 열세 번째 아이가 또 태어나자, 남자는 어떻게 해야 할지 막막했습니다. 그래서 남자는 큰길로 나가서 맨 처음 만나는 사람에게 대부를 서 달라고 부탁하기로 했습니다. 남자가 처음 만난 이는 하나님이었습니다. 하나님은 남자의 마음을 벌써 알고 이렇게 말했습니다.

"불쌍한 이여, 내가 자네 아이의 대부를 서 주마. 아이가 이 땅에서 행복하게 살도록 잘 보살펴 주겠다."

남자가 물었습니다.

"누구세요?"

"나는 하나님이다."

그러자 남자가 말했습니다.

"그렇다면 대부로 삼지 않겠어요. 당신은 부를 부자에게만 주고 가난뱅이는 굶어 죽게 내버려두니까요."

남자는 하나님이 부의 기난을 얼마니 지혜롭게 니누는지 몰라서 이렇게 말해 버렸습니다. 남자는 하나님에게 등을 돌리고 계속 걸어갔습니다. 그러자 악마가 다가와 말했습니다.

"뭘 찾느냐? 나를 대부로 삼으면, 아이에게 금화를 산더미만큼 주고 세상의 온갖 즐거움을 누리게 해주겠다."

남자가 물었습니다.

"누구세요?"

"나는 악마다."

남자가 말했습니다.

"그렇다면 대부로 삼지 않겠어요. 당신은 사람들을 속이고 나쁜 길로 유혹하니까요."

남자는 계속 걸어갔습니다. 그때 다리가 비쩍 마른 저승사자가 걸어와 말했습니다.

"나를 대부로 삼지, 그래."

남자가 물었습니다.

"누구세요?"

"저승사자다. 나는 모든 사람을 다 똑같이 만들지."

남자가 말했습니다.

"바로 당신이에요. 당신은 부자든 가난뱅이든 차별하지 않고 데려가니까요. 제 아이의 대부가 되어 주세요."

그러자 저승사자가 대답했습니다.

"자네 아이를 부유하고 유명한 사람으로 만들어 주겠네. 나를 친구로 둔 사람은 부족한 것이 없거든."

남자가 말했습니다.

"돌아오는 일요일에 세례식이 있으니 늦지 않게 오세요."

저승사자는 약속한 대로 나타나 착실하게 대부를 서 주었습니다.

사내아이는 무럭무럭 자라서 청년이 되었습니다. 어느 날, 저승사자가 나타나 젊은이에게 따라오라고 했습니다. 저승사자는 젊은이를 숲으로 데려가 약초를 가리키며 말했습니다.

"대부가 주는 선물이다. 너를 유명한 의사로 만들어 주마. 네가 병자에게 불려 가면 나도 거기 나타나겠다. 내가 병자의 머리맡에 서 있으면 병을 고칠 수 있다고 자신 있게 말해라. 이 약초를 병자에게 주면 병이 나을 거다. 하지만 내가 발치에 서 있으면 병자는 이미 나의 것이다. 그러면 너는 '치료해 봤자 소용없고, 이 세상 어떤 의사도 병을 고칠 수 없다.'라고 말해야 한다. 하지만 내 말을 거역하고 약초를 함부로 썼다가는 큰일 날 테니 명심해라."

얼마 지나지 않아 젊은이는 세상에서 가장 유명한 의사가 되었습니다. 사람들은 이렇게 말했습니다.

"아픈 사람을 쳐다보기만 해도 척 안다니까. 나을지 죽을지 말이야."

사람들은 젊은이를 병자에게 데려가려고 아주 멀리서도 찾아왔습니다. 그리고 많은 돈을 줬기 때문에 젊은이는 금세 부자가 되었습니다.

그러던 어느 날, 왕이 병이 나서 앓아누웠습니다. 의사는 왕에게 불려 가 병이 나을 수 있는지 말해야 했습니다. 왕이 누워 있는 침대에 갔더니, 저승사자는 이미 병자의 발치에 서 있었습니다. 죽음을 막을 약은 없었습니다. 하지만 젊은이는 생각했습니다.

'저승사자를 슬쩍 속여 볼까? 물론 안 좋아하시겠지만, 대부님이시잖아. 눈감아 주실지도 모르지. 한번 해보자.'

젊은이는 저승사자가 병자의 머리맡에 서 있도록 병자를 안아 거꾸로 눕혔습니다. 그리고 약초를 주었더니, 왕은 병이 나아 다시 건강해졌습니다. 하지만 저승사자가 무시무시한 얼굴을 하고 의사를 찾아와 집게손가락을 흔들며 울렀습니다.

"감히 나를 속이다니. 대부니까 이번 한 번은 눈감아 주마. 하지만 다시 한 번 그랬다간 목숨을 거두어 버릴 거야. 내가 직접 너를 데려갈 테다."

얼마 후, 공주가 중병에 걸렸습니다. 딱 하나뿐인 딸이라 왕은 밤낮으로 울어서 눈이 멀 지경이었습니다. 왕은 누구든 공주를 살리는 사람을 사위로 삼고 왕위를 물려주겠다고 널리 알렸습니다. 젊은이가 병상을 찾았더니, 저승사자는 이미 공주의 발치에 서 있었습니다. 대부의 경고를 기억했어야 할 텐데, 젊은이는 모든 것을 까맣게 잊어버렸습니다. 눈부시게 아름다운 공주를 보고 남편이 된다는 행복한 생각에 온통 정신을 빼앗긴 탓이었습니다. 젊은이는 저승사자가 노한 눈초리로 쏘아보며 주먹 쥔 앙상한 손을 번쩍 치켜들고 으름장을 놓는 것도 보지 못했습니다. 젊은이는 공주를 들어 머리를 발이 있던 자리로 돌려놓았습니다. 그리고 약초를 주자 공주의 뺨이 금세 발그레해지며 다시 생기가 돌았습니다.

그러나 저승사자는 또 속은 것을 알고, 성큼성큼 젊은이에게 다가와 말했습니다.

"너는 끝났다. 이제 네 차례야."

저승사자는 얼음장처럼 차가운 손으로 젊은이를 꼼짝 못 하도록 꽉 움켜잡고 지하 동굴로 끌고 갔습니다. 지하 동굴에는 수없이 많은 촛불이 쭉 늘어서서 남실거리고 있었습니다. 큰 촛불도 있었고 중간 크기의 촛불도 있었고 작은 촛불도 있었습니다. 순간순간 어떤 촛불은 꺼지고 어떤 촛불은 다시 살아나면서 불꽃은 이리 뛰었다가 저리 뛰었다가 계속 깡충거리는 것 같았습니다. 저승사자가 말했습니다.

"봐라. 저게 인간들의 생명의 불꽃이란다. 커다란 불꽃은 아이들 것이고, 중간 크기는 한창나이의 부부들 것이고, 작은 불꽃은 노인들 것이다. 하지만 아이들과 젊은 사람의 촛불이 작을 때도 있지."

"제 생명의 불꽃도 보여주세요."

젊은이는 자신의 불꽃이 아직 꽤 클 거로 생각하고 말했습니다. 그러나 저승사자는 밑동만 남아 막 꺼지려고 하는 촛불을 가리키며 말했습니다.

"봐라, 저게 네 것이다."

깜짝 놀란 의사가 말했습니다.

"오, 대부님. 저를 위해서 제발 새 촛불을 켜 주세요. 왕도 되고 예쁜 공주님의 남편도 되어 인생을 즐기고 싶다고요."

저승사자가 대답했습니다.

"그건 안 돼. 촛불 하나가 꺼져야 새것을 켤 수 있단다."

"새 초에 불을 옮겨 붙이면 되잖아요. 그럼, 헌 초가 꺼지더라도 새 초가 계속 타니까요."

젊은이는 애걸했습니다. 그러자 저승사자는 젊은이의 청을 들어주는 것처럼 커다란 새 초를 가져왔습니다. 하지만 젊은이에게 복수하려고 초를 바꿔 꽂는 척하면서 헌 초를 일부러 떨어뜨렸습니다. 촛불이 꺼지자 젊은이도 바닥에 푹 쓰러졌답니다. 결국, 저승사자의 손아귀에 넘어간 것이죠.

◆45◆

엄지둥이의 여행

옛날 재봉사에게 아들이 하나 있었습니다. 아들은 키가 엄지손가락보다 크지 않아서 엄지둥이라고 불렸습니다. 하지만 엄지둥이는 씩씩하고 용감했습니다. 어느 날, 엄지둥이는 아버지에게 말했습니다.

"아버지, 세상으로 나가야겠어요."

아버지가 대답했습니다.

"좋다, 아들아."

아버지는 기다란 짜깁기 바늘을 가져와 촛불에 봉납을 녹여 바늘 끝을 볼록하게 만들었습니다.

"자, 이 칼을 가지고 떠나거라."

꼬마 재봉사 엄지둥이는 집에서 식사하고 떠나기로 했습니다. 엄지둥이는 어머니가 무슨 맛있는 요리를 하는지 보러 부엌으로 통통 뛰어갔습니다. 어머니는 요리를 막 끝냈고, 화덕 위에는 음식이 담긴 움푹한 접시가 놓여 있었습니다. 엄지둥이가 물었습니다.

"어머니, 오늘은 뭘 먹어요?"

어머니가 대답했습니다.

"직접 보려무나."

엄지둥이는 화덕 위에 폴짝 뛰어올라 김이 모락모락 나는 그릇 속을 들여다보았습니다. 하지만 목을 너무 길게 빼고 들여다보다가 김에 휩싸여 휙 굴뚝 위로 솟아올랐습니다. 엄지둥이는 김을 타고 한참을 날아다니다가 마침내 다시 땅에 내려앉았습니다. 이렇게 넓은 세상으로 나온 엄지둥이는 여기저기 떠돌아다니다가 어떤 재봉사 밑에서 일을 하게 되었습니다. 하지만 그 집에서 나오는 음식이 영 마음에 들지 않았습니다. 엄지둥이가 말했습니다.

"주인아주머니, 좀 더 맛있는 음식이 나오지 않으면, 내일 아침 여기를 떠나겠어요. 분필로 대문에 이렇게 쓸 거예요. 감자는 너무 많고 고기는 너무 적다, 감자 대왕이여, 안녕히."

주인아주머니가 말했습니다.

"메뚜기 같은 녀석, 뭐라고?"

주인아주머니는 화가 나서 행주를 집어 들어 엄지둥이를 때리려고 했습니다. 그러자 우리 꼬마 재봉사는 얼른 골무 밑으로 기어들어 가고개만 쏙 빼고 혀를 날름 내밀었습니다. 주인아주머니가 엄지둥이를 잡으려고 골무를 들어 올리자, 엄지둥이는 몸을 날려 행주 속으로 들어갔습니다. 주인아주머니가 행주를 홀홀 털자 엄지둥이는 식탁 틈새로 들어가 머리를 쏙 내밀고 소리쳤습니다.

"헤헤, 아주머니."

아주머니가 행주로 탁 내려치려는 순간 엄지둥이는 서랍으로 폴짝 뛰어내렸습니다. 결국, 아주머니는 엄지둥이를 붙잡아 내쫓아 버렸습니다.

엄지둥이는 여기저기 떠돌아다녔습니다. 어느 날, 큰 숲으로 들어온 엄지둥이는 도둑 일당과 마주쳤습니다. 그런데 도둑들은 왕이 보물을 훔치려던 중이었습니다. 도둑들은 엄지둥이를 보자, 열쇠 대신 엄지둥이를 쓰기로 했습니다. 엄지둥이가 열쇠 구멍으로 기어들어 가서 문을 열어 주면 되겠다고 생각한 것입니다. 한 도둑이 소리쳤습니다.

"어이 이봐, 골리앗 거인! 보물 창고에 같이 가지 않겠나? 살그머니 들어가서 돈을 밖으로 던져 주게."

엄지둥이는 곰곰이 생각하더니 그리하자며 보물 창고로 같이 갔습니다. 엄지둥이는 문에 틈새가 없는지 위아래로 꼼꼼히 살폈습니다. 엄지둥이는 곧 기어 들어갈 만큼 틈새가 벌어진 곳을 찾아냈습니다. 엄지둥이가 당장 기어들어 가자, 문을 지키고 있던 보초병이 엄지둥이를 보고 다른 보초병에게 말했습니다.

"징그러운 거미 같은 게 기어가는데? 밟아 죽여야겠다."

그러자 다른 보초병이 말했습니다.

"그냥 놔둬. 불쌍하잖나. 자네한테 뭘 잘못했다고."

엄지둥이는 무사히 보물 창고 안으로 들어와서 창문을 열고 밑에 서서 기다리는 도둑들에게 은화를 하나둘 던져 주었습니다. 엄지둥이가 열심히 일하고 있는데 왕이 보물 창고를 둘러보려고 왔습니다. 왕이 오는 소리를 듣자 엄지둥이는 냉큼 몸을 숨겼습니다. 왕은 은화가 많이 없어진 것을 알아챘지만 누가 은화를 훔쳐 갔는지 도무지 알 수가 없었습니다. 자물쇠도 잠겨있고 빗장도 질렀고, 보초병들도 지키고 있었으니 말입니다. 왕은 다시 가면서 보초병들에게 단단히 일렀습니다.

"정신 바짝 차려. 누군지 돈을 노리는 놈이 있다."

엄지둥이는 다시 작업을 시작했습니다. 안에서 짤그랑, 쩔그렁, 짤그랑, 쩔그렁 동전 소리가 흘러나오자 보초병들은 도둑을 잡으러 후다닥 안으로 뛰어들었습니다. 하지만 엄지둥이가 더 빨랐습니다. 보초병들이 오는 소리를 듣자 한쪽 구석으로 뛰어가 은화 밑에 감쪽같이 숨었습니다. 그리고 보초병들을 놀리며 소리쳤습니다.

"나 여기 있지."

보초병들은 우르르 그쪽으로 달려갔습니다. 하지만 엄지둥이는 이미 다른 쪽 구석으로 뛰어가 은화 밑에 몸을 숨기고 또 소리쳤습니다.

"헤이, 나 여기 있다고."

보초병들은 또 우르르 그쪽으로 달려갔지만 엄지둥이는 벌써 또 다른 쪽 구석으로 가서 소리쳤습니다.

"헤이, 여기 있다니까."

엄지둥이의 손에 놀아난 보초병들은 우왕좌왕 보물 창고 안을 헤매다가 지쳐서 나가 버렸습니다. 엄지둥이는 은화를 계속 밖으로 던졌습니다. 드디어 있는 힘을 다해 마지막 은화를 날리면서 바람처럼 획 은화 위에 뛰어올라 창문으로 나왔습니다. 도둑들은 엄지둥이를 침이 마르게 칭찬했습니다.

"자넨 정말 대단한 영웅이야. 우리의 두목이 돼 줄 수 있겠나?"

엄지둥이는 고맙지만 먼저 세상을 구경하고 싶다고 했습니다. 도둑들은 훔친 돈을 나눴습니다. 하지만 엄지둥이는 동전 한 개만 달라고 했습니다. 더는 들 수가 없었으니까요.

엄지둥이는 다시 칼을 허리에 차고 도둑들과 작별 인사를 나눈 뒤 타박타박 길을 떠났습니다. 엄지둥이는 여러 재봉사 밑에서 일을 했지만, 일이 별로 마음에 들지 않았습니다. 그러다가 마침내 여관에서 하인으로 일하게 되었습니다. 하지만 엄지둥이는 하녀들에게 눈엣가시였습니다. 눈에 잘 보이지도 않는 녀석이 자기들이 몰래 하는 짓을 보고 있나가 접시에서 음식을 슬쩍했다느니, 지하실에서 뭔가를 꺼내 갔다느니 주인에게 다 일러바쳤기 때문입니다.

"두고 보자. 복수하고 말 테니."

하녀들은 이렇게 말하며 엄지둥이를 혼내 주려고 별렀습니다. 얼마 후 정원에서 풀을 베고 있던 하녀가 풀밭을 뛰어다니며 풀 위를 오르락내리락하는 엄지둥이를 보았습니다. 하녀는 얼른 풀을 뭉텅 엄지둥이와 함께 베어 커다란 보자기에 싸서 몰래 소들에 던져 주었습니다. 그랬더니 커다란 검정 소가 풀을 먹으며 엄지둥이를 꿀걱 삼켜 버렸습니다. 엄지둥이는 다치지는 않았지만 캄캄하고 불도 켜져 있지 않은 그곳이 영 마음에 들지 않았습니다. 엄지둥이는 사람들이 소 젖을 짜면 이렇게 소리쳤습니다.

"쪼르르, 쭈르르, 좌르르,
언제 양동이에 가득 차려나?"

하지만 젖 짜는 소리에 엄지둥이의 말은 들리지 않았습니다. 주인이 외양간에 들어와서 말했습니다.

"내일 이 소를 잡아야겠다."

엄지둥이는 겁이 덜컥 났습니다. 그래서 목청 높이 소리쳤습니다.

"나부터 꺼내 줘요. 안에 내가 있어요."

주인은 또렷하게 소리를 들었지만, 소리가 어디서 나는지 알 수가 없었습니다.

"어디 있지?"

엄지둥이가 대답했습니다.

"검은 데에[25]있어요."

그러나 주인은 무슨 소리인지 알아듣지 못하고 가 버렸습니다.

다음 날 아침 사람들은 소를 잡아 고기를 썰고 잘라 내고 했지만 엄지둥이는 다행히 다치지 않았습니다. 그런데 소시지 만들 고기 틈에 끼게 되었습니다. 정육사가 와서 일을 시작하자 엄지둥이는 있는 힘을 다해 소리쳤습니다.

"너무 다지지 말아요. 너무 다지지 말라고요. 밑에 내가 있어요."

하지만 탁탁 칼질하는 요란한 소리에 아무도 소리를 듣지 못했습니다. 불쌍한 엄지둥이, 정말 엄청난 위기였습니다. 하지만 궁하면 통하는 법, 엄지둥이는 내려치는 칼을 요리조리 번개처럼 피해 털끝만큼도 다치지 않았습니다. 하지만 거기서 빠져나올 수도 없었던 엄지둥이는 비계 덩이하고 같이 피소시지[26]속으로 꾸역꾸역 밀려들어 갈 수밖에 없었습니다. 안은 비좁았고, 게다가 굴뚝에 매달려 연기까지 쐬고 있어야 했습니다. 굴뚝에 매달린 채 하염없이 길고도 지루한 시간을 보내던 어느 겨울날, 드디어 엄지둥이는 굴뚝에서 내려졌습니다. 손님상에 내놓으려고 여관집 아주머니는 피소시지를 썰었습니다. 엄지둥이는 목이라도 잘릴까 봐 고개를 움츠리고 조심했습니다. 드디어 움직일 틈이 생기자 엄지둥이는 힘껏 뛰어나왔습니다.

이렇게 험한 꼴을 당하자 엄지둥이는 더는 그 집에 있고 싶지 않았습니다. 엄지둥이는 다시 여행길에 올랐습니다. 하지만 엄지둥이의 자유는 오래가지 않았습니다. 한적한 들판에서 여우와 딱 마주쳤고, 여우는 엄지둥이를 덥석 물었습니다. 엄지둥이가 소리쳤습니다.

---

25. 검정 소의 배 속이라는 뜻.
26. 블러드 소시지, 순대와 비슷함.

"아이고, 여우 아저씨. 저라고요. 아저씨 목에 걸렸잖아요. 날 풀어 줘요."

여우가 대답했습니다.

"맞아. 먹어 봤자 간에 기별도 안 갈 텐데. 아버지 농가에 있는 닭을 나한테 주렴. 그럼 풀어 줄게."

엄지둥이가 대답했습니다.

"맹세코 몽땅 다 줄게요."

여우는 엄지둥이를 다시 풀어 주고 등에 태워 직접 집까지 데려다 주었습니다. 사랑하는 아들을 다시 보자 아버지는 여우에게 집에 있는 닭들을 선뜻 다 내주었습니다. 그러자 엄지둥이가 말했습니다.

"대신 아버지 드리려고 예쁜 동전을 가져왔어요."

엄지둥이는 아버지에게 여행길에 얻은 동전을 건네며 이렇게 물었답니다.

"왜 불쌍한 꼬꼬 닭들을 여우에게 먹으라고 다 주신 거죠?"

"이런 바보, 아버지는 닭보다 아들을 훨씬 더 사랑하잖니."

◆46◆
피처의 새

옛날에 마법사가 있었습니다. 마법사는 가난뱅이처럼 꾸미고 이 집 저 집 구걸을 다니면서 예쁜 아가씨들을 잡아왔습니다. 아가씨들은 다시 돌아오지 않았기 때문에 어디로 끌려갔는지 아무도 몰랐습니다. 어느 날, 예쁜 딸 셋이 있는 집 앞에 마법사가 나타났습니다. 힘없고 불쌍한 거지의 모습을 하고 나타난 마법사는 광주리를 동냥자루처럼 등에 메고 있었습니다. 마법사가 먹을 것을 좀 달라고 하자 큰딸이 나와 빵 한 조각을 주었습니다. 마법사는 큰딸을 툭 건드렸습니다. 그러자 큰딸은 광주리 안으로 훌쩍 뛰어들어갔습니다. 마법사는 재빨리 자리를 떠나 쿵쿵 발을 구르며 큰딸을 어두컴컴한 숲 한가운데에 있는 집으로 데려 갔습니다. 집 안은 호화찬란했습니다. 마법사는 아가씨가 원하는 것을 다 주었습니다. 마법사가 말했습니다.

"예쁜 아가씨, 내 곁에 있으면 좋을 거야. 원하는 것은 뭐든지 다 있으니까."

며칠 후 마법사가 말했습니다.

"내가 여행을 떠나려고 한다. 잠시 너 혼자 있어야겠구나. 집 열쇠를 줄 테니 마음대로 돌아다니며 구경해도 좋다. 하지만 이 작은 열쇠로 열 수 있는 방은 절대로 열어선 안 돼. 내 말을 듣지 않으면 네 목이 달아날 것이다."

마법사는 아가씨에게 달걀 하나를 주며 말했습니다.

"이 달걀을 잘 간직해 둬라. 늘 가지고 다니는 것이 좋을 거다. 달걀을 잃어버리면 큰 불행이 닥칠 테니."

아가씨는 열쇠와 달걀을 받아 들고는 꼭 그러겠다고 약속했습니다. 마법사가 떠나자 아가씨는 밑에서부터 꼭대기까지 온 집 안을 돌아다니며 구경했습니다. 방은 온통 금은으로 장식되어 번쩍거렸습니다. 이렇게 화려한 방은 평생 본 적이 없었습니다. 드디어 아가씨는 열어보지 말라는 문 앞에 왔습니다. 그냥 지나치려 했지만 궁금해서 도저히 참을 수가 없었습니다. 열쇠를 살펴봤더니 다른 열쇠와 다를 게 없었습니다. 아가씨는 열쇠를 문에 꽂고 살짝 돌렸습니다. 덜컥 문이 열렸습니다. 그런데 방에 들어간 아가씨가 무엇을 보았는지 아십니까? 방 한가운데에는 피로 범벅이 된 기다란 대야가 놓여 있었고, 안에는 토막 난 시체들이 들어 있었습니다. 대야 옆 통나무 토막 위에는 번쩍거리는 손도끼가 놓여 있었습니다. 아가씨는 소스라치게 놀라 손에 들고 있던 달걀을 대야 안에 떨어트렸습니다. 아가씨는 달걀을 다시 꺼내 묻은 피를 닦았지만 아무 소용이 없었습니다. 아무리 닦고 문질러도 금세 또 나타나고, 핏자국은 사라지지 않았습니다.

얼마 후 마법사가 여행에서 돌아왔습니다. 마법사는 오자마자 대뜸 열쇠와 달걀부터 내놓으라고 했습니다. 아가씨는 벌벌 떨면서 마법사에게 달걀을 주었습니다. 붉은 핏자국을 본 마법사는 아가씨가 피의 방에 들어간 것을 단박 알아챘습니다. 마법사가 말했습니다.

"내 말을 어기고 그 방에 들어갔구나. 그러고 싶지는 않겠지만 다시 그 방으로 들어가거라. 이제 너는 끝장이다."

마법사는 아가씨를 바닥에 내동댕이쳤습니다. 그리고 머리채를 움켜잡고 질질 끌고 가서 통나무 토막 위에 아가씨의 머리를 올려놓고 내리쳤습니다. 마법사는 아가씨의 몸을 토막 내서 대야에 집어던졌습니다. 피가 바닥에 철철 흘렀습니다. 마법사가 말했습니다.

"이제 둘째 딸을 데려와야겠군."

마법사는 다시 불쌍한 사람의 모습을 하고 집 앞에 가서 구걸했습니다. 그러자 둘째 딸이 빵 한 조각을 가지고 나왔습니다. 큰딸에게 그랬듯이 마법사는 둘째 딸을 툭 건드려 잡아왔습니다. 둘째 딸도 언니와 다를 것이 없었습니다. 호기심을 참지 못하고 피의 방을 열어본 대가로 목숨을 잃었습니다. 마법사는 막내딸도 잡아왔습니다. 하지만 막내딸은 영리하고 꾀가 많았습니다. 마법사가 열쇠와 달걀을 주고 떠나자 막내딸은 먼저 달걀부터 잘 두었습니다. 막내딸은 집을 다 구경하고 나서 마지막으로 열어보지 말라는 방으로 갔습니다. 세상에, 정말 끔찍한 광경이었습니다! 사랑하는 언니들이 무참히 살해당해 토막토막 잘린 채 대야에 들어 있었습니다. 하지만 막내딸은 머리며 몸이며 팔다리를 찾아서 제 자리에 가지런히 놓았습니다. 그러자 토막들이 꿈틀거리더니 척척 달라붙었습니다. 언니들은 반짝 눈을 뜨면서 다시 살아났습니다. 모두 기뻐하며 서로 껴안고 입맞춤을 했습니다. 집에 돌아온 마법사는 막내딸에게 열쇠와 달걀부터 내놓으라고 했습니다. 그런데 핏자국이 보이지 않자 마법사가 말했습니다.

"시험에 통과했다. 너는 이제 나의 신부다."

하지만 마법사는 더 이상 막내딸을 다스릴 힘이 없었습니다. 그래서 막내딸이 하자는 대로 해야 했습니다. 막내딸이 말했습니다.

"자, 먼저 바구니에 금을 한가득 담아 등에 지고 아버지와 어머니에게 직접 갖다 드려요. 그동안 나는 결혼식을 준비하고 있을 테니."

막내딸은 작은 방에 숨어 있는 언니들에게 달려가 말했습니다.

"기회가 왔어요. 언니들을 구해 줄게요. 저 나쁜 녀석이 언니들을 업고 집에 갈 거예요. 집에 도착하면 곧 사람들을 보내 줘요."

막내딸은 언니들을 광주리에 앉히고 금으로 감쪽같이 덮었습니다. 그리고 마법사를 불러 말했습니다.

"이 광주리를 메고 떠나세요. 하지만 도중에 쉬면 안 돼요. 명심하세요. 창문으로 다 내다보고 있으니까."

마법사는 광주리를 등에 걸머지고 길을 떠났습니다. 하지만 광주리가 너무 무거워서 얼굴에 땀이 줄줄 흘러내렸습니다. 마법사는 쉬어 가려고 털썩 주저앉았습니다. 그러자 언니가 광주리에서 소리쳤습니다.

"쉬려고요? 창문으로 다 보인다니까요. 어서 빨리 가요!"

마법사는 신부가 소리치는 줄 알고 벌떡 일어나 다시 걸었습니다. 마법사가 다시 앉으려고 하자, 당장 또 소리가 들렸습니다.

"쉬려고요? 창문으로 다 보인다니까요. 어서 빨리 가요!"

걸음을 멈출 때마다 소리치는 바람에 마법사는 계속 걸었습니다. 마침내 마법사는 헉헉거리며 금과 아가씨들이 들어 있는 광주리를 집에 가져왔습니다.

마법사의 집에서 막내딸은 결혼식을 준비하고 마법사의 친구들을 초대했습니다. 막내딸은 이를 히죽 드러낸 해골에다 보석을 달고 화환을 씌웠습니다. 그리고 다락방으로 올라가 밖을 내다보는 것처럼 해골을 창문에 우뚝 세워 놓았습니다. 모든 준비가 끝나자 막내딸은 꿀통에 몸을 한 번 푹 담그고 나와 깃털 이불을 자르고 깃털 위에서 뒹굴었습니다. 그러니까 마치 이상하게 생긴 새 같아서 아무도 막내딸을 알아볼 수 없었습니다. 막내딸은 집을 나와 걸어가다가 결혼식에 오는 손님을 여럿 만났습니다. 손님들이 물었습니다.

"피쳐의 새야, 어디서 오니?"

"피체 피쳐 댁에서요."

"젊은 신부는 뭐 하고 있니?"

"온 집 안을 쓸고 닦고,

다락방 창문에서

밖을 내다보고 있어요."

마침내 막내딸은 어슬렁어슬렁 돌아오는 마법사와 마주쳤습니다. 마법사도 다른 손님들처럼 물었습니다.

"피쳐의 새야, 어디서 오니?"

"피체 피쳐 댁에서요."

"나의 젊은 신부는 뭐 하고 있니?"

"온 집 안을 쓸고 닦고,

다락방 창문에서

밖을 내다보고 있어요."

마법사가 위를 올려다보니 한껏 모양을 낸 해골이 있었습니다. 마법사는 해골이 신부인 줄 알고 고개 숙여 다정하게 인사했습니다. 마법사는 손님들하고 집에 들어갔습니다. 그때 막내딸을 구하려고 오빠와 친척들이 우르르 몰려와서 아무도 달아나지 못하게 문을 모두 잠그고 불을 질러 버렸습니다. 그래서 마법사와 그 패거리는 불에 타 죽고 말았답니다.

◆47◆

장화 신은 고양이

물방앗간 주인에게는 세 아들과 물방앗간과 당나귀와 고양이가 있었습니다. 아들들은 곡식을 빻았습니다. 당나귀는 곡식을 날라 오고 빻은 곡식 가루를 운반했습니다. 고양이는 쥐를 잡았습니다. 물방앗간 주인이 세상을 뜨자 세 아들은 재산을 나눴습니다. 큰아들은 물방앗간을 물려받고 둘째 아들은 당나귀를 물려받았습니다. 그런데 막내아들이 물려받은 것은 달랑 고양이뿐이었습니다. 막내아들은 못마땅해서 혼자 투덜거렸습니다.

"가장 쓸모없는 것을 얻었잖아. 큰형은 곡식을 빻을 수 있고 둘째 형은 당나귀를 탈 수 있어. 하지만 고양이를 가지고 뭘 하라고. 고양이 털로 기껏해야 털장갑이나 만들지. 그럼 끝이잖아."

그러자 고양이가 막내아들의 말을 알아듣고 말했습니다.

"잠깐만, 그깟 털장갑이나 만들려고 날 죽일 필요는 없어요. 나한테 장화를 만들어 주세요. 장화를 신고 밖에 나가 사람들한테 보여주면 주인님에게 도움이 될 거예요."

고양이가 하는 말에 방앗간 주인집 아들은 얼떨떨했습니다. 그런데 마침 구두장이가 지나가자 안으로 불러들였습니다. 구두장이는 발 치수를 재어 고양이에게 장화를 만들어 주었습니다. 고양이는 장화를 신고 자루를 가져와 곡식을 가득 담았습니다. 그리고 자루에 끈을 맨 뒤 등에 턱 걸머졌습니다. 고양이는 사람처럼 두 발로 걸어서 집을 나 갔습니다.

그 나라를 다스리는 왕은 자고새[27]를 즐겨 먹었습니다. 하지만 자고새를 잡기가 상당히 힘들었습니다. 숲은 사냥꾼들로 벅적거렸지만 자고새는 워낙 겁이 많아 쉽사리 잡히지 않았습니다. 그걸 아는 고양이는 더 좋은 방법이 있는지 궁리했습니다. 고양이는 숲으로 들어가서 자루를 열고 곡식을 흩어 놓았습니다. 그러고서 끈을 풀 사이에 길게 늘어놓으며 덤불 쪽으로 갔습니다. 고양이는 덤불 뒤에 숨어서 살금살금 주위를 돌아보며 가만히 기다렸습니다. 곧 자고새들이 종종거리며 왔습니다. 녀석들은 곡식을 보고 차례차례 자루 속으로 호로록 뛰어들었습니다. 자루가 차자 고양이는 끈을 휙 잡아당기고 얼른 달려가서 자고새들의 목을 비틀었습니다. 고양이는 자루를 등에 걸머지고 바로 왕의

---

27. 꿩과의 새.

성으로 갔습니다. 보초병이 소리쳤습니다.

"멈춰라! 어디 가느냐?"

고양이가 얼른 대답했습니다.

"임금님한테요."

"미쳤구나. 고양이가 감히 임금님에게 가겠다고?"

그러자 다른 보초병이 말했습니다.

"그냥 들여보내. 임금님이 가끔 따분해 하시잖아. 그르렁거리는 야옹 이를 보시고 재밌어하실지 몰라."

고양이는 왕 앞에 가서 정중하게 인사를 하고 말했습니다.

"저의 주인님이신 백작 아무개 경—길고 고상한 이름을 대면서—이 임금님께 문안드리며 올가미로 막 잡은 자고새를 보내셨습니다."

왕은 통통하고 먹음직스런 자고새들을 보고 눈이 휘둥그레져 기뻐 서 어쩔 줄을 몰랐습니다. 왕은 보물 창고에 있는 황금을 고양이가 짊 어질 수 있을 만큼 자루에 넣어주라고 명령했습니다.

"그대 주인에게 금을 갖다 주고 정말 고맙다고 전해라."

가난한 방앗간 집 아들은 턱을 괴고 창가에 앉아서 '호주머니를 탁 탁 털어 장화를 만들어 주었는데, 녀석이 그럴싸한 뭐라도 가져오려 나.' 하고 생각하고 있었습니다. 그때 고양이가 들어서며 등에 멘 자루 를 턱 내려놓았습니다. 고양이는 자루를 풀고 막내아들 앞에 금화를 좌르륵 쏟았습니다.

"이건 장화값이고요, 임금님이 정말 고맙다고 인사 전하래요."

막내아들은 무슨 일인지 영문은 몰랐지만, 어쨌든 부자가 되었으 니 기뻤습니다. 고양이는 장화를 벗으면서 그동안의 일을 다 이야기했 습니다.

"지금 이 정도로도 충분하지만, 더 가져올게요. 내일 다시 장화를 신고 너 근 부자로 만들어 줄게요. 임금님에게는 주인님이 백작이라고 말했어요."

다음날, 고양이는 말한 대로 다시 장화를 신고 사냥을 나가 자고새를 많이 잡아서 왕에게 바쳤습니다. 날마다 그렇게 했고 날마다 금화를 집에 가져왔습니다. 고양이가 마음에 쏙 들은 왕은 고양이가 마음대로 성을 드나들며 어디든 돌아다닐 수 있도록 허락했습니다. 어느 날 고양이는 성안의 부엌에서 화덕 옆에 앉아 몸을 녹이고 있었습니다. 마부가 부엌으로 들어와서 툴툴거리며 욕을 했습니다.

"이런 젠장, 염병할 것 같으니! 선술집에 가서 술 한 잔 걸치고 카드나 치려고 했는데. 임금님과 공주님이 호수로 산책하러 나간다니, 마차를 몰아야 하잖아."

마부의 소리를 들은 고양이는 슬그머니 집으로 가서 주인에게 말했습니다.

"돈 많은 백작이 되고 싶으면 나하고 호수로 가서 물속에 들어가 있어요."

막내아들은 어리둥절했지만 고양이를 따라갔습니다. 막내아들은 입은 옷을 모두 벗고 물속으로 뛰어들었습니다. 그러자 고양이는 옷가지를 챙겨 다른 곳에 숨겨 놓았습니다. 바로 그때 왕이 탄 마차가 다가왔습니다. 고양이는 얼른 가련한 목소리로 하소연을 늘어놓기 시작했습니다.

"아이고, 세상에! 자비로우신 임금님! 저의 주인인 백작께서 목욕하는데 도둑이 와서 물가에 벗어 놓은 옷을 다 훔쳐 갔어요. 그래서 물에서 나올 수가 없어요. 물속에 더 오래 있으면 감기에 걸려 죽을지도 몰라요."

고양이의 말을 듣고 왕은 마차를 세웠습니다. 왕은 부하 한 사람에게 얼른 말을 돌려 바람처럼 달려가 왕의 옷가지를 가져오라고 일렀습니다. 그래서 방앗간의 백작은 눈부시게 화려한 옷을 입게 되었습니다. 그렇지 않아도 왕은 자고새를 보낸 이가 막내아들인 줄 알고 있는 터라 막내아들을 마차에 오르게 했습니다. 공주도 기분이 나쁘지 않았습니다. 젊고 아름다운 막내아들이 마음에 쏙 들었으니까요.

마차보다 한발 앞서 달려간 고양이는 넓은 초지에 이르렀습니다. 초지에는 백여 명이 넘는 사람들이 건초 작업을 하고 있었습니다. 고양이가 물었습니다.

"여러분, 이 초지의 주인은 누구죠?"

"마법사가 주인이란다."

"곧 임금님이 여기를 지나가실 거예요. 임금님이 초지의 주인이 누구냐고 물으시면 백작님이라고 대답하세요. 안 그랬다간 모두 맞아 죽을 거예요."

고양이가 계속 걸어갔더니 곡식 밭이 나왔습니다. 밭은 아주 커서 눈에 확 띄었습니다. 밭에는 이백여 명이 넘는 사람들이 곡식을 베고 있었습니다.

"여러분, 이 밭의 주인은 누구죠?"

"마법사가 주인이란다."

"곧 임금님이 여기를 지나가실 거예요. 임금님이 밭 주인이 누구냐고 물으시면 백작님이라고 대답하세요. 안 그랬다간 모두 맞아 죽을 거예요."

마침내 고양이는 아름답고 울창한 숲에 이르렀습니다. 숲에는 삼백여 명이 넘는 사람들이 아름드리 떡갈나무를 베어 땔감을 만들고 있었습니다.

"여러분, 이 숲의 주인은 누구죠?"

"마법사가 주인이란다."

"곧 임금님이 여기를 지나가실 거예요. 이 숲의 주인이 누구냐고 물으시면 백작님이라고 대답하세요. 안 그랬다간 모두 맞아 죽을 거예요."

고양이는 계속 걸었습니다. 그런 고양이의 뒷모습을 사람들은 신기하고 두렵다는 듯 바라보았습니다. 고양이가 사람처럼 장화를 신고 걸어가니까요. 곧 고양이는 마법사의 성에 도착했습니다. 고양이는 거침없이 안으로 쑥 들어가 마법사에게 갔습니다. 마법사는 고양이를 힐긋 깔보듯이 쳐다보더니 왜 왔느냐고 물었습니다. 고양이는 정중히 인사하고 나서 말했습니다.

"다른 짐승으로 마음대로 변할 수 있다면서요? 개라든지 여우라든지 사자로 변할 수 있다는 것은 그럭저럭 믿겠어요. 하지만 코끼리로 변한다는 것은 도저히 믿을 수가 없어서 찾아왔어요. 내 눈으로 직접 확인해 보려고요."

마법사는 우쭐하며 말했습니다.

"그건 아무것도 아니지."

순간 마법사는 코끼리로 변했습니다.

"대단하네요. 그럼 사자는요?"

마법사가 대답했습니다.

"그것도 식은 죽 먹기지."

그러더니 사자로 변해 고양이 앞에 서 있었습니다. 고양이는 깜짝 놀라는 척하며 소리쳤습니다.

"와우, 믿을 수가 없어. 정말 대단해요. 꿈에도 생각하지 못했어요. 그런데 설마 생쥐같이 아주 조그만 동물로도 변할 수 있는 것은 아니겠죠? 만약 그렇다면 당신이 세상에서 최고죠. 그 어떤 마법사도 따라올 수 없을 거예요. 하지만 수준이 너무 높아서 어떨지 모르겠네요."

달콤한 말에 기분 좋은 마법사는 친절하게 말했습니다.

"오, 그럼. 그것도 할 수 있지, 고양이야."

마법사는 생쥐로 변해 쪼르르 방 안을 돌아다녔습니다. 그러자 고양이는 생쥐를 쫓아가 왈칵 달려들어 잡아먹었습니다.

왕은 막내아들하고 공주하고 함께 마차를 타고 오다가 큰 초지에 이르렀습니다. 왕이 물었습니다.

"이 건초의 주인은 누구냐?"

"백작님이요."

모두 고양이가 시킨 대로 입을 모아 대답했습니다. 왕이 말했습니다.

"허허, 백작께서 꽤 많은 땅을 가지셨구려."

다음에는 커다란 곡식 밭이 나왔습니다.

"여보게, 이 곡식의 주인은 누군가?"

"백작님이요."

"세상에, 백작, 정말 크고 넓소이다!"

그리고 숲이 나왔습니다.

"나무의 주인은 누구냐?"

"백작님이요."

더욱 놀란 왕은 말했습니다.

"백작께서는 굉장한 부자이신가 보오. 이렇게 아름답고 울창한 숲은 나한테도 없는 것 같은데."

마침내 마차는 마법사의 성에 도착했습니다. 마차가 서자 계단 위에 서 있던 고양이는 훌쩍 뛰어내려 마차 문을 열었습니다. 고양이가 말했습니다.

"임금님, 저의 주인이신 백작의 성을 찾아 주시니 참으로 분에 넘치는 평생의 영광입니다."

왕은 마차에서 내려와 으리으리한 성채를 바라보며 놀라움을 금치 못했습니다. 왕의 성보다 더 크고 아름다웠기 때문입니다. 막내아들은 공주를 데리고 계단을 올라 금과 보석이 어우러져 번쩍거리는 홀로 들어갔습니다.

그리하여 막내아들은 공주와 결혼을 했고, 왕이 세상을 뜨자 왕위에 올랐답니다. 장화 신은 고양이는 총리대신이 되었고요.

◆48◆
늙은 개 술탄

옛날 어떤 농부에게 술탄이라 불리는 충성스런 개가 있었습니다. 술탄은 나이가 들자 이가 몽땅 빠져 버려 잘 물지도 못했습니다. 어느 날, 농부는 아내하고 문 앞에 서서 말했습니다.

"내일 저 늙어빠진 술탄을 쏴 죽여야겠소. 더 쓸모가 없으니까."

아내는 충성스러운 개가 너무 불쌍해서 말했습니다.

"오랫동안 우리에게 충성을 다 했는데, 죽을 때까지 우리가 돌봐 줘야죠."

농부가 말했습니다.

"허 참, 바보 같은 소리 하지 마오. 입에 이빨 하나 없는 녀석을 무서 워하는 도둑이 어디 있다고. 이제 죽을 때가 된 거요. 우리에게 충성했 다지만 우리도 녀석을 잘 먹였잖소."

멀지 않은 곳에서 네 다리를 쭉 뻗고 햇볕을 쬐고 있던 불쌍한 술탄 은 부부의 말을 다 엿들었습니다. 술탄은 내일이 마지막이라는 소리에 슬펐습니다. 술탄에게는 친하게 지내는 늑대 친구가 있었습니다. 밤이 되자 술탄은 슬그머니 집을 나와 숲에 사는 늑대를 찾아가 신세타령을 늘어놓았습니다. 늑대가 말했습니다.

"기운 내, 친구야. 내가 도와줄게. 좋은 생각이 있거든. 내일 아침 일 찍 주인님이 마님하고 같이 건초를 베러 가잖아. 집에 아무도 없으니까 아기까지 데리고 말이야. 덤불 울타리 뒤쪽 그늘진 자리에 아기를 눕혀 놓고 일을 하니까, 너는 아기를 지키는 척하며 바짝 옆에 붙어 있으라 고. 그럼 내가 숲에서 뛰어나와 아이를 채어 갈게. 너는 아기를 도로 빼 앗으려는 척 열심히 내 뒤를 쫓아 와야 해. 그러다가 내가 아이를 떨어 트리면 부모에게 도로 데려가렴. 그러면 아기를 구했다고 너한테 정말 고마워할걸. 그런데 너를 어떻게 죽이겠니? 죽이기는커녕 아마 부족한 것 없이 잘 돌봐 줄 거야."

개는 늑대의 꾀가 마음에 들었습니다. 계획이 섰으니 실천에 들어갔 죠. 늑대가 들판에서 아기를 물고 달아나는 것을 보자 아버지는 비명 을 질렀습니다. 하지만 늙은 술탄이 아기를 도로 뺏어 왔고, 아버지는 술탄을 쓰다듬어 주며 말했습니다.

"털끝 하나 다치지 않게 하겠다. 죽을 때까지 평생 돌봐 주마."

농부는 아내에게 이렇게 말했습니다.

"얼른 집에 가서 고급 영양 죽을 끓여서 늙은 술탄에게 줘요. 쉽지 않아도 되니까. 술탄이 편히 잘 수 있도록 내 침대에서 베개도 갖다 놓고요."

그때부터 늙은 술탄은 더없이 편하게 지낼 수 있었습니다. 얼마 후 늑대가 찾아와서 성공했다고 기뻐했습니다.

"그런데 친구야. 내가 주인집에서 통통하게 살진 놈으로 양 한 마리쯤 슬쩍해도 눈감아 줄 거지? 요즘 먹고살기가 워낙 힘들어서 말이야."

술탄이 대답했습니다.

"그런 기대는 하지 마. 주인님에게 충성하는 내가 그런 짓 하게 내버려둘 순 없어."

하지만 늑대는 술탄이 그냥 하는 소리려니 생각했습니다. 밤이 되자 늑대는 양을 훔쳐 가려고 살금살금 농가에 찾아들었습니다. 하지만 충성스런 술탄에게서 이미 늑대의 계획을 귀띔받은 농부는 단단히 벼르고 있다가 도리깨로 늑대를 흠씬 두들겨 팼습니다. 늑대는 달아나면서 술탄을 향해 고래고래 소리를 질렀습니다.

"이 나쁜 놈아, 오늘 일은 꼭 갚아 주겠다."

다음 날 아침 늑대는 술탄과 맞서 보려고 멧돼지를 시켜 술탄을 숲으로 나오라고 했습니다. 그런데 늙은 술탄하고 함께 가 줄 친구는 다리가 세 개인 고양이밖에 없었습니다. 술탄은 고양이와 함께 숲으로 나갔습니다. 고양이는 절룩거리며 세 발로 걸어가다가 가엾게도 다리가 너무 아파서 꼬리를 바짝 치켜세웠습니다. 늑대와 멧돼지는 벌써 약속 장소에 와 있었습니다. 그런데 저쪽에서 오는 상대편이 마치 펜싱 검을 차고 오는 듯 보였습니다. 다름 아닌 바짝 치켜세운 고양이의 꼬리가 그렇게 보였던 것이죠. 게다가 불쌍한 고양이는 절룩절룩 세 발로 걸을 때마다 마치 돌멩이를 주워 던지려는 듯한 모양이었습니다. 늑대와 멧돼지는 겁이 덜컥 났습니다. 멧돼지는 나뭇잎 속으로 숨었고, 늑대는 나무 위로 후다닥 뛰어올랐습니다. 개와 고양이가 와서 보니 이상하게 아무도 보이지 않았습니다. 그런데 몸을 완전히 숨길 수 없었던 멧돼지의 귀가 나뭇잎 사이에 삐쭉 나와 있었습니다. 고양이가 조심스레 주변을 살피고 있는데, 멧돼지의 귀가 쫑긋거렸습니다. 고양이는 멧돼지의 귀를 꿈짝거리는 생쥐인 줄 알고 달려들어 덥석 물었습니다. 멧돼지는 꽥 소리를 지르며 벌떡 일어나더니 냅다 도망치며 외쳤습니다.

"진짜 범인은 나무 위에 있다니까."

개와 고양이가 고개를 들어 늑대를 쳐다보았습니다. 늑대는 겁쟁이처럼 굴었던 것이 부끄러웠지만, 아무튼 술탄하고 사이좋게 지내기로 하였답니다.

◆49◆
여섯 마리 백조

옛날 어느 넓은 숲에서 왕이 사냥을 하고 있었습니다. 왕이 어찌나 열심히 짐승을 쫓아가는지 하인들은 도저히 따라갈 수가 없었습니다. 날이 어둑어둑해지자 왕은 문득 발길을 멈추고 주위를 둘러보았습니다. 그제야 왕은 길을 잃은 것을 알아챘습니다. 나가는 길을 찾았지만 아무 데도 보이지 않았습니다. 그때 웬 늙은 할머니가 머리를 흔들흔들하며 다가왔습니다. 할머니는 마녀였습니다. 왕이 물었습니다.

"이보게, 숲에서 나가는 길을 가르쳐주겠나?"

마녀가 대답했습니다.

"예, 임금님. 가르쳐 드리죠. 제 청을 들어주시면요. 그렇지 않으면 영영 못 나가시고 굶어 돌아가실 기에요."

왕이 물었습니다.

"무슨 청이냐?"

마녀가 대답했습니다.

"저한테 딸이 있는데, 세상 그 어떤 아가씨보다도 예쁘답니다. 임금님의 신붓감으로도 전혀 손색이 없지요. 저의 딸을 왕비로 삼아 주세요. 그럼 길을 가르쳐 드리겠습니다."

왕은 은근히 겁이 나서 그러겠다고 약속했습니다. 그러자 마녀는 왕을 집으로 데려갔습니다. 불 옆에 앉아 있던 마녀의 딸은 기다렸다는 듯 왕을 맞이했습니다. 딸은 아주 예뻤지만 왕의 마음에는 들지 않았습니다. 아가씨를 볼 때마다 왠지 섬뜩한 기분이 들었습니다. 왕이 아가씨를 말에 태우자 마녀는 길을 가르쳐주었습니다. 왕은 다시 성으로 돌아와 아가씨와 결혼식을 올렸습니다. 그런데 왕에게는 첫 번째 결혼했던 왕비가 낳은 일곱 아이가 있었습니다. 아들 여섯과 딸이 하나였습니다. 왕은 아이들을 세상 무엇보다 사랑했습니다. 왕은 새엄마가 아이들을 구박하고 죽이려 들면 어떻게 할까 염려스러웠습니다. 그래서 아이들을 숲 한가운데에 있는 외딴 성으로 데려갔습니다. 숲 속 깊숙이 숨겨진 성이라 가는 길은 찾기가 정말 어려웠습니다. 그런데 지혜의 여인이 실 뭉치를 주었습니다. 만약 실 뭉치가 없었다면 왕도 길을 찾지 못했을 겁니다. 실 뭉치를 땅에 던지면 신기하게도 실이 저절로 술술 풀려나가면서 길을 가르쳐주었습니다. 왕이 사랑하는 아이들에게 가느라고 성을 자주 비우자 마침내 왕비가 눈치를 챘습니다. 왕비는 왕이 왜 혼자서 숲으로 들어가는지 몹시 궁금했습니다. 왕비가 돈을 듬뿍 주자 하인들은 비밀을 털어놓았습니다. 하인들은 실 뭉치가 있어야 길을 찾을 수 있다고 했습니다. 왕비는 실 뭉치를 찾아내려고 안달이었습니다. 그러다가 마침내 왕이 실 뭉치를 어디에 두는지 알아냈습니다. 마녀 어머니에게서 마법을 배운 왕비는 자그맣고 하얀 비단 셔츠를 바느질하면서 주문을 걸어 놓았습니다. 어느 날, 왕이 말을 타고 사냥을 나간 뒤 왕비는 셔츠들을 챙겨 숲으로 들어갔습니다. 실 뭉치가 가리키는 대로 따라갔습니다. 멀리서 누가 오자 아이들은 사랑하는 아버지가 오는 줄 알고 신나게 뛰어왔습니다. 왕비는 뛰어오는 아이들에게 셔츠를 하나씩 던졌습니다. 셔츠가 몸에 닿자마자 아이들은 백조로 변해 숲 넘어로 훨훨 날아가 버렸습니다. 왕비는 의붓자식들을 모두 없애 버렸다고 아주 좋아하면서 집으로 돌아왔습니다. 하지만 오빠들하고 같이 있지 않았던 딸아이에 대해서는 꿈에도 생각하지 못했습니다. 어느 날, 왕이 다시 아이들을 보러 찾아왔습니다. 그런데 소녀만 보이자 왕이 물었습니다.

"오빠들은 어디 있니?"

소녀가 대답했습니다.

"아, 아버지. 나만 혼자 두고 다 떠났어요."

소녀는 오빠들이 백조로 변해 훨훨 숲 넘어로 날아가는 것을 창문에서 보았다고 말했습니다. 소녀는 마당에서 주운 깃털들을 아버지에게 보여줬습니다. 백조들이 날아갈 때 떨어진 깃털이었습니다. 왕은 몹시 슬펐습니다. 하지만 왕비가 그런 못된 짓을 했으리라고는 생각하지 못했습니다. 달랑 하나 남은 딸마저 빼앗길까 싶어 두려웠던 왕은 소녀를 데려가려고 했습니다. 하지만 소녀는 새엄마가 무서웠습니다. 소녀는 왕에게 하룻밤만 더 숲의 성에서 있겠다고 했습니다. 소녀는 생각했습니다.

'더 이상 여기 있을 수가 없어. 오빠들을 찾아 떠나야지.'

마음을 다잡은 소녀는 밤이 되자 성을 빠져나와 숲으로 들어갔습니다. 소녀는 밤새 내내 걸었습니다. 다음날도 계속 걸었습니다. 하지만 너무 지쳐서 더는 걸을 수가 없었습니다. 그런데 오두막집이 보였습니다. 안으로 들어갔더니 자그마한 침대가 여섯 개 놓여 있었습니다. 하지만 소녀는 겁이 나서 침대 위에 누울 수가 없었습니다. 그래서 침대 밑으로 기어들어간 소녀는 딱딱한 바닥에 드러누워 하룻밤 자기로 했습니다. 해가 질 무렵, 여섯 마리 백조가 파드닥거리며 창문으로 날아들었습니다. 백조들은 바닥에 내려앉았더니 서로 훅훅 불어 주었습니다. 그러자 깃털들이 떨어져 나가고 허물이 셔츠처럼 벗어졌습니다. 그 광경을 지켜보던 소녀는 백조가 오빠들이라는 것을 알았습니다. 소녀는 기쁨에 넘쳐 침대 밑에서 기어 나왔습니다. 오빠들도 누이동생을 보고 몹시 기뻐했습니다. 하지만 기쁨은 오래가지 않았습니다. 오빠들은 말했습니다.

"여기 있으면 안 돼. 도둑이 사는 소굴이거든. 집에 돌아와서 너를 발견하면 바로 죽일 거야."

소녀가 물었습니다.

"오빠들이 날 지켜 주면 되잖아."

오빠들은 대답했습니다.

"그렇게 할 수가 없어. 매일 저녁 딱 십오 분씩만 허물이 벗어지면서 사람으로 돌아올 수 있다고. 시간이 지나면 다시 백조가 된단다."

누이동생은 훌쩍이며 물었습니다.

"그럼 풀려날 방법이 없어?"

오빠들이 대답했습니다.

"있지만 너무 어려워. 네가 육 년 동안 아무 말도 하지 말고 웃지도 말아야 해. 별꽃을 따서 우리에게 셔츠 여섯 벌도 짜 줘야 하고. 단 한 마디라도 말을 하면 모두 헛일이 된단다."

오빠들이 이야기하는 동안 벌써 십오 분이 훌쩍 지났습니다. 오빠들은 다시 백조로 변해 창밖으로 훨훨 날아갔습니다.

소녀는 생명을 바쳐서라도 오빠들을 구해 주기로 단단히 마음먹었습니다. 소녀는 오두막집을 나와 숲 속 한가운데로 들어가서 나무 위에 앉아 하룻밤을 지냈습니다. 다음 날 아침 소녀는 별꽃들을 모아 셔츠를 짜기 시작했습니다. 함께 이야기를 나눌 사람도 없었고, 웃을 기분도 아닌 터라 소녀는 그저 앉아서 일에만 열중했습니다. 그렇게 오랜 세월이 흘렀습니다. 어느 날, 왕이 숲으로 사냥을 나왔습니다. 사냥꾼들은 소녀가 앉아 있는 나무로 다가와 큰소리로 물었습니다.

"너는 누구냐?"

소녀는 대답하지 않았습니다. 사냥꾼들이 다시 말했습니다.

"내려오너라. 해치지 않을 테니까."

소녀는 고개만 가로저었습니다. 하지만 사냥꾼들이 성가시게 자꾸 묻자 소녀는 금목걸이를 던져 주었습니다. 그러면 물러가리라 생각한 것입니다. 하지만 사냥꾼들은 소녀를 가만히 내버려두지 않았습니다. 그러자 소녀는 허리띠를 던져 주었습니다. 그래도 소용이 없자 이번에는 양말대님을 던져 주었습니다. 마침내 입고 있던 옷을 하나씩 벗어 던져 주었더니 달랑 속옷밖에 남지 않았습니다. 그래도 사냥꾼들은 가지 않았습니다. 사냥꾼들은 나무 위로 올라와 소녀를 끌어내려 왕에게 데려갔습니다. 왕이 물었습니다.

"너는 누구냐? 나무 위에서 뭐하느냐?"

소녀는 대답하지 않았습니다. 왕은 할 줄 아는 여러 나라의 말로 물었지만 소녀는 물고기처럼 입을 꼭 다물고 있었습니다. 하지만 눈부시게 아름다운 소녀의 모습에 왕은 가슴을 설레며 깊은 사랑에 빠지고 말았습니다. 왕은 겉옷을 벗어 소녀에게 둘러 주고 소녀를 말에 태워 성으로 데려왔습니다. 예쁘고 화려한 옷으로 갈아입은 소녀는 환히 빛나는 해님 같았습니다. 소녀는 여전히 한마디 말도 하지 않았습니다. 왕은 식사할 때도 소녀를 옆에 앉게 했습니다. 왕은 겸손하고 반듯한 소녀가 마음에 쏙 들었습니다. 왕이 말했습니다.

"이 아가씨 외에 누구와도 결혼하지 않겠다."

며칠 후 왕은 소녀와 결혼식을 올렸습니다.

왕에게는 마음씨 고약한 어머니가 있었습니다. 왕의 결혼을 못마땅하게 여긴 어머니는 젊은 왕비를 헐뜯기 일쑤였습니다. 왕의 어머니가 말했습니다.

"말도 못하는 계집이 어디서 뭐 하다 왔는지 알게 뭐람. 왕비가 될 자격이 없어."

일 년 후 왕비는 첫아이를 낳았습니다. 그러자 왕의 어머니는 젊은 왕비가 자고 있는 동안 아기를 빼앗아 가면서 왕비의 입가에 피를 발라 놓았습니다. 그러고는 왕에게 가서 젊은 왕비는 사람 잡아먹는 여자라고 일렀습니다. 하지만 왕은 이 말을 믿지 않고 왕비를 해치는 자는 절대 용납하지 않을 것이라고 했습니다. 왕비는 여전히 한자리에 앉아 셔츠를 만들며 다른 일에는 신경을 쓰지 않았습니다. 왕비는 또 예쁜 사내아기를 낳았습니다. 그러자 교활한 시어머니는 왕에게 또 똑같은 거짓말을 일러바쳤습니다. 이번에도 왕은 어머니의 말을 믿을 수가 없었습니다.

"왕비는 정말 믿음이 깊고 착한 사람이에요. 그런 짓을 할 리가 없어요. 말만 할 수 있어도 자기를 변호할 수 있을 텐데. 죄가 없다는 것도 밝혀질 거고요."

시어머니는 왕비가 셋째 아이를 낳자 또 아이를 훔쳐 갔고, 젊은 왕비를 모함했습니다. 하지만 왕비는 변명 한마디 할 수가 없었습니다. 왕은 왕비를 재판에 넘길 수밖에 없었습니다. 결국, 왕비는 화형 선고를 받았습니다.

사형을 집행하는 날이 되었습니다. 그날은 왕비가 말하지 않고 웃지 않고 산 지 딱 육 년이 되는 마지막 날이었습니다. 마법에 걸린 오빠들을 구할 수 있는 날이었죠. 셔츠 여섯 벌은 거의 다 만들었습니다. 마지막 셔츠에 왼쪽 소매만 없었습니다. 왕비는 셔츠를 팔에 걸고 화형대로 끌려갔습니다. 화형대 위에 선 왕비는 장작더미에 불이 붙기 직전 주위를 둘러보았습니다. 바로 그때 백조 여섯 마리가 공중을 가르며 날아왔습니다. 왕비는 이제 살았다 싶어서 가슴이 기쁨으로 넘쳤습니다. 백조들은 파드닥거리며 왕비가 셔츠를 던져 줄 수 있도록 가까이 내려앉았습니다. 셔츠가 닿자마자 백조들은 허물을 싹 벗었습니다. 그러자 의젓하고 씩씩한 오빠들이 왕비의 눈앞에 생생하게 서 있었습니다. 막내 오빠만 왼팔 대신 백조의 날개를 등에 달고 있었습니다. 모두 서로 얼싸안고 입맞춤을 했습니다. 왕은 뭐가 뭔지 정신이 어리둥절했습니다. 왕비가 말을 하기 시작했습니다.

"사랑하는 임금님, 이제 말을 해도 되니까 다 밝히겠어요. 저는 죄가 없어요. 억울한 누명을 썼지요."

왕비는 왕의 어머니가 한 말은 다 거짓이었고 세 아이까지 빼앗아 숨겼다고 말했습니다. 아이들을 데려오자 왕은 기뻐서 어쩔 줄을 몰랐습니다. 고약한 시어머니는 화형대에 묶여 불에 타 죽었습니다. 그리고 왕과 왕비는 여섯 오빠와 함께 오래오래 평화롭고 행복하게 살았답니다.

◆50◆
가시 장미 공주

옛날에 어떤 왕과 왕비가 살았습니다. 왕과 왕비는 매일 이렇게 말했습니다.

"아, 아이가 있었으면!"

하지만 아이는 태어나지 않았습니다. 어느 날 왕비가 목욕하는데, 개구리가 물가로 기어 나와 말했습니다.

"왕비님의 소원이 이루어질 겁니다. 일 년이 지나기 전에 딸을 낳으실 거예요."

정말 개구리가 말한 대로 왕비는 딸을 낳았습니다. 딸은 아주 예뻤습니다. 왕은 무척 기뻐하며 성대한 잔치를 열었습니다. 왕은 친척이며 친구며 친지는 물론 지혜의 여인들도 잔치에 초대해서 아기에게 복을 빌어 주도록 했습니다. 나라에는 지혜의 여인이 열세 명 있었습니다. 하지만 음식을 대접할 황금 접시가 열두 개밖에 없어서 지혜의 여인 중 한 사람은 부득이 집에 남아야 했습니다. 잔치가 끝 나갈 무렵, 지혜의 여인들은 아이에게 축복의 선물을 주었습니다. 첫 번째 여인은 미덕을 선물했습니다. 두 번째 여인은 아름다움을 선물했습니다. 세 번째 여인은 부를 선물했습니다. 지혜의 여인들은 차례차례 세상의 온갖 복을 선물했습니다. 그런데 열한 번째 여인이 축복의 말을 마치자, 열세 번째 여인이 불쑥 홀 안으로 들어왔습니다. 잔치에 초대받지 못해서 앙갚음하러 온 것입니다. 여인은 인사도 하지 않고 주위를 쳐다보지도 않으며 큰 목소리로 소리쳤습니다.

"공주가 열다섯 살이 되면 물레 바늘에 찔려 죽으리라."

여인은 이 말만 던지고 홱 몸을 돌려 홀을 나갔습니다. 모두 깜짝 놀랐습니다. 그러자 열두 번째 여인이 마지막 축복의 선물을 주려고 앞으로 나왔습니다. 열두 번째 여인은 저주를 완전히 풀 수는 없었지만 약하게 할 수 있었습니다. 여인은 말했습니다.

"공주님은 죽지 않고 백 년 동안 깊은 잠에 빠지리라."

왕은 사랑하는 공주를 불행으로부터 지켜 주려고 온 나라의 물레를 모조리 불태워 없애라고 명령했습니다. 지혜의 여인들이 공주에게 준 축복의 선물은 다 이루어졌습니다. 공주는 예쁘고 예의 바르고 상냥하고 사려 깊은 아가씨로 자랐습니다. 누구든 공주를 보면 사랑하지 않을 수가 없었습니다. 그런데 공주가 열다섯 살이 되던 날, 일이 터졌습니다. 왕과 왕비는 없었고 성에는 공주 혼자 있었습니다. 공주는 성 안 곳곳을 맘껏 돌아다니며 이 방, 저 방을 구경하다가 마침내 오래된 탑에 오게 되었습니다. 좁다란 나선형 계단을 올라갔더니 작은 문이 나왔습니다. 공주가 자물쇠에 꽂혀 있는 녹슨 열쇠를 돌리자 덜컥 문이 열렸습니다. 작은 방에는 웬 할머니가 부지런히 물레를 돌리며 아마 실을 잣고 있었습니다. 공주가 물었습니다.

"안녕하세요, 할머니. 거기서 뭐 하세요?"

"실을 잣고 있단다."

할머니가 머리를 끄덕하며 대답했습니다. 공주가 물었습니다.

"재밌게 까딱거리는 건 뭐죠?"

공주도 실을 자아 보려고 물렛가락[28]을 집어 들었습니다. 하지만 물렛가락에 손을 대자마자 공주는 손가락을 찔렸습니다. 마법의 주문이 이루어진 것입니다.

따끔 하는 순간 공주는 침대 위에 푹 쓰러져 깊은 잠에 빠져들었습니다. 곧 성안 전체에 잠이 퍼져 나갔습니다. 방금 성에 돌아온 왕과 왕비도 홀에 들어서자마자 잠을 자기 시작했습니다. 모든 신하도 깊은 잠에 빠졌습니다. 마구간에 있던 말이며 마당에 있던 개며 지붕 위에 앉아 있던 비둘기며 벽에 붙어 있던 파리들까지 죄다 잠이 들었습니다. 또 날름거리던 화덕의 불길도 잦아들었고, 지글지글 구워지던 고기도 잠잠해졌습니다. 부엌에서 잘못을 저질렀다고 심부름하는 아이의 머리카락을 잡아당기던 요리사도 아이를 놓아주고 그대로 잠들었습니다. 바람도 잦아져 성 앞에 있는 나무는 이파리 하나 흔들리지 않았습니다.

그러자 성을 빙 둘러싸고 가시나무가 자라서 울타리를 쳤습니다. 해가 갈수록 가시넝쿨은 위로 쑥쑥 뻗어 가 마침내 성을 온통 덮어 버렸습니다. 가시넝쿨은 계속 자라서 성은 전혀 보이지 않게 되었습니다. 맨 꼭대기 지붕 위의 깃발도 보이지 않았습니다. 하지만 성에 아름다운 공주가 잠들어 있다는 이야기는 온 나라에 퍼져 나갔습니다. 사람들은 공주를 가시 장미 아이라고 불렀습니다. 이따금 왕자들이 와서 가시나무 울타리를 헤치고 성에 들어가려 했지만 들어갈 수가 없었습니다. 가시덤불에 손이 달린 것처럼 왕자들은 꼼짝없이 붙들려 오도 가도 못

---

28. 물레로 실을 자아낼 때, 실이 감기는 쇠꼬챙이.

하다가 결국 비참하게 죽어 갔습니다.

오래오래 세월이 흘렀습니다. 한 왕자가 이 나라에 왔다가 어떤 노인에게 가시나무 울타리 이야기를 들었습니다. 울타리 너머에 성이 있는데, 성에는 가시 장미 아이라고 불리는 아름다운 공주가 벌써 백 년째 잠들어 있다고 했습니다. 왕이며 왕비며 신하들도 모두 잠을 자고 있다는 것입니다. 노인은 또 할아버지에게 들었다며 많은 왕자가 와서 가시덤불을 뚫고 들어가려고 했지만 덤불 속에 갇혀 빠져나오지 못하고 슬픈 죽음을 맞이했다고 말했습니다. 젊은 왕자가 말했습니다.

"무섭지 않소. 가서 아름다운 가시나무 공주를 꼭 보리다."

마음씨 착한 노인은 왕자를 말렸지만 왕자는 노인의 말을 듣지 않았습니다.

그런데 바로 그날은 백 년이 지나고 가시 장미 공주가 잠에서 깨는 날이었습니다. 왕자는 가시나무 울타리로 다가갔습니다. 그러자 가득 피어 있던 크고 아름다운 꽃들이 저절로 길을 열어 주었습니다. 왕자가 무사히 지나가자 길은 금세 다시 닫혀 울타리가 되었습니다. 성의 마당에는 말과 얼룩무늬 사냥개들이 누워 자고 있었습니다. 지붕 위에는 비둘기들이 날갯죽지에 작은 머리를 파묻은 채 자고 있었습니다. 안으로 들어갔더니, 벽에 붙은 파리들도 자고 있었습니다. 부엌의 요리사는 심부름하는 아이를 잡으려는 듯 팔을 쭉 뻗은 채였고, 하녀는 닭 털을 뽑으려는 듯 까만 닭 앞에 앉아 있었습니다. 홀에 들어갔더니 신하들이 누워 지고 있었습니다. 왕과 왕비도 옥좌에 앉은 채로 잠들어 있었습니다. 왕자는 계속 갔습니다. 숨소리까지 들릴 정도로 사방은 조용했습니다. 마침내 왕자는 탑으로 가서 가시 장미 공주가 잠들어 있는 작은 방의 문을 열었습니다. 안에는 가시 장미 공주가 누워 있었습니다. 공주는 눈부시게 아름다웠습니다. 왕자는 눈을 떼지 못한 채 허리를 숙여 입을 맞췄습니다. 왕자의 입술이 닿자 가시 장미 공주가 눈을 반짝 떴습니다. 잠에서 깨어난 공주는 왕자를 다정하게 바라보았습니다. 왕자는 공주를 데리고 내려왔습니다. 왕도 잠에서 깨어났습니다. 왕비도 신하들도 모두 잠에서 깨어나 서로들 놀란 눈으로 바라보았습니다. 마당의 말도 벌떡 일어나 부르르 몸을 떨었습니다. 사냥개도 펄쩍펄쩍 뛰어오르며 꼬리를 흔들었습니다. 지붕 위의 비둘기도 날갯죽지에 파묻었던 머리를 들고 휘휘 주위를 둘러보더니 포르르 들판으로 날아갔습니다. 벽에 붙은 파리들도 다시 꼬물거렸습니다. 부엌의 화덕에 다시 불길이 일며 지글지글 고기가 구워지기 시작했습니다. 요리사는 심부름하는 아이의 뺨을 찰싹 갈겼고, 아이는 비명을 질렀습니다. 하녀는 닭 털을 마저 뽑았습니다. 왕자와 가시 장미 공주는 성대한 결혼식을 올렸습니다. 그리고 오래오래 아주 행복하게 살았답니다.

◆51◆
새가 주운 아이

옛날에 어떤 산지기가 사냥을 하러 숲으로 갔습니다. 숲에 들어서니 어디선가 울음소리가 들렸습니다. 어린아이의 울음소리 같았습니다. 소리가 나는 곳으로 갔더니 높다란 나무 위에 어린아이가 앉아 있었습니다. 아이 엄마가 아이를 품에 안고 나무 밑에서 깜빡 잠든 사이에 매가 쏜살같이 날아와 아이를 낚아채어 나무 꼭대기에 올려놓은 것입니다.

산지기는 나무에 올라가 아이를 데리고 내려왔습니다. 산지기는 '집으로 데려가서 어린 딸 렌헨[29]과 함께 키워야겠다.' 하고 생각했습니다. 산지기는 아이를 집으로 데려왔습니다. 두 아이는 함께 자랐습니다. 나무 위에서 발견된 아이는 새가 물어다 놓았다고 해서 새가 주운 아이라고 불렀습니다. 새가 주운 아이와 렌헨은 사이가 참 좋았습니다. 서로들 얼마나 좋아하는지 잠시라도 얼굴을 못 보면 슬퍼했으니까요.

산지기 집에는 늙은 요리사 아주머니가 있었습니다. 어느 날 저녁 아주머니는 물동이 두 개를 들고 물을 길어 오기 시작했습니다. 그런데 한 번이 아니라 여러 차례 우물로 들락날락했습니다. 렌헨이 그것을 보고 물었습니다.

"잔네 아주머니, 뭘 하려고 그렇게 물을 많이 길어 와요?"

"아무한테도 말하지 않겠다고 하면 말해 주지."

렌헨이 입도 벙긋하지 않겠다고 하자 요리사 아주머니는 말했습니다.

"내일 아침 주인아저씨가 사냥하러 가면 솥에 물을 펄펄 끓여서 새가 주운 아이를 집어넣고 푹푹 삶아 먹을 거란다."

다음 날 아침 산지기는 일찌감치 일어나서 사냥을 나갔고, 아이들은 침대에 누워 있었습니다. 렌헨은 새가 주운 아이에게 말했습니다.

---

29. 작은 레네라는 뜻의 애칭.

"날 떠나지 마. 나도 떠나지 않을게."

새가 주운 아이는 말했습니다.

"절대로 안 떠날 거야."

그러자 렌헨이 말했습니다.

"그럼 말할게. 어제저녁에 잔네 아주머니가 물을 많이 길어 오더라고. 왜 그러느냐고 물어봤더니 아무한테도 말하지 말래. 그럼 말해 주겠다고. 입도 벙긋하지 않겠다고 했지. 그랬더니 아침 일찍 아버지가 사냥을 나가시면 물을 한 솥 가득 끓여서 너를 집어넣고 푹푹 삶아 먹겠다는 거야. 어서 일어나서 옷을 입어. 얼른 달아나자."

아이들은 벌떡 일어나 후다닥 옷을 입고 달아났습니다. 물이 펄펄 끓자 요리사 아주머니는 아이들이 자고 있는 방으로 왔습니다. 새가 주운 아이를 데려와 끓는 물에 집어넣으려는 것입니다. 하지만 방으로 들어와 침대로 갔더니 아이들은 벌써 달아나고 없었습니다. 아주머니는 덜컥 겁이 나서 중얼거렸습니다.

"산지기 주인이 집에 돌아와 아이들이 없어진 것을 알면 뭐라고 말하지? 빨리 쫓아가서 아이들을 잡아와야겠다."

요리사 아주머니는 하인 셋을 불러 빨리 달려가 아이들을 잡아오라고 했습니다. 숲 어귀에 앉아 있던 아이들은 멀리 하인들이 달려오는 것을 보았습니다. 렌헨은 새가 주운 아이에게 말했습니다.

"날 떠나지 마. 나도 떠나지 않을게."

새가 주운 아이는 말했습니다.

"절대로 안 떠날 거야."

그러자 렌헨이 말했습니다.

"그럼 장미나무로 변하렴. 나는 장미꽃이 될 테니."

하인들은 숲 어귀에 도착했습니다. 그런데 장미꽃이 한 송이 피어 있는 장미나무밖에 없었습니다. 아이들은 온데간데없었습니다. 하인들이 말했습니다.

"아이들이 여기 없네."

하인들은 집으로 돌아와 장미 한 송이 피어 있는 장미나무밖에는 보지 못했다고 말했습니다. 그러자 요리사 아주머니는 버럭 호통을 쳤습니다.

"이런 멍청이들 같으니라고. 나무는 베어 버리고 장미꽃은 꺾어 왔어야지. 냉큼 달려가지 못해?"

하인들은 다시 가서 아이들을 찾아야 했습니다. 아이들은 멀리서 하인들이 오는 것을 보았습니다. 렌헨은 말했습니다.

"새가 주운 아이야. 날 떠나지 마. 나도 떠나지 않을게."

"절대로 안 떠날 거야."

"그럼 교회로 변하렴. 나는 십자가가 될 테니."

하인들이 왔더니 교회와 십자가밖에 없었습니다. 하인들은 말했습니다.

"여기서 뭘 하겠어. 집에 가자."

하인들이 집으로 돌아오자 요리사 아주머니는 아이들을 찾았느냐고 물었습니다. 하인들은 교회와 십자가밖에 없었다고 대답했습니다. 아주머니는 또 호통을 쳤습니다.

"이런 멍청이들. 교회를 부숴 버리고 십자가는 가져왔어야지."

이번에는 요리사 아주머니가 하인 셋을 데리고 직접 아이들을 찾아 나섰습니다. 아이들은 하인들과 뒤뚱거리며 따라오는 요리사 아주머니를 보았습니다. 렌헨은 말했습니다.

"새가 주운 아이야. 날 떠나지 마. 나도 떠나지 않을게."

새가 주운 아이는 대답했습니다.

"절대로 안 떠날 거야."

렌헨은 다시 말했습니다.

"그럼 못으로 변하렴. 난 오리가 되어 둥둥 떠 있을 테니."

마침내 요리사 아주머니가 와서 못을 보았습니다. 아주머니는 납작 엎드리더니 다 마셔 버릴 듯 벌컥벌컥 물을 들이켜기 시작했습니다. 그러자 오리가 재빠르게 헤엄쳐 와서 아주머니의 머리를 물어 당겼습니다. 늙은 마녀는 풍덩 물에 빠져 죽고, 아이들은 신이 나서 다시 집으로 돌아왔답니다. 죽지 않았다면 어딘가에서 잘살고 있을 거예요.

◆52◆
지빠귀부리 왕

옛날에 딸 하나를 둔 왕이 살았습니다. 공주는 더없이 아름다웠습니다. 하지만 어찌나 거만하고 콧대가 높은지 마음에 드는 구혼자가 하나도 없었습니다. 공주는 구혼자들에게 줄줄이 퇴짜를 놓았습니다. 게다가 짓궂게 놀리기까지 했습니다. 어느 날, 왕은 큰 잔치를 열고 가까운 곳, 먼 곳 할 것 없이 공주와 결혼하고 싶어 하는 젊은이들을 다 초대했습니다. 구혼자들은 지위와 신분에 따라 줄지어 늘어섰습니다. 맨 앞에 왕들이 섰습니다. 그다음에는 공작들 후작들 백작들 남작들 순서로 섰고 맨 뒤에 귀족 남자들이 섰습니다. 공주는 구혼자들을 차례차례 둘러보았습니다. 그런데 하나같이 트집을 잡았습니다. 구혼자가 뚱뚱하면 공주는 말했습니다.

"포도주 통이시네!"

다음 구혼자는 키가 컸습니다.

"휘청 걸음 키다리시네!"

세 번째 구혼자는 키가 작았습니다.

"작고 뚱뚱하니 밥통 같으시네!"

네 번째 구혼자는 얼굴이 해쓱했습니다.

"창백한 저승사자군!"

다섯 번째 구혼자는 얼굴이 불그스레했습니다.

"볏 붉은 수탉이시네!"

여섯 번째 구혼자는 다리가 휘었습니다.

"난롯불에 말라비틀어진 생나무 같으시네!"

그렇게 공주는 구혼자마다 타박을 놓았습니다.

공주는 특히 맨 앞에 서 있는 착한 왕을 놀려댔습니다. 왕은 턱이 좀 휘어 있었습니다. 공주는 깔깔거리며 소리쳤습니다.

"어머나, 턱이 꼭 지빠귀부리 같잖아."

그때부터 그 왕은 지빠귀부리로 불렸습니다. 늙은 왕은 거기 모인 구혼자마다 비웃고 놀려대며 다 싫다고 하는 공주를 보자 단단히 화가 났습니다. 그래서 왕은 성문 앞에 맨 처음 나타나 구걸하는 거지에게 공주를 주어 버리겠다고 다짐했습니다.

며칠 후, 한 떠돌이 악사가 돈을 구걸하며 창문 밑에서 노래를 부르기 시작했습니다. 왕이 노랫소리를 듣고 말했습니다.

"저자를 올라오라고 해라."

더러운 누더기를 걸친 떠돌이 악사는 성안으로 들어와 왕과 공주

앞에서 노래를 불렀습니다. 노래를 마치자 악사는 한 푼만 달라고 했습니다. 왕이 말했습니다.

"노래가 정말 마음에 든다. 내 딸을 아내로 주겠다."

공주는 기겁했지만, 왕은 이렇게 말했습니다.

"맨 처음 찾아온 거지에게 널 주겠다고 했거늘, 그 맹세를 지켜야겠다."

아무리 싫다고 해도 소용이 없었습니다. 신부님이 불려 왔습니다. 공주는 떠돌이 악사와 바로 결혼식을 올릴 수밖에 없었습니다. 결혼식이 끝나자 왕이 말했습니다.

"너는 이제 거지의 아내다. 어울리지 않게 성에 더 있을 수가 없다. 남편하고 어서 떠나거라."

떠돌이 악사는 공주의 손을 잡고 성을 나왔습니다. 공주는 남편하고 같이 터벅터벅 걸을 수밖에 없었습니다.

커다란 숲에 이르자 공주가 물었습니다.

"아, 이 아름다운 숲은 누구 건가요?"

"지빠귀부리 왕의 것이라오.

남편으로 삼았으면 당신 것이 됐을 텐데."

"아아, 불쌍한 어린 아가씨야,

지빠귀부리 왕을 남편으로 삼을걸!"

얼마 후 초원을 지나가자 공주가 또 물었습니다.

"이 아름다운 푸른 초원은 누구 건가요?"

"지빠귀부리 왕의 것이라오.

남편으로 삼았으면 당신 것이 됐을 텐데."
"아아, 불쌍한 어린 아가씨야,
지빠귀부리 왕을 남편으로 삼을걸!"

큰 도시를 지나가자 공주가 또 물었습니다.

"이 아름답고 커다란 도시는 누구 건가요?"
"지빠귀부리 왕의 것이라오.
남편으로 삼았으면 당신 것이 됐을 텐데."
"아아, 불쌍한 어린 아가씨야,
지빠귀부리 왕을 남편으로 삼을걸!"
그러자 떠돌이 악사가 한마디 던졌습니다.
"영 기분이 좋지 않네. 자꾸 다른 남자 타령만 해대니까. 내가 그토록 못마땅하단 말이오?"
이윽고 악사와 공주는 자그만 오두막집에 이르렀습니다. 공주가 말했습니다.

"어머나 세상에, 무슨 집이 이렇게 작담!
이 초라하고 작은 집은 누구 건가요?"

떠돌이 악사가 대답했습니다.
"우리가 같이 살 당신과 나의 집이오."
공주는 몸을 잔뜩 구부리고 야트막한 문으로 들어갔습니다. 공주가 물었습니다.

"하인들은 어디 있어요?"

거지 남편이 내뱉했습니다.

"하인이라니! 할 일이 있으면 당신이 직접 알아서 해요. 너무 피곤하니까 어서 불을 피우고 물을 올려줘요. 밥을 해줘야지요."

하지만 공주는 불을 지필 줄도, 요리할 줄도 몰랐습니다. 거지 남편은 끙끙거리며 일일이 거들어 줘야만 했습니다. 두 사람은 초라한 식사를 마치고 잠자리에 들었습니다. 다음 날 아침, 남편은 꼭두새벽부터 공주를 들들 깨워 집안일을 시켰습니다. 그렇게 며칠을 그럭저럭 살았습니다. 그런데 먹을 것이 떨어졌습니다. 그러자 남편이 말했습니다.

"여보, 한 푼도 안 벌면서 먹기만 하니, 계속 이렇게 살 수는 없소. 당신이 바구니를 짜 보구려."

남편은 밖에 나가서 버들가지를 꺾어 왔습니다. 공주는 바구니를 짜기 시작했습니다. 하지만 거친 버들가지에 찔려 공주의 고운 손이 상처투성이가 되었습니다. 남편이 말했습니다.

"안 되겠군. 차라리 실을 자아 보오. 그건 좀 더 잘하겠지."

공주는 앉아서 실을 자으려고 했습니다. 하지만 뻣뻣한 실에 베여 여린 손가락에서 피가 흘러내렸습니다. 남편이 말했습니다.

"도대체 할 줄 아는 게 있어야지. 당신 같은 사람을 데려온 내가 잘못이오. 그럼 어디 항아리와 오지그릇 장사를 해봅시다. 당신이 시장에 앉아 항아리를 팔아 봐요."

공주는 생각했습니다.

'어쩌면 좋지, 아버지 나라 사람들이 시장에 왔다가 물건을 팔고 앉아 있는 나를 보면 얼마나 비웃을까!'

하지만 굶어 죽지 않으려면 어쩔 수가 없었습니다. 처음에는 장사가 잘 되었습니다. 예쁜 부인을 보고 손님들은 그릇을 척척 사 갔습니다. 공주가 부르는 대로 돈을 냈습니다. 돈만 내놓고 오지그릇은 두고 가는 사람들도 많았습니다. 그렇게 번 돈으로 두 사람은 한동안 먹고살 수 있었습니다. 남편은 다시 새 그릇을 잔뜩 들여왔습니다. 공주는 시장 한 모퉁이에 앉아 그릇을 벌여 놓고 팔았습니다. 그런데 갑자기 술 취한 기마병이 쏜살같이 달려와 곧장 항아리 한가운데로 뛰어들었습니다. 그릇은 죄다 산산조각이 나 버렸습니다. 겁에 질린 공주는 어찌해야 좋을지 몰라 훌쩍거렸습니다.

"아, 어쩌면 좋아! 남편이 뭐라고 할까!"

아내는 집으로 달려와 어떤 불행한 일을 당했는지 말했습니다. 그러자 남편이 말했습니다.

"오지그릇을 시장 모퉁이에 벌여 놓고 앉아 있는 사람이 어디 있어요! 그만 울어요. 제대로 된 일은 할 줄 아는 게 있어야지. 그러지 않아도 성에 들어가서 부엌에서 일하는 하녀가 필요하지 않으냐고 물어봤어요. 그랬더니 당신을 쓰겠다며 밥은 먹여 준다고 하더라고요."

그렇게 부엌 하녀가 된 공주는 요리사를 거들며 허드렛일을 도맡아 했습니다. 그리고 양쪽 주머니 속에 작은 단지를 넣어 두고, 남은 음식을 나눠 받으면 단지에 담아 집으로 가져왔습니다. 그렇게 두 사람은 끼니를 이어갔습니다. 어느 날, 왕의 큰아들이 결혼식을 올렸습니다. 불쌍한 공주는 연회장으로 올라가 문 앞에서 서성이며 안을 들여다보았습니다. 불이 환히 켜지고 우아하게 차려입은 손님들이 하나, 둘 들어왔습니다. 모든 것이 다 이루 말할 수 없이 황홀했습니다. 공주는 자신의 엇나간 운명을 생각했습니다. 굴욕스럽고 비참한 가난 속으로 굴러떨어진 것은 교만했던 탓이라고 가슴 아프게 후회했습니다. 맛있는 음식들을 들여오고 내가자 기막힌 냄새가 공주의 코를 찔렀습니다. 공주는 하인들이 어쩌나가 던져 준 음식 쪼가리를 집에 가져가려고 단지에 담았습니다. 그때 화려한 비단옷에 금목걸이를 두른 왕자가 불쑥 들어왔습니다. 왕자는 문가에 서 있는 아름다운 아가씨를 보자 단박에 손을 잡고 춤을 추려고 했습니다. 공주는 화들짝 놀라며 왕자의 손을 뿌리쳤습니다. 왕자는 공주한테 청혼했다가 톡톡히 망신을 당한 지빠귀부리 왕이었습니다. 왕자는 거듭 뿌리치는 공주를 홀 안으로 끌고 들어갔습니다. 그런데 그때 주머니 끈이 툭 풀어지면서 단지들이 바닥에 떨어졌습니다. 수프가 쏟아지고 음식이 사방으로 튀었습니다. 그것을 보자 사람들은 와르르 웃음을 터뜨리며 손가락질을 했습니다. 공주는 너무나 창피해서 땅속으로 꺼져버리고 싶었습니다. 공주는 연회장을 뛰쳐나와 달아났습니다. 하지만 어떤 남자가 계단까지 따라와 공주를 붙잡았습니다. 공주가 쳐다보니 또 지빠귀부리 왕이었습니다. 지빠귀부리 왕은 다정하게 말했습니다.

"두려워하지 말아요. 초라한 오두막집에서 당신하고 같이 살던 떠돌이 악사가 바로 나요. 당신을 사랑하기에 변장했던 거예요. 말을 타고 달려와 항아리를 산산조각 낸 기마병도 나였어요. 이게 다 당신의 콧대를 꺾고 나를 조롱한 교만한 마음을 벌주려고 벌인 일이었다오."

공주는 흐느끼면서 말했습니다.

"제가 정말 못되게 굴었어요. 저는 당신의 아내가 될 자격이 없어요."

그러자 지빠귀부리 왕이 말했습니다.

"불행한 날은 다 지나갔어요. 너무 마음에 담아 두지 말아요. 이제 우리의 결혼을 축하합시다."

그러자 시녀들이 와서 공주에게 눈부시게 아름다운 옷을 입혀 주었습니다. 공주의 아버지도 왔습니다. 대신들도 다 와서 지빠귀부리 왕과 공주의 결혼을 축하해 주었습니다. 그때부터 진짜 흥겨운 잔치가 시작되었답니다. 여러분과 나도 그 자리에 있었으면, 아 얼마나 좋았겠어요!

◆53◆

백설공주

옛날, 눈송이가 깃털처럼 펄펄 내리는 한겨울이었습니다. 왕비는 까만 흑단 나무 창틀이 달린 창문 앞에 앉아 바느질하고 있었습니다. 왕비는 바느질하며 내리는 눈을 바라보다가 그만 바늘에 손가락을 찔렸습니다. 똑, 똑, 똑 세 방울의 붉은 피가 눈 위에 떨어졌습니다. 새하얀 눈에 아롱진 빨간 피가 어찌나 아름다운지 왕비는 속으로 생각했습니다.

'눈처럼 희고, 피처럼 붉고, 흑단처럼 까만 아이가 있다면!'

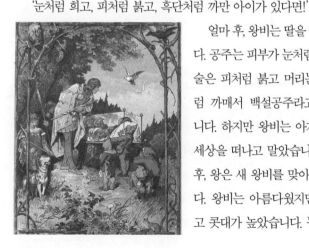

얼마 후, 왕비는 딸을 낳았습니다. 공주는 피부가 눈처럼 희고 입술은 피처럼 붉고 머리는 흑단처럼 까매서 백설공주라고 불렸습니다. 하지만 왕비는 아기를 낳고 세상을 떠나고 말았습니다. 일 년 후, 왕은 새 왕비를 맞아들였습니다. 왕비는 아름다웠지만 거만하고 콧대가 높았습니다. 누가 자기보다 예쁘면 참지를 못했습니다. 왕비는 신기한 거울을 갖고 있었습니다. 왕비는 거울을 들여다보며 이렇게 물었습니다.

"거울아, 벽에 걸린 거울아,
이 나라에서 누가 제일 예쁘니?"

거울이 대답했습니다.

"왕비님, 왕비님이 제일 예뻐요."

그럼 왕비는 뿌듯했습니다. 거울이 진실을 말한다는 것을 잘 알고 있었으니까요.
백설공주는 무럭무럭 자라면서 점점 더 예뻐졌습니다. 일곱 살이 되자 백설공주는 눈 부신 햇살처럼 아름다웠습니다. 왕비보다 훨씬 예뻤습니다. 어느 날, 왕비가 거울에 물었습니다.

"거울아, 벽에 걸린 거울아,
이 나라에서 누가 제일 예쁘니?"

"왕비님, 왕비님이 여기서 가장 예쁘세요.
하지만 백설공주가 백배 천배 더 예쁘답니다."

깜짝 놀란 왕비는 샘이 나서 얼굴이 붉으락푸르락했습니다. 그때부터 백설공주를 보면 너무 미워서 속이 뒤집혔습니다. 질투심과 오만함

이 가슴속에 잡초처럼 쑥쑥 자라나서 왕비는 밤이고 낮이고 잠시도 마음이 편하지 않았습니다. 마침내 왕비는 사냥꾼을 불러 말했습니다.

"아이를 숲으로 데려가라. 더는 눈 뜨고 볼 수가 없으니 죽여서 허파와 간을 증거로 가져오라."

사냥꾼은 왕비가 시키는 대로 백설공주를 숲으로 데리고 갔습니다. 사냥 칼을 꺼내 순결한 백설공주의 가슴을 찌르려고 했습니다. 그러자 백설공주가 눈물을 흘리며 말했습니다.

"사냥꾼 아저씨, 제발 살려주세요. 숲 속 깊이 들어가서 다시는 돌아오지 않을게요."

사냥꾼은 아름다운 공주가 불쌍했습니다. 사냥꾼이 말했습니다.

"불쌍한 것, 어서 가거라."

사냥꾼은 공주가 사나운 짐승에게 금세 잡아먹힐 거로 생각했습니다. 하지만 자기 손으로 죽이지 않아도 되니까 무거운 돌멩이를 내려놓은 듯 마음이 홀가분했습니다. 그때 멧돼지 새끼가 달려왔습니다. 사냥꾼은 멧돼지를 칼로 찔러 죽인 다음 허파와 간을 꺼내 왕비에게 가져갔습니다. 요리사는 허파와 간에 소금을 쳐서 요리했습니다. 왕비는 그것을 다 먹어 치웠습니다. 왕비는 백설공주의 허파와 간을 먹은 줄로만 알았습니다.

아무도 없는 깊은 숲 속에 혼자 남은 불쌍한 백설공주는 무서웠습니다. 무성한 나뭇잎들을 바라보며 어찌해야 좋을지 막막했습니다. 백설공주는 걷기 시작했습니다. 뾰족한 바위들을 타 넘고 가시덤불을 헤치며 걸었습니다. 사나운 짐승들이 곁을 스쳐 지나갈 때도 있었지만 공주를 해치지는 않았습니다. 백설공주는 발 나가는 대로 계속 걸었습니다. 어느덧 날이 어둑어둑 저물었습니다. 그때 자그마한 오두막집이 보였습니다. 백설공주는 쉬고 싶어서 집 안으로 들어갔습니다. 집 안에 있는 모든 것은 앙증맞게 작았지만, 이루 말할 수 없이 우아하고 깔끔했습니다. 하얀 식탁보가 깔려 있는 식탁에는 작은 접시 일곱 개가 놓여 있었습니다. 접시마다 작은 숟가락과 작은 나이프와 작은 포크와 작은 컵이 가지런히 놓여 있었습니다. 벽 쪽에는 작은 침대가 일곱 개 나란히 놓여 있었는데, 침대마다 눈처럼 하얀 시트가 씌워져 있었습니다. 백설공주는 배가 고프고 목이 말랐습니다. 그래서 각 접시에서 채소를 조금씩 덜어 먹었습니다. 빵도 조금씩 떼어먹고, 포도주도 일곱 개의 컵에서 한 방울씩 마셨습니다. 누구 한 사람 것만 다 뺏어 먹고 싶지 않아서였습니다. 먹고 나니까 몸이 나른해져서 백설공주는 침대에 누웠습니다. 그런데 크기가 맞는 침대가 없었습니다. 이 침대는 너무 길고 저 침대는 너무 짧았습니다. 그런데 일곱 번째 침대가 딱 맞았습니다. 백설공주는 일곱 번째 침대에 누워 모든 것을 하나님에게 맡기고 잠이 들었습니다.

날이 완전히 어두워지자 오두막집의 주인들이 돌아왔습니다. 오두막집 주인은 산에서 광석을 캐는 일곱 난쟁이였습니다. 난쟁이들은 일곱 개의 촛불을 켰습니다. 방 안이 환해지자 난쟁이들은 누군가 집 안에 들었다는 것을 알아챘습니다. 모든 것이 아침에 나갈 때와는 달랐기 때문입니다. 첫 번째 난쟁이가 말했습니다.

"누가 내 의자에 앉았지?"

두 번째 난쟁이가 말했습니다.

"누가 내 접시에서 먹었지?"

세 번째 난쟁이가 말했습니다.

"누가 내 빵을 먹었지?"

네 번째 난쟁이가 말했습니다.

"누가 내 채소를 먹었지?"

다섯 번째 난쟁이가 말했습니다.

"누가 내 포크를 썼지?"

여섯 번째 난쟁이가 말했습니다.

"누가 내 나이프를 썼지?"

일곱 번째 난쟁이가 말했습니다.

"누가 내 컵으로 마셨지?"

첫 번째 난쟁이가 방 안을 휘휘 둘러보다가 침대가 옴폭하니까 말했습니다.

"누가 내 침대에 누웠었지?"

그러자 다른 난쟁이들도 달려와 소리쳤습니다.

"내 침대에도 누가 누웠었나 봐."

일곱 번째 난쟁이도 침대를 들여다보았습니다. 그런데 백설공주가 침대에 누워 자고 있으니까 다른 난쟁이들을 소리쳐 불렀습니다. 그러자 모두 우르르 달려와서 깜짝 놀라며 비명을 질렀습니다. 저마다 촛불을 가져와 백설공주를 요리조리 비춰 보았습니다.

"오, 세상에! 오, 세상에! 어쩜 이렇게 예쁠까!"

난쟁이들은 너무 좋아서 공주를 깨우지 않고 그냥 자도록 내버려두었습니다. 일곱 번째 난쟁이는 친구들 침대에서 돌아가며 한 시간씩 같이 잤습니다. 그러자 어느새 날이 밝았습니다.

다음 날 아침, 백설공주는 일어나서 일곱 난쟁이를 보고 깜짝 놀랐습니다. 난쟁이들은 다정하게 물었습니다.

"이름이 뭐예요?"

백설공주가 대답했습니다.

"백설공주예요."

난쟁이들이 또 물었습니다.

"어떻게 우리 집에 왔지요?"

백설공주는 새엄마가 자기를 죽이려고 했지만 사냥꾼이 살려줬고, 하루 종일 걷다가 오두막집을 보고 왔다고 말했습니다. 그러자 난쟁이들이 말했습니다.

"집안 살림을 맡아 주면 우리하고 같이 살아도 좋아요. 요리도 하고 침대도 정돈하고 빨래도 하고요. 바느질과 뜨개질도 하면서 깔끔하게 청소해 주면 부족한 것 없이 잘해줄게요."

백설공주가 대답했습니다.

"좋아요. 그렇게 할게요."

그래서 백설공주는 집안일을 하며 일곱 난쟁이 집에서 살게 되었습니다. 난쟁이들은 매일 아침 산에 가서 광석과 금을 캤고, 저녁이 되면 돌아왔습니다. 그러면 백설공주는 식사를 차려 줬습니다. 하지만 낮에는 백설공주 혼자 집에 있어서 마음 착한 난쟁이들은 단단히 일렀습니다.

"새엄마를 조심해요. 여기 있다는 것을 금세 알게 될 거예요. 집 안에 아무도 들이면 안 돼요."

백설공주의 허파와 간을 먹은 줄로만 알고 있던 왕비는 자기가 나라에서 가장 아름답다고 생각했습니다. 왕비는 거울 앞에 가서 물었습니다.

"거울아, 벽에 걸린 거울아,

이 나라에서 누가 제일 예쁘니?"

거울이 대답했습니다.

"왕비님, 왕비님이 여기서 가장 예쁘세요.

하지만 저 산 너머

일곱 난쟁이와 같이 사는 백설공주가

왕비님보다 백배 천배 더 예쁘답니다."

왕비는 깜짝 놀랐습니다. 거울이 거짓말을 하지 않는 것을 잘 아니까요. 왕비는 사냥꾼이 자기를 속였고, 백설공주가 아직 살아 있다는 것을 알아차렸습니다. 왕비는 어떻게 하면 백설공주를 죽일 수 있을까 이리저리 방법을 궁리했습니다. 자기가 나라에서 가장 예쁜 사람이 아니라니, 샘이 나서 살 수가 없었습니다. 드디어 좋은 방법이 생각난 왕비는 아무도 알아볼 수 없게 얼굴에 칠을 하고 방물장수 할머니처럼 꾸몄습니다. 그런 차림으로 왕비는 일곱 개의 산을 넘어 일곱 난쟁이의 집을 찾아갔습니다. 왕비는 문을 두드리며 소리쳤습니다.

"좋은 물건 사세요!"

백설공주가 창문을 내다보며 말했습니다.

"안녕하세요, 할머니, 뭘 파시는데요?"

할머니가 대답했습니다.

"예쁘고 좋은 물건이에요. 허리띠인데 색색으로 다 있어요."

할머니는 알록달록한 비단으로 짠 허리띠 하나를 꺼내 보였습니다. 백설공주는 '좋은 할머니 같으니까 들어오게 해도 괜찮을 거야.' 하고 생각했습니다. 백설공주는 문을 열고 예쁜 허리띠를 샀습니다. 할머니가 말했습니다.

"어쩜, 예쁘기도 해라! 이리와 봐요, 내가 잘 매 줄게요."

백설공주는 아무 의심 없이 할머니에게 가서 허리띠를 매달라고 했습니다. 할머니는 재빨리 허리띠를 바짝 조여 맸습니다. 백설공주는 그만 숨이 턱 막혀 바닥에 쓰러지고 말았습니다. 할머니가 말했습니다.

"제일 예쁘다고? 아니 제일 예뻤지."

할머니는 부랴부랴 난쟁이들의 집을 빠져나왔습니다.

얼마 후 저녁이 되어 일곱 난쟁이들이 집으로 돌아왔습니다. 난쟁이들은 사랑하는 백설공주가 땅에 쓰러져 있는 것을 보고 기절할 듯 놀랐습니다. 난쟁이들은 죽은 듯 꼼짝도 하지 않는 백설공주를 안아 올렸습니다. 그런데 허리띠가 너무 조여져 있었습니다. 난쟁이들은 허리띠를 싹둑 잘랐습니다. 그러자 백설공주는 가는 숨을 뱉어내며 차차 살아났습니다. 난쟁이들은 무슨 일이 있었는지 다 듣고 나서 말했습니다.

"방물장수 할머니는 바로 못된 왕비였어요! 조심해요. 우리가 없을 때는 절대 아무도 집에 들어오지 못하게 해요."

못된 왕비는 집에 돌아오자 거울 앞에 가서 물었습니다.

"거울아, 벽에 걸린 거울아,
이 나라에서 누가 제일 예쁘니?"

그러자 거울이 대답했습니다.

"왕비님, 왕비님이 여기서 가장 예쁘세요.
하지만 저 산 너머

일곱 난쟁이와 같이 사는 백설공주가
왕비님보다 백배 천배 더 예쁘답니다."

그 말을 듣자 왕비는 너무 놀라서 온몸의 피가 거꾸로 솟는 것 같았습니다. 백설공주가 살아났다는 소리니까요. 왕비가 말했습니다.

"두고 보자, 널 없애 버리고 말 테니까. 방법이 있을 거야."

왕비는 재주껏 마법을 써서 독이 묻은 머리빗을 만들었습니다. 그리고 다른 할머니로 변장하고 일곱 개의 산을 넘어 일곱 난쟁이의 집을 찾아갔습니다. 왕비는 문을 두드리며 소리쳤습니다.

"좋은 물건 사세요!"

백설공주가 내다보며 말했습니다.

"그냥 가세요. 집에 아무도 들이지 말랬어요."

할머니가 말했습니다.

"구경하는 것은 괜찮을 거예요."

할머니는 독이 묻은 머리빗을 꺼내 높이 들었습니다. 백설공주는 머리빗이 마음에 무척 들었습니다. 그래서 할머니의 꾐에 홀딱 넘어가 문을 열어 주었습니다. 흥정이 끝나자 할머니가 말했습니다.

"내가 예쁘게 빗겨 줄게요."

불쌍한 백설공주는 아무 생각 없이 할머니가 하자는 대로 했습니다. 하지만 빗이 머리에 닿자마자 독이 퍼져 백설공주는 정신을 잃고 쓰러졌습니다.

"미의 화신아, 너도 이제는 끝이다."

나쁜 왕비는 이렇게 말하고 가 버렸습니다. 다행히도 곧 저녁이 되어 일곱 난쟁이들이 집으로 돌아왔습니다. 죽은 것처럼 땅에 쓰러져 있는 백설공주를 보고 난쟁이들은 바로 새엄마를 의심했습니다. 난쟁이들은 이리저리 살펴나가 독이 묻은 머리빗을 발견했습니다. 머리에서 빗을 빼자 백설공주는 다시 정신을 차리고 무슨 일이 있었는지 말했습니다. 난쟁이들은 아무한테나 문을 열어 줘서는 안 되니까 조심하라고 다시 한 번 일렀습니다.

왕비는 집으로 돌아오자 다시 거울 앞에 서서 물었습니다.

"거울아, 벽에 걸린 거울아,
이 나라에서 누가 제일 예쁘니?"

그러자 거울이 예전과 똑같이 대답했습니다.

"왕비님, 왕비님이 여기서 가장 예쁘세요.
하지만 저 산 너머
일곱 난쟁이와 같이 사는 백설공주가
왕비님보다 백배 천배 더 예쁘답니다."

왕비는 거울이 하는 말을 듣고 화가 치밀어 펄펄 뛰고 부들부들 떨었습니다. 왕비는 소리쳤습니다.

"목숨을 잃더라도 백설공주를 죽이고 말 테다."

왕비는 아무도 오지 않는 골방으로 가서 독이 든 사과를 만들었습니다. 겉으로 보면 반은 하얗고 반은 빨간 탐스러운 사과였습니다. 보기만 해도 저절로 군침이 돌았습니다. 하지만 한 입이라도 먹으면 그 자리에서 죽는 사과였습니다. 왕비는 사과를 다 만든 다음 얼굴에 칠을 해서 시골 아낙네로 꾸미고는 일곱 개의 산을 넘어 일곱 난쟁이들 집을 찾아갔습니다. 왕비가 문을 두드리자 백설공주는 창문으로 머리를 내밀고 말했습니다.

"일곱 난쟁이가 절대 아무도 들이지 말라고 했어요."

시골 아낙네가 말했습니다.

"상관없어요. 사과를 다 팔아 치우려는데, 하나는 그냥 줄게요."

백설공주가 대답했습니다.

"아니에요. 받으면 안 돼요."

시골 아낙네가 말했습니다.

"독이라도 묻었을까 봐요? 그럼 잘 봐요, 사과를 이렇게 반으로 자를게요. 빨간 쪽은 아가씨가 먹어요. 내가 하얀 쪽을 먹을 테니."

하지만 교묘하게 만들어진 사과는 빨간 쪽에만 독이 들어 있었습니다. 백설공주는 탐스러운 사과가 너무나 먹고 싶었습니다. 시골 아낙네가 먹는 것을 보자 참을 수가 없었습니다. 백설공주는 손을 내밀어 독이 든 사과 반쪽을 받아 들었습니다. 하지만 한 입 깨물자마자 백설공주는 그대로 쓰러져 죽고 말았습니다. 섬뜩한 눈길로 지켜보던 왕비는 깔깔거리며 말했습니다.

"눈처럼 희고 피처럼 붉고 흑단처럼 까맣다고! 이번에는 난쟁이들도 살려낼 수 없을 게다."

집으로 돌아온 왕비는 거울에 물었습니다.

"거울아, 벽에 걸린 거울아,

이 나라에서 누가 제일 예쁘니?"

거울이 대답했습니다.

"왕비님, 왕비님이 이 나라에서 가장 예쁘세요."

그제야 샘 많은 왕비는 어느 정도 마음이 편해졌습니다.

저녁이 되어 집에 돌아온 난쟁이들은 바닥에 쓰러져 있는 백설공주를 발견했습니다. 하지만 죽은 듯 입에서 숨소리 하나 새어 나오지 않았습니다. 난쟁이들은 백설공주를 안아 일으켜 혹시 독이 든 물건이 없나 살펴보았습니다. 허리띠도 풀어 주고 머리도 빗겨 보고 물과 포도주로 닦아주었지만, 다 소용없었습니다. 사랑스러운 공주는 죽었고 다시 살아나지 않았습니다. 일곱 난쟁이들은 백설공주를 관대 위에 눕히고 곁에 앉아서 펑펑 울었습니다. 사흘 내내 슬피 울었습니다. 난쟁이들은 백설공주를 땅에 묻으려고 했습니다. 그런데 백설공주는 마치 살아 있는 사람처럼 뺨이 발그레한 게 생생한 모습이었습니다. 난쟁이들이 말했습니다.

"깜깜한 땅속에 묻을 수 없어."

난쟁이들은 어디서나 환히 들여다보이는 투명한 유리관을 만들었습니다. 유리관에 공주를 눕히고 관 위에 금색 글씨로 이름을 쓰고, '공주님'이라고 썼습니다. 난쟁이들은 유리관을 산꼭대기로 옮겨 놓고 늘 한 사람이 관을 지켰습니다. 그러자 짐승들도 찾아와 백설공주를 그리워하며 울었습니다. 맨 처음에 올빼미가 왔고, 그다음에 까마귀가 왔고, 마지막으로 비둘기가 왔습니다.

백설공주는 아주 오랜 세월 관속에 누워 있었습니다. 하지만 몸이 썩지 않았고 마치 잠자듯이 누워 있었습니다. 백설공주는 여전히 눈처럼 희고 피처럼 붉고 머리는 목단처럼 까맸습니다. 어느 날, 왕자가 숲으로 들어왔다가 하룻밤 묵어가려고 난쟁이들 집으로 찾아왔습니다.

왕자는 산꼭대기에서 아름다운 백설공주가 누워 있는 유리관을 보았습니다. 왕자는 금색 글씨로 쓰여 있는 이름을 읽고 나서 말했습니다.

"유리관을 다오. 무엇이든 원하는 대로 다 주겠다."

하지만 난쟁이들은 말했습니다.

"세상의 금을 다 준다고 해도 안 됩니다."

그러자 왕자가 말했습니다.

"그럼 선물로 다오. 백설공주를 보지 않고는 살 수 없을 것 같구나. 사랑하는 사람처럼 아끼고 귀하게 받들겠다."

왕자가 이렇게 말하자 마음 착한 난쟁이들은 불쌍한 마음이 들어 유리관을 내주었습니다. 왕자는 시종들에게 유리관을 어깨에 메도록 했습니다. 그런데 시종들이 덤불을 타 넘다가 비틀거렸습니다. 그러자 유리관이 흔들리면서 백설공주의 목에서 사과 조각이 툭 튀어나왔습니다. 백설공주는 눈을 반짝 뜨고 관 뚜껑을 열고 몸을 일으켰습니다. 다시 살아난 것입니다. 백설공주가 소리쳤습니다.

"어머나 세상에, 여기가 어디죠?"

"내 곁에 있어요."

왕자는 기쁨에 넘쳐 무슨 일이 있었는지 말했습니다.

"이 세상 그 누구보다도 난 공주를 사랑해요. 나와 함께 성으로 가서 아내가 되어 주세요."

백설공주는 왕자가 좋았습니다. 그래서 왕자와 함께 성으로 갔습니다. 백설공주와 왕자는 결혼식을 올렸는데, 정말 찬란하고 아름다운 결혼식이었습니다.

백설공주의 못된 새엄마도 결혼 잔치에 초대를 받았습니다. 새엄마는 아름다운 옷으로 차려입고 거울 앞에 가서 물었습니다.

"거울아, 벽에 걸린 거울아,

이 나라에서 누가 제일 예쁘니?"

거울이 대답했습니다.

"왕비님, 왕비님이 여기서 가장 예쁘세요.

하지만 젊은 왕비님이 백배 천배 더 예쁘답니다."

그러자 못된 왕비는 저주를 퍼부었습니다. 무섭고 불안해서 어쩔 줄 몰랐습니다. 왕비는 처음에는 아예 결혼식에 가지 않겠다고 했지만, 마음이 편치 않았습니다. 그래서 잔치에 가서 젊은 왕비를 봐야겠다고 생각했습니다. 연회장에 들어서자 왕비는 백설공주를 단박에 알아보고 가슴이 철렁 내려앉았습니다. 왕비는 무서워서 발이 얼어붙은 듯 꼼짝도 할 수 없었습니다. 사람들이 벌겋게 숯불 위에서 달군 쇠 신발을 불집게로 집어서 새엄마 앞에 갖다 놓았습니다. 새엄마는 벌겋게 단 쇠 신발을 신고 땅바닥에 쓰러져 죽을 때까지 춤을 춰야 했답니다.

◆54◆
배낭과 모자와 뿔피리

옛날에 삼 형제가 살았습니다. 그런데 점점 가난해지더니 마침내 먹을 것이 똑 떨어져 쫄쫄 굶게 되었습니다. 그러자 삼 형제가 말했습니다.

"이대로는 살 수가 없어. 세상으로 나가 행운을 찾아보자."

그래서 삼 형제는 길을 떠났습니다. 숲을 지나고 들판을 수없이 지나며 먼 길을 걸었지만 행운은 찾아오지 않았습니다. 어느 날, 삼 형제는 커다란 숲으로 들어갔습니다. 그런데 숲 속 한가운데에 산이 우뚝 솟아 있었습니다. 가까이 가서 봤더니 산은 온통 은으로 덮여 있었습니다. 큰형이 말했습니다.

"내가 찾던 행운이 여기 있네. 더 큰 행운은 바라지 않아."

큰형은 은을 짊어질 수 있을 만큼 챙겨서 다시 집으로 돌아갔습니다. 하지만 동생들은 말했습니다.

"그깟 은보다는 더 큰 행운을 잡을 거야."

동생들은 은에 손도 대지 않고 계속 걸었습니다. 며칠을 걸어갔더니 산이 나왔는데, 이번에는 산이 온통 금으로 덮여 있었습니다. 둘째가 우뚝 서서 어떻게 하면 좋을지 곰곰 생각했습니다. 둘째가 말했습니다.

"어떻게 하지? 평생 충분할 만큼 금을 가지고 갈까, 아니면 더 가 볼까?"

마침내 둘째는 마음을 정하고 금을 주머니에 잔뜩 넣었습니다. 둘째는 막내에게 작별 인사를 하고 집으로 돌아갔습니다. 막내가 말했습니다.

"그깟 은과 금이 뭐라고. 이대로 그만두고 싶지는 않다고. 더 나은 행운이 날 기다리고 있을지도 모르잖아."

막내는 계속 걸어갔습니다. 사흘을 꼬박 걸었더니 숲이 나왔습니다. 숲은 먼젓번 숲보다 훨씬 더 컸고 끝이 보이지 않았습니다. 그런데 먹고 마실 것이 없어서 거의 죽을 지경이었습니다. 막내는 숲이 어디쯤에서 끝나는지 보려고 높다란 나무 위로 올라갔습니다. 하지만 눈 닿는 곳 어디나 나무 꼭대기만 보였습니다. 다시 나무에서 내려오는데 배가 너무 고파서 '한 번 배부르게 먹을 수 있으면' 하고 생각했습니다. 그런데 내려왔더니 놀랍게도 나무 밑에 식탁 하나가 떡하니 놓여 있었습니다. 맛있는 음식들이 냄새를 솔솔 풍기며 한 상 가득 차려져 있었습니다. 막내가 말했습니다.

"소원이 때맞춰 이루어졌네."

누가 요리해서 갖다 놓은 음식인지 생각할 겨를도 없이 막내는 냉큼 식탁으로 가서 배가 부를 때까지 게걸스레 먹었습니다. 식사를 마치자 막내는 고운 식탁보를 숲 속에 버려두고 가기가 아깝다는 생각이 들었습니다. 그래서 식탁보를 착착 접어 배낭에 넣었습니다. 막내는 계속 걸었습니다. 저녁이 되자 다시 배가 고팠습니다. 막내는 식탁보를 시험해 보고 싶어서 활짝 펴놓고 말했습니다.

"맛있는 음식을 한 상 차려라."

막내가 소원을 말하자마자 최고 맛있는 음식이 담긴 그릇들이 상이 휘어지도록 놓였습니다. 막내가 말했습니다.

"알겠다. 네가 요리하는 부엌이구나. 은이나 금으로 된 산보다 훨씬 좋은데."

막내는 식탁보가 요술 식탁보인 줄 알아차렸습니다. 하지만 식탁보를 가졌으니까 집에 돌아가서 조용히 지낼 막내가 아니었습니다. 막내는 계속 이곳저곳 세상을 돌아다니며 더 나은 행운을 찾고 싶었습니다. 어느 날 저녁, 막내는 외진 숲 속에서 온통 검댕 칠을 한 숯쟁이를 만났습니다. 숯쟁이는 숯불을 피워 놓고 감자를 구워 먹으려던 참이었습니다. 막내가 말했습니다.

"안녕하세요, 개똥지빠귀 아저씨.[30] 외로우실 텐데 어떻게 지내세요?"

숯쟁이가 대답했습니다.

"날마다 똑같다오. 저녁은 늘 감자고. 이리 와서 같이 먹지 않겠소?"

막내가 말했습니다.

"고마워요. 하지만 불청객이 음식을 축내서야 하겠어요. 괜찮으시다면 제가 당신을 초대하고 싶은데요."

숯쟁이가 물었습니다.

"그럼 요리는 누가 하고? 보아하니 가진 것도 없고, 그렇다고 두어 시간 거리 내에서 뭘 갖다 줄 사람도 없을 텐데."

막내가 대답했습니다.

"어쨌든 요리가 나와요. 기막히게 맛있어요. 아마 평생 처음 먹어볼 걸요."

막내는 배낭에서 식탁보를 꺼내 땅 위에 펼쳐 놓고 말했습니다.

"식탁보야, 상 차려라."

그러자 삶은 고기하며 구운 고기하며 방금 부엌에서 내온 듯 따끈 따끈한 음식들이 놓여 있었습니다. 눈이 휘둥그레진 숯쟁이는 냉큼 손을 뻗쳐 검댕이 묻은 입에 음식을 덥석덥석 집어넣었습니다. 식사를 마치자 숯쟁이는 히죽 웃으며 말했습니다.

"거 참 마음에 드는 식탁보구려. 숲 속에 사는 나 같은 사람한테는 딱 좋을 것 같소. 요리사는 구경도 못 하니까. 이렇게 하면 어떻겠소? 저쪽 구석에 군인 배낭이 걸려 있잖소? 낡았고 볼품은 없지만 신기한 힘을 지녔다오. 나한텐 더 이상 필요 없으니까 식탁보와 바꿉시다."

---

30. 검정 깃털을 지닌 새.

막내가 말했습니다.

"먼서 신기한 힘이 무엇인지 알아야죠."

숯쟁이가 대답했습니다.

"말해 주리다. 배낭을 톡톡 두드리면 병장이 무장한 부하 여섯 명을 거느리고 나타나서 무슨 명령이든 따를 것이오."

막내가 말했습니다.

"뭐, 정 그러고 싶으시다면 바꿉시다."

막내는 숯쟁이에게 식탁보를 주었습니다. 그리고 고리에 걸려 있는 배낭을 내려 어깨에 둘러멘 뒤 작별 인사를 했습니다. 막내는 얼마를 걸어가다가 배낭의 신기한 힘을 시험해 보고 싶었습니다. 막내가 배낭을 톡톡 두드리자 일곱 명의 용사들이 불쑥 눈앞에 나타났습니다. 병장이 물었습니다.

"주인님, 무엇을 원하십니까?"

"빨리 행군하라. 숯쟁이한테 가서 요술 식탁보를 다시 가져오너라."

용사들은 척 좌로 돌더니 당장 숯쟁이한테 가서 다짜고짜 식탁보를 빼앗아 갖다 놓았습니다. 막내는 병사들에게 물러가라고 이르고 계속 발길을 재촉했습니다. 더욱 찬란한 행운을 희망하면서요. 날이 어둑어둑해지자 이번에는 다른 숯쟁이를 만났습니다. 숯쟁이는 불 위에 음식을 올려놓고 저녁 식사를 준비하고 있었습니다. 얼굴에 검댕이 칠을 한 숯쟁이가 물었습니다.

"같이 드시겠소? 감자에 버터는 바르지 않았지만 소금은 쳤다오. 자, 여기 와서 앉구려."

막내가 말했습니다.

"아니에요. 제가 음식을 대접할게요."

막내가 식탁보를 펴놓자 최고 맛있는 요리들이 한 상 가득 차려졌습니다. 두 사람은 기분 좋게 같이 먹고 마셨습니다. 식사를 마치자 숯쟁이가 말했습니다.

"선반 위에 낡은 헌 모자가 하나 있소. 신기한 힘이 있는 모자라오. 머리에 쓰고 한 번 쓱 돌리면 기다란 대포들이 나타나 엄청나게 쏘아 댄다오. 마치 대포 열두 대를 동시에 쏘는 것 같아서 당해 낼 이가 아무도 없어요. 나는 필요 없으니까 식탁보와 바꿉시다."

막내가 대답했습니다.

"좋아요."

막내는 모자를 받아 머리에 쓰고 식탁보를 남겨 두고 떠났습니다. 막내는 얼마쯤 걸어가다가 배낭을 톡톡 두드려 병사들에게 식탁보를 가져오라고 명령했습니다. 막내는 생각했습니다.

'행운이 계속 찾아오네. 내 행운은 아직 끝나지 않은 모양이야.'

괜한 생각은 아니었습니다. 막내는 하루를 꼬박 걸은 뒤 세 번째 숯쟁이를 만났습니다. 세 번째 숯쟁이도 버터를 바르지 않은 감자를 권해왔습니다. 이번에도 막내는 숯쟁이하고 같이 요술 식탁보가 차려 낸 음식을 먹었습니다. 숯쟁이는 아주 맛있게 먹고 나서 식탁보와 바꾸자며 뿔피리를 내어놓았습니다. 뿔피리는 모자와는 또 다른 엄청난 힘을 지니고 있었습니다. 뿔피리를 불면 담벼락과 요새들이 와르르 무너져 내리고 나중에는 도시들과 마을들까지 죄다 무너졌습니다. 뿔피리를 받은 막내는 숯쟁이에게 식탁보를 주었지만 나중에 병사들을 보내 다시찾아왔습니다. 그렇게 막내는 배낭과 모자와 뿔피리를 다 갖게 되었습니다. 막내가 말했습니다.

"이제 난 성공했어. 집에 갈 때가 된 것 같군. 형들이 어떻게 사는지 봐야겠다."

막내는 집으로 돌아왔습니다. 형들은 은과 금으로 아름다운 집을 지어 놓고 흥청망청 살고 있었습니다. 반쯤 해져 너덜거리는 옷에 초라한 모자를 쓴 채 헌 배낭을 둘러메고 온 막내를 보고 형들은 아예 동생 취급을 하지 않고 비웃었습니다.

"네가 우리 동생이라고? 은이며 금이며 다 싫다고 했잖아? 더 나은 행운을 찾겠다고 말이야. 그럼 막강한 왕이 되어 위풍당당하게 마차를 타고 오시나 했는데. 웬걸, 거지가 왔잖아."

형들은 동생을 밖으로 쫓아냈습니다. 쫓겨난 막내는 화가 치밀어 배낭을 두드리기 시작했습니다. 앞에 병사들 백오십 명이 줄지어 늘어설 때까지 톡톡 계속 두드렸습니다. 막내는 형들의 집을 에워싸라고 명령했습니다. 그리고 병사 둘에게 거만한 두 형을 개암나무 회초리로 부들부들해질 때까지 흠씬 두들겨 패라고 했습니다. 정신이 번쩍 들어 동생이 누군지 알아야 한다고 말입니다. 한바탕 소동이 일었습니다. 곤경에 빠진 두 형제를 도와주려고 사람들이 우르르 달려왔지만 병사들을 당해 낼 수 없었습니다. 마침내 왕도 보고를 받았습니다. 화가 난 왕은 중대를 출동시켜 소란을 피우는 자들을 도시 밖으로 몰아내라고 명령했습니다. 하지만 배낭의 사나이는 더 많은 병사를 금세 불러 모아 중대장과 그의 부하들을 물리쳤습니다. 중대는 참패를 당하고 후퇴할 수밖에 없었습니다. 왕이 말했습니다.

"날뛰는 녀석에게 따끔한 맛을 보여주겠다."

다음날 왕은 더 많은 군사를 보냈습니다. 하지만 더 형편없이 당하고 말았습니다. 막내는 더 많은 병사를 대치시켰고, 싸움을 빨리 끝내려고 모자를 쓱쓱 여러 번 돌렸습니다. 중포를 발사하기 시작하자 왕의 군사들은 무너지며 냅다 달아났습니다. 막내가 말했습니다.

"공주를 아내로 주세요. 또한 왕의 이름으로 온 나라를 다스리기 전에는 싸움을 끝내지 않을 터입니다."

그러자 왕이 공주에게 말했습니다.

"의무는 괴로운 것(Muss ist eine harte Nuss.), 하지만 어쩌겠니? 저자의 요구를 들어줄 수밖에. 평화를 되찾고 왕위를 지키려면 너를 보내야겠다."

그래서 공주와 막내는 결혼식을 올렸습니다. 하지만 공주는 속이 상했습니다. 초라한 모자에다 낡은 배낭을 둘러멘 평범한 남자가 남편이라니 말입니다. 공주는 남편에게서 벗어나고 싶었습니다. 그래서 어떻게 해야 할지 밤낮으로 궁리했습니다. 그러다가 문득 신기한 힘이 배낭에서 나올지도 모른다는 생각이 들었습니다. 공주는 사랑하는 척 남편을 쓰다듬었습니다. 남편의 마음이 스르르 녹아내리자 공주는 말했습니다.

"배낭을 벗으세요. 보기 싫잖아요. 볼품없이 보이고. 정말 창피하다니까요."

막내가 대답했습니다.

"여보, 이 배낭은 정말 소중한 물건이에요. 배낭만 있으면 세상에 두려울 게 없으니까."

막내는 공주에게 배낭이 가진 마법의 힘을 털어놓았습니다. 공주는 대뜸 입맞춤하려는 듯 남편을 끌어안더니 재빨리 배낭을 벗겨 들고 달아났습니다. 혼자가 되자 공주는 배낭을 톡톡 두드려 병사들을 불러낸 뒤 남편을 붙잡아 왕궁 밖으로 끌어내라고 명령했습니다. 병사들은 명령에 따랐습니다. 못된 공주는 더 많은 병사를 불러내 남편을 뒤쫓게

했습니다. 병사들은 남편을 아예 나라 밖으로 쫓아 버렸습니다. 막내가 모자를 갖고 있지 않았다면 꼼짝없이 당할 뻔했겠죠. 막내는 두 손이 자유로워지자 모자를 쓱쓱 여러 번 돌렸습니다. 곧 대포 소리가 천둥이 치듯 쿵쿵 터져 나왔고 모두 다 박살을 내 버리고 말았습니다. 마침내 공주가 직접 찾아와서 살려 달라고 싹싹 빌었습니다. 공주가 좋은 아내가 되겠다고 애걸복걸하자 막내는 화를 풀고 공주의 말을 들어주었습니다. 공주는 남편을 지극히 사랑하는 척하며 곰살맞게 굴었습니다. 막내는 공주의 구슬림에 또 넘어갔습니다. 얼마 후, 막내는 설령 누가 배낭을 훔쳐 가더라도 낡은 모자가 있으니까 끄떡없다고 털어놓았습니다. 비밀을 알아낸 공주는 남편이 잠들기를 기다렸습니다. 공주는 모자를 뺏은 뒤 남편을 길바닥에 내던지게 했습니다. 하지만 막내에게는 아직 뿔피리가 남아 있었습니다. 막내는 분노로 치를 떨며 온 힘을 다해 뿔피리를 불었습니다. 불자마자 성벽이며 요새며 도시들이며 마을들이 모두 무너져 내리고 왕과 공주도 쓰러져 죽었습니다. 조금만 더 뿔피리를 불었더라면 죄다 부서지고 무너져서 돌멩이 하나 남지 않았을 겁니다. 아무도 막내를 거역하지 못했고, 막내는 왕위에 오른 후에 온 나라를 다스리게 되었답니다.

◆55◆

룸펠슈틸츠헨

옛날에 예쁜 딸을 둔 가난한 물방앗간 주인이 있었습니다. 어느 날, 물방앗간 주인은 왕과 이야기를 나누다가 사뭇 잘난 척하고 싶어 이렇게 말해 버렸습니다.

"제게 딸이 있는데, 그 애는 지푸라기로 금실을 자아낼 수 있어요."

그러자 왕이 말했습니다.

"좋은 기술이구나. 마음에 들어. 자네 말대로 그런 재주를 가진 딸이라면 내일 성으로 데려오너라. 참말인지 시험해 볼 테니."

다음날 물방앗간 주인은 딸아이를 왕에게 데려왔습니다. 왕은 아가씨를 짚이 산더미같이 쌓여 있는 방으로 데리고 갔습니다. 왕은 아가씨에게 물레와 얼레를 주며 말했습니다.

"자, 물레질을 시작해라. 오늘 밤부터 내일 아침까지 여기 있는 지푸라기로 금실을 만들어 내지 못하면 넌 죽음을 면치 못할 것이다."

왕은 방문을 찰칵 잠그고 가 버렸습니다. 아가씨는 방 안에 덩그러니 혼자 남았습니다.

물레 앞에 앉은 불쌍한 방앗간 집 딸은 목숨이 걸린 이 일을 어쩌나 싶어 눈앞이 깜깜했습니다. 어떻게 짚에서 금실을 자아내라는 것인지 두려운 마음만 점점 커져 마침내 훌쩍훌쩍 울기 시작했습니다. 그때, 방문이 벌컥 열리더니 난쟁이가 방으로 쑥 들어와 말을 건넸습니다.

"안녕, 방앗간 집 아가씨. 뭐가 그렇게 서러워서 우리 아가씨가 울고 계시나?"

아가씨가 대답했습니다.

"아아, 지푸라기로 금실을 자아야 하는데 어찌해야 할지 모르겠어요."

난쟁이가 물었습니다.

"널 위해 실을 자아 주면, 나에게 뭘 줄래?"

"목걸이를 줄게요."

난쟁이는 목걸이를 받은 뒤 물레 앞에 앉았습니다. 돌돌돌, 물레를 세 번 돌리니 실패에 금실이 가득 감겼습니다. 난쟁이는 다시 새 실패를 꽂아 놓고 돌돌돌 물레를 세 번 돌려 두 번째 실패에도 금실을 가득 감아 놓았습니다. 아침까지 물레질은 계속되었습니다. 그 많던 짚들은 죄다 금실로 자아져 실패마다 금실이 가득 감겨 있었습니다. 날이 밝기가 무섭게 왕이 찾아왔습니다. 왕은 금실을 보고 눈이 휘둥그레져 기뻐했습니다. 하지만 가슴 한구석에는 금에 대한 욕심이 꿈틀거렸습니다. 왕은 첫 번째 방보다 더 큰 방으로 방앗간 집 딸을 데리고 갔습니다. 그 방에도 짚이 가득 쌓여 있었습니다. 왕은 살고 싶으면 하룻밤 새에 다 금실로 자아 놓으라고 명령했습니다. 아가씨는 또 어찌할 바를 몰라 훌쩍훌쩍 울었습니다. 그런데 난쟁이가 또 문을 열고 들어왔습니다. 난쟁이가 물었습니다.

"짚으로 금실을 자아 준다면, 나에게 뭘 줄래?"

"손에 끼고 있는 반지를 줄게요."

난쟁이는 반지를 받은 뒤 다시 물레를 돌려대더니 아침이 밝을 때까지 짚들을 죄다 반짝이는 금실로 자아 놓았습니다. 그것을 본 왕은 뛸 듯이 기뻐했지만 금에 대한 욕심은 수그러들지 않았습니다. 그래서 또 짚이 가득 쌓인 더 큰 방으로 방앗간 집 딸을 데려갔습니다. 왕이 말했습니다.

"밤새 모두 금실로 자아 놓아라. 그러면 널 아내로 삼겠다."

왕은 속으로 생각했습니다.

'비록 방앗간 집 딸이지만, 더 큰 부자인 여자는 이 세상 아무 데도 없을 거야.'

아가씨가 혼자 남자, 세 번째로 난쟁이가 방에 들어왔습니다. 난쟁이가 물었습니다.

"짚으로 금실을 자아 주면, 뭘 줄래?"

아가씨가 대답했습니다.

"더 이상 줄 게 없어요."

"그럼 왕비가 되면 첫아이를 준다고 약속하렴."

방앗간 집 딸은 '앞으로 어찌 될지 누가 알겠어.' 하고 생각했습니다. 또 어려운 상황에서 헤어날 방법이 달리 없었기 때문에 아가씨는 그러겠다고 난쟁이에게 약속했습니다. 약속받은 난쟁이는 다시금 지푸라기로 금실을 자았습니다. 다음 날 아침 왕이 와서 보니 소원대로 다 되어 있었습니다. 결국 왕은 아가씨와 결혼식을 올렸고, 방앗간 집의 예쁜 딸은 왕비가 되었습니다.

일 년 뒤, 왕비는 예쁜 아기를 낳았습니다. 어느 날, 새까맣게 잊고 있었던 난쟁이가 불쑥 방으로 찾아와 말했습니다.

"약속한 아기를 이제 줘야지."

깜짝 놀란 왕비는 아기를 데려가지 않으면 왕국의 재산을 몽땅 내어 주겠다고 제안했습니다. 하지만 난쟁이가 말했습니다.

"싫어. 온 세상의 보화를 다 준다 해도 난 살아 있는 것이 훨씬 좋아."

왕비는 서럽게 흐느끼기 시작했습니다. 그 모습이 딱해 보였는지 난쟁이가 다시 말했습니다.

"딱 사흘간 시간을 줄 게. 그동안 내 이름을 알아내면 아기를 주지 않아도 돼."

왕비는 지금껏 들었던 모든 이름을 밤새 내내 생각해봤습니다. 그것들 외에 다른 이름들도 나라 곳곳에서 알아 오라고 전령을 보냈습니다.

다음날 난쟁이가 왔을 때, 왕비는 카스파르, 멜히오르, 발처 같은 이름부터 시작해 그동안 알아 놓은 모든 이름을 죽 댔습니다. 그러나 이름마다 난쟁이가 말했습니다.

"그건 내 이름이 아니야."

둘째 날, 왕비는 이웃 나라의 사람 이름들도 알아 오게 해서 그중 아주 별나고 희귀한 이름들을 난쟁이에게 불러 주었습니다.

"립펜비스트[31], 함멜스바데[32], 쉬르프바인[33]?"

"그건 내 이름이 아니야."

난쟁이의 대답은 한결같았습니다.

셋째 날, 전령이 다시 돌아와 이야기했습니다.

"새로운 이름을 하나도 찾아내지 못했어요. 그런데 여우와 토끼가 서로 '잘 자라' 하고 인사하는 깊디깊은 산속에 작은 오두막집 하나가 숲 모퉁이에 있더라고요. 집 앞에는 모닥불이 활활 타오르고 있었고 아주 우스꽝스럽게 생긴 난쟁이가 한쪽 다리로 모닥불 주위를 콩콩 뛰어 돌면서 이렇게 소리쳤어요.

오늘 빵을 굽고, 내일 술을 빚어,
모레는 왕비 아기를 데려올래요.
아이, 좋아라, 아무도 모른대요,
룸펠슈틸츠헨! 내 이름이지요."

---

31. 소갈비라는 뜻.
32. 양고기장딴지.
33. 생채기가 난 다리.

그 이름을 듣는 순간 왕비가 얼마나 기뻤겠습니까. 얼마 지나서 난쟁이가 찾아와 물었습니다.

"자, 왕비님, 내 이름이 뭐지?"

왕비가 슬쩍 말했습니다.

"쿤츠?"

"아니."

"하인츠?"

"아니야."

"그럼, 룸펠스틸즈헨?"

"악마가 말해 줬지? 악마가 말해 줬지?"

난쟁이는 화가 나서 소리소리 지르며 땅이 꺼지도록 오른발을 세차게 굴렀습니다. 어찌나 쿵쿵댔는지 땅이 파이면서 허리까지 쑥 빠져 버렸습니다. 난쟁이는 씩씩거리면서 두 손으로 왼발을 꼭 움켜잡았습니다. 그러자 몸이 그만 두 쪽으로 찢겨 나갔답니다.

◆56◆
사랑하는 롤란드

옛날에 두 딸을 둔 못된 마녀가 살았습니다. 마녀는 못생기고 마음씨 나쁜 친딸을 사랑했습니다. 하지만 예쁘고 착한 의붓딸은 미워했습니다. 어느 날, 친딸은 의붓딸이 두른 고운 앞치마가 마음에 들었습니다. 친딸은 탐이 나서 마녀에게 앞치마를 꼭 가져야겠다고 졸라댔습니다. 마녀가 말했습니다.

"얘야, 가만있어 봐라. 갖도록 해줄 테니까. 저 아이는 벌써 오래전에 죽어야 했다고. 오늘 밤 지고 있을 때 목을 베어 버리겠다. 그러니까 너는 안쪽에 누워 있다가 아이를 침대 밖으로 밀어내거라."

하지만 불쌍한 아가씨는 한쪽 구석에 서서 두 사람의 말을 다 엿들었습니다. 그랬기에 망정이지 하마터면 꼼짝없이 당했을 겁니다. 그날 아가씨는 하루 종일 밖으로 나갈 수 없었습니다. 잘 시간이 되자 마녀의 친딸이 먼저 침대로 올라가 안쪽에 드러누웠습니다. 하지만 아가씨는 잠든 마녀의 딸을 살살 침대 바깥쪽으로 밀어내고 벽 쪽으로 드러누웠습니다. 밤중에 마녀가 오른손에 도끼를 들고 살금살금 들어왔습니다. 마녀는 먼저 왼손으로 사람이 누워 있는지 더듬더듬 만져 보았습니다. 그러더니 두 손으로 도끼를 꽉 움켜잡고 다름 아닌 자기 딸의 목을 내리쳤습니다.

새엄마가 밖으로 나가자 아가씨는 벌떡 일어나 사랑하는 남자 롤란드한테 가서 문을 두드렸습니다. 롤란드가 나오자 아가씨가 말했습니다.

"사랑하는 롤란드, 우리, 어서 도망가요. 새엄마가 날 죽이려다가 자기 딸을 죽였거든요. 날이 밝아 무슨 짓을 저질렀는지 알게 되면 우리는 끝장이라고요."

그러자 롤란드가 말했습니다.

"그럼 마술 지팡이부터 가져와요. 뒤쫓아 오면 살아날 방법이 없으니까."

아가씨는 마술 지팡이와 죽은 마녀 딸의 머리를 가져왔습니다. 그런데 도중에 피가 세 방울 땅에 떨어졌습니다. 침대 앞에 한 방울 떨어졌고, 부엌에 한 방울 떨어졌고, 계단에 한 방울 떨어졌습니다. 아가씨는 사랑하는 롤란드하고 냅다 달아났습니다.

다음 날 아침, 늙은 마녀가 일어나서 앞치마를 주려고 딸을 불렀습니다. 하지만 딸은 오지 않았습니다. 마녀가 다시 불렀습니다.

"얘야, 어디 있니?"

그러자 핏방울 하나가 대답했습니다.

"여기요. 계단을 쓸고 있어요."

마녀가 나가보았지만, 계단에는 아무도 없었습니다. 마녀는 또 소리쳤습니다.

"얘야, 어디 있냐고?"

두 번째 핏방울이 대답했습니다.

"여기요. 부엌에서 몸을 녹이고 있어요."

마녀가 부엌에 갔더니 아무도 없었습니다. 마녀는 또 소리쳤습니다.

"얘야, 도대체 어디야?"

세 번째 핏방울이 대답했습니다.

"아, 여기요. 침대에서 잔다고요."

마녀는 방에 들어가서 침대로 갔습니다. 그런데 세상에, 마녀가 무엇을 보았겠습니까? 목이 댕강 잘려서 피범벅 속에 누워 있는 바로 자기 딸이었습니다. 마녀가 제 손으로 딸의 목을 친 것입니다.

마녀는 화가 나서 펄펄 뛰다가 창가로 달려갔습니다. 마녀는 아주 멀리까지 볼 수 있었습니다. 의붓딸은 사랑하는 롤란드하고 도망가는 중이었습니다. 마녀는 소리쳤습니다.

"소용없어. 멀리멀리 달아나 보렴. 그래 봤자 내 손바닥 안에 든 목숨이지."

마녀는 한 시간 거리를 한걸음에 갈 수 있는 장화를 신고 금세 두 사람을 따라잡을 수 있었습니다. 하지만 마녀가 쫓아오자 아가씨는 마술 지팡이로 사랑하는 롤란드를 호수로 변하게 했습니다. 그리고 아가씨는 호수 한가운데에서 둥둥 헤엄치는 오리로 변했습니다. 마녀는 물가에 서서 빵부스러기를 던져 주었습니다. 마녀는 안간힘을 다 썼지만, 오리를 물가로 꾀어낼 수 없었습니다. 저녁이 되자 마녀는 빈털터리로 돌아왔습니다. 하지만 아가씨와 사랑하는 롤란드는 다시 사람의 모습으로 돌아왔고, 두 사람은 밤새 내내 걸었습니다. 날이 밝아 오자 아가씨는 또 가시나무 울타리 한가운데에 핀 아름다운 꽃으로 변했고, 사랑하는 롤란드는 바이올린 연주자가 되었습니다. 얼마 지나지 않아 마녀가 악사에게 와서 물었습니다.

"악사님, 저 예쁜 꽃을 따 가도 돼요?"

악사가 대답했습니다.

"그러세요. 그동안 한 곡 켜 드리죠."

마녀는 꽃을 꺾으려고 재빨리 가시나무 울타리를 기어올랐습니다. 그 꽃이 의붓딸인 줄 알았기 때문입니다. 악사는 바이올린을 연주하기 시작했습니다. 그러자 마녀는 춤을 추기 시작했는데, 원하든 않든 춤을 추어야만 했습니다. 마법의 춤이었기 때문입니다. 음악이 빨라질수록 마녀는 더욱 펄쩍거리며 춤을 추었습니다. 가시에 찔려 옷은 갈가리 찢겨 나가고 마녀는 온통 피투성이가 되었습니다. 하지만 악사는 연주를 멈추지 않았습니다. 마녀는 계속 춤을 추다가 결국 쓰러져 죽고 말았습니다.

드디어 마녀에게서 풀려나자 롤란드가 말했습니다.

"이제 아버지에게 가서 결혼하겠다고 말씀드려야겠어요."

아가씨가 말했습니다.

"그럼 저는 여기 남아서 당신을 기다릴게요. 절 아무도 알아보지 못하게 붉은 돌로 변하겠어요."

그렇게 롤란드는 떠났고 아가씨는 들판에서 붉은 돌이 되어 사랑하는 사람을 기다렸습니다. 하지만 집으로 돌아온 롤란드는 다른 여자의 유혹에 넘어가 아가씨를 새까맣게 잊어버렸습니다. 불쌍한 아가씨는 오래오래 기다렸습니다. 하지만 사랑하는 사람이 돌아오지 않자 슬픔에 젖어 한 송이 꽃으로 변했습니다. 그러면 누군가 와서 꺾어 갈 거로 생각했습니다.

어느 날, 양치기가 들판에서 양을 치다가 꽃을 보았습니다. 꽃이 너무 아름다워서 양치기는 꽃을 꺾어 집으로 가져와서는 상자에 넣어 두었습니다. 그때부터 양치기의 집에서는 신기한 일들이 벌어졌습니다. 아침에 일어나면 누가 집안일을 다 해 놓고 간 것 같았습니다. 방은 깨끗이 치워져 있고 식탁과 의자에도 먼지 하나 없었습니다. 화덕에는 불이 지펴져 있고 누군가 벌써 물도 길어다 놓았습니다. 점심때 집에 오면 식탁에 맛있는 음식들이 차려져 있었습니다. 양치기는 무슨 일인지 도대체 알 수가 없었습니다. 집에 다른 사람이 있을 리가 없었으니까요. 그리고 워낙 작은 오두막집이라서 사람이 숨을 만한 곳도 없었습니다. 물론 이렇게 보살핌을 받는 것이 마음에 들었지만 양치기는 아무래도 마음이 께름칙했습니다. 그래서 양치기는 지혜의 여인을 찾아가 조언을 구했습니다. 지혜의 여인이 말했습니다.

"누가 마법을 쓰는군. 새벽에 일어나서 방 안에 움직이는 것이 있는지 잘 지켜보게. 뭔가 움직이면 재빨리 흰 수건을 던져 덮어 버려. 그럼 마법이 풀릴 테니까. 원하는 게 있을 거라고."

양치기는 지혜의 부인이 일러준 대로 했습니다. 다음 날 아침, 동이 터 오자 양치기는 상자가 열리며 꽃이 나오는 것을 보았습니다. 양치기는 잽싸게 뛰어가면서 흰 수건을 꽃 위에 던졌습니다. 그러자 꽃은 금세 예쁜 아가씨로 변했습니다. 아가씨는 꽃이 자기였고 여태껏 집안일을 돌본 것도 자기라고 털어놓았습니다. 아가씨는 자신이 겪은 일을 다 말해 주었습니다. 양치기는 아가씨가 마음에 들었습니다. 그래서 결혼하자고 했지만 아가씨는 그럴 수 없다고 대답했습니다. 사랑하는 롤란드가 비록 아가씨를 버렸지만 아가씨는 그 사랑을 지키겠다고 했습니다. 하지만 양치기의 집을 떠나지 않고 계속 집안일을 해주겠다고 했습니다.

드디어 롤란드의 결혼식이 점차 가까워 왔습니다. 그런데 나라의 오랜 관습에 따라 아가씨들은 모두 다 결혼식에 참석해 신랑 신부를 위한 축하의 노래를 불러야 한다고 했습니다. 여전히 롤란드를 사랑하는 아가씨는 그 소식을 듣고 가슴이 터질 듯이 아팠습니다. 아가씨는 결혼식에 가지 않겠다고 했습니다. 하지만 다른 아가씨들이 와서 아가씨를 끌고 갔습니다. 아가씨는 노래할 차례가 될 때마다 슬그머니 뒤로 물러섰습니다. 하지만 마지막으로 혼자 남게 되자 어쩔 수가 없었습니다. 아가씨는 노래를 부르기 시작했습니다. 롤란드는 노랫소리를 듣자 벌떡 일어나 소리쳤습니다.

"저 목소리를 알아. 저 아가씨가 나의 진짜 신부야. 다른 아가씨는 원하지 않아."

돌연, 잊고 있었던 모든 것들이 다시 롤란드의 가슴에 꽉 들어찼습니다. 마침내 아가씨는 사랑하는 롤란드와 결혼식을 올렸고, 슬픔이 지나간 자리에는 기쁨이 넘쳐흘렀답니다.

황금새

옛날에 왕이 살았습니다. 왕이 사는 성 뒤쪽에 아름다운 정원이 있었는데, 정원에는 황금 사과가 열리는 나무가 한 그루 있었습니다. 사과가 익자 왕은 몇 개인지 하나하나 다 헤아려 놓았습니다. 그런데 다음 날 아침에 보니까 한 개가 모자랐습니다. 왕은 보고를 받자 밤마다 사과나무 밑에 보초를 세우라고 명령했습니다. 왕에게는 아들이 셋 있었습니다. 밤이 되자 왕은 큰아들을 정원으로 내보냈습니다. 하지만 큰아들은 밤이 깊어지자 졸음을 참을 수가 없었습니다. 다음 날 아침 일어났더니 사과 한 개가 또 없어졌습니다. 그래서 그날 밤 둘째 아들이 보초를 서야만 했습니다. 하지만 더 나을 것이 없었습니다. 종소리가 밤 열두 시를 알리자 둘째 아들은 스르르 잠이 들었습니다. 아침에 일어나 보니까 사과 한 개가 또 없어졌습니다. 이제 막내아들이 보초 설 차례였고, 막내도 나름 하겠다고 나섰습니다. 왕은 형만 한 아우 없다고 별로 내키지 않아 했지만, 마침내 승낙해 주었습니다. 막내아들은 사과나무 밑에 누워서 쏟아지는 졸음을 참으며 망을 보았습니다. 뎅그렁 뎅그렁 밤 열두시 종소리가 울리자, 공중에서 푸드득 소리가 들렸습니다. 깃털이 온통 황금빛으로 반짝이는 새가 달빛을 가르며 날아와 나무 위에 내려앉았습니다. 새는 사과를 콕콕 쪼아 떼어냈습니다. 막내아들은 새를 향해 화살을 쏘았습니다. 그러자 새는 포르르 날아갔지만 황금 깃털 하나가 땅에 떨어졌습니다. 막내아들은 깃털을 주워 날이 밝자 왕에게 가져갔습니다. 그리고 지난밤에 보았던 일을 말했습니다. 왕은 대신들을 불러 모았습니다. 대신들은 그런 깃털은 왕국 전체보다 더 값진 것이라고 입을 모았습니다. 왕이 말했습니다.

"그렇게 귀힌 깃털이리니. 히니로는 부족하니 새를 통째로 가져야겠다. 꼭 손에 넣고야 말리라."

큰아들은 똑똑한 머리만 믿고 황금새를 찾아낼 것이라고 자신하며 길을 떠났습니다. 얼마쯤 가자 숲 언저리에 여우 한 마리가 앉아 있었습니다. 큰아들이 엽총을 들어 겨냥하자 여우가 소리쳤습니다.

"쏘지 마세요. 대신 도와드릴게요. 황금새를 찾으러 가시죠? 가시다 보면 오늘 저녁쯤 한 마을에 도착하실 거예요. 마을에 서로 마주 보고 있는 여관이 두 개 있는데, 한 여관은 불이 환하고, 안에서는 와자지껄 흥겨운 소리가 들릴 거예요. 하지만 그 여관에는 들어가지 마세요. 형편없는 것처럼 보여도 다른 여관에 들어가셔야 해요."

큰아들은 생각했습니다.

'저 바보 같은 짐승이 뭘 안다고 충고를 하겠어.'

큰아들은 방아쇠를 당겼습니다. 하지만 총에 맞지 않은 여우는 꼬리를 쭉 뻗은 채 재빨리 숲 속으로 달아나 버렸습니다. 큰아들은 계속 걸어 저녁에 여관이 두 개 있는 마을에 도착했습니다. 한 여관은 사람들이 노래하고 춤을 추며 놀고 있었지만 다른 여관은 초라하고 을씨년스러웠습니다. 큰아들은 생각했습니다.

'좋은 여관을 두고 거지 같은 여관에 들어가는 바보가 어디 있어.'

큰아들은 흥겨워 보이는 여관에 들어갔습니다. 그리고 흥청망청 그 여관에서 살았습니다. 황금새도 아버지도 좋은 충고도 다 까맣게 잊어버렸습니다.

시간이 가도 큰아들이 돌아오지 않자 둘째 아들이 황금새를 찾으려 길을 떠났습니다. 둘째도 형처럼 여우를 만나 좋은 충고를 들었지만 귓등으로 흘렸습니다. 이윽고 둘째 아들도 두 여관에 이르렀습니다. 요란한 환호성이 터져 나오는 여관의 창가에서 큰아들이 소리쳐 불렀습니다. 둘째 아들은 형이 부르는 소리에 넘어가서 그 여관에 들어가 방탕하게 살았습니다.

시간이 또 흘렀습니다. 그러자 이번에는 막내 왕자가 행운을 시험해 보고 싶었습니다. 그래서 길을 떠나려고 하자 아버지는 허락하지 않았습니다.

"괜한 헛수고다. 형들도 못 찾았는데, 네가 어떻게 황금새를 찾으려고. 무슨 일이 생기면 제 몸 하나 지키기도 힘든 녀석이 어쩌겠다는 거냐. 똑똑한 구석이라곤 하나도 없으면서."

하지만 막내 왕자가 계속 귀찮게 굴자 왕은 마침내 허락해 줬습니다. 그런데 여우가 또 숲 앞에 앉아 있다가 살려 달라고 빌며 좋은 충고를 해주었습니다. 착한 막내 왕자는 말했습니다.

"걱정하지 마, 여우야. 해치지 않을 테니까."

그러자 여우가 말했습니다.

"후회하지 않을 거예요. 꼬리에 올라타세요. 그럼 더 빨리 갈 수 있으니까요."

막내 왕자가 꼬리에 올라타자 여우는 바람에 펄펄 머리를 흩날리며 쌩쌩 거침없이 내달렸습니다. 마을에 도착하자 막내 왕자는 꼬리에서 내려와 여우의 충고를 따랐습니다. 막내 왕자는 뒤도 돌아보지 않고 초라한 여관으로 들어가서 하룻밤을 푹 잤습니다. 다음 날 아침 들판으로 나갔더니 벌써 여우가 와 있었습니다. 여우가 말했습니다.

"뭘 해야 하는지 말해 드릴게요. 쭉 가면 성이 나올 거예요. 성 앞에 한 무리의 병사들이 누워 있을 테지만 신경 쓰지 마세요. 모두 코를 골며 쿨쿨 자고 있을 테니까요. 병사들 사이를 지나 곧장 성안으로 들어가세요. 이 방 저 방 다 지나기면 맨 끝에 황금새가 있는 방이 나올 거예요. 황금새는 나무 새장 안에 들어 있어요. 바로 옆에 비어있는 멋들어진 황금새장이 있을 텐데, 조심하세요. 초라한 나무 새장에서 새를 꺼내 화려한 황금새장에 넣으면, 좋지 않은 일이 생길 거예요."

여우는 다시 꼬리를 쭉 뻗어 막내 왕자를 태우고 바람에 펄펄 머리를 흩날리며 쌩쌩 거침없이 내달렸습니다. 성에 도착했더니 과연 여우가 말한 그대로였습니다. 막내 왕자는 나무 새장에 황금새가 들어 있는 방으로 들어갔습니다. 나무 새장 옆에는 황금새장이 있었고, 황금 사과 세 개가 방 안 여기저기에 놓여 있었습니다. 그런데 왕자는 아름다운 새를 초라하고 보기 흉한 새장에 두는 것은 말이 안 되는 것 같았습니다. 막내 왕자는 나무 새장을 열고 새를 꺼내 황금새장에 넣었습니다. 순간, 황금새가 새된 소리로 크게 울었습니다. 그러자 병사들이 잠을 깨고 우르르 달려와서 왕자를 감옥으로 끌고 갔습니다. 다음 날 아침, 법정에 선 막내 왕자는 모든 것을 자백했고, 결국 사형을 선고받았습니다. 하지만 왕은 바람보다 빨리 달리는 황금말을 데려오면 목숨을 살려주겠고, 상으로 황금새까지 내어 주겠다고 했습니다.

막내 왕자는 길을 떠났습니다. 하지만 황금말을 어디서 찾으라는지 슬퍼서 한숨만 나왔습니다. 그때 옛 친구 여우가 길가에 앉아 있는 것이 보였습니다. 여우가 말했습니다.

"거봐요. 제 말을 안 들어서 이렇게 됐잖아요. 하지만 도와드릴 테니 용기를 내세요. 황금말을 어떻게 찾을 수 있는지 말해 드릴게요. 이 길을 쭉 따라가면 성이 나오는데, 그 성의 마구간에 말이 있을 거예요. 마구간 앞에 마부들이 누워 쿨쿨 코를 골며 자고 있을 거예요. 그러니까 마음 푹 놓고 황금말을 데리고 나오세요. 단 한 가지 주의해야 할 게 있어요. 말 등에 나무와 가죽으로 된 좋지 않은 안장을 얹어야지, 그 옆에 걸려 있는 황금 안장을 얹으시면 절대 안 돼요. 그랬다간 정말 큰일 나요."

여우는 다시 꼬리를 쭉 뻗어 왕자를 태우고 바람에 머리를 펄펄 흩날리며 쌩쌩 거침없이 내달렸습니다. 모든 것이 과연 여우가 말한 그대로였습니다. 왕자는 황금말이 있는 마구간으로 갔습니다. 그런데 막상 좋지 않은 안장을 얹으려니까 불쑥 이런 생각이 들었습니다.

'이렇게 아름다운 말한테는 격에 어울리는 좋은 안장을 얹어야지, 이건 너무하잖아.'

하지만 막내 왕자가 황금 안장을 얹자마자 말은 히힝 요란스레 울어대기 시작했습니다. 마부들은 일어나서 왕자를 붙잡아 감옥에 넣었습니다. 다음 날 아침, 왕자는 또 사형을 선고받았습니다. 하지만 왕은 황금 성에 사는 아름다운 공주를 데려오면 목숨을 살려주고 황금말도 주겠다고 했습니다. 막내 왕자는 무거운 마음으로 길을 떠났습니다. 그런데 다행히도 곧 충성스러운 여우를 만났습니다. 여우가 말했습니다.

"불행하든 말든 내버려두고 싶어요. 하지만 불쌍해서 한 번만 더 도와드리지요. 이 길로 쭉 가면 저녁때쯤 황금 성이 나올 거예요. 밤이 되어 주위가 조용해지면 아름다운 공주님이 씻으러 욕실에 들어갈 거예요. 공주님이 욕실에 들어가면 재빨리 달려들어 입을 맞추세요. 그럼 공주님이 따라올 테니까 조용히 데리고 오시면 돼요. 단 공주님이 떠나기 전에 부모에게 작별 인사를 못 하도록 하세요. 그랬다간 정말 큰일 날 테니."

여우는 다시 꼬리를 뻗어 왕자를 태우고 바람에 펄펄 머리를 흩날리며 쌩쌩 거침없이 내달렸습니다. 황금 성에 도착했더니 과연 여우가 말한 그대로였습니다. 막내 왕자는 한밤중이 될 때까지 기다렸습니다. 모두 다 깊이 잠들고, 아름다운 아가씨가 욕실로 들어가자 왕자는 불쑥 달려들어 공주에게 입을 맞췄습니다. 그러자 공주는 기꺼이 따라가겠다고 했습니다. 하지만 떠나기 전에 부모에게 작별 인사를 해야겠다고 눈물을 흘리며 애원했습니다. 막내 왕자는 처음에는 안 된다고 했습니다. 하지만 공주가 점점 더 울면서 무릎을 꿇고 애원하자 마침내 허락하고 말았습니다. 하지만 공주가 아버지의 침대에 다가가자 아버지는 잠이 깼습니다. 그리고 성안에 있는 다른 사람들도 모두 잠에서 깨어났습니다. 막내 왕자는 또 감옥으로 붙잡혀 갔습니다.

다음 날 아침, 왕이 말했습니다.

"너는 이제 죽을 것이다. 하지만 창문 앞에 떡 서서 내 시야를 가리는 저 산을 다른 곳으로 옮겨 주면 목숨을 살려주겠다. 팔 일 안에 저 산을 옮겨라. 그럼 공주를 주겠다."

왕자는 부지런히 땅을 파기 시작했습니다. 잠시도 쉬지 않고 삽질을 했습니다. 하지만 이레가 지났는데도 일을 한 것 같지도 않았습니다. 왕자는 크게 낙담하고 모든 희망을 잃어버렸습니다. 하지만 그날 저녁에 여우가 나타나 말했습니다.

"정말 도움을 받을 자격은 없는 분이지만, 가서 주무세요. 제가 대신 일 해 드릴게요."

다음 날 아침, 막내 왕자가 일어나 창밖을 내다보았더니 산이 감쪽같이 사라지고 없었습니다. 막내 왕자는 기쁨에 넘쳐 왕에게 달려가 산을 옮겨 놓았다고 보고했습니다. 좋든 싫든 왕은 약속대로 왕자에게 공주를 줄 수밖에 없었습니다.

그렇게 왕자와 공주는 함께 길을 떠났는데, 얼마 안 가서 충성스러운 여우가 나타났습니다.

"왕자님은 가장 좋은 것을 얻으셨지만, 황금 성의 아가씨에게는 황금말이 어울리는 법이지요."

막내 왕자가 물었습니다.

"황금말을 어디서 구하지?"

그러자 여우가 대답했습니다.

"말해 드릴게요. 먼저 왕자님을 황금 성으로 보낸 왕에게 아름다운 공주님을 데려가세요. 그럼 왕은 몹시 기뻐하며 선뜻 황금말을 내줄 거예요. 말을 끌고 오면 얼른 올라타세요. 그리고 작별 인사를 하는 것처럼 모든 사람과 악수를 하세요. 마지막으로 아름다운 공주님의 손을 잡으면 얼른 끌어올려 말에 태우고 쏜살같이 달아나세요. 아무도 따라잡을 수 없을 거예요. 황금말은 바람보다도 더 빠르거든요."

모든 일은 다 척척 진행되었습니다. 막내 왕자는 아름다운 아가씨를 황금말에 태우고 그 성을 떠났습니다. 여우가 따라와 말했습니다.

"이제 황금새도 가져올 수 있도록 도와드릴게요. 황금새가 있는 성 근처에 이르면 공주님을 말에서 내려놓으세요. 공주님은 제가 지켜 드릴 테니까 말을 달려 성내 마당으로 들어가세요. 사람들이 황금말을 보면 몹시 기뻐하며 황금새를 갖고 나올 거예요. 그럼 새장을 받자마자 쏜살같이 돌아와서 공주님을 데려가세요."

이번에도 모든 일이 계획대로 술술 풀려나갔습니다. 왕자는 얻은 보물들을 가지고 집으로 돌아가려고 했습니다. 그러자 여우가 말했습니다.

"도와드렸으니 보답을 해주셔야죠."

막내 왕자가 물었습니다.

"무엇을 원하느냐?"

"숲으로 들어가시면 저를 쏴 죽이고 머리와 발을 자르세요."

왕자가 말했습니다.

"뭐라고? 그렇게 은혜를 갚는 법이 어디 있니? 절대로 못 한다."

그러자 여우가 말했습니다.

"못하시겠다면 제가 떠날 수밖에 없군요. 하지만 떠나기 전에 하나 더 충고해 드리죠. 두 가지를 꼭 조심하세요. 교수대에 오른 목숨을 사지 마시고, 우물가에 앉지 마세요."

말을 마치자 여우는 숲 속으로 사라졌습니다. 왕자는 생각했습니다.

'이상한 녀석이네. 엉뚱한 생각을 한다니까. 교수대에 오른 목숨을 누가 사냐고! 그리고 우물가에 앉고 싶은 생각은 한 번도 없었는데.'

막내 왕자는 아름다운 공주와 함께 말을 타고 계속 달렸습니다. 그런데 두 형이 머무르고 있는 마을을 지나가게 되었습니다. 마을에는 많은 사람이 모여 와글와글 법석이었습니다. 막내 왕자가 무슨 일이냐고 묻자 두 사람이 교수형을 당할 거라고 했습니다. 막내 왕자가 가까이가 봤더니 바로 형들이었습니다. 형들은 온갖 못된 짓을 저지르고 다니며 재산도 다 써 버린 모양이었습니다. 막내 왕자는 형들을 풀어 줄 수 없느냐고 물었습니다. 그러자 사람들이 말했습니다.

"몸값을 치르면 풀어 주겠소. 하지만 뭘 하러 자기 돈을 쓰면서까지 저런 나쁜 놈들을 풀어 달라는지, 모르겠소."

하지만 막내 왕자는 더 생각하지 않고 몸값을 치렀습니다. 형들이 풀려나자 막내 왕자는 형들과 함께 여정을 계속했습니다.

이윽고 여우를 처음 만났던 숲에 이르렀습니다. 햇볕은 따갑게 내리쬐는데, 숲 속은 시원하고 상쾌했습니다. 형들은 말했습니다.

"우물가에서 좀 쉬었다 가자. 먹고 마시기도 하고."

막내 왕자는 그러자고 했습니다. 그런데 이런저런 이야기를 나누다가 그만 깜박하고 무심코 우물가에 앉았습니다. 그러자 형들은 막내 왕자를 우물 속에 확 밀쳐 넣었습니다. 그리고 공주와 황금말과 황금새를 데리고 아버지 성으로 돌아왔습니다. 형들은 말했습니다.

"황금새만 가져온 게 아니에요. 황금말과 황금 성의 공주님도 데려온걸요."

모두 몹시 기뻐했습니다. 하지만 말은 먹지를 않았고 새는 노래를 하지 않았습니다. 또 공주는 앉아서 훌쩍훌쩍 울기만 했습니다.

그런데 막내 왕자는 죽지 않고 살아 있었습니다. 다행히 우물이 말라 있어서 부드러운 이끼 위에 다친 데 없이 떨어졌습니다. 그렇지만 우물에서 나올 수가 없었습니다. 하지만 이번에도 곤경에 빠진 왕자를 충성스런 여우가 내버려둘 리가 없었습니다. 여우는 우물 속으로 뛰어 내려 와 또 충고를 잊었느냐고 나무라고는 말했습니다.

"하지만 두고 볼 수가 없군요. 우물에서 나오도록 도와드릴게요."

여우는 왕자에게 꼬리를 꽉 잡으라고 한 뒤 왕자를 꺼내 주고 말했습니다.

"아직 위험에서 완전히 벗어난 건 아니에요. 형들은 왕자님이 죽지 않았을지도 모르니까 숲을 에워싸고 보초를 세워 놓았어요. 왕자님을 보면 당장 쏴 죽이라고요."

막내 왕자는 길에 앉아 있는 가난한 남자와 옷을 바꿔 입고 왕의 성으로 갔습니다. 아무도 왕자를 알아보지 못했습니다. 하지만 새는 노래하기 시작하고 말은 먹이를 먹고, 아름다운 공주도 울음을 뚝 그쳤습니다. 왕은 이상해서 물었습니다.

"이게 어찌 된 영문이냐?"

그러자 공주가 말했습니다.

"저도 모르겠어요. 몹시 슬펐는데, 지금은 진짜 신랑이 온 것같이 기분이 아주 좋아요."

공주는 입을 벙긋하면 죽여 버리겠다는 형들의 협박에도 불구하고 그동안의 일을 왕에게 다 고해바쳤습니다. 왕은 성에 있는 사람들을 모두 오라고 했습니다. 막내 왕자도 누더기를 걸친 가난한 남자 차림으로 왔습니다. 하지만 공주는 단박 왕자를 알아보고 끌어안았습니다. 못된 형들은 붙잡혀 사형에 처했습니다. 막내 왕자는 아름다운 공주와 결혼했고, 왕위를 물려받게 되었습니다.

그런데 불쌍한 여우는 어떻게 되었을까요? 세월이 한참 흐른 뒤 막내 왕자는 숲으로 들어갔다가 다시 여우를 만났습니다. 여우가 말했습니다.

"왕자님은 원하는 것을 다 가지셨네요. 하지만 제 불행은 끝이 없군요. 절 구해 주실 분은 왕자님밖에 없어요."

여우는 또 총을 쏘아 죽여서 머리와 발을 잘라 달라고 애걸복걸했습니다. 왕자는 마지못해 그렇게 해주었습니다. 그러자 여우는 사람으로 변했습니다. 마법에서 풀려난 여우는 바로 아름다운 공주의 오빠였습니다. 그리하여 모두 평생을 행복하게 잘 살았답니다.

개와 참새

양을 모는 어떤 개가 살았습니다. 그런데 주인이 마음씨가 고약해서 개
는 쫄쫄 굶어야 했습니다. 개는 더는 참을 수가 없었습니다. 그래서 몹
시 슬퍼하며 집을 나왔습니다. 개는 길에서 참새를 만났습니다. 참새
가 말했습니다.

"개야, 왜 그렇게 슬프니?"

개가 대답했습니다.

"배가 고파서. 그런데 먹을 게 없어."

그러자 참새가 말했습니다.

"친구야, 그럼 나하고 도시로 가자. 배불리 먹게 해줄게."

개와 참새는 함께 도시로 갔습니다. 정육점 앞을 지나가자 참새가
개에게 말했습니다.

"잠깐 서 봐. 고기 한 점 쪼아서 줄 테니까."

참새는 정육점에 포르르 내려앉았습니다. 그리고 보는 사람이 없는
지 주위를 살피더니 고깃덩이를 콕콕 쪼고 끌고 당겨서 가장자리로 밀
어내 바닥에 떨어트렸습니다. 개는 고기를 덥석 집어 물고 구석으로 달
려가 날름 먹어 치웠습니다. 참새가 말했습니다.

"다른 가게로 가자. 배부르게 고기 한 점 더 떨어트려 줄 테니."

개는 고기 한 점을 더 얻어먹었습니다. 참새가 물었습니다.

"친구야, 이제 배가 부르니?"

개가 대답했습니다.

"응, 고기는 됐어. 그런데 빵을 못 먹었잖아."

참새가 말했습니다.

"그럼 빵도 술 테니까 닐 따리의."

참새는 개를 빵집으로 데려가서 빵을 콕콕 쪼아 빵 조각 몇 개를 밑으로 떨어트려 주었습니다. 하지만 개는 더 먹고 싶었습니다. 그러자 참새는 개를 다른 빵집으로 데려가서 또 빵 조각을 떨어트려 주었습니다. 그것도 날름 먹어 치우자 참새가 물었습니다.

"개야, 이제 배가 부르니?"

개가 대답했습니다.

"응. 이제 슬슬 도시 밖으로 산책하러 가자."

개와 참새는 넓은 시골길로 나왔습니다. 하지만 날이 더워서 개가 조금 가다 말고 말했습니다.

"피곤해. 자고 싶어."

참새가 말했습니다.

"그럼 자. 난 나뭇가지에 앉아 있을게."

개는 길 위에 길게 누워 금세 잠이 들었습니다. 쿨쿨 자고 있는데, 마부가 말 세 마리가 끄는 마차를 몰며 달려왔습니다. 마차에는 포도주 두 통이 실려 있었습니다. 하지만 마차가 누워 있는 개를 비키려 하지 않고 곧장 달려오자 참새가 소리쳤습니다.

"마부 아저씨, 돌아서 가세요. 안 그러면 아저씨를 가난하게 만들 거예요."

하지만 마부는 툴툴거렸습니다.

"네가 날 어떻게 가난하게 만들어."

마부는 철썩 채찍을 내리치며 그대로 개를 치고 달려갔습니다. 개는 수레바퀴에 깔려 죽고 말았습니다. 그러자 참새가 소리를 질렀습니다.

"형제 같은 친구를 치어 죽이다니. 마차와 말을 그냥 둘 줄 알아요?"

마부가 말했습니다.

"마차와 말을 어쩌겠다고? 해볼 테면 해 봐!"

그러고서 마부는 계속 달려갔습니다. 참새는 마차의 덮개 밑으로 기어들어 가 포도주 통의 마개 구멍을 콕콕 쪼았습니다. 마개가 빠지자 포도주가 줄줄 흘러내렸습니다. 하지만 마부는 알아채지 못했습니다. 한참 달리다가 뒤를 한 번 돌아보았더니 마차에서 포도주가 뚝뚝 떨어지고 있었습니다. 마부는 포도주 통을 살펴봤습니다. 그런데 통 하나가 텅 비어있었습니다. 마부는 소리쳤습니다.

"아이고, 망했구나!"

참새가 말했습니다.

"더 망해야 돼요."

참새는 말의 머리로 날아가서 눈을 콕 쪼았습니다. 마부는 그것을 보고 곡괭이를 꺼내 참새에게 휘둘렀습니다. 하지만 참새는 포르르 날아가고, 머리에 곡괭이를 맞은 말은 쓰러져 죽었습니다. 마부가 소리쳤습니다.

"아이고, 망했구나!"

참새가 말했습니다.

"더 망해야 돼요."

마부는 나머지 말 두 마리를 몰며 계속 달렸습니다. 참새는 또 덮개 밑으로 기어들어 가 두 번째 통의 마개를 쪼아 냈습니다. 포도주는 쿨렁쿨렁 다 쏟아졌습니다. 마부가 그것을 알아채고 또 소리쳤습니다.

"아이고, 망했구나."

참새가 말했습니다.

"더 망해야 돼요."

참새는 두 번째 말의 머리에 내려앉아 눈을 콕 쪼았습니다. 마부는 곡괭이를 휘두르며 달려들었습니다. 하지만 또 참새는 포르르 날아가고, 말은 곡괭이에 맞아 쓰러져 죽고 말았습니다.

"아이고, 망했구나!"

참새가 말했습니다.

"더 망해야 돼요."

참새는 세 번째 말의 머리에 내려앉아 또 눈을 쪼았습니다. 분통이 터진 마부는 곡괭이를 마구 휘둘러 댔습니다. 하지만 참새는 날아가고 말만 곡괭이에 맞아 죽어 버렸습니다. 마부가 소리쳤습니다.

"아이고, 망했구나."

"더 망해야 돼요. 이제 집안 망하는 꼴을 보여주지요."

참새는 이렇게 말하고 날아가 버렸습니다.

화가 머리끝까지 치민 마부는 마차를 세워 두고 씩씩거리며 집으로 돌아왔습니다. 마부가 아내에게 말했습니다.

"정말 재수 없네! 포도주는 다 쏟아지고 말도 모두 죽어 버리다니."

그러자 아내가 말했습니다.

"아휴, 여보. 새가 집 안에 날아 들어왔는데 얼마나 못됐는지 몰라요! 세상의 새들은 다 몰고 와서 다락에 두었던 밀을 몽땅 쪼아 먹고 있다니까요."

마부는 다락으로 올라갔습니다. 다락에는 새 수천 마리가 바닥에 내려앉아 밀을 쪼아 먹고 있었습니다. 새들 한가운데에는 참새가 떡하니 앉아 있었습니다. 마부가 소리쳤습니다.

"아이고, 망했구나!"

참새가 대답했습니다.

"더 망해야 돼요. 마부 아저씨, 아저씨 목숨도 성치 않을 거예요."

그러고서 참새는 날아가 버렸습니다.

이제 재산을 다 날려 버린 마부는 방으로 내려가 난로 뒤에 앉았습니다. 마부는 분하고 억울했습니다. 그때 참새가 창문 밖에 앉아 소리쳤습니다.

"마부 아저씨, 아저씨 목숨도 성치 않을 거예요!"

그러자 마부는 곡괭이를 냅다 집어 던졌습니다. 하지만 새는 맞지 않고 창문만 박살 나고 말았습니다. 참새는 종종거리며 방에 들어와 난로 위에 앉더니 소리쳤습니다.

"마부 아저씨, 아저씨 목숨도 성치 않을 거예요."

마부는 화가 나서 미친 듯이 펄펄 뛰며 난로를 두 동강 내버렸습니다. 참새는 계속 요리조리 피하며 날아다녔습니다. 그러자 온갖 살림살이하며 거울, 의자, 식탁 할 것 없이 모조리 박살 났고 마지막으로 벽까지 무너져 내렸습니다. 하지만 참새는 멀쩡했습니다. 그러다가 결국 참새는 마부의 손에 붙잡혔습니다. 마부의 아내가 물었습니다.

"요놈을 죽여 버릴까요?"

마부가 소리쳤습니다.

"아니. 그건 너무 쉬워. 훨씬 고통스럽게 죽어야 해. 내가 통째로 삼켜 버리겠어."

마부는 새를 단번에 꿀꺽 삼켜 버렸습니다. 하지만 참새는 마부의 몸속에서 파닥거리더니 입으로 다시 올라왔습니다. 그리고 머리를 쏙 내밀고 소리쳤습니다.

"마부 아저씨, 당신 목숨도 성치 않을 거예요."

그러자 마부는 아내에게 곡괭이를 건네며 말했습니다.

"여보, 입속에 늘은 요놈을 쳐서 죽여요."

아내는 곡괭이를 내리쳤습니다. 하지만 마부의 머리를 내리치는 바람에 마부는 쿵 쓰러져 죽고 말았답니다. 참새는 멀리멀리 날아가 버렸고요.

◆59◆

프리더와 카테리스헨

옛날에 프리더라는 남자와 카테리스헨이라는 여자가 결혼해서 함께 살았습니다. 어느 날, 프리더가 말했습니다.

"카테리스헨, 밭에 갔다 오겠소. 돌아오면 배고플 테니 고기 좀 구워놓고, 목도 마르니까 시원한 맥주도 준비해 놔요."

카테리스헨이 대답했습니다.

"알았으니 어서 가세요, 여보. 그렇게 할게요."

점심때가 다가오자 카테리스헨은 굴뚝에 걸려 있는 소시지를 하나 꺼내 프라이팬에 넣고 버터를 두른 다음 불 위에 올려놓았습니다. 소시지가 지글지글 구워지기 시작했습니다. 카테리스헨은 프라이팬 손잡이를 잡고 서 있다가 문득 생각했습니다.

'소시지가 익을 동안 얼른 지하실에 내려가 맥주를 따라와야겠다.'

그래서 프라이팬을 바로 세워 놓고 주전자를 들고 지하실로 내려갔습니다. 카테리스헨은 맥주 통의 마개를 열고 주전자에 맥주를 따랐습니다. 맥주가 흘러내리는 것을 보고 있는데, 문득 개가 생각났습니다.

'아차, 위에 있는 개를 깜빡했네. 프라이팬에서 소시지를 슬쩍했을지 몰라. 그럼 나한테 딱 걸렸다!'

카테리스헨은 번개처럼 지하실 계단을 올라왔습니다. 하지만 녀석은 이미 소시지를 입에 물고 질질 끌고 가는 중이었습니다. 카테리스헨은 열심히 개를 쫓아갔습니다. 한참 들판을 달렸습니다. 하지만 개는 카테리스헨보다 더 빨랐습니다. 소시지도 한사코 놓치지 않았습니다. 개는 소시지를 입에 대롱대롱 물고 밭 너머로 달아나 버렸습니다. 카테리스헨은 중얼거렸습니다.

"이왕지사 없어진 것을 어쩌겠어!"

카테리스헨은 돌아가기로 했습니다. 하지만 기를 쓰고 달렸더니 맥이 탁 풀려 열도 식힐 겸 느릿느릿 걸었습니다. 그러는 동안 맥주는 계속 줄줄 흘러나왔습니다. 카테리스헨이 마개를 잠그지 않았기 때문입니다. 주전자가 가득 차자 맥주는 통이 텅 빌 때까지 지하실 바닥으로 넘쳐흘렀습니다. 카테리스헨은 계단을 내려가다가 이 불행한 광경을 보고 소리쳤습니다.

"맙소사, 어쩌면 좋지? 프리더가 알면 안 되는데!"

카테리스헨은 잠시 생각했습니다. 문득 다락방에 있는 밀가루 포대가 생각났습니다. 지난번 교회 헌당 기념일 축제 때 사다 놓은 밀가루였습니다. 카테리스헨은 밀가루를 가져와 바닥에 뿌리기로 했습니다.

"그래, 아낄 때 아껴야지, 나중에 후회하면 뭐해."

이렇게 말하며 카테리스헨은 다락방으로 올라가 밀가루 포대를 내려왔습니다. 하지만 바로 맥주가 가득 든 주전자 위에 밀가루 포대를 턱 내려놓았습니다. 그러자 주전자가 엎어지며 프리더가 마실 맥주도 왈칵 다 쏟아졌습니다. 카테리스헨은 말했습니다.

"잘 됐어. 내친김에 다 쏟아진 게 낫지."

카테리스헨은 시하실 바닥에 온 통 밀가루를 뿌렸습니다. 다 뿌리고 나자 카테리스헨은 뿌듯해서 말했습니다.

"얼마나 깨끗하고 깔끔해 보여!"

이윽고 점심때가 되어 프리더가 돌아왔습니다.

"여보, 점심을 차려놨소?"

그러자 카테리스헨이 대답했습니다.

"그게 여보, 소시지를 구워 드리려고 했거든요. 그런데 맥주를 따르러 간 사이에 개가 소시지를 물고 달아났어요. 개를 쫓아가는데, 그새 맥주가 흘러넘쳤어요. 그래서 바닥을 말리려고 밀가루를 뿌렸죠. 그러다가 그만 주전자를 엎어 버렸어요. 하지만 걱정하지 마세요, 지하실은 다 말려 놨으니까요."

프리더가 말했습니다.

"카테리스헨, 어쩌자고 그런 거요! 소시지는 빼앗기고 맥주는 다 쏟고. 게다가 그 좋은 밀가루까지 바닥에 다 부어 버렸으니!"

"여보, 몰랐어요. 미리 말해 줬어야지요."

프리더는 생각했습니다.

'저런 아내를 두다니. 앞으로 조심해야겠다.'

프리더는 탈러(은화)를 꽤 많이 모았습니다. 프리더는 탈러를 금화로 바꾸고 카테리스헨에게 말했습니다.

"보오. 노란 동전 나부랭이들인데, 단지에 담아 외양간 구유 밑에 파묻을 거요. 하지만 얼씬도 하지 말아요. 그럼 나한테 혼날 테니까."

카테리스헨이 대답했습니다.

"여보, 절대로 안 그럴 거예요."

그러던 어느 날, 프리더는 나가고 없었습니다. 오지그릇을 팔려고 마을에 들어온 장꾼들이 카테리스헨에게 그릇을 사지 않겠느냐고 물었습니다. 카테리스헨이 대답했습니다.

"아유, 아저씨, 돈이 없어서 아무것도 살 수 없어요. 혹 노란 동전 나부랭이를 받으신다면 또 몰라도요."

"노란 동전 나부랭이라고요? 안 될 거 없지요. 어디 한 번 보기나 합시다."

"외양간에 가서 구유 밑을 파 보세요. 노란 동전 나부랭이들이 나올 거니까. 하지만 저는 같이 갈 수 없어요."

장돌뱅이들은 외양간으로 가서 구유 밑을 팠습니다. 그리고 순금 더미가 나오자 오지그릇들은 다 두고 금만 챙겨 달아나 버렸습니다. 카테리스헨은 새 그릇도 필요하다고 생각했습니다. 하지만 부엌에는 그릇들이 너무 많았습니다. 그래서 집을 장식한다고 단지마다 바닥을 부숴 떼어내고 울타리에 빙 둘러 가며 주렁주렁 걸어 놓았습니다. 집에 돌아온 프리더는 새로운 장식물을 보고 말했습니다.

"카테리스헨, 저게 뭐요?"

"제가 샀어요, 여보. 외양간 구유 밑에 파묻었던 노란 동전 나부랭이를 주고요. 하지만 제가 직접 가지는 않았어요. 장꾼들더러 파라고 했지요."

그러자 프리더가 말했습니다.

"아이고, 여보. 무슨 짓이오! 그것은 동전 나부랭이가 아니라 순금이라고요. 우리의 전 재산인데, 어쩌자고 그런 짓을 한 게요."

카테리스헨이 대답했습니다.

"여보, 몰랐어요. 미리 말해 줬어야지요."

카테리스헨은 잠시 서서 곰곰 생각하더니 말했습니다.

"여보, 금을 도로 가져옵시다. 도둑들을 쫓아가요."

프리더가 말했습니다.

"그럽시다. 버터와 치즈를 챙겨요. 도중에 먹게."

"예, 준비할게요."

이렇게 두 사람은 길을 떠났습니다. 프리더는 걸음이 빨랐기 때문에 카테리스헨은 뒤처져 따라갔습니다. 카테리스헨은 생각했습니다.

'잘됐어. 돌아갈 때는 내가 이만큼 앞서갈 텐데.'

이윽고 두 사람은 산길로 접어들었는데, 길 양쪽에 마차 바퀴 자국이 움푹 파여 있었습니다. 카테리스헨이 말했습니다.

"저런, 불쌍해라. 흙을 저렇게 짓밟고 뭉개 놓다니! 평생 저런 꼴로 지내야 하잖아."

카테리스헨은 불쌍한 마음이 들었습니다. 그래서 마차 바퀴에 너무 눌리지 말라고 버터를 꺼내 왼쪽과 오른쪽 움푹 파인 바퀴 자국에다 발라 주었습니다. 이 갸륵한 일을 하느라고 허리를 굽히자, 치즈 덩이가 주머니에서 빠져나와 데굴데굴 산 밑으로 굴렀습니다. 카테리스헨은 말했습니다.

"기껏 올라왔는데 도로 내려가지 않을래. 다른 치즈한테 데려오라고 해야지."

카테리스헨은 다른 치즈 덩이를 꺼내 아래로 굴렀습니다. 하지만 굴러간 치즈들은 다시 돌아오지 않았습니다. 카테리스헨은 생각했습니다.

'혼자 오기 싫어서 친구를 기다리는 모양이지.'

그러고서 세 번째 치즈 덩이를 또 굴려 보냈습니다. 하지만 모두 돌아오지 않자 카테리스헨은 말했습니다.

"무슨 일일까! 세 번째 치즈가 길을 잃고 헤매고 있는지 모르지. 네 번째 치즈를 보내야지. 모두 데려오라고."

네 번째 치즈도 세 번째 치즈와 다를 것이 물론 없었습니다. 카테리스헨은 짜증이 났습니다. 그래서 마지막으로 다섯 번째, 여섯 번째 치즈를 산 밑으로 휙 던져 버렸습니다. 그리고 가만히 서서 치즈들이 오는지 잠시 귀를 기울였습니다. 하지만 치즈들은 돌아오지 않았습니다. 카테리스헨은 말했습니다.

"너희들, 죽고 싶어? 정말 꾸물거리네. 더 기다려 줄 것 같아? 난 갈 테니까 어서들 따라오라고. 나보다 다리가 튼튼하잖아."

계속 걸어갔더니 프리더가 뭘 좀 먹고 가려고 카테리스헨을 기다리며 서 있었습니다.

"가져온 음식을 먹자고요."

카테리스헨은 프리더에게 맨 빵을 주었습니다. 그러자 프리더가 물었습니다.

"버터와 치즈는?"

카테리스헨은 대답했습니다.

"여보, 움푹 파인 바퀴자국에 버터를 발라 줬어요. 치즈는 금세 올 거고요. 한 녀석이 달아나는 바람에 다른 치즈들을 보냈거든요. 녀석을 불러오라고요."

그러자 프리더가 말했습니다.

"카테리스헨, 어쩌자고 그런 짓을! 길에 버터를 바르고 치즈는 산 밑으로 굴리다니."

"프리더, 미리 말해 줬어야죠."

두 사람은 맨 빵을 같이 먹었습니다. 프리더가 말했습니다.

"카테리스헨, 집에서 나올 때 문단속은 잘했소?"

"아뇨, 프리더, 미리 말해 줬어야지요."

"그럼 얼른 집에 가서 문단속부터 하고 와요. 먹을 것도 좀 챙겨 오고요. 난 여기서 기다릴 테니."

카테리스헨은 집으로 돌아오며 생각했습니다.

'프리더가 다른 것이 먹고 싶구나. 버터나 치즈는 맛이 없나 봐. 그럼 말린 배 한 보자기와 마실 거는 식초 단지를 갖고 가야지.'

그러고서 대문의 위쪽 문은 빗장을 잠그고 아래쪽 문은 들어내서 어깨에 짊어졌습니다. 문을 안전한 곳에 갖다 놓으면 집도 안전할 것 같았습니다. 카테리스헨은 프리더가 더 오래 쉴 수 있도록 나름대로 생각해서 천천히 걸었습니다. 프리더가 있는 곳으로 돌아와서 카테리스헨은 말했습니다.

"여보, 문을 가져왔어요. 당신이 직접 집을 단속하세요."

프리더가 말했습니다.

"아이고 맙소사. 똑똑도 하셔라! 누구나 맘대로 드나들 수 있게 아래쪽 문을 아예 들어냈잖아. 위쪽 문은 잠가 놓고. 당신이 가져온 문이니까 당신이 지고 가구려. 다시 집에 갔다 오려면 너무 늦을 테니까."

"제가 문을 지고 갈게요, 여보. 하지만 말린 배랑 식초 단지는 너무 무거우니까 문에 매달게요. 문더러 지고 가라고요."

두 사람은 숲으로 들어와 장돌뱅이들을 찾았지만 장돌뱅이들은 보이지 않았습니다. 어느덧 날이 어둑어둑해지자 부부는 하룻밤 지내려고 나무 위로 올라갔습니다. 그런데 나무 위에 앉자마자 장돌뱅이들이 나타났습니다. 녀석들은 바로 나무 밑에 떡하니 앉더니 모닥불을 지펴

놓고 훔쳐온 물건을 나누기 시작했습니다. 프리더는 나무 뒤쪽으로 살금살금 내려가서 돌멩이를 모아서 다시 올라왔습니다. 돌멩이를 던져서 도둑들을 죽일 셈이었습니다. 하지만 돌멩이는 빗나가고, 장돌뱅이들은 웅성거렸습니다.

"곧 날이 밝으려나 봐. 바람에 솔방울이 떨어지잖아."

카테리스헨은 여전히 문짝을 어깨에 진 채 무거워서 끙끙거렸습니다. 말린 배 때문에 더욱 무거운 것 같았습니다. 카테리스헨은 말했습니다.

"프리더, 말린 배를 던져 버릴래요."

프리더가 말했습니다.

"안 돼, 카테리스헨. 놈들에게 들킨다고."

"아휴, 프리더. 하지만 너무 무겁다고요."

"제기랄, 마음대로 해!"

말린 배들이 나뭇가지 사이로 떨어졌습니다. 그러자 밑에 있던 녀석들이 말했습니다.

"새가 똥을 싸네."

하지만 문짝은 점점 더 무거워졌습니다. 잠시 후 카테리스헨이 말했습니다.

"아휴, 프리더. 식초를 쏟아 버릴래요."

"안 돼, 카테리스헨. 놈들에게 들킨다고."

"아휴, 프리더. 너무 무겁단 말이에요."

"제기랄, 마음대로 해!"

카테리스헨은 식초를 왈칵 쏟아부었습니다. 얼굴에 식초가 튀자 녀석들은 말했습니다.

"벌써 아침 이슬이 내리네."

드디어 카테리스헨은 이렇게 생각했습니다.

'문짝 때문에 이렇게 무거운가 봐.'

카테리스헨은 말했습니다.

"프리더, 문짝을 던져 버릴래요."

"하지 마, 카테리스헨. 놈들에게 들킨다고."

"아휴, 프리더. 너무 무거워서 안 되겠어요."

"안 돼, 카테리스헨. 꼭 붙잡고 있어."

"아아, 프리더. 떨어뜨릴래요."

그러자 프리더는 화가 나서 말했습니다.

"빌어먹을, 마음대로 하라고!"

문짝이 쿠당탕 요란하게 떨어지자 밑에 있던 녀석들은 비명을 질렀습니다.

"악마다. 나무에서 내려온다."

녀석들은 훔친 물건들을 그대로 놔둔 채 줄행랑을 놓았습니다. 이른 아침 두 사람은 나무에서 내려와 금을 다시 찾아서 집으로 돌아왔습니다.

집에 도착하자 프리더가 말했습니다.

"카테리스헨, 이제 부지런히 일해야 하오."

"그럼요, 프리더. 밭에 나가서 곡식을 벨게요."

카테리스헨은 밭에 나가서 혼잣말을 중얼거렸습니다.

"곡식을 베기 전에 먼저 먹을까? 아니면 한숨 잘까? 그래, 먼저 먹자!"

먹고 나니까 졸렸습니다. 카테리스헨은 곡식을 베기 시작했습니다.

그러나 비몽사몽 중에 그만 입고 있던 앞치마며 블라우스며 치마를 싹둑싹둑 잘랐습니다. 한숨 푹 자고 일어나니까 카테리스헨은 반 벌거숭이가 되어 있었습니다. 그러자 카테리스헨은 중얼거렸습니다.

"이게 나야? 아니야? 에이, 내가 아니잖아!"

그새 밤이 되어 카테리스헨은 마을로 달려가서 집의 창문을 두드리며 남편을 불렀습니다.

"프리더?"

"무슨 일이오?"

"안에 카테리스헨 있어요?"

프리더가 대답했습니다.

"예. 아마 잘 거요."

"그럼 됐네. 내가 분명 집에 있다고 하잖아."

카테리스헨은 중얼거리며 달려갔습니다.

카테리스헨은 마을 밖에서 도둑질하려는 장돌뱅이들과 마주쳤습니다. 카테리스헨은 말했습니다.

"도둑질할 때 도와줄게요!"

장돌뱅이들은 카테리스헨이 마을 지리를 잘 알고 있을 것으로 생각하고 그러라고 했습니다. 카테리스헨은 마을 사람들의 집 앞에 가서 크게 소리쳤습니다.

"여러분, 훔쳐 갈 물건 있나요?"

큰일 났다고 생각한 장돌뱅이들은 카테리스헨을 떼어놓으려고 이렇게 말했습니다.

"마을 앞터에 목사님의 무밭이 있는데, 가서 무 좀 뽑아 와요."

카테리스헨은 무밭으로 가서 무를 뽑기 시작했습니다. 하지만 게을러서 몸을 일으키지 않고 마냥 엎드려 있었습니다. 그때 어떤 남자가 지나가다가 그 모습을 보고는 우뚝 섰습니다. 무밭을 헤집는 꼴이 꼭 악마 같았습니다. 그래서 마을 목사에게 냅다 달려가서 말했습니다.

"목사님, 악마가 목사님 무밭에서 무를 뽑고 있어요."

그러자 목사가 대답했습니다.

"어떡하지요. 한쪽 발을 쓸 수가 없어서 밭에 나가 악마를 몰아낼 수가 없는데."

남자가 말했습니다.

"제가 업어다 드릴게요."

남자는 목사를 업고 무밭으로 갔습니다. 무밭에 이르자 카테리스 헨이 그제야 몸을 일으키더니 허리를 쭉 폈습니다. 목사가 비명을 질렀습니다.

"으악, 악마다!"

두 사람은 허겁지겁 달아났습니다. 얼마나 무서웠던지 절룩절룩하는 목사님이 두 다리 멀쩡한 남자보다 더 쌩쌩 달렸다지 뭡니까.

◆60◆

두 형제

옛날에 두 형제가 살았습니다. 형은 부자였고 동생은 가난했습니다. 부자 형은 금 세공사였는데 마음씨가 나빴습니다. 하지만 빗자루 묶는 일을 하며 살아가는 가난한 동생은 성품이 착하고 성실했습니다. 가난한 동생에게는 물방울처럼 똑같이 생긴 쌍둥이 아들이 있었습니다. 쌍둥이 형제는 가끔 부유한 큰댁에 가서 남은 음식을 얻어 오곤 했습니다. 어느 날, 가난한 동생은 마른 나뭇가지를 주워 오려고 숲으로 들어 갔다가 눈부시게 아름다운 황금새를 보았습니다. 그렇게 아름다운 새 는 지금껏 본 적이 없었습니다. 동생은 돌멩이를 주워 새를 향해 던졌 습니다. 새는 운 좋게 돌멩이에 맞았지만 포르르 날아가 버렸습니다. 그 런데 황금 깃털 한 개가 땅에 떨어져 있었습니다. 동생은 깃털을 형에 게 가져갔습니다. 형은 깃털을 살펴보더니 말했습니다.

"진짜 순금이로구나."

그리고 가난한 동생에게 돈을 듬뿍 주었습니다. 다음날 동생은 가지 를 몇 개 잘라 내려고 자작나무에 올라갔습니다. 바로 그때 어제 보았 던 그 황금새가 포르르 날아갔습니다. 유심히 살펴보았더니 새 둥지가 있었습니다. 둥지 안에는 황금알이 하나 들어 있었습니다. 동생은 황금 알을 집으로 가져와 형에게 보여주었습니다. 형은 말했습니다.

"진짜 순금이로구나."

그리고 또 그만큼 많은 돈을 동생에게 주었습니다. 금 세공사인 형 은 마지막으로 이렇게 말했습니다.

"새를 갖고 싶구나."

가난한 동생은 세 번째로 숲으로 들어갔습니다. 그런데 황금새가 나 무 위에 또 앉아 있었습니다. 동생이 돌멩이를 던지자 새는 밑으로 떨 어졌습니다. 그리고 새를 형에게 가져갔더니 형은 금화를 한 무더기 내 주었습니다. 동생은 생각했습니다.

'이제는 먹고 살 수 있겠어.'

동생은 뿌듯해서 집으로 왔습니다.

금 세공사는 영악하고 눈치가 빨랐습니다. 그래서 황금새가 어떤 새인지 잘 알고 있었습니다. 금 세공사는 당장 아내를 불러 말했습니다.

"황금새를 구워 줘요. 님들이 손대지 못하게 조심하고요. 혼자 다 먹을 거니까."

사실 그 새는 보통 새가 아니었습니다. 신기한 힘을 가진 새라서 새의 심장과 간을 먹으면, 먹은 사람의 베개 밑에서 매일 아침 금화가 한 닢씩 나왔습니다. 금 세공사의 아내는 새를 잘 손질해서 꼬챙이에 끼워서 굽기 시작했습니다. 그런데 굽고 있다가 마침 볼일이 생겨서 잠깐 부엌을 비우게 되었습니다. 바로 그때 가난한 동생의 두 아들이 부엌으로 들어왔습니다. 아이들은 꼬챙이를 보고 몇 번 뒤집었습니다. 그때 고기 두 점이 프라이팬에 떨어졌습니다. 한 아이가 말했습니다.

"몇 입 안 되니까 우리가 먹자. 배고프잖아. 아무도 눈치채지 못할 거야."

두 아이는 고기 두 점을 날름 집어먹었습니다. 그런데 금 세공사의 아내가 돌아와 입을 오물거리는 아이들을 보고 물었습니다.

"너희들, 뭘 먹었지?"

아이들이 대답했습니다.

"고기 몇 점이 떨어졌기에 먹었어요."

금 세공사의 아내는 가슴이 철렁 내려앉았습니다.

"심장과 간을 먹었잖아."

남편이 고기가 없어진 것을 눈치채고 화를 낼까 봐 아내는 부랴부랴 수탉 한 놈을 잡았습니다. 그리고 심장과 간을 빼내 황금새에 집어넣었습니다. 고기가 다 익자 아내는 남편에게 새고기를 차려 주었습니다. 금 세공사는 고기를 한 점도 남기지 않고 야금야금 혼자서 다 먹어 치웠습니다. 다음 날 아침, 금 세공사는 금화를 꺼내려고 베개 밑으로 손을 쑥 집어넣었습니다. 하지만 여느 때처럼 금화는커녕 아무것도 없었습니다.

두 아이는 넝쿨째 굴러 들어온 행운을 모르고 있었습니다. 다음 날 아침, 잠자리에서 일어나는데, 뭔가 쨍그랑 소리를 내며 바닥에 떨어졌습니다. 주워 보니까 그것은 금화 두 닢이었습니다. 아이들은 금화를 아버지에게 가져갔습니다. 아버지는 눈이 휘둥그레져 물었습니다.

"어떻게 된 일이냐?"

다음 날 아침에도 또 금화 두 닢이 놓여 있었습니다. 다음날에도 그 다음날에도 매일매일 금화가 나오자 가난한 동생은 형을 찾아가 별난 일도 다 있다고 말했습니다. 금 세공사는 아이들이 황금새의 심장과 간을 먹은 것을 단박 알아차렸습니다. 샘도 많고 인정이 없는 금 세공사는 앙갚음하려고 아이들 아버지에게 말했습니다.

"네 아이들이 악마의 손에 놀아나고 있구나. 금화는 건드리지도 말고, 애들도 이제 집 안에 두면 안 된다. 악마가 애들을 지배하고 있으니까. 곧 너까지 파멸시킬 게다."

아버지는 악마가 무서웠습니다. 그래서 가슴이 찢어질 듯 아팠지만 쌍둥이를 숲 속으로 데려가 버려두고 몹시 슬퍼하면서 왔습니다.

두 아이는 숲을 헤매며 집으로 가는 길을 찾았습니다. 하지만 길은 나오지 않고 더욱 헤매기만 하다가 한 사냥꾼을 만났습니다. 사냥꾼이 물었습니다.

"뉘 집 애들이냐?"

"빗자루를 만드는 가난한 집 아이들이에요."

아이들은 사냥꾼에게 매일 아침 베개 밑에서 금화가 나오기 때문에 아버지가 집 안에 둘 수 없다며 숲에 버리고 갔다고 다 말했습니다. 그러자 사냥꾼이 말했습니다.

"흠, 너희들이 빈둥대지 않고 올바르게만 살면 문제 될 것 없단다."

마음 착한 사냥꾼은 아이들이 마음에도 들었고 자식도 없던 터라 집으로 데려갔습니다. 사냥꾼이 말했습니다.

"내가 아버지가 되어 너희들을 키워 주마."

아이들은 사냥꾼에게 사냥을 배웠습니다. 사냥꾼은 매일 아침 일어날 때마다 나오는 금화를 아이들이 커서 필요할 때 주려고 꼬박꼬박 모아 두었습니다.

어느덧 아이들은 무럭무럭 자라서 청년이 되었습니다. 어느 날, 양아버지는 아이들을 데리고 숲으로 갔습니다.

"오늘은 너희들에게 사냥꾼 자격을 줄 수 있는지 총 솜씨를 시험해 봐야겠다."

아이들은 사냥꾼과 함께 숨어서 사냥감을 기다렸습니다. 하지만 한참을 기다려도 들짐승은 한 놈도 나타나지 않았습니다. 사냥꾼은 문득 하늘을 올려다보았습니다. 흰기러기 한 떼가 삼각형을 그리며 날아오고 있었습니다. 사냥꾼은 한 아들에게 말했습니다.

"자, 모퉁이에 있는 녀석들을 하나씩 쏘아 떨어뜨려라."

아들은 시키는 대로 했고, 시험에 합격했습니다. 곧이어서 또 흰기러기 한 떼가 숫자 '2'를 그리며 날아왔습니다. 사냥꾼은 다른 아들에게 모퉁이에 있는 새를 하나씩 다 쏘아 떨어뜨리라고 했습니다. 그 아들도 역시 시험에 합격했습니다. 양아버지가 말했습니다.

"배울 만큼 배웠으니 이제 너희들은 어엿한 사냥꾼이 되었다."

그러자 두 형제는 숲으로 들어가 의논을 하더니 무슨 약속을 했습니다. 저녁때 식사를 하려고 앉았는데, 두 형제가 말했습니다.

"부탁이 있는데, 꼭 들어주세요. 들어주시기 전에는 한 입도 먹지 않겠어요."

사냥꾼이 물었습니다.

"무슨 부탁인데?"

두 형제가 대답했습니다.

"사냥꾼으로 훈련을 받았으니까 세상에 나가 시험해 보고 싶어요. 그래서 집을 떠나려고 하니까 허락해 주세요."

그러자 양아버지는 흐뭇해하며 말했습니다.

"진짜 사냥꾼답게 말하는구나. 나도 너희들이 그래 주기를 바라던 참이었다. 떠나 거라. 다 잘될 거다."

세 사람은 즐겁게 먹고 마셨습니다.

두 형제가 떠나는 날, 양아버지는 아이들에게 각각 좋은 엽총 한 자루와 사냥개 한 마리를 주었습니다. 그리고 그동안 모은 금화도 원하는 만큼 가져가라고 했습니다. 양아버지는 멀리까지 따라 나왔습니다. 그리고 두 형제와 헤어지면서 번쩍이는 칼을 주며 말했습니다.

"혹 헤어지게 되면, 이 칼을 갈림길에 있는 나무에 꽂아 놓아라. 둘 중 하나가 돌아와 이 칼을 보면 다른 형제가 어떻게 지내는지 알 수 있을 게다. 칼을 뽑아서 하나가 간 쪽으로 녹이 슬어 있으면 죽었다는 뜻이다. 하지만 살아 있으면 칼이 반짝거릴 거다."

두 형제는 여정에 올랐습니다. 계속 걸어서 어느 숲에 이르렀습니다. 숲이 엄청나게 커서 하루 만에 빠져나올 수 없을 것 같았습니다. 두 형제는 숲에서 하룻밤을 지내기로 하고 사냥 자루에 넣어 온 음식을 먹었습니다. 그러나 다음날도 두 형제는 종일 걸었지만 숲을 빠져나올 수 없었습니다. 먹을 것이 다 떨어지자 쌍둥이 형제 중 하나가 말했습니다.

"뭐라도 잡아야지, 이러다간 굶어 죽겠어."

사냥꾼은 엽총에 총알을 재고 주위를 두리번거렸습니다. 그때 늙은 산토끼 한 마리가 깡충거리며 뛰어왔습니다. 사냥꾼이 총을 겨누자 토끼가 소리쳤습니다.

"사냥꾼 아저씨, 살려주세요.
대신 아기 두 마리를 드릴게요."

토끼는 얼른 덤불 속으로 뛰어들어가더니 아기 두 마리를 데리고 나왔습니다. 하지만 깡충깡충 뛰노는 아기 토끼들이 어찌나 사랑스럽고 예쁜지 차마 죽일 수가 없었습니다. 그래서 사냥꾼 형제는 아기 토끼들을 그냥 데리고 있기로 했습니다. 아기 토끼들은 사냥꾼들 뒤를 졸졸 따라왔습니다. 얼마 지나지 않아 여우 한 마리가 살금살금 지나갔습니다. 사냥꾼들이 쏘려고 하자 여우가 소리쳤습니다.

"사냥꾼 아저씨, 살려주세요.
대신 아기 두 마리를 드릴게요."

여우는 아기 두 마리를 데리고 왔습니다. 사냥꾼들은 아기 여우들도 죽이고 싶지 않았습니다. 그래서 아기 토끼들과 같이 지내라고 했습니다. 아기 토끼들과 아기 여우들은 사냥꾼들 뒤를 졸졸 따라왔습니다. 얼마 지나지 않아 늑대 한 마리가 덤불 숲에서 어슬렁어슬렁 나왔습니다. 사냥꾼들은 총을 겨누었습니다. 그러자 늑대가 소리쳤습니다.

"사냥꾼 아저씨, 살려주세요.
대신 아기 두 마리를 드릴게요."

사냥꾼들은 아기 늑대 두 마리를 다른 동물들과 같이 지내라고 했습니다. 동물들은 한데 어울려 사냥꾼들 뒤를 졸졸 따라왔습니다. 얼마 후 곰이 어슬렁거리며 나타났습니다. 곰은 요리조리 빼다가 결국 소리쳤습니다.

"사냥꾼 아저씨, 살려주세요.
대신 아기 두 마리를 드릴게요."

아기 곰 두 마리도 다른 동물들과 한데 어울려 이제 모두 여덟이 되었습니다. 그런데 마지막으로 또 누가 왔을까요? 갈기를 흔들흔들하며 나타난 것은 바로 사자였습니다. 하지만 사냥꾼들은 눈 하나 깜짝하지 않고 사자에게 총을 겨누었습니다. 그러자 사자 역시 소리쳤습니다.

"사냥꾼 아저씨, 살려주세요.
대신 아기 두 마리를 드릴게요."

사자도 아기 사자 두 마리를 데려왔습니다. 이렇게 해서 사자 두 마리, 곰 두 마리, 늑대 두 마리, 여우 두 마리, 토끼 두 마리는 사냥꾼들을 졸졸 따라다니며 시중을 들었습니다. 그렇다고 고픈 배가 채워지지는 않았습니다. 사냥꾼들은 아기 여우들에게 말했습니다.

"어이, 꾀돌이들아, 먹을 것 좀 구해 오렴. 약삭빠르고 잔꾀도 많잖니."

아기 여우들이 대답했습니다.

"여기서 조금만 더 가면 마을이 하나 나와요. 우리가 심심치 않게 닭을 훔쳐 먹은 곳인데, 가는 길을 가르쳐 드릴게요."

사냥꾼들은 마을로 들어가 먹을 것을 사고 동물들에도 먹이를 준 다음 계속 걸었습니다. 그곳 지리를 잘 아는 여우들이 양계장이 어디 있는지 척척 길을 가르쳐주었습니다.

사냥꾼들은 한동안 이리저리 떠돌아다녔습니다. 하지만 모두 함께 지낼 수 있는 일자리를 구할 수 없었습니다. 그래서 사냥꾼들이 말했습니다.

"서로 헤어지자. 어쩔 수 없어."

사냥꾼들은 사자와 곰과 늑대와 여우와 토끼를 각각 한 마리씩 나누어 가졌습니다. 두 형제는 헤어지면서 죽을 때까지 우애를 지키자고 다짐하고 양아버지가 준 칼을 나무에 꽂았습니다. 그리고 한 사람은 동쪽으로 한 사람은 서쪽으로 길을 떠났습니다.

동생은 동물들을 거느리고 어느 도시에 이르렀습니다. 그런데 도시에 애도하는 검은 띠가 줄줄이 걸려 있었습니다. 사냥꾼은 여관에 들어가 주인에게 동물들을 재워 줄 수 있느냐고 물었습니다. 여관 주인은 동물들에 벽에 구멍이 나 있는 가축우리를 하나 내주었습니다. 그러자 토끼는 냉큼 구멍으로 빠져나가 양배추를 한 통 가져왔습니다. 여우는 암탉을 한 마리 물어 와서 다 먹고는 수탉까지 물어 왔습니다. 하지만 늑대와 곰과 사자는 덩치가 너무 커서 바깥으로 빠져나갈 수가 없었습니다. 그러자 여관 주인은 늑대와 곰과 사자를 암소가 있는 초지로 데려가서 배가 부르도록 먹게 했습니다. 동물들을 보살피고 나자 사냥꾼은 여관 주인에게 왜 온 도시에 검은 띠가 걸려 있느냐고 물었습니다. 여관 주인이 대답했습니다.

"내일 임금님의 하나뿐인 따님이 죽기 때문이지요."

사냥꾼이 물었습니다.

"죽을병에라도 걸렸나요?"

여관 주인이 대답했습니다.

"아뇨. 공주님은 아주 건강하지만 그래도 죽어야 한다오."

사냥꾼이 물었습니다.

"어째서요?"

"도시 바깥에 높다란 산이 하나 있어요. 그 산꼭대기에 용이 살고 있는데, 해마다 순결한 아가씨를 산 제물로 바쳐야 한답니다. 안 그러면 온 나라를 쑥대밭으로 만들어 버리니까요. 그래서 아가씨란 아가씨는 다 바쳤어요. 이제 아가씨라곤 공주님밖에 남지 않았어요. 하지만 어쩔 수가 없어요. 인정사정 볼 것 없이 공주님도 바치라니까요. 내일이 바로 그날이랍니다."

그러자 사냥꾼이 물었습니다.

"용을 죽여 버리면 되잖아요?"

여관 주인이 대답했습니다.

"어휴, 수많은 기사가 나섰지만 모두 목숨을 잃었답니다. 임금님은 용을 죽이는 사람에게 공주님을 주겠다고 약속하셨지요. 돌아가시면 왕위도 물려주겠다고 하셨고요."

사냥꾼은 잠자코 듣고 있었습니다. 다음 날 아침, 사냥꾼은 동물들을 데리고 용이 사는 산으로 올라갔습니다. 산꼭대기에 작은 교회가 있었습니다. 제단 위에는 음료가 담긴 잔이 세 개 놓여 있고, 이렇게 쓰여 있었습니다.

'이 잔을 드는 자, 세상에서 가장 강한 자가 되리니, 문지방 앞에 묻혀 있는 검을 부리게 될 것이리라.'

사냥꾼은 음료를 마시지 않고 바깥으로 나가 땅속에서 칼을 찾아냈습니다. 그런데 칼을 들 수가 없었습니다. 그러자 사냥꾼은 교회에 다시 들어가 잔 세 개를 모두 들이켰습니다. 그러자 힘이 부쩍 났습니다. 사냥꾼은 칼을 들 수가 있었고, 마음대로 다루기까지 할 수 있었습니다. 이윽고 공주를 바쳐야 할 시간이 되자 왕과 장군과 대신들이 공주를 데리고 왔습니다. 저 멀리 산꼭대기에 서 있는 사냥꾼의 모습이 보이자, 공주는 용이 서서 기다리는 줄로 알고 산에 올라가지 않으려고 했습니다. 하지만 어쩔 수 없이 무거운 발걸음을 옮겨야 했습니다. 온 도시를 파멸로 몰고 갈 수는 없었기 때문입니다. 왕과 대신들은 먼발치에서 지켜보라고 장군만 남겨 놓고 비통한 마음으로 발길을 돌렸습니다.

공주가 산꼭대기에 올라갔더니 용이 아니라 젊은 사냥꾼이 서 있었습니다. 사냥꾼은 자신이 꼭 구해 주겠다고 공주를 토닥였습니다. 사냥꾼은 공주를 교회로 데리고 들어가 문을 잠갔습니다. 얼마 지나지 않아 요란한 괴성을 지르며 머리가 일곱 개나 달린 용이 쿵쿵거리며 나타났습니다. 용은 사냥꾼을 보자 어처구니가 없다는 듯 물었습니다.

"여기서 뭘 하는 게냐?"

사냥꾼은 대답했습니다.

"네놈과 싸우려고 왔다."

용이 말했습니다.

"수많은 기사가 목숨을 잃었다. 좋아, 너도 끝장내주마."

용은 일곱 개의 입에서 불을 확 내뿜었습니다. 마른 풀에 불이 붙었습니다. 사냥꾼은 타오르는 불길과 연기에 숨이 막혀 꼼짝없이 죽을 판이었습니다. 그때 동물들이 우르르 달려들어 불을 밟아 꺼 버렸습니다. 그러자 용은 길길이 날뛰며 사냥꾼에게 덤벼들었습니다. 하지만 사냥꾼은 휙휙 칼을 휘둘러 머리 세 개를 베어 버렸습니다. 그러자 용은 분통을 터뜨리며 공중 높이 솟구쳐 올라 시뻘건 불을 내뿜으며 사냥꾼을 공격했습니다. 하지만 사냥꾼은 휙휙 검을 휘둘러 머리 세 개를 또 베어 버렸습니다. 이윽고 괴물은 힘없이 쓰러졌지만, 또 덤벼들었습니다. 사냥꾼은 마지막 남은 힘을 다해 꼬리를 싹둑 잘라 버렸습니다. 하지만 사냥꾼도 더 싸울 힘이 없어서 동물들을 불렀습니다. 동물들은 우르르 달려들어 용을 갈기갈기 찢어 놓았습니다. 드디어 싸움이 끝났습니다. 사냥꾼은 교회 문을 열고 들어갔습니다. 공주는 정신을 잃은 채 땅바닥에 쓰러져 있었습니다. 사냥꾼과 용이 싸우는 동안 너무나 끔찍하고 겁이 나서 정신을 잃은 것입니다. 사냥꾼은 공주를 밖으로 데리고 나왔습니다. 공주가 정신을 차리고 눈을 뜨자, 사냥꾼은 갈가리 찢겨 널브러져 있는 용을 가리키며 이제 공주는 자유로운 몸이라고 말했습니다. 공주는 기뻐하며 말했습니다.

"이제 당신은 제 신랑입니다. 아버님이 용을 죽인 분에게 저를 주신다고 하셨거든요."

공주는 목에 걸고 있던 산호 목걸이를 풀어 동물들에 고맙다고 나눠주었습니다. 사자는 목걸이에 달린 황금 고리를 받았고, 사냥꾼은 공주의 이름이 수 놓인 손수건을 받았습니다. 사냥꾼은 일곱 개의 용의 머리에서 혀를 뽑아 손수건에 싸서 잘 간직했습니다.

그러고시 사냥꾼은 불길 속에서 싸우느라고 녹초가 된 터라 공주에게 말했습니다.

"우리 둘 다 지쳤으니 잠깐 눈을 붙입시다."

공주도 좋다고 했고, 두 사람은 땅바닥에 누웠습니다. 사냥꾼은 사자에게 일렀습니다.

"우리가 자는 동안 아무도 얼씬 못 하게 잘 지켜야 한다."

사자는 망을 보려고 두 사람 곁에 너부죽하게 엎드렸습니다. 하지만 용과 싸우느라고 사자도 피곤했기 때문에 곰을 불러 말했습니다.

"내 옆에 앉아. 나도 눈 좀 붙여야겠다. 무슨 일이 생기면 깨워."

사자 옆에 앉은 곰도 피곤하긴 마찬가지였습니다. 그래서 늑대를 불러 말했습니다.

"내 옆에 앉아. 나도 눈 좀 붙여야겠다. 무슨 일이 생기면 깨워."

곰 옆에 앉은 늑대 역시 피곤했습니다. 그래서 여우를 불러 말했습니다.

"내 옆에 앉아. 나도 눈 좀 붙여야겠다. 무슨 일이 생기면 깨워."

늑대 옆에 앉은 여우도 피곤했기 때문에 토끼를 불러 말했습니다.

"내 옆에 앉아. 나도 눈 좀 붙여야겠다. 무슨 일이 생기면 깨워."

토끼는 여우 옆에 앉았습니다. 불쌍한 토끼 역시 피곤했지만 망을 보라고 불러올 동물이 없었습니다. 그래서 토끼도 그냥 잠이 들어 버렸습니다. 공주와 사냥꾼과 사자와 곰과 늑대와 여우와 토끼는 모두 쿨쿨 곯아떨어졌습니다.

그런데 멀리서 산 쪽을 지켜보고 있던 장군은 용이 공주를 데리고 날아가는 모습은 보이지 않고 너무 조용한 것 같아서 용기를 내어 산에 올라갔습니다. 그런데 올라갔더니 용은 갈가리 찢기고 토막이 난 채 땅바닥에 널브러져 있었습니다. 그리고 멀지 않은 곳에는 공주와 사냥꾼이 동물들하고 같이 쿨쿨 자고 있었습니다. 장군은 마음씨가 나쁘고 아주 못된 사람이었습니다. 장군은 칼을 빼서 사냥꾼의 목을 베어 버렸습니다. 그리고 공주를 안고 산에서 내려왔습니다. 공주가 화들짝 잠을 깨자 장군이 말했습니다.

"공주는 이제 내 손안에 들었소. 내가 용을 죽였다고 하시오."

공주가 대답했습니다.

"그럴 수 없어요. 사냥꾼과 동물들이 용을 죽였잖아요."

그러자 장군은 칼을 빼 들고 말을 듣지 않으면 당장 죽여 버리겠다고 을러댔습니다. 공주의 약속을 억지로 받아 낸 장군은 공주를 왕에게 데리고 갔습니다. 용에게 갈가리 찢겨 죽은 줄 알았던 왕은 무사히 살아 돌아온 사랑하는 딸을 보고 기뻐서 어쩔 줄을 몰랐습니다. 장군은 왕에게 말했습니다.

"제가 용을 죽이고 공주님과 나라를 구했습니다. 말씀하신 대로 공주님을 아내로 주십시오."

그러자 왕은 공주에게 물었습니다.

"장군의 말이 사실이냐?"

공주가 대답했습니다.

"아, 예, 그럴 거예요. 하지만 결혼식은 일 년 뒤로 미뤘으면 좋겠어요."

공주는 그동안 사랑하는 사냥꾼의 소식을 들을 수 있을지 모른다고 생각한 것입니다.

한편, 용의 산에서는 동물들이 죽은 주인 곁에서 여전히 쿨쿨 자고 있었습니다. 그런데 커다란 어리뒤영벌[34] 한 마리가 붕붕 날아와 토끼의 콧잔등에 내려앉았습니다. 토끼는 앞발로 코를 쓱 비비고는 쿨쿨 계속 잤습니다. 하지만 어리뒤영벌이 또 날아왔습니다. 토끼는 또 코를 쓱 비비고 계속 잤습니다. 하지만 어리뒤영벌이 세 번째로 날아와 콧잔등을 콕 쏘자 토끼는 잠이 깼습니다. 토끼는 일어나자마자 여우를 깨웠습니다. 여우는 늑대를 깨웠고, 늑대는 곰을, 그리고 곰은 사자를 깨웠습니다. 사자가 일어나서 보니 공주는 사라졌고 주인은 죽어 있었습니다. 사자는 무섭게 으르렁대며 소리를 질렀습니다.

"누구 짓이야? 곰아, 왜 안 깨웠어?"

곰은 늑대에게 물었습니다.

"왜 안 깨웠어?"

늑대는 여우에게 물었습니다.

"왜 안 깨웠어?"

여우는 토끼에게 물었습니다.

"왜 안 깨웠어?"

불쌍한 토끼는 할 말이 없었습니다. 죄를 고스란히 혼자 뒤집어쓰게 되었습니다. 동물들이 달려들려고 하자 토끼는 빌었습니다.

"죽이지 마. 주인님을 다시 살려 놓을게. 내가 아는 어떤 산에서 자라는 뿌리가 있어. 그 뿌리를 입에 물면 병도 낫고 상처도 말끔히 낫는단다. 그 산을 내가 알고 있거든. 그런데 여기서 가려면 2백 시간은 걸릴 거야."

사자가 말했습니다.

---

34. 꿀벌과의 곤충.

"스물네 시간 안에 갔다 와. 어서 뿌리를 캐 오라고."

토끼는 번개처럼 달려가서 스물네 시간 안에 뿌리를 가지고 돌아왔습니다. 사자는 사냥꾼의 머리를 제자리에 올려놓았습니다. 토끼가 사냥꾼의 입에 뿌리를 넣자 머리가 척 붙더니 심장이 쿵쿵 뛰면서 생명이 돌아왔습니다. 사냥꾼은 잠을 깼습니다. 그런데 공주가 보이지 않자 가슴이 덜컥 내려앉았습니다. 자는 사이에 사냥꾼을 버리고 도망쳤다고 생각했습니다. 그런데 사자는 급히 서두르다가 주인의 머리를 거꾸로 붙여 놓았습니다. 하지만 사냥꾼은 공주 때문에 슬프고 정신이 없어서 알아차리지 못했습니다. 그러다가 점심때가 되어 음식을 먹으려는 순간, 비로소 머리가 등 쪽에 붙어 있는 것을 알게 되었습니다. 사냥꾼은 어이가 없어서 자는 동안에 무슨 일이 있었느냐고 동물들에 물었습니다. 사자가 말했습니다. 자기들도 피곤해서 깜박 잠들었는데, 일어나 보니 사냥꾼이 머리가 잘린 채 죽어 있더라고 했습니다. 그래서 토끼가 생명의 뿌리를 구해 왔고, 자기가 급히 서두르다가 머리를 그만 거꾸로 붙였다고 말입니다. 그러나 사자는 실수를 바로잡겠다고 하면서 사냥꾼의 머리를 다시 떼어내 바로 돌려놓았습니다. 그리고 토끼가 뿌리로 치료해 줘서 사냥꾼은 완전히 나았습니다.

하지만 사냥꾼은 슬픔을 달랠 길이 없어 사람들에게 동물들의 춤을 보여주며 발길 닿는 대로 떠돌아다녔습니다. 일 년 후, 사냥꾼은 용한테서 공주를 구해 주었던 바로 그 도시에 다시 왔습니다. 그런데 도시가 온통 다홍빛 일색이었습니다. 걸려 있는 다홍 띠를 보고 사냥꾼은 여관 주인에게 물었습니다.

"무슨 일이죠? 일 년 전에는 온 도시가 검정 띠로 뒤덮여 있었는데, 오늘은 온통 다홍 띠가 걸려 있네요."

여관 주인이 대답했습니다.

"일 년 전에 공주님이 용의 제물로 비쳐질 뻔했죠. 하지만 장군이 용감하게 싸워 용을 죽였어요. 그래서 내일 장군과 공주님이 결혼식을 올릴 겁니다. 일 년 전에는 애도의 뜻으로 검은 띠를 내걸었지만, 오늘은 기쁨의 표시로 다홍빛 띠를 건 것이지요."

다음 날, 공주와 장군이 결혼식을 올리는 날, 사냥꾼은 점심때 여관 주인에게 말했습니다.

"주인장, 내가 오늘 임금님의 식탁에서 빵을 가져와 여기서 먹겠다면 믿으시겠어요?"

여관 주인이 대답했습니다.

"에이, 그럴 리가 있겠어요. 금화 백 닢을 걸으리다."

사냥꾼은 내기를 받아들이고 금화 백 닢이 든 자루를 내놓았습니다. 그리고 토끼를 불러 말했습니다.

"깡충아, 가서 임금님이 드시는 빵을 가져오렴."

토끼는 동물 중에서 막내이기 때문에 심부름을 시킬 동물이 없었습니다. 그래서 직접 갈 수밖에 없었습니다. 토끼는 생각했습니다.

'아이, 이렇게 깡충대며 혼자 돌아다니면 정육점 개가 쫓아 올 텐데.'

아니나 다를까, 개들은 뒤를 쫓아와서 토끼의 고운 털을 물어뜯으려 했습니다. 그러자 토끼는 깡충깡충 뛰어 보초 막사로 도망쳤습니다. 그런데 세상에 어찌나 빠른지 보이지도 않았습니다! 보초병들도 보지 못했습니다. 개들이 쫓아와서 토끼를 끌어내리려고 왈왈 짖어 댔습니다. 그러자 엄격한 병사는 개머리판으로 개들을 냅다 때렸습니다. 개들은 깨갱깨갱 비명을 지르며 달아났습니다. 바깥이 조용해지자 토끼는 성으로 들어가 곧장 공주를 찾아갔습니다. 토끼는 공주의 의자 밑에 앉아 앞발로 공주의 발등을 살짝 긁었습니다. 공주가 말했습니다.

"저리 가!"

공주는 개가 그런다고 생각했습니다. 토끼는 공주의 발등을 또 긁었습니다. 그러자 공주는 또 개가 그러는 줄 알고 말했습니다.

"저리 가라니까!"

하지만 토끼는 당황하지 않고 또다시 공주의 발등을 긁었습니다. 그제야 공주는 아래를 내려다보았습니다. 공주는 토끼의 목에 걸린 산호 목걸이를 보고 토끼를 단박에 알아봤습니다. 공주는 토끼를 품에 안고 자기 방으로 갔습니다. 공주가 물었습니다.

"토끼야, 어쩐 일이야?"

토끼가 대답했습니다.

"용을 죽인 우리 주인님이 여기 계세요. 임금님이 드시는 빵을 가져오라고 절 보내셨답니다."

공주는 뛸 듯이 기뻐하며 빵 굽는 요리사를 불러 왕이 먹는 빵을 가져오라고 했습니다. 토끼가 말했습니다.

"빵 굽는 요리사한테 여관까지 빵을 갖다 주라고 해주세요. 정육점 개들이 저를 해치지 못하게요."

빵 굽는 요리사는 빵을 여관 문 앞까지 가져다주었습니다. 토끼는 뒷발로 서서 앞발로 빵을 받아 주인에게 갖다 주었습니다. 사냥꾼이 말했습니다.

"보세요, 주인장. 금화 백 냥은 이제 내 거요."

여관 주인은 어리둥절했습니다. 사냥꾼이 말했습니다.

"주인장, 빵은 있으니까 이제 임금님이 드시는 구운 고기를 먹겠어요."

여관 주인이 말했습니다.

"해보시구려."

하지만 여관 주인은 이제는 내기는 하려고 하지 않았습니다. 사냥꾼은 여우를 불러 말했습니다.

"여우야, 가서 임금님이 드시는 구운 고기를 가져오렴."

붉은 여우는 토끼가 모르는 샛길 구석으로 살금살금 갔기 때문에 개한테 들키지 않았습니다. 여우도 공주의 의자 밑에 앉아 공주의 발등을 살짝 긁었습니다. 공주는 아래를 내려다보았습니다. 공주는 여우의 목에 걸린 산호 목걸이를 보고 단박에 여우를 알아보았습니다. 공주는 여우를 자기 방으로 데려와 물었습니다.

"여우야, 어쩐 일이야?"

"용을 죽인 우리 주인님이 여기 계세요. 임금님이 드시는 구운 고기를 가져오라고 절 보내셨답니다."

공주는 당장 요리사를 불러 왕이 먹는 것과 같은 구운 고기를 요리해서 여관집 문 앞까지 들어다 주라고 했습니다. 여우는 그릇을 받아들고는 먼저 꼬리를 살랑거려 구운 고기에 앉은 파리를 쫓은 다음 주인에게 고기를 가져갔습니다.

"보세요, 주인장. 빵하고 고기는 있으니까 이제 임금님이 드시는 곁들이 채소를 먹어야겠어요."

사냥꾼은 늑대를 불러 말했습니다.

"늑대야, 가서 임금님이 드시는 곁들이 채소를 가져오렴."

무서운 것이 없는 늑대는 거침없이 성으로 들어갔습니다. 늑대는 공주의 방에 이르자 뒤에서 공주의 옷자락을 잡아당겼습니다. 공주는 뒤를 돌아다보았습니다. 그리고 늑대의 목에 걸린 산호 목걸이를 보고 단박에 늑대를 알아보았습니다. 공주는 늑대를 자기 방으로 데려와 물었습니다.

"늑대야, 어쩐 일이야?"

"용을 죽인 우리 주인님이 여기 계세요. 임금님이 드시는 곁들이 채소를 가져오라고 절 보내셨답니다."

공주는 당장 요리사를 불러 왕이 먹는 것과 같은 채소를 만들어 여관집 문 앞까지 들어다 주라고 했습니다. 늑대는 그릇을 받아 들고 주인에게 가져갔습니다. 사냥꾼은 말했습니다.

"보세요, 주인장. 빵도 있고 고기도 있고 곁들이 채소도 있으니까 이제 임금님이 드시는 과자를 먹어야겠네요."

그러고는 곰을 불러 말했습니다.

"곰아, 너 단 거 좋아하지? 임금님이 드시는 과자를 가져오렴."

곰은 성으로 달려갔습니다. 사람들은 냉큼냉큼 길을 비켜 주었습니다. 이윽고 보초 막사에 이르렀을 때 보초들은 장총을 겨누며 들어가지 못하게 곰을 막아섰습니다. 그러자 곰은 벌떡 일어서서 앞발로 보초들의 뺨따귀를 왼쪽, 오른쪽 냅다 후려쳤습니다. 보초들은 모두 우르르 무너졌습니다. 곰은 곧장 공주에게 가서 뒤에서 으르렁거렸습니다. 공주는 뒤를 돌아보았습니다. 그리고 단박에 곰을 알아보고 자기 방으로 가자고 했습니다. 공주가 물었습니다.

"곰아, 어쩐 일이야?"

곰이 대답했습니다.

"용을 죽인 우리 주인님이 여기 계세요. 임금님이 드시는 과자를 가져오라고 절 보내셨답니다."

공주는 당장 과자 굽는 요리사를 불러 왕이 먹는 과자를 구워서 여관집 문 앞까지 들어다 주라고 일렀습니다. 곰은 먼저 바닥에 굴러떨어진 사탕완두콩을 싹싹 핥아먹었습니다. 그리고 일어서서 그릇을 받아들고 주인에게 가져갔습니다.

"보세요, 주인장. 빵과 고기와 채소와 과자가 있으니까 이제 임금님이 드시는 포도주를 좀 마셔야겠어요."

사냥꾼은 사자를 불러 말했습니다.

"사자야, 너 술 많이 좋아하지. 가서 임금님이 드시는 포도주를 가져오렴."

거리를 걸어가는 사자를 보고 사람들은 후다닥 달아났습니다. 사자가 보초들 앞에 나타나자 보초들이 길을 막아섰습니다. 하지만 사자가 한 번 어흥 크게 울었더니 모두 걸음아 나 살려라, 하고 달아나 버렸습니다. 사자는 왕의 방 앞에 가서 꼬리로 문을 탁탁 두드렸습니다. 공주가 나왔습니다. 공주는 사자를 보고 순간 깜짝 놀랐지만, 자기가 준 목걸이의 황금 고리를 바로 알아보았습니다. 공주는 사자를 자기 방으로 데려와 물었습니다.

"사자야, 어쩐 일이야?"

"용을 죽인 우리 주인님이 여기 계세요. 임금님이 드시는 포도주를 가져오라고 절 보내셨답니다."

공주는 음료 담당관을 불러 왕이 마시는 포도주를 사자에게 갖다주라고 했습니다. 사자가 말했습니다.

"임금님이 드시는 진짜 포도주를 주는지 따라가서 봐야겠습니다."

사자는 음료 담당관을 따라 지하 저장실로 내려갔습니다. 그런데 음료 담당관은 왕의 시종들이 마시는 보통 포도주를 따라 주려고 했습니다. 사자가 말했습니다.

"잠깐만! 먼저 포도주 맛을 봐야겠어요."

그러더니 포도주를 반 잔 따라 쭉 들이켰습니다.

"아니잖아. 진짜가 아니에요."

그러자 음료 담당관은 힐끔 눈을 흘기더니 다른 술통에서 왕의 장군이 마시는 포도주를 따라 주려고 했습니다. 사자가 말했습니다.

"잠깐만! 먼저 포도주 맛을 봐야겠어요."

사자는 포도주를 반 잔 따라 쭉 들이켰습니다.

"좀 낫군. 하지만 이것도 진짜가 아니에요."

그러자 화가 난 음료 담당관이 말했습니다.

"멍청한 짐승이 무슨 포도주 맛을 안다고!"

사자는 음료 담당관의 뒤통수를 한 대 후려쳤습니다. 음료 담당관은 땅바닥에 나동그라졌습니다. 하지만 다시 일어나 군말 없이 왕이 마시는 포도주를 따로 저장해 둔 특별한 저장실로 사자를 데리고 갔습니다. 왕 외에는 아무도 마실 수 없는 포도주였습니다. 사자는 포도주를 반 잔 따라 맛을 본 다음 말했습니다.

"진짜 같군요."

사자는 포도주를 병 여섯 개에 가득 채우라고 했습니다. 사자는 지하실에서 올라와 밖으로 나오자 조금 취했는지 비틀거렸습니다. 음료 담당관은 여관집 문 앞까지 포도주를 들어다 주었습니다. 사자는 손잡이가 달린 바구니를 입으로 받아 물고 주인에게 가져갔습니다. 사냥꾼이 말했습니다.

"보세요, 주인장. 임금님이 드시는 빵과 고기와 곁들이 채소와 사탕과자, 그리고 포도주까지 다 있네요. 이제 동물들하고 같이 식사를 해야겠어요."

사냥꾼은 식탁에 앉아 먹고 마시면서 토끼와 여우와 늑대와 곰과 사자에게도 음식과 포도주를 나눠주었습니다. 사냥꾼은 공주가 아직도 자신을 사랑하고 있다는 것을 알았기 때문에 기분도 아주 좋았습니다. 식사를 마치자 사냥꾼은 말했습니다.

"주인장, 임금님처럼 먹고 마셨으니까 이제 성에 가서 공주님하고 결혼해야겠어요."

여관 주인이 물었습니다.

"어떻게요? 공주님은 벌써 신랑이 있고, 오늘 결혼식을 올린다잖아요?"

사냥꾼은 용의 산에서 공주한테 받은 손수건을 꺼냈습니다. 괴물의 혀 일곱 개를 쌌던 손수건이었습니다.

"손에 들고 있는 이것만 있으면 돼요."

여관 주인은 손수건을 쳐다보더니 말했습니다.

"다른 건 다 믿어도 그 말은 정말 못 믿겠소. 내 집과 농장을 걸으리다."

사냥꾼도 금화 천 닢이 든 자루를 탁자 위에 올려놓으며 맞받았습니다.

"난 이걸 걸지요."

왕이 식사를 하다가 공주에게 물었습니다.

"웬 동물들이냐? 왜 너를 찾아왔어? 성에 들락날락하던데."

공주가 대답했습니다.

"지금은 말씀드릴 수 없어요. 하지만 사람을 보내 짐승들의 주인을 불러 주셨으면 좋겠어요."

왕은 시종을 여관으로 보내 낯선 젊은이를 성으로 불렀습니다. 시종이 도착했을 때 사냥꾼은 여관 주인과 막 내기를 하던 참이었습니다.

"보세요, 주인장. 날 오라고 임금님이 시종까지 보내셨잖아요. 하지만 아직 갈 수 없어요."

그리고 시종에게 말했습니다.

"임금님께 말씀드리세요. 왕족이 입는 예복과 말 여섯 마리가 끄는 마차와 시중을 들 시종들을 보내 달라고 한다고요."

왕은 그 말을 전해 듣자 공주에게 물었습니다.

"내가 어찌하면 좋겠냐?"

공주가 대답했습니다.

"원하는 대로 해주셔서 데려오세요. 그리하시는 게 아버지께도 좋아요."

왕은 왕족 예복과 여섯 마리의 말이 끄는 마차와 시중을 들 시종들을 보냈습니다. 사냥꾼이 그것들을 보자 여관 주인에게 말했습니다.

"보세요, 주인장. 청한 대로 날 모셔 가잖아요."

사냥꾼은 왕족 예복을 차려입고, 용의 혀를 싼 손수건을 들고 왕에게 갔습니다. 사냥꾼이 오는 것을 보자 왕은 공주에게 물었습니다.

"저 사람을 어떻게 맞았으면 좋겠냐?"

공주는 대답했습니다.

"직접 내려가서 맞으세요. 그리하시는 게 아버지께도 좋아요."

왕은 내려가서 사냥꾼을 직접 데리고 올라왔습니다. 동물들도 모두 졸졸 뒤따랐습니다. 왕은 자신과 공주의 옆자리에 사냥꾼을 앉게 했습니다. 그런데 맞은편 신랑 자리에 앉아 있던 장군은 사냥꾼을 알아보지 못했습니다. 그때 용의 머리 일곱 개가 날라져 왔습니다. 왕이 말했습니다.

"용의 머리 일곱을 벤 장군에게 오늘 공주를 아내로 주겠다."

그러자 사냥꾼이 벌떡 일어나 용의 입 일곱 개를 벌려 보이며 물었습니다.

"혀 일곱 개는 어디 있나요?"

장군은 깜짝 놀라 얼굴이 새파랗게 질려서 어떻게 해야 할지 쩔쩔맸습니다. 마침내 장군은 겁먹은 소리로 말했습니다.

"용은 혀가 없어요."

사냥꾼이 말했습니다.

"거짓말쟁이들이나 혀가 없겠지요. 진짜 누가 용을 죽였는지 이 용의 혀들이 증거가 되어 알려줄 것입니다."

사냥꾼은 손수건을 풀었습니다. 손수건에는 일곱 개의 혀가 들어 있었습니다. 사냥꾼은 일곱 개의 혀를 각각 맞는 입속에 집어넣었습니다. 혀들은 꼭 맞았습니다. 사냥꾼은 공주의 이름이 수 놓인 손수건을 공주에게 보여주며 누구에게 손수건을 주었느냐고 물었습니다. 공주는 대답했습니다.

"용을 죽인 사람한테 주었어요."

사냥꾼은 동물들을 불러 목걸이를 달라 하고 사자에게는 황금 고리를 달라고 해서 공주에게 보여주며 누구 것이냐고 물었습니다. 공주가 대답했습니다.

"목걸이와 황금 고리는 원래 내 거예요. 용을 물리칠 때 날 도와준 동물들한테 나눠줬지요."

사냥꾼이 말했습니다.

"용과 싸우느라고 지쳐 잠시 눈을 붙인 사이에 장군이 왔습니다. 장군은 제 목을 베고 공주를 데려갔습니다. 그리고 자기가 용을 죽였다고 둘러댔지요. 용의 혀와 손수건과 목걸이가 장군의 거짓말을 보여주는 증거들입니다."

사냥꾼은 동물들이 신기한 뿌리로 자신을 치료해 준 덕분에 다시 살아났다고 말했습니다. 그리고 일 년 동안 동물들을 데리고 떠돌아다니다가 마침내 이곳에 왔는데, 여관집 주인에게 장군의 거짓말을 듣게 되었다고 했습니다. 왕은 공주에게 물었습니다.

"이 젊은이가 용을 죽였다는 것이 사실이냐?"

공주가 대답했습니다.

"예, 사실이에요. 이제 장군의 비열한 짓을 밝혀도 되겠군요. 제가 가만히 있었는데도 진실이 밝혀졌으니까요. 장군이 절대로 말하지 말라고 윽박질러서 입을 다물겠다고 약속했거든요. 그래서 결혼식을 일 년 뒤로 미루자고 했던 거예요."

왕은 열두 명의 재판관을 소집했습니다. 마침내 재판관들은 장군을 황소 네 마리에 묶어 사지를 찢어 죽이라고 판결을 내렸습니다. 왕은 공주를 사냥꾼에게 주고 왕을 대신해서 온 나라를 다스리라고 총독으로 임명했습니다. 기쁨 가운데 결혼식은 성대하게 열렸습니다. 젊은 왕은 아버지와 양아버지를 불러 귀한 선물들을 한 아름 안겨 주었습니다. 물론 여관 주인도 잊지 않고 불러 이렇게 말했습니다.

"보세요, 주인장. 이렇게 공주님과 결혼했습니다. 이제 집과 농장을 내놓으시죠."

그러자 여관 주인이 말했습니다.

"예, 그래야지요."

하지만 젊은 왕은 말했습니다.

"자비한 마음으로 집과 농장은 물론이고 금화 천 닢을 선물로 주

411

지요."

젊은 왕과 섦은 왕비는 즐겁고 행복하게 살았습니다. 젊은 왕은 워낙 사냥을 좋아해서 충성스런 동물들을 데리고 자주 사냥을 나갔습니다. 그런데 성 근처에 으스스하다고 소문이 난 숲이 있었습니다. 한 번 들어가면 빠져나올 수 없는 숲이라고 했습니다. 하지만 젊은 왕은 그 숲에서 사냥하고 싶은 마음이 간절했습니다. 그래서 늙은 왕에게 그 숲에서 사냥하겠다고 계속 졸랐습니다. 마침내 왕은 허락을 해주었습니다. 젊은 왕은 많은 사냥 무리를 거느리고 숲으로 나갔습니다. 숲에 이르자 눈처럼 흰 암사슴이 눈에 들어왔습니다. 젊은 왕은 수행원들에게 말했습니다.

"내가 돌아올 때까지 여기서 기다려라. 아름다운 저 사슴을 잡아야겠다."

젊은 왕은 암사슴을 쫓아 숲으로 들어갔습니다. 수행원들은 저녁때까지 기다렸지만 젊은 왕은 돌아오지 않았습니다. 그러자 수행원들은 성으로 돌아와 젊은 왕비에게 말했습니다.

"주인님께서 흰 암사슴을 쫓아 마법의 숲으로 들어가셨는데 돌아오지 않으셨어요."

젊은 왕비는 몹시 걱정되었습니다.

한편, 젊은 왕은 암사슴을 쫓아 말을 계속 달렸지만 도저히 따라잡을 수가 없었습니다. 이제 총을 쏠 수 있겠다 싶으면 어느새 암사슴은 저만치 달아났습니다. 마침내 사슴은 감쪽같이 사라져 버리고 말았습니다. 그제야 젊은 왕은 숲 속 깊이 들어온 것을 깨닫고 뿔피리를 불었지만 아무 대답이 없었습니다. 수행원들에게 뿔피리 소리가 들리지 않았기 때문입니다. 밤이 되자 젊은 왕은 집에 돌아가지 못할 것 같았습니다. 그래서 말에서 내려와 나무 옆에 불을 피우고 하룻밤을 지내기로 했습니다. 젊은 왕이 불 옆에 앉자 동물들도 옆에 누웠습니다. 그때 어디선가 사람 목소리가 들리는 것 같았습니다. 젊은 왕은 주위를 돌아보았지만 아무것도 보이지 않았습니다. 하지만 앓는 소리가 또 들렸습니다. 소리가 위에서 나는 것 같아 위를 올려다보았더니 웬 할머니가 나무 위에 앉아 징징대고 있었습니다.

"아이고, 아이고 추워 죽겠다."

젊은 왕이 말했습니다.

"추우시면 내려오셔서 몸을 녹이세요."

할머니가 말했습니다.

"싫어. 저놈들이 물 것 같아서 안 내려갈래."

젊은 왕이 말했습니다.

"해치지 않으니까 내려오세요, 할머니."

사실 할머니는 마녀였습니다. 마녀가 말했습니다.

"긴 나뭇가지를 떨어뜨릴 테니 그걸로 동물들의 등을 때리게. 그래야 날 해치지 못할 거야."

마녀는 작은 나뭇가지를 밑으로 던져 주었습니다. 젊은 왕은 나뭇가지로 동물들의 등을 톡톡 쳤습니다. 그러자 동물들은 대번에 조용해지더니 돌로 변해 버렸습니다. 동물들을 걱정할 필요가 없자 마녀는 나무에서 펄쩍 뛰어내려 왔습니다. 그리고 나뭇가지로 젊은 왕을 톡 건드려 돌로 만들어 버렸습니다. 마녀는 낄낄거리며 젊은 왕과 동물들을 구덩이로 질질 끌고 갔습니다. 구덩이는 그런 돌들로 수북했습니다.

젊은 왕이 돌아오지 않자 젊은 왕비의 수심은 날로 더해 갔습니다.

그런 일이 벌어지고 있을 때, 동생과 헤어져서 동쪽으로 갔던 형이 마침 동생의 나라에 왔습니다. 형은 일자리를 찾아다녔지만 구할 수 없었습니다. 그래서 동물들의 춤을 사람들에게 보여주며 여기저기 떠돌아다녔습니다. 그런데 문득 동생과 헤어질 때 나무에 꽂아 두었던 칼이 생각났습니다. 동생이 어떻게 지내는지 알고 싶었습니다. 그래서 나무 있는 곳으로 가서 보았더니 동생 쪽의 칼날이 반은 벌겋게 녹슬어 있었습니다. 하지만 반은 아직 반짝이고 있었습니다. 형은 깜짝 놀라 생각했습니다.

'동생한테 불행한 일이 닥쳤나 봐. 하지만 반쪽 날은 아직 반짝이니까 동생을 구할 수 있을지도 몰라.'

형은 동물들을 데리고 서쪽으로 향했습니다. 성문 앞에 이르자 보초가 다가와서 젊은 왕비에게 알려도 되느냐고 물었습니다. 왕께서 돌아오시지 않으니까 왕비께서 혹 마법의 숲에서 돌아가시지 않았는지 며칠째 속을 태우고 계신다고 말했습니다. 보초는 형을 젊은 왕으로 착각한 것입니다. 젊은 왕과 똑같이 생긴 데다 뒤에서 따라오는 동물들까지 영락없었으니까요. 형은 자기를 동생으로 착각하고 한 말이라는 것을 단박에 눈치채고 생각했습니다.

'동생인 척하는 게 상책이야. 그래야 동생을 더 쉽게 구할 수 있을 거야.'

형은 보초의 호위를 받으며 성으로 들어갔습니다. 모두 더할 수 없이 반갑게 맞아 주었습니다. 젊은 왕비도 남편이 돌아온 줄로만 알고 그렇게 오래 어디 있다가 왔느냐고 물었습니다. 형이 대답했습니다.

"숲 속에서 길을 잃어서 한참을 헤맸어요."

밤이 되자 형은 젊은 왕의 침대로 갔습니다. 하지만 형은 젊은 왕비와의 사이에 쌍날의 칼을 놓았습니다. 젊은 왕비는 왜 그러는지 영문을 몰랐지만 감히 물어보지는 못했습니다.

형은 며칠 동안 성에 머물며 마법의 숲에 관해 자세히 알아보았습니다. 그리고 이렇게 말했습니다.

"그곳으로 가서 다시 한 번 사냥해야겠소."

늙은 왕과 젊은 왕비는 온갖 말을 다하며 말렸습니다. 하지만 형은 고집을 부리며 결국 많은 수행원을 거느리고 숲으로 갔습니다. 숲에 이르자 형은 동생과 마찬가지로 흰 암사슴을 보았습니다. 형은 수행원들에게 말했습니다.

"내가 돌아올 때까지 여기서 기다려라. 아름다운 저 사슴을 잡아야겠다."

형은 숲 속으로 말을 달렸고, 동물들은 뒤를 따랐습니다. 하지만 암사슴을 따라잡을 수가 없었습니다. 어느새 너무 깊이 숲으로 들어온 형은 숲에서 하룻밤 잘 수밖에 없었습니다. 모닥불을 피우자 위쪽에서 징징대는 소리가 들렸습니다.

"아이고, 아이고 추워 죽겠다!"

형이 올려다보았더니 마녀가 나무 위에 앉아 있었습니다. 형이 말했습니다.

"추우시면 내려오셔서 몸을 녹이세요, 할머니."

하지만 마녀는 말했습니다.

"싫어. 저놈들이 물 것 같아서 안 내려갈래."

그러자 형이 마녀에게 말했습니다.

"해치지 않으니까 내려오세요, 할머니."

마녀가 소리쳤습니다.

"긴 나뭇가지를 떨어뜨릴 테니 그걸로 동물들의 등을 때리게. 그래야 날 해치지 못할 거야."

하지만 형은 마녀를 믿을 수가 없어 이렇게 말했습니다.

"전 동물들을 때리지 않아요. 당신이 내려오세요. 아니면 제가 내려 드리죠."

그러자 마녀가 소리쳤습니다.

"뭐가 어째? 어디 해보게나."

형이 대답했습니다.

"내려오지 않으면 쏴 버리겠다."

그러자 마녀가 말했습니다.

"쏠 테면 쏴. 그깟 총알 하나도 안 무서워."

형은 마녀를 향해 총을 쏘았습니다. 하지만 마녀는 납 총알을 맞고도 끄떡없었습니다. 도리어 깔깔 웃으며 새된 소리를 질렀습니다.

"쏴 봤자 괜한 짓이라니까."

하지만 형에게도 생각이 있었습니다. 형은 외투에 달린 은 단추 세 개를 떼어 탄창에 재고 방아쇠를 잡아당겼습니다. 그러자 마녀는 비명을 지르며 땅바닥에 떨어졌습니다. 은 단추 앞에서는 마법도 소용이 없기 때문입니다. 형은 마녀를 발로 밟고 서서 말했습니다.

"요망한 마녀 같으니. 내 동생이 어디 있는지 냉큼 말해. 안 그러면 불 속에 던져 버릴 테다."

마녀는 벌벌 떨며 제발 살려 달라고 애걸했습니다.

"동생과 동물들은 돌로 변해 구덩이 속에 누워 있어요."

사냥꾼은 앞장서라고 마녀를 을렀습니다.

"요망한 것, 내 동생과 여기 있는 모든 생명을 다시 살려 놓지 않으면 불구덩이 속에 던져 버릴 테다."

그러자 마녀는 긴 나뭇가지를 하나 들고 돌들을 톡톡 쳤습니다. 그러자 동생이 다시 살아났고 동물들도 살아났습니다. 그뿐만 아니라 상인들이며 장인들이며 양치기들 같은 다른 사람들도 다 살아났습니다. 다들 마법에서 풀어 줘 감사하다고 말하고 집으로 돌아갔습니다. 다시 만난 쌍둥이 형제는 서로 입을 맞추며 몹시 기뻐했습니다. 두 형제는 마녀를 꽁꽁 묶어 불 속에 던져 버렸습니다. 마녀가 불에 타 죽자 숲이 환하게 밝아지며 길이 저절로 훤히 트였습니다. 덕분에 세 시간쯤 걸었더니 성이 나왔습니다.

두 형제는 함께 성으로 돌아오면서 그동안 어떻게 지냈는지 서로 이야기를 나눴습니다. 동생은 왕을 대신하여 온 나라를 다스리는 주인이 되었다고 말했습니다. 그러자 형이 말했습니다.

"그건 척 보니까 알겠더라. 도시에 들어왔더니 사람들이 내가 넌 줄 알고 왕을 대하듯 깍듯하게 예우하더라. 젊은 왕비님도 날 남편으로 여기더라고. 그래서 식사도 옆에서 같이 하고 또 네 침대에서 자야 했단다."

동생은 그 말을 듣자 질투가 나서 화를 참지 못한 나머지 대뜸 칼을 빼 형의 목을 베어 버렸습니다. 하지만 시뻘건 피를 철철 흘리며 쓰러져 있는 형을 보자, 후회가 물밀듯이 몰려왔습니다. 동생은 소리치며 통곡했습니다.

"날 구해 줬는데, 그런 형을 내 손으로 죽이다니."

그때 토끼가 쪼르르 와서 생명의 뿌리를 가져오겠다고 했습니다. 토끼는 깡충깡충 달려가 생명의 뿌리를 가져왔습니다. 제때에 가져왔기 때문에 죽은 형은 다시 살아났습니다. 형은 자기가 다친 것도 몰랐습니다.

형제는 다시 길을 걸었습니다. 동생이 말했습니다.

"형은 나와 똑같이 생겼잖아. 또 나처럼 왕의 옷도 입었고, 나처럼 동물들도 데리고 다니고. 우리 서로 반대편 성문으로 들어가서 동시에 늙은 임금님에게 가 보자."

두 형제는 헤어졌습니다. 한 성문의 보초와 다른 성문의 보초가 동시에 늙은 왕 앞에 가서 사냥을 떠났던 젊은 왕이 동물들과 같이 돌아왔다고 보고했습니다. 그러자 늙은 왕이 말했습니다.

"그럴 리가 없다. 이쪽 성문과 저쪽 성문이 한 시간 거리는 족히 떨어져 있는데."

그때 두 형제가 양쪽에서 성의 마당으로 들어서더니 올라왔습니다. 늙은 왕은 딸에게 물었습니다.

"누가 네 남편이냐? 둘이 똑같이 생겨서 난 알 수가 없구나."

공주는 몹시 당황스러워 누가 남편인지 말할 수가 없었습니다. 그런데 마침내 동물들에 준 목걸이가 생각났습니다. 공주는 황금 고리를 하고 있는 사자를 보고 신이 나서 소리쳤습니다.

"이 사자가 따르는 사람이 남편이에요."

젊은 왕은 하하 웃으며 말했습니다.

"맞아요, 나요."

드디어 모두 식탁에 앉아 흥겹게 먹고 마셨습니다. 이윽고 밤이 되어 젊은 왕은 침대에 누웠습니다. 젊은 왕비가 말했습니다.

"지난 며칠 동안 왜 늘 쌍날이 서 있는 칼을 우리 사이에 놓아두셨죠? 날 죽이려는 줄 알았다니까요."

동생은 그제야 형이 얼마나 우애 깊은 형제인지를 알았답니다.

농투성이

옛날에 부자 농부만 사는 마을이 있었습니다. 그런데 그곳에 가난한 농부가 딱 한 사람 살고 있었습니다. 사람들은 가난한 농부를 농투성이[35]라고 불렀습니다. 농투성이는 소도 없었고, 소를 살 돈은 더더구나 없었습니다. 하지만 농투성이 부부는 소가 너무나 갖고 싶었습니다. 어느 날, 농투성이는 아내에게 말했습니다.

"여보, 좋은 생각이 있어요. 우리가 아는 사람 중에 목수가 있잖소. 목수에게 부탁해서 나무로 송아지를 만들어달라고 합시다. 진짜처럼 보이게 갈색으로 칠도 해달라고 하고, 시간이 지나면 자라서 소가 될 게요."

아내도 남편의 생각이 마음에 들었습니다. 그래서 목수는 대패로 나무를 깎고 다듬어 송아지를 만들고 그럴듯하게 칠도 해주었습니다. 고개를 숙인 송아지의 모습은 마치 풀을 뜯어 먹고 있는 것 같았습니다.

다음 날 아침, 농투성이는 소들을 몰고 나가는 목동을 소리쳐 불렀습니다.

"이보게, 여기 송아지가 한 마리 있는데 아직 어리니까 안고 가야 하네."

"그러죠."

목동은 송아지를 안고 목초지로 나갔습니다. 풀밭에 내려놓았더

---

35. '농부'를 낮잡아 부르는 말.

니, 마치 서서 풀을 뜯어 먹고 있는 송아지 같았습니다. 목동이 말했습니다.

"잘도 먹는구나! 금세 저 혼자서도 걸을 수 있겠군."

저녁에 소 떼를 몰고 집으로 돌아갈 때가 되자 목동은 송아지에게 말했습니다.

"내내 서서 배부르게 먹을 수 있으면, 네 발로 걸을 수도 있어. 다시 안고 갈 필요가 없다고."

농투성이는 대문 앞에서 송아지를 기다렸습니다. 목동이 소 떼를 몰고 마을로 돌아왔습니다. 그런데 어린 송아지가 보이지 않았습니다. 농투성이는 송아지는 어디 있느냐고 물었습니다. 그러자 목동이 대답했습니다.

"밖에서 계속 풀을 뜯어 먹으며 안 따라오더라고요."

농투성이는 말했습니다.

"이런, 송아지를 데려와야겠군."

두 사람은 함께 목초지로 갔습니다. 그런데 송아지는 없었습니다. 누군가 송아지를 훔쳐간 것 같았습니다. 목동이 말했습니다.

"길을 잃었나 봐요."

그러자 농투성이는 말했습니다.

"뭐라고? 널 그냥 두지 않겠어!"

농투성이는 목동을 마을의 시장에게 데려갔습니다. 시장은 목동이 조심하지 않아서 일어난 일이니까 잃어버린 송아지 대신 농투성이에게 소 한 마리를 주라고 판정을 내렸습니다.

농투성이 부부는 오랫동안 그토록 바라왔던 소를 갖게 되어 뛸 듯이 기뻤습니다. 하지만 소에게 먹일 꼴이 없어서 얼마 후 하는 수 없이 소를 잡았습니다. 농투성이는 고기는 소금에 절여놓고, 소가죽을 들고 도시로 갔습니다. 소가죽을 판 돈으로 다시 송아지를 살 작정이었습니다. 그런데 도중에 물방앗간을 지나가는데 날개가 부러진 까마귀가 앉아 있었습니다. 농투성이는 까마귀가 불쌍해서 까마귀를 가죽에 싸서 들었습니다. 그때 날씨가 험해지며 비바람이 거세게 몰아치기 시작했습니다. 농투성이는 더 갈 수가 없어서 물방앗간으로 들어가 하룻밤 재워달라고 했습니다. 집에 혼자 있던 방앗간 주인의 아내는 농투성이에게 말했습니다.

"저기 짚더미 위에서 주무세요."

방앗간 주인의 아내는 농투성이에게 빵과 치즈를 가져다주었습니다. 농투성이는 빵을 먹고 나서 소가죽을 옆에 놓고 드러누웠습니다. 방앗간 주인의 아내는 농투성이가 피곤하니까 잘 거로 생각했습니다. 그때 신부 양반이 왔습니다. 방앗간 주인의 아내는 신부를 반갑게 맞이하며 말했습니다.

"남편은 나가고 없어요. 푸짐하게 한 상 차려서 우리 먹자고요."

귀를 쫑긋 세우고 있던 농투성이는 한 상 차린다는 말에 은근히 부아가 났습니다. 자기는 달랑 빵과 치즈로 만족해야 했으니 말입니다. 방앗간 주인의 아내는 구운 고기에다 샐러드와 케이크 그리고 포도주까지 번듯하게 한 상 차려서 내왔습니다.

그런데 두 사람이 막 앉아서 먹으려는데, 밖에서 쿵쿵 문 두드리는 소리가 났습니다.

"어머나, 이를 어째, 남편이 돌아왔어요!"

방앗간 주인의 아내는 부랴부랴 구운 고기는 스토브 안에, 포도주는 베개 밑에, 샐러드는 침대 위에, 케이크는 침대 밑에 그리고 신부 양

421

반은 복도에 있는 장 속에 숨겼습니다. 방앗간 주인의 아내는 남편에게 문을 열어주며 말했습니다.

"무사히 돌아오셨네요! 세상에, 무슨 날씨가 하늘이 무너질 거 같네!"

방앗간 주인은 짚 위에 누워있는 농투성이를 보자 아내에게 물었습니다.

"웬 녀석이오?"

아내가 대답했습니다.

"아, 저 사람은 폭풍우가 휘몰아치는데 와서 재워달라고 하더라고요. 불쌍해서 치즈와 빵을 주고 짚더미 위에서 자고 가라고 했어요."

방앗간 주인이 말했습니다.

"잘했소. 얼른 먹을 거나 좀 갖다 주구려."

아내가 말했습니다.

"치즈와 빵밖에 없는데요."

방앗간 주인이 대답했습니다.

"아무거나 좋소. 치즈와 빵이라도 상관없소."

그러고는 농투성이를 쳐다보더니 말했습니다.

"이리 오쇼. 같이 듭시다."

두말할 나위 없이 농투성이는 벌떡 일어나 방앗간 주인과 같이 빵을 먹었습니다. 식사를 마치고 방앗간 주인은 바닥에 놓여있는 까마귀를 싼 소가죽을 보자 물었습니다.

"저 안에 뭐가 들었소?"

농투성이가 대답했습니다.

"점쟁이요."

방앗간 주인이 물었습니다.

"그럼 내 점도 한 번 봐줄 수 있겠소?"

농투성이가 대답했습니다.

"물론이죠. 하지만 딱 네 가지만 말해주고 다섯 번째는 말해주지 않아요."

방앗간 주인은 솔깃해서 말했습니다.

"그럼 어디 점을 쳐보라고 하시오."

그러자 농투성이는 까마귀의 머리를 꾹 눌렀습니다. 까마귀가 "까악, 까악" 하고 울자 방앗간 주인이 물었습니다.

"뭐라는 게요?"

농투성이가 대답했습니다.

"첫째, 베개 밑에 포도주가 있답니다."

"말도 안 돼!"

방앗간 주인은 소리쳤지만 가보니까 포도주가 있었습니다. 방앗간 주인이 말했습니다.

"계속해보오."

농투성이는 까마귀를 다시 까악, 까악 울게 하고 나서 말했습니다.

"둘째, 스토브 안에 구운 고기가 있답니다."

"말도 안 돼!"

방앗간 주인은 소리쳤지만 가보니까 구운 고기가 있었습니다. 농투성이는 또 까마귀를 울게 하고 나서 말했습니다.

"셋째, 침대 위에 샐러드가 있답니다."

"말도 안 돼!"

방앗간 주인은 소리쳤지만 가보니까 샐러드가 있었습니다. 농투성이는 한 번 더 까마귀의 머리를 꾹 눌러 까악 소리를 내게 한 다음 말했습니다.

"넷째, 침대 밑에 케이크가 있답니다."

"말도 안 돼!"

방앗간 주인은 소리쳤지만 가보니까 케이크가 있었습니다.

두 사람은 식탁에 앉았습니다. 그러나 덜컥 겁이 난 방앗간 주인의 아내는 열쇠들을 몽땅 갖고서 침대에 누워버렸습니다. 방앗간 주인은 마지막 다섯 번째가 무엇인지 무척 알고 싶었습니다. 하지만 농투성이는 말했습니다.

"이 음식들이나 먼저 먹고 봅시다. 다섯 번째는 좀 나쁜 거니까요."

음식을 다 먹고 나서 두 사람은 다섯 번째 점을 봐주는 대가로 방앗간 주인이 얼마를 내놔야 하는지를 놓고 이러쿵저러쿵 흥정했습니다. 드디어 300탈러로 합의를 보고, 농투성이는 까마귀의 머리를 다시 꾹 눌렀습니다. 까마귀가 까악, 까악 큰 소리로 울자 방앗간 주인이 물었습니다.

"뭐라는 게요?"

농투성이가 대답했습니다.

"복도에 있는 장 속에 악마가 들어있답니다."

방앗간 주인은 말했습니다.

"당장 악마를 쫓아내야지."

방앗간 주인은 현관문을 활짝 열었습니다. 방앗간 주인의 아내는 하는 수 없이 장문 열쇠를 내어주었습니다. 농투성이는 장문을 열었습니다. 그러자 신부 양반이 후다닥 뛰쳐나와 냅다 달아났습니다. 방앗간 주인은 말했습니다.

"시커먼 놈을 내 눈으로 똑똑히 봤어. 악마가 맞았군."

다음날 새벽 동이 틀 무렵, 농투성이는 300탈러를 챙겨 슬쩍 자취를 감췄습니다.

그때부터 농투성이네 살림살이는 차차 나아져 아담한 집도 한 채지었습니다. 그러자 이웃 농부들은 이렇게 수군거렸습니다.

"농투성이가 황금 눈이 쏟아지는 곳에 갔다 온 게 틀림없어. 돈을 삽으로 퍼 왔다니까."

그러자 마을 시장이 나서서 농투성이에게 그 많은 재산이 어디서 났는지 밝히라고 했습니다. 농투성이는 말했습니다.

"도시에 소가죽을 갖고 가서 300탈러에 팔았어요."

이 말을 들은 농부들은 쏠쏠한 수입을 놓칠세라 너도나도 집으로 가서 소들을 모두 잡아 가죽을 벗겨냈습니다. 도시에 내다 팔아 큰돈을 벌어보자는 생각이었습니다. 마을 시장이 말했습니다.

"먼저 우리 집 하녀부터 가야 해."

시장 집 하녀는 도시의 상인을 찾아갔습니다. 하지만 상인은 소가죽 한 장에 3탈러 이상은 주지 않았습니다. 하녀 뒤에 온 마을 사람들에게는 '아니, 이 소가죽을 나더러 다 어쩌라는 거요?' 하며 그만큼도 쳐주지 않았습니다.

농부들은 농투성이가 자기들을 감쪽같이 속였다고 화를 냈습니다. 그래서 앙갚음하려고 마을 시장에게 우르르 몰려가 농투성이를 사기죄로 고소했습니다. 죄 없는 농투성이에게는 만장일치로 사형이 선고되었습니다. 구멍이 숭숭 뚫린 통 속에 농투성이를 집어넣고 강물 속으로 굴려버려 처형하려는 것입니다. 농투성이는 끌려나갔고, 마지막성사를 그어줄 신부가 불려왔습니다. 다른 사람들은 다 물러가고 농투성이는 신부를 쳐다보았습니다. 그런데 신부는 다름 아닌 방앗간 주인의 아내를 찾아왔던 바로 그 신부 양반이었습니다. 농투성이가 말했습니다.

"내가 장 속에 있던 당신을 꺼내주었잖아요. 그러니까 날 여기서 꺼내줘요."

그때 마침 목동이 양 떼를 몰고 왔습니다. 농투성이는 마을 시장이 되고 싶어 하는 목동의 오랜 소원을 알고 있었습니다. 농투성이는 고래고래 소리를 질렀습니다.

"싫어, 안 한다고!"

그 소리를 들은 목동이 농투성이에게 와서 물었습니다.

"왜 그래요? 뭘 안 하겠단 말이죠?"

그러자 농투성이는 말했습니다.

"나더러 통 속에 들어가기만 하면 마을 시장을 시켜주겠대요. 하지만 난 싫다고요."

목동이 말했습니다.

"별것도 아니네! 시장이 된다는데, 나 같으면 당장 들어가겠어요."

농투성이가 말했습니다.

"통 속에 들어가기만 하면 시장이 된다니까."

목동은 냉큼 통 속으로 들어가 앉았습니다. 그러자 농투성이는 뚜껑을 쾅 닫아버리고 양 떼를 몰고 돌아갔습니다. 신부는 마을 사람들에게 가서 위령미사가 끝났다고 말했습니다. 그러자 마을 사람들은 통을 강 쪽으로 굴려갔습니다. 통이 굴러가기 시작하자 목동이 소리쳤습니다.

"난 시장이 될래요."

마을 사람들은 농투성이가 소리 지르는 줄만 알고 이렇게 말했습니다.

"어련하겠나만 먼저 물속 구경부터 하시게."

통은 데굴데굴 굴러 강물에 풍덩 빠졌습니다.

농부들은 집으로 돌아왔습니다. 마을에 들어서는데, 농투성이가 유유히 양 떼를 몰고 왔습니다. 농부들은 깜짝 놀라서 물었습니다.

"어이, 농투성이, 자네 어디서 오는 건가? 물속에서 나온 게야?"

농투성이가 대답했습니다.

"물론이지. 물에 가라앉았는데 뚜껑을 뻥 걷어차고 빠져나왔지. 그런데 푸른 풀밭에서 수많은 양이 풀을 뜯어 먹고 있더라고. 거기서 내가 한 떼 몰고 온 걸세."

그러자 농부들은 물었습니다.

"양이 더 있을까?"

농투성이가 대답했습니다.

"그럼, 그럼, 필요 이상으로 많다니까."

농부들은 너도나도 양 떼를 몰고 오기로 했습니다. 마을 시장이 말했습니다.

"내가 제일 먼저 가겠네."

마을 사람들은 모두 강으로 몰려갔습니다. 그때 마침 파란 하늘에 양털 구름이 뭉게뭉게 피어올랐습니다. 농부들은 물 위에 비친 양털 구름을 보자 환호성을 질렀습니다.

"물속에 있는 양들이 보인다!"

마을 시장이 사람들을 헤집고 앞으로 나와 말했습니다.

"내가 먼저 들어가서 살펴보겠다. 아무 이상 없으면 자네들을 부르겠네."

　시장이 물속으로 뛰어들었습니다. "첨벙" 물소리가 났습니다. 그러자 농부들은 시장이 자기들더러 "들어오라!" 하고 외치는 줄 알고 허겁지겁 강물로 뛰어들었습니다. 그래서 마을 사람들은 다 죽었고, 농투성이는 혼자서 모든 재산을 차지하여 큰 부자가 되었답니다.

◆62◆
여왕벌

옛날에 두 왕자가 모험하러 떠났습니다. 하지만 왕자들은 방탕한 생활에 빠져 영 돌아오지 않았습니다. 그래서 바보둥이라고 불리는 막내 왕자가 형들을 찾으러 길을 떠났습니다. 마침내 바보둥이는 두 형을 찾아냈습니다. 하지만 형들은 그 멍청한 머리로 어떻게 세상을 헤쳐 나가겠느냐고 동생을 비웃었습니다. 바보둥이보다 훨씬 똑똑한 자기들도 살아가기가 힘들다고 했습니다. 세 형제는 함께 길을 떠났습니다. 가다가 개미탑을 보자, 두 형은 조그만 개미들이 놀라서 꼬물꼬물 알을 운반하는 모습을 구경하고 싶다고 개미탑을 부수려고 했습니다. 하지만 바보둥이가 말했습니다.

　"평화롭게 살게 내버려둬요. 괴롭히지 말아요."

　세 형제는 계속 걸었습니다. 호수가 나타났습니다. 호수에는 아주 많은 오리가 둥둥 떠다니고 있었습니다. 두 형은 오리를 몇 마리 잡아서 구워 먹자고 했습니다. 하지만 바보둥이가 말리면서 말했습니다.

　"평화롭게 살게 내버려둬요. 죽이지 말아요."

세 형제는 계속 걸어가다가 벌집에 이르렀습니다. 벌집에 가득 찬 꿀은 나무줄기를 타고 줄줄 흘러내리고 있었습니다. 두 형은 나무 밑에 불을 피워서 연기를 쐬어 벌들을 죽이고 꿀을 꺼내먹자고 했습니다. 하지만 바보둥이가 또 형들을 말렸습니다.

"평화롭게 살게 내버려둬요. 태우지 말아요."

드디어 세 형제는 성에 이르렀습니다. 그러나 성안에는 사람의 흔적이 없고 돌로 된 말들만 마구간에 있었습니다. 세 형제는 여러 홀을 지나서 맨 마지막 방에 이르렀습니다. 문에는 자물쇠가 세 개나 달려 있었습니다. 그런데 문 한가운데에 조그만 덧문이 있어서 방 안을 들여다보니 웬 늙은 난쟁이가 식탁에 앉아 있었습니다. 세 형제는 한 번, 두 번 난쟁이를 불렀지만 난쟁이는 듣지 못했습니다. 한 번 더 부르자 난쟁이는 그제야 자리에서 일어나 자물쇠를 열고 밖으로 나왔습니다. 난쟁이는 한마디 말도 하지 않고 세 형제를 푸짐하게 차려진 식탁으로 데려갔습니다. 세 형제가 식사를 마치자 난쟁이는 한 사람씩 각자의 침실로 데려다주었습니다. 다음 날 아침 늙은 난쟁이는 큰형에게 와서 따라오라고 손짓했습니다. 난쟁이는 큰형을 돌 판이 있는 곳으로 데리고 갔습니다. 돌 판에는 마법에 걸린 성을 구하려면 해내야 하는 세 가지 일이 쓰여 있었습니다. 첫 번째는 숲 속의 이끼 속에서 공주님의 진주 천 개를 찾는 일이었습니다. 해가 지기 전까지 다 찾아내야 했습니다. 하나라도 빠뜨리면 진주를 찾던 사람이 돌로 변한다고 했습니다. 큰형은 숲에 가서 온종일 진주를 찾았지만 날이 저물 때까지 겨우 백 개밖에 찾지 못했습니다. 큰형은 돌 판에 쓰인 대로 돌로 변해버리고 말았습니다. 다음날 둘째 형이 모험에 나섰습니다. 하지만 큰형보다 나을 게 없었습니다. 겨우 이백 개밖에 찾지 못하고 돌로 변해버렸습니다. 드디어 바보둥이의 차례가 되었습니다. 바보둥이는 이끼 속에서 진주를 찾았습니다. 하지만 너무 힘들고, 너무 시간이 걸렸습니다.

바보둥이는 그만 돌 위에 주저앉아 엉엉 울기 시작했습니다.

그렇게 울며 앉아 있는데, 바보둥이가 목숨을 구해줬던 개미 왕이 개미 오천 마리를 이끌고 나타났습니다. 자그만 녀석들은 눈 깜짝할 새에 진주를 찾아내 수북이 쌓아놓았습니다. 두 번째는 공주님의 침실 열쇠를 호수에서 건져오는 일이었습니다. 바보둥이가 호수로 갔더니 전에 목숨을 구해줬던 오리들이 헤엄쳐 와서 물속 깊이 쑥쑥 들어가 열쇠를 건져왔습니다. 세 번째 일은 가장 어려웠습니다. 자고 있는 세 공주 중에서 가장 사랑스러운 막내 공주를 가려내야 하는데, 공주들은 판에 박은 듯 다 똑같이 생겼기 때문입니다. 다른 점이라고는 딱 한 가지밖에 없었습니다. 공주들은 자기 전에 달콤한 것을 먹었는데, 먹은 것이 서로 달랐습니다. 첫째 공주는 설탕을 한 조각 먹었고, 둘째 공주는 시럽을 조금 먹었고, 막내 공주는 꿀을 한 숟가락 먹었습니다. 그때 바보둥이가 불에 타죽지 않게 도와줬던 여왕벌이 나타났습니다. 여왕벌은 세 공주의 입술 주변에서 윙윙대더니 꿀을 먹은 입에 내려앉았습니다. 그래서 바보둥이 왕자는 누가 막내 공주인지 알게 되었습니다. 드디어 마법은 끝나고, 모든 게 깊은 잠에서 깨어났습니다. 돌로 변했던 사람들은 다시 사람의 모습으로 돌아왔습니다. 바보둥이는 예쁘고 사랑스러운 막내 공주와 결혼을 했고 공주의 아버지가 죽은 뒤에 왕위에 올랐습니다. 그리고 두 형도 첫째 공주, 둘째 공주와 결혼을 했답니다.

세 개의 깃털

옛날에 아들 셋을 둔 왕이 살았습니다. 첫째 아들과 둘째 아들은 똑똑하고 영리했습니다. 하지만 막내아들은 말이 별로 없고 어수룩해서 바보둥이라고 불렸습니다. 왕은 늙고 쇠약해지자 세상을 떠날 때가 되었다고 생각했습니다. 하지만 어느 아들에게 나라를 물려줘야 할지 몰랐습니다. 그래서 왕은 아들들에게 말했습니다.

"세상에서 가장 고운 양탄자를 찾아오는 왕자에게 왕위를 물려주겠다."

왕은 세 아들이 싸우지 않도록 성문 앞으로 데리고 가서 깃털 세 개를 후 불어 날리고는 말했습니다.

"각자 깃털이 날아가는 방향으로 가거라."

깃털 하나는 동쪽으로 날아갔고, 하나는 서쪽으로 날아갔습니다. 하지만 세 번째 깃털은 수평으로 날다가 바로 땅으로 떨어졌습니다. 첫째 왕자는 동쪽으로 가고, 둘째 왕자는 서쪽으로 갔습니다. 두 왕자는 바보둥이를 비웃었습니다. 바보둥이는 그냥 깃털이 떨어진 자리에 있어야 했으니까요.

바보둥이는 슬퍼하며 자리에 주저앉았습니다. 그런데 문득 보니까 깃털 옆에 뚜껑 문이 하나 나 있었습니다. 문을 들어 올리자 계단이 나왔습니다. 계단을 내려가니 또 다른 문이 나왔습니다. 바보둥이는 문을 똑똑 두드렸습니다. 그러자 안에서 누군가가 소리쳤습니다.

"초록 꼬마야,

쪼그랑 다리야,

쪼그랑 다리 강아지,
폴링쫄링 이시 기서,
누가 왔나 보렴."

문이 열렸습니다. 안에는 커다랗고 뚱뚱한 두꺼비가 올망졸망한 아기 두꺼비들에게 둘러싸여 앉아 있었습니다. 뚱뚱한 두꺼비는 무슨 일이냐고 물었습니다. 바보둥이가 대답했습니다.

"세상에서 가장 아름답고 고운 양탄자가 필요해요."

그러자 뚱뚱한 두꺼비는 아기 두꺼비를 불러 이렇게 말했습니다.

"초록 꼬마야,
쪼그랑 다리야,
쪼그랑 다리 강아지,
쫄랑쫄랑 어서 가서
큰 상자를 가져오렴."

아기 두꺼비가 상자를 가져왔습니다. 뚱뚱한 두꺼비는 상자를 열어 바보둥이에게 양탄자 하나를 꺼내주었습니다. 세상 그 누구도 짤 수 없는 정말로 아름답고 고운 양탄자였습니다. 바보둥이는 고맙다고 하고 다시 땅 위로 올라왔습니다.

그러나 형들은 동생이 너무 멍청해서 양탄자를 찾아오는 일은 절대로 없을 거로 생각했습니다. 그리고 이렇게 말했습니다.

"뭐하러 힘들게 찾아다녀?"

형들은 길에서 맨 먼저 마주친 양치기의 아내가 몸에 두르고 있던 투박한 천을 빼앗아 왕에게 가져왔습니다. 같은 시간에 바보둥이도 아름다운 양탄자를 가지고 돌아왔습니다. 양탄자를 보자 왕은 감탄하며 말했습니다.

"약속한 대로 이 나라는 막내 왕자에게 물려주겠다."

하지만 두 형은 모든 면에서 멍청한 바보둥이가 왕이 되면 절대로 안 된다고 했습니다. 그러니까 다시 시험해 보라고 왕을 졸라댔습니다. 그러자 왕이 말했습니다.

"세상에서 가장 아름다운 반지를 가져오는 왕자에게 왕위를 물려주겠다."

왕은 세 형제를 데리고 나가 따라가라고 또 깃털 세 개를 훅 불어 날렸습니다. 첫째는 동쪽으로, 둘째는 서쪽으로 깃털을 따라갔습니다. 하지만 바보둥이의 깃털은 땅속으로 난 문 바로 옆에 떨어졌습니다. 바보둥이는 다시 내려가서 뚱뚱한 두꺼비에게 세상에서 가장 아름다운 반지가 필요하다고 말했습니다. 두꺼비는 곧바로 큰 상자를 가져오게 하더니 영롱하게 반짝이는 보석 반지를 꺼내주었습니다. 세상 그 어떤 세공사도 만들 수 없는 정말로 아름다운 반지였습니다. 두 형은 황금 반지를 찾겠다고 하는 바보둥이를 비웃으면서 반지를 찾으려고 애를 쓰지 않았습니다. 대신 낡은 마차 바퀴에서 못을 빼내어 왕에게 가져왔습니다. 바보둥이가 황금 반지를 꺼내놓자 왕은 말했습니다.

"이 나라는 막내 왕자의 것이다."

하지만 두 형이 어찌나 귀찮게 졸라대던지 왕은 또 세 번째 시험을 냈습니다. 왕은 세상에서 가장 아름다운 여인을 데려오는 왕자에게 나라를 물려주겠다고 말했습니다. 그리고 다시 깃털 세 개를 훅 불어 날리자, 깃털은 지난번과 똑같이 날아갔습니다.

바보둥이는 바로 뚱뚱한 두꺼비에게 내려가서 말했습니다.

"세상에서 가장 아름다운 여인을 데려오래요."

두꺼비가 대답했습니다.

"흠, 가장 아름다운 여인이라! 뭐 당장은 아니지만, 곧 구해드리죠."

두꺼비는 속을 파낸 당근에 여섯 마리 생쥐를 매어 바보둥이에게 주었습니다. 바보둥이는 낙심에 차서 말했습니다.

"이걸로 뭐하라고요?"

두꺼비가 대답했습니다.

"작은 두꺼비 하나를 안에다 앉혀 봐요."

바보둥이는 두꺼비들 중 하나를 쑥 잡아 당근마차에 앉혔습니다. 순간 작은 두꺼비는 눈부시게 아름다운 아가씨로 변했습니다. 당근은 마차로, 여섯 마리 생쥐는 말로 변했습니다. 바보둥이는 아가씨에게 입을 맞추고 쌩쌩 마차를 달려 왕에게 데려왔습니다. 두 형도 돌아왔습니다. 하지만 두 형은 아름다운 여인은 찾으려고도 하지 않았고, 길 가다가 우연히 마주친 무던해 보이는 시골 아가씨들을 데려왔습니다. 왕은 아가씨들을 보고 나서 말했습니다.

"내가 죽으면 막내 왕자가 왕국을 다스리리라."

하지만 두 형은 귀가 먹먹해질 정도로 아우성을 쳤습니다.

"바보둥이를 왕으로 인정할 수 없어요."

두 형은 홀 한가운데 걸린 고리 속을 빠져나가는 아가씨를 데려온 사람이 왕위를 물려받아야 한다고 우겼습니다. 두 형은 이렇게 생각했습니다.

'시골 아가씨들은 튼튼하니까 잘 빠져나가겠지. 가냘픈 아가씨는 뛰어넘다 죽을 거고.'

늙은 왕은 이번에도 허락해주었습니다. 두 시골 아가씨들은 펄쩍 뛰어 고리 속을 빠져나갔습니다. 하지만 몸이 둔해서 쿵 나가떨어지는 바람에 통통한 팔다리가 부러지고 말았습니다. 하지만 바보둥이가 데려온 아름다운 아가씨는 마치 사슴처럼 사뿐히 고리 속을 빠져나갔답니다. 두 형도 더 이상 뭐라고 하겠습니까. 바보둥이는 왕위를 물려받아 오래오래, 지혜롭게 나라를 잘 다스렸다고 합니다.

◆64◆
황금 거위

옛날에 세 아들을 둔 남자가 있었습니다. 그중 막내아들을 사람들은 바보둥이라고 부르며 무시하고 놀려대고 늘 따돌렸습니다. 어느 날, 큰 아들은 숲에 나무를 하러 갔습니다. 가기 전에 어머니는 배고프고 목 마를 때 먹으라고 맛있는 팬케이크와 포도주 한 병을 주었습니다. 숲으로 들어간 큰아들은 머리가 하얀 난쟁이 할아버지를 만났습니다. 난쟁이 할아버지는 인사를 하며 말했습니다.

"자루에 들어있는 팬케이크 한 조각하고 포도주 한 모금만 주게나. 너무 배가 고프고 목이 말라서 그러네."

그러자 똑똑한 큰아들은 말했습니다.

"빵과 포도주를 나눠주면 난 뭘 먹으라고요. 저리 비켜요."

그러고는 난쟁이 할아버지를 내버려두고 가버렸습니다. 큰아들은 쿵쿵 나무를 찍기 시작했습니다. 그런데 얼마 지나지 않아 도끼를 잘 못 내리쳐 팔을 다치고 말았습니다. 큰아들은 집으로 돌아와 팔에 붕대를 칭칭 감아야 했습니다.

그런데 이건 다 난쟁이 할아버지가 한 일이었습니다.

얼마 후 둘째 아들이 숲으로 갔습니다. 어머니는 큰아들에게 그랬듯 팬케이크와 포도주 한 병을 챙겨주었습니다. 숲에서 둘째 아들도 머리가 하얀 난쟁이 힐아비지를 만났습니다. 난쟁이 할아버지는 팬케이크 한 조각과 포도주 한 모금만 달라고 했습니다. 하지만 둘째 아들도 매정하게 말했습니다.

"나눠줄 게 어디 있어요? 저리 비켜요."

둘째 아들은 난쟁이 할아버지를 내버려두고 가버렸습니다. 그러니 벌을 안 받을 리가 있겠습니까. 도끼질을 몇 번 하지도 않아서 그만 다리를 치고 말았죠. 그래서 둘째 아들은 집까지 실려 와야만 했습니다.

그러자 바보둥이가 말했습니다.

"아버지, 저도 가서 나무를 해올게요."

아버지는 대답했습니다.

"나무를 하다가 네 형들도 다쳤다. 할 줄도 모르는 네가 그 일을 어떻게 하려고."

하지만 바보둥이가 계속 졸라대니까 마지못해 아버지는 말했습니다.

"가거라. 혼이 나 봐야 정신을 차릴 테니까."

어머니는 바보둥이에게 물만 넣고 반죽해서 재 속에서 구운 빵과 시큼한 맥주 한 병을 주었습니다. 바보둥이도 숲에서 머리가 하얀 난쟁이 할아버지를 만났습니다. 난쟁이 할아버지는 인사를 하며 말했습니다.

"빵 한 조각하고 마실 것 한 모금만 주게나. 너무 배가 고프고 목이 말라서 그러네."

바보둥이는 대답했습니다.

"재가 묻은 빵과 시큼한 맥주밖에 없는데요. 그거라도 괜찮다면 이리 앉아서 함께 드시지요."

두 사람은 자리에 앉았습니다. 그런데 바보둥이가 재 묻은 빵을 꺼내자, 빵은 맛있는 팬케이크로 변했습니다. 그리고 시큼한 맥주는 고급 포도주로 변했습니다. 함께 먹고 마시고 나서 난쟁이 할아버지가 말했습니다.

"자네는 마음씨가 곱군. 자기 것을 기꺼이 나눠주기도 하고. 그래서 내가 행운을 선물하겠네. 저기 늙은 나무가 있는데, 한번 베어보게. 뿌리에서 뭔가 나올 거야."

그러고서 난쟁이 할아버지는 가버렸습니다.

바보둥이는 가서 나무를 베어 넘겼습니다. 그런데 쓰러진 나무의 뿌리 틈에 황금 깃털을 가진 거위가 한 마리 앉아 있었습니다. 바보둥이는 거위를 데리고 길을 가다가 하룻밤 자고 가려고 여관에 들어갔습니다. 여관 주인에게는 딸이 셋 있었습니다. 딸들은 거위를 보고 신기해하며 황금 깃털을 하나 가지고 싶어서 안달이 났습니다. 큰딸은 생각했습니다.

'기회를 봐서 깃털 하나를 꼭 뽑아야지.'

바보둥이가 밖으로 나가자, 큰딸은 거위의 날개를 움켜잡았습니다. 그런데 손가락과 손이 딱 달라붙어 떨어지지 않았습니다. 얼마 지나지 않아 둘째 딸이 오는데, 머릿속에는 온통 황금 깃털을 가지고 싶다는 생각뿐이었습니다. 그런데 둘째 딸이 언니에게 손을 대자마자 손이 딱 붙어버리고 말았습니다. 그리고 드디어 막내딸까지 깃털을 뽑으려고 오자, 언니들은 소리를 질렀습니다.

"맙소사, 오지 마. 오지 마라니까."

하지만 막내딸은 언니들이 왜 오지 말라고 하는지 알 수가 없었습니다.

'언니들도 거기 있잖아. 그럼 나도 간다고.'

막내딸은 이렇게 생각하고 와락 달려들었습니다. 하지만 언니에게 손을 대자마자 막내딸도 딱 달라붙어 버렸습니다. 그렇게 세 자매는 거위하고 같이 밤을 보내야 했습니다.

다음 날 아침, 바보둥이는 거위를 안고 길을 떠났습니다. 줄줄이 달라붙은 세 자매에게는 신경도 쓰지 않았습니다. 세 자매는 왼쪽, 오른쪽 바보둥이가 가는 대로 줄줄 따라가야 했습니다. 일행은 들판 한가운데서 목사를 만났습니다. 목사는 행렬을 보고 말했습니다.

"뻔뻔한 아가씨들아, 부끄럽지도 않아? 젊은 총각을 줄줄이 따라다니며 들판을 누비고 있으니, 무슨 짓들이야?"

목사는 막내딸의 손을 잡아끌었습니다. 그러나 손이 닿자마자 목사도 딱 붙어버려 같이 뛰어야 했습니다. 얼마 지나지 않아 교회 관리 집사가 지나가다가 세 아가씨를 바싹 따라가고 있는 목사를 보았습니다. 교회 관리 집사는 놀라서 소리쳤습니다.

"어이구, 목사님, 어딜 그렇게 바쁘게 가세요? 오늘 아기 세례식은 잊지 않으셨겠죠?"

교회 관리 집사는 목사에게 달려가 팔을 잡았습니다. 그러자 교회 관리 집사도 딱 붙어버렸습니다. 이렇게 다섯 사람이 종종걸음을 치며 줄줄이 따라가는데, 괭이를 멘 두 농부가 밭쪽에서 왔습니다. 목사는 농부들에게 자기와 교회 관리 집사를 좀 떼어달라고 소리쳤습니다. 하지만 농부들도 교회 관리 집사의 몸에 손을 대자마자 딱 붙어버렸고, 바보둥이와 거위를 따라가는 사람들은 이제 일곱이나 되었습니다.

이윽고 바보둥이는 어느 큰 도시에 이르렀습니다. 그곳 왕에게는 딸이 하나 있는데 너무 진지해서 한 번도 웃은 적이 없었습니다. 그래서 왕은 공주를 웃기는 사람에게 공주를 주겠다고 선언했습니다. 바보둥이는 그 말을 듣고 거위와 줄줄이 뒤따르는 사람들을 데리고 공주에게 갔습니다. 공주는 일곱 사람이 줄줄이 따라오는 광경을 보자 깔깔거리며 웃음을 그칠 줄 몰랐습니다. 바보둥이가 공주를 신부로 맞이하겠다고 하자 사위가 맘에 들지 않았던 왕은 온갖 핑계를 댔습니다. 왕은 지하실에 가득한 포도주를 다 마실 수 있는 남자를 먼저 데려와야 한다고 말했습니다. 바보둥이는 난쟁이 할아버지가 도와줄 거로 생각하면서 숲으로 갔습니다. 그런데 나무를 베었던 자리에 어떤 남자가 근심어린 얼굴을 하고 앉아 있었습니다. 바보둥이는 무슨 고민이 있느냐고 물었습니다. 남자는 대답했습니다.

"아무리 마셔도 목이 말라 죽겠어요. 찬물은 못 마시고 포도주 한 통을 싹 비웠지만, 새 발의 피라니까요."

바보둥이가 말했습니다.

"도와줄게요. 나하고 같이 가요. 실컷 마시게 해줄 테니."

바보둥이는 남자를 왕의 지하 저장실로 데려갔습니다. 남자는 커다란 포도주 통에 달려들어 마시고 또 마시고 옆구리가 쑤실 때까지 마셨습니다. 하루가 채 가기도 전에 지하 저장실에 있는 포도주를 다 마셔버렸습니다. 바보둥이는 다시 공주를 달라고 했습니다. 하지만 왕은 모두가 바보둥이라고 부르는 형편없는 녀석이 공주를 데려간다고 생각하니 화가 치밀었습니다. 그래서 또 조건을 걸었습니다. 왕은 산더미 같은 빵을 다 먹어치울 수 있는 남자를 데려오라고 했습니다. 바보둥이는 오래 생각하지 않았습니다. 곧바로 숲으로 갔더니 똑같은 자리에 어떤 남자가 앉아 있었습니다. 남자는 찌푸린 얼굴을 하고 허리띠를 꽉 졸라맸습니다.

"화덕 가득히 구운 빵을 다 먹었는데도 간에 기별도 안 가요. 아무리 먹어도 배가 고파요. 배가 늘 비었다고요. 굶어 죽지 않으려면 이렇게 허리띠를 졸라맬 수밖에 없어요."

바보둥이는 기뻐서 말했습니다.

"일어나요. 나하고 같이 가요. 실컷 먹게 해줄 테니."

바보둥이는 남자를 궁전 마당으로 데려갔습니다. 왕은 온 나라의 밀가루를 모두 가져오게 해서 산더미같이 많은 빵을 굽게 했습니다. 남자는 턱 그 앞에 서더니 빵을 먹기 시작했습니다. 그러자 하루 만에 산더미 같은 빵이 다 없어져 버렸습니다. 바보둥이는 세 번째로 공주를 달라고 했습니다. 하지만 또 왕은 뭍에서도 바다에서도 갈 수 있는 배를 가져오라고 했습니다.

"그런 배를 타고 오면 공주를 아내로 주겠네."

바보둥이는 바로 숲으로 갔습니다. 숲에는 바보둥이가 빵을 나눠줬던 난쟁이 할아버지가 앉아 있었습니다.

"내가 자네를 위해 마시고 먹었지. 배도 주겠네. 나한테 따뜻하고 친절하게 대해줬으니까 다 해주는 걸세."

난쟁이 할아버지는 뭍에서도 바다에서도 갈 수 있는 배를 바보둥이에게 주었습니다. 배를 본 왕은 공주를 줄 수밖에 없었고, 바보둥이와 공주는 결혼식을 올렸습니다. 왕이 죽은 뒤 왕국을 물려받은 바보둥이는 아내와 함께 오순도순 오래오래 살았답니다.

가지가지 털북숭이

옛날에 어떤 왕과 왕비가 살았습니다. 황금빛 머리카락을 가진 왕비는 세상에 둘도 없는 아름다운 왕비였습니다. 그런데 어느 날 왕비는 덜컥 병이 들어 자리에 누웠습니다. 왕비는 죽을 날이 얼마 남지 않은 것을 알고 왕을 불러 말했습니다.

"제가 죽고 나서 다시 결혼하시려거든 꼭 저같이 아름답고, 황금빛 머리카락을 가진 여인과 결혼하셔야 해요. 약속해주세요."

왕은 그러겠다고 약속했습니다. 그러자 왕비는 눈을 감고 숨을 거뒀습니다.

왕은 오랫동안 슬픔에서 헤어날 수가 없었습니다. 그래서 두 번째 아내를 맞을 생각은 꿈에도 없었습니다. 마침내 대신들이 말했습니다.

"이러시다간 안 됩니다. 임금님은 다시 결혼하셔야 합니다. 우리에겐 왕비님이 계셔야 해요."

그래서 죽은 왕비처럼 아름다운 신부를 구하려고 신하들은 나라 곳곳을 찾아다녔습니다. 하지만 어느 곳에도 죽은 왕비처럼 아름다운 여인은 없었습니다. 어쩌다 아름답다 하더라도, 그렇게 눈부신 황금빛 머리카락을 가진 여인은 없었습니다. 신하들은 신부를 구하지 못한 채 돌아왔습니다.

그런데 왕에게는 딸이 하나 있었습니다. 공주는 죽은 어머니처럼 아름다웠고, 머리카락도 어머니처럼 황금빛이었습니다. 어느 날, 왕은 다 큰 아가씨로 자란 공주가 죽은 아내와 똑 닮은 것을 문득 깨달았습니다. 왕은 공주에게 열렬한 사랑을 느꼈습니다. 왕은 대신들에게 말했습니다.

"죽은 왕비하고 똑 닮은 공주와 결혼하겠다. 안 그러면 그런 신부를 어디서 구한단 말이냐?"

대신들은 그 말을 듣고 기겁을 하며 말했습니다.

"아버지가 딸과 결혼하는 것은 하나님이 금하신 죄악입니다. 죄를 저지르면 분명 좋지 않은 일이 일어나서 나라가 망할 겁니다."

왕의 결정에 더욱 놀란 사람은 공주였습니다. 공주는 왕의 마음을 돌이켜보려고 이렇게 말했습니다.

"아버지의 소원을 들어드리려면 우선 옷이 세 벌 있어야 해요. 해처럼 빛나는 금빛 옷과 달처럼 빛나는 은빛 옷과 별처럼 반짝이는 별빛 옷이 필요해요. 또 갖가지 동물의 털가죽으로 만든 망토도요. 나라 안의 동물들의 털가죽은 모두 한 조각씩 들어가야 해요."

공주는 속으로 생각했습니다.

'아버지의 나쁜 생각을 돌릴 수 있을 거야. 그런 옷은 만들 수 없을 테니까.'

하지만 왕은 뜻을 굽히지 않았습니다. 그 나라에서 가장 솜씨 좋은 아가씨들은 해처럼 빛나는 금빛 옷과 달처럼 빛나는 은빛 옷과 별처럼 반짝이는 별빛 옷을 짜야 했습니다. 사냥꾼들은 나라 안의 모든 동물을 잡아서 가죽을 한 조각씩 벗겨낸 뒤 갖가지 털가죽으로 망토를 만들었습니다. 다 만들자 왕은 망토를 가져오라고 해서 공주 앞에 펼쳐 보이며 말했습니다.

"내일 결혼식을 올릴 것이다."

아버지의 마음을 돌릴 수 없다는 것을 알자 공주는 도망가기로 결심했습니다. 그날 밤 모두 깊이 잠들었을 때, 공주는 일어나서 아끼는 물건 중에서 세 가지를 챙겼습니다. 황금 반지와 작은 황금 물레와 작은 황금 얼레였습니다. 해 옷과 달 옷과 별 옷은 호두 껍데기 속에 넣었습니다. 그러고서 공주는 갖가지 털가죽으로 만든 망토를 걸치고 얼굴과 손은 새까맣게 검댕을 칠했습니다. 공주는 하나님께 모든 걸 맡기고 길을 떠나 밤새 걸었습니다. 이윽고 커다란 숲이 나왔습니다. 피곤했던 공주는 속이 빈 나무 속에 들어가 잠이 들었습니다.

어느덧 날이 밝았지만 공주는 쿨쿨 잤습니다. 한낮이 되었는데도 공주는 계속 잤습니다. 그때 숲의 주인인 왕이 사냥을 나왔습니다. 사냥개들은 나무로 달려와 코를 킁킁거리더니 나무 주위를 빙빙 돌면서 컹컹 짖어댔습니다. 왕이 사냥꾼들에게 말했습니다.

"저기 무슨 동물이 숨었는지 보고 오너라."

사냥꾼들은 보고 와서 말했습니다.

"나무속에 생전 처음 보는 이상한 동물이 누워있는데, 털이 가지각색이에요."

왕은 말했습니다.

"가서 산 채로 잡아오너라. 마차에 묶어 데려가자."

사냥꾼들이 공주를 건드리자 공주는 소스라치며 잠을 깨고 소리쳤습니다.

"저는 부모에게 버림받은 불쌍한 아이예요. 불쌍히 여기고 데려가 주세요."

사냥꾼들은 말했습니다.

"가지가지 털북숭이야, 부엌에서 재를 치우면 되겠구나. 가자."

사냥꾼들은 공주를 마차에 태워 왕의 성으로 데리고 왔습니다. 그리고 빛도 들지 않는 계단 밑 작은 우리를 가리키며 말했습니다.

"아기 맹수야, 넌 저기서 지내 거라."

그러고는 공주를 부엌으로 보냈습니다. 공주는 땔감을 나르고, 물을 길어오고, 불을 지피고, 날짐승의 털을 뽑고, 채소를 다듬고, 재를 쓸어 모아 치우고, 온갖 궂은일을 다 했습니다.

공주는 오랫동안 아주 힘들게 살았습니다. 아, 아름다운 공주의 앞 날은 캄캄하기만 했죠! 그런데 어느 날 성에서 무도회가 열렸습니다. 공주는 요리사에게 물었습니다.

"잠깐만 올라가서 구경해도 돼요? 문밖에 서 있을게요."

요리사는 대답했습니다.

"좋아, 갔다 오렴. 하지만 삼십 분 뒤에는 돌아와서 재를 치워야 한다."

공주는 기름 등잔을 들고 작은 우리로 가서 털가죽 망토를 벗은 다음 얼굴과 손에 묻은 검댕을 씻었습니다. 그러자 공주의 아름다운 모습이 환히 드러났습니다. 공주는 호두 껍데기를 열어 해처럼 빛나는 금빛 옷을 꺼내 입었습니다. 공주가 무도회로 올라가니까 모두 길을 비켜 주었습니다. 아가씨가 누구인지 아무도 알지 못했지만, 분명 공주일 것으로 생각했습니다. 왕이 다가와서 공주에게 손을 내밀었습니다. 왕은 공주와 춤을 추면서 속으로 생각했습니다.

'이렇게 아름다운 아가씨는 본 적이 없어.'

춤이 끝나자 공주는 허리 굽혀 절을 했습니다. 하지만 왕이 돌아보았더니 아가씨는 이미 사라지고 없었습니다. 아가씨가 어디로 갔는지 아는 사람이 없었습니다. 성문을 지키던 보초들을 불러 물어봤지만, 아가씨를 본 사람은 아무도 없었습니다.

그새 공주는 작은 우리로 달려가 재빨리 옷을 벗고 얼굴과 손을 까맣게 칠했습니다. 공주는 털가죽 망토를 걸치고 다시 가지가지 털북

숭이가 되어 부엌으로 갔습니다. 공주가 재를 치우려고 하자 요리사
가 말했습니다.

"그건 내일 하고 임금님께 올릴 수프를 끓여라. 나도 잠깐 올라가
구경 좀하고 올 테니. 하지만 머리카락 하나라도 빠뜨렸다간 굶을 줄
알아."

요리사가 부엌에서 나가자 가지가지 털북숭이는 왕에게 올릴 빵 수
프를 정성껏 끓였습니다. 수프가 다 되자 공주는 우리에서 황금 반지
를 가져와 수프 그릇에다 넣었습니다. 무도회가 끝나자 왕은 수프를 가
져오라고 해서 먹었습니다. 수프는 기막히게 맛있었습니다. 그렇게 맛
있는 수프는 처음이었습니다. 그런데 그릇의 바닥이 드러나자 황금 반
지 하나가 보였습니다. 왕은 황금 반지가 왜 거기 있는지 영문을 몰라
요리사를 불러오라고 했습니다. 요리사는 그 소리를 듣고 간이 콩알만
해져 가지가지 털북숭이에게 말했습니다.

"수프에 머리카락을 빠뜨린 게 틀림없어. 정말 그렇다면 따끔하게
맞을 줄 알라고."

하지만 요리사가 왕에게 갔더니 왕은 수프를 누가 끓였느냐고 물었
습니다. 요리사가 대답했습니다.

"제가 끓였습니다."

그러자 왕이 말했습니다.

"거짓말이다. 보통 때와는 맛이 다르고, 훨씬 맛도 좋다."

요리사는 말했습니다.

"사실은 제가 끓이지 않았습니다. 털북숭이가 끓였습니다."

왕은 말했습니다.

"가서 털북숭이를 데려오너라."

가지가지 털북숭이가 오자 왕이 물었습니다.

"너는 누구냐?"

"아버지도 어머니도 없는 불쌍한 아이입니다."

왕은 또 물었습니다.

"성에서 무슨 일을 하느냐?"

"아무짝에도 쓸모없는 부엌데기예요."

왕은 계속 물었습니다.

"그럼 수프 속에 들어있던 반지는 어디서 났느냐?"

공주는 대답했습니다.

"반지요? 전 모르는데요."

아무것도 알아내지 못한 왕은 공주를 돌려보냈습니다.

얼마 후, 다시 무도회가 열렸습니다. 가지가지 털북숭이는 지난번처럼 무도회를 구경하고 싶다고 요리사에게 부탁했습니다. 요리사가 말했습니다.

"좋다. 하지만 삼십 분 뒤에는 돌아와서 임금님이 즐겨 드시는 빵 수프를 끓여야 한다."

공주는 또 우리로 달려가 재빨리 씻고 나서 호두 껍데기에서 달처럼 빛나는 은빛 옷을 꺼내 입고 무도회장으로 올라갔습니다. 공주 같은 아가씨가 또 나타나자 왕은 기뻐하며 성큼성큼 다가왔습니다. 그러자 바로 춤이 시작되고, 두 사람도 춤을 추기 시작했습니다. 춤이 끝나자 아가씨는 또 바람처럼 사라졌습니다. 어디로 갔는지 알아차릴 틈도 없었습니다. 공주는 또 우리로 달려가 다시 털북숭이가 되었습니다. 그리고 부엌으로 가서 빵 수프를 끓였습니다. 요리사가 무도회장으로 올라가자, 공주는 황금 물레를 가져와 그릇 속에 넣고 거기에 수프를 담아 왕에게 올렸습니다. 왕은 수프를 지난번처럼 맛있게 먹고 요리사를 다시 불렀습니다. 이번에도 요리사는 가지가지 털북숭이가 수프를 끓였다고 사실대로 말해야만 했습니다. 가지가지 털북숭이는 또 자기는 아무짝에도 쓸모없는 부엌데기며 황금 물레는 전혀 모른다고 왕에게 대답했습니다.

왕은 세 번째로 무도회를 열었습니다. 하지만 전과 똑같은 일이 되풀이되자 요리사가 말했습니다.

"털북숭이야, 너 마녀지? 분명 수프에다 뭘 넣었어. 그러니까 임금님이 내가 끓인 수프보다 더 맛있다고 하시는 거라고."

그래도 요리사는 공주가 간절히 부탁하자, 정한 시간 안에 갔다 오라고 허락해주었습니다. 공주는 별처럼 반짝이는 별 옷을 차려입고 무도회장에 들어섰습니다. 왕은 아름다운 아가씨와 춤을 추며 이전보다 더욱 아름답다고 느꼈습니다. 왕은 춤을 추면서 공주가 눈치채지 못 하도록 슬쩍 황금 반지를 끼웠습니다. 그리고 오래 춤을 출 수 있도록 곡을 연주하라고 했습니다. 춤이 끝나자 왕은 공주의 손을 꼭 잡으려고 했습니다. 하지만 공주는 왕의 손을 뿌리치고 얼른 사람들 속으로 뛰어들어 사라져버렸습니다. 공주는 있는 힘을 다해 계단 밑에 있는 작은 우리로 달려갔습니다. 하지만 공주는 삼십 분이 넘도록 늦어지는 바람에 아름다운 옷을 벗을 시간이 없어서 털가죽 망토를 그 위에다 걸쳤습니다. 그리고 빨리빨리 서두르다가 검댕을 다 칠하지 못하고 손가락 하나는 하얗게 남았습니다. 가지가지 털북숭이는 부엌으로 달려가 왕에게 올릴 빵 수프를 끓였습니다. 그리고 요리사가 나가자 황금 얼레를 수프 그릇에 넣었습니다. 왕은 그릇 밑바닥에 있는 황금 얼레를 보자 가지가지 털북숭이를 오라고 했습니다. 왕은 털북숭이의 하얀 손가락에서 춤출 때 아가씨에게 끼운 반지를 보았습니다. 왕은 공주의 손을 쏙 잡았습니다. 공주는 왕의 손을 뿌리치고 달아나려고 했습니다. 하지만 순간 털가죽 망토가 약간 벗겨지면서 별 옷이 반짝 보였습니다. 왕은 털가죽 망토를 확 벗겼습니다. 그러자 황금 머리카락이 출렁 흘러내리며 공주는 눈부시게 아름다운 모습으로 서 있었습니다. 공주는 더이상 자신의 모습을 숨길 수 없었습니다. 얼굴에서 검댕과 재를 깨끗이 씻어낸 공주는 더욱 아름다웠습니다. 세상 어디에도 공주보다 아름다운 여인은 없었죠. 왕은 말했습니다.

"그대는 나의 사랑, 나의 신부요. 우리는 영원히 함께하리다."

왕과 공주는 결혼식을 올리고 죽을 때까지 행복하게 살았답니다.

◆66◆

토끼의 신부

옛날에 어머니와 딸이 아름다운 양배추 정원이 있는 집에서 살았습니다. 그런데 겨울이 되자 작은 토끼가 정원에 와서 야금야금 양배추를 먹었습니다. 그러자 어머니는 딸에게 말했습니다.

"정원에 가서 당장 토끼를 쫓아내!"

아가씨는 토끼를 쫓으며 말했습니다.

"휘이! 휘이! 토깽아, 양배추를 다 먹어버리면 어떡해!"

그런데 토끼가 말합니다.

"아가씨, 이리 와서 내 꼬리에 올라타요. 나하고 같이 내가 사는 오두막집에 가요!"

하지만 아가씨는 가고 싶지 않습니다. 다음날, 작은 토끼는 또 와서 야금야금 양배추를 먹습니다. 어머니가 딸에게 말합니다.

"정원에 가서 당장 토끼를 쫓아내!"

아가씨는 토끼를 쫓으며 말합니다.

"훠이! 훠이! 토깽아, 양배추를 다 먹어버리면 어떡해!"

토끼가 말합니다.

"아가씨, 이리 와서 내 꼬리에 올라타요. 나하고 같이 내가 사는 오두막집에 가요!"

아가씨는 그러고 싶지 않습니다. 다음날, 작은 토끼는 또 와서 야금야금 양배추를 먹습니다. 그러자 어머니는 딸에게 말합니다.

"정원에 가서 당장 토끼를 쫓아내!"

아가씨는 토끼를 쫓으며 말합니다.

"훠이! 훠이! 토깽아, 양배추를 다 먹어버리면 어떡해!"

토끼가 말합니다.

"아가씨, 이리 와서 내 꼬리에 올라타요. 나하고 같이 내가 사는 오두막집에 가요!"

마침내 아가씨는 토끼의 꼬리에 올라탑니다. 토끼는 아가씨를 저 멀리 오두막집으로 데려갑니다. 토끼가 말합니다.

"양배추와 기장으로 음식을 만들어요. 결혼식에 손님들을 오라고 할 테니까."

그래서 결혼식 손님들이 모두 모였답니다. 손님들이 누구였냐고요? 다른 사람한테 들은 얘기지만 말해줄게요. 토끼들은 다 왔고, 까마귀는 목사님으로 와서 주례를 섰고, 여우는 교회 관리 집사로 왔대요. 그리고 제단 위에는 무지개가 걸려있었답니다.

혼자 남자 아가씨는 슬펐습니다. 그때 작은 토끼가 와서 말합니다.

"문 열어요, 문 좀 열어요. 즐거운 손님들이에요!"

신부는 잠자코 훌쩍훌쩍 울기만 합니다. 토끼는 그냥 가버립니다. 그러더니 다시 와서 말합니다.

"문 열어요, 문 좀 열어요. 손님들이 배고프대요."

신부는 또 아무 말 없이 울기만 합니다. 토끼는 그냥 가버립니다. 그러더니 다시 와서 말합니다.

"문 열어요, 문 좀 열어요. 손님들이 기다린다니까요."

신부는 아무 말도 하지 않고 토끼는 다시 가버립니다. 아가씨는 짚으로 인형을 만들어 자기 옷을 입히고 주걱을 손에 쥐어줍니다. 그리고 기장이 든 냄비 옆에 인형을 앉혀놓고 어머니에게로 돌아옵니다. 토끼가 다시 와서 말합니다.

"문 열어요, 문 좀 열어요."

토끼는 문을 벌컥 열고 들어갑니다. 인형 머리에 뭔가를 집어 던지니까 모자가 벗겨집니다. 그러자 토끼는 신부가 아닌 걸 알고 슬퍼하며 어디론가 떠나버렸답니다.

◆67◆
열두 사냥꾼

옛날에 어떤 왕자가 살았습니다. 왕자에게는 아주 사랑하는 약혼녀가 있었습니다. 약혼녀와 행복한 나날을 보내던 어느 날, 왕자는 아버지가 위독하다는 소식을 받았습니다. 아버지는 눈을 감기 전에 아들을 보고 싶어 한다고 했습니다. 왕자는 사랑하는 약혼녀에게 말했습니다.

"당신을 두고 떠나야겠소. 사랑의 표시로 반지를 줄게요. 왕이 되면 돌아와서 당신을 데려가리다."

왕자는 말을 타고 떠났습니다. 집에 도착하니 위독한 아버지는 죽음이 가까워 오고 있었습니다. 왕이 말했습니다.

"사랑하는 아들아, 눈을 감기 전에 너를 한번 보고 싶었다. 내 뜻대로 결혼한다고 약속해다오."

왕은 아들에게 어떤 공주의 이름을 말하며 아내로 맞으라고 했습니다. 왕자는 너무나 슬픈 나머지 미처 생각해볼 틈도 없이 말해버렸습니다.

"예, 사랑하는 아버지. 아버지 뜻에 따르겠습니다."

그러자 왕은 눈을 감고 숨을 거두었습니다.

왕자는 왕이 되었고, 어느덧 애도 기간도 지났습니다. 왕자는 아버지와의 약속을 지켜야 했습니다. 그래서 왕자는 아버지가 정해준 공주에게 청혼했고, 공주도 청혼을 받아들였습니다. 그 소식을 들은 옛 약혼녀는 마음이 변해 자기를 버린 왕자가 죽도록 원망스러웠습니다. 그러자 아버지가 물었습니다.

"얘야, 왜 그렇게 슬퍼하느냐? 네가 바라는 건 다 들어주마."

아가씨는 잠시 생각하더니 말했습니다.

"아버지, 얼굴이며 몸매며 키며 저와 똑같이 생긴 아가씨들 열한 명만 구해주세요."

왕이 대답했습니다.

"그게 가능하다면, 내 힘써보겠다."

왕은 온 나라를 뒤져 얼굴이며 몸매며 키며 공주와 똑 닮은 아가씨
열한 명을 찾아오도록 했습니다. 드디어 아가씨들이 오자, 공주는 똑같
은 사냥꾼 옷 열두 벌을 만들게 했습니다. 공주는 열한 명의 아가씨들
에게 사냥꾼 옷을 입히고, 나머지 하나는 공주가 입었습니다. 공주는
아버지에게 작별 인사를 한 뒤 아가씨들을 데리고 그토록 사랑했던 옛
약혼자의 성으로 말을 달렸습니다. 성에 도착하자 공주는 혹 사냥꾼이
필요하다면, 열두 명을 모두 쓰지 않겠는지 왕에게 물었습니다. 왕은 유
심히 보았지만 옛 약혼녀를 알아보지 못했습니다. 그런데 모두 멋져 보
였기 때문에 왕은 기꺼이 그러겠다고 대답했습니다. 아가씨들과 공주
는 이제 왕을 섬기는 열두 명의 사냥꾼들이 되었습니다.

그런데 왕에게는 신기한 능력을 가진 사자가 있었습니다. 사자
는 숨겨진 비밀을 다 알았습니다. 어느 날 밤, 사자는 왕에게 말했
습니다.

"저 열두 명이 사냥꾼이라고 생각하세요?"

"그럼, 사냥꾼들이지."

왕이 대답하자 사자가 말했습니다.

"아닙니다. 모두 아가씨들이에요."

왕은 말했습니다.

"그럴 리가 없다. 그걸 어떻게 증명하겠느냐?"

사자가 대답했습니다.

"대기실에 완두콩을 뿌려놓으라고 하세요. 그럼 당장 알 수 있어요.
남자들은 성큼성큼 걷거든요. 그래서 완두콩을 밟고 지나가더라도 콩
이 안 움직여요. 하지만 아가씨들은 발을 끌면서 종종 걸어가기 때문
에 콩이 또르르 굴러갈 겁니다."

왕은 사자의 도움말이 그럴듯해서 콩을 뿌려놓으라고 지시했습니다.

그런데 사냥꾼들과 친하게 지내는 왕의 시종이 있었습니다. 시종은 그 소리를 엿듣고 사냥꾼들에게 왕이 시험을 하려 한다고 귀띔을 해주었습니다.

"사자가 자네들이 아가씨라면서 임금님을 속이려고 하네."

공주는 시종에게 고맙다고 하고 다른 아가씨들에게 말했습니다.

"완두콩을 콱콱 밟으면서 가거라."

다음 날 아침 왕은 열두 사냥꾼을 오라고 했습니다. 사냥꾼들은 완두콩이 뿌려져 있는 대기실로 들어서자 완두콩을 콱콱 밟으며 힘차게 걸었습니다. 그러니까 움직이거나 굴러가는 콩이 하나도 없었습니다. 사냥꾼들이 물러가자 왕은 사자에게 말했습니다.

"네가 거짓말을 했구나. 다들 남자처럼 걷지 않더냐?"

그러자 사자가 말했습니다.

"임금님이 시험하시는 것을 알고 일부러 남자처럼 걸었다고요. 이번에는 대기실에 물레 열두 개를 갖다놓으세요. 물레를 보면 아주 기뻐할 걸요. 남자는 절대 그러지 않지요."

왕은 그 말도 그럴듯해서 대기실에 물레 열두 개를 갖다놓으라고 했습니다.

하지만 사냥꾼들의 성실한 친구였던 시종은 이번에도 왕의 속셈을 귀띔해주었습니다. 시종이 가자 공주는 아가씨들에게 말했습니다.

"절대 물레를 쳐다보지 않도록 조심해라."

다음 날 아침 왕은 열두 사냥꾼을 불러들였습니다. 그런데 사냥꾼들은 대기실을 지나가며 물레는 쳐다보지도 않았습니다. 왕은 또 사자에게 말했습니다.

"네가 거짓말을 했구나. 남자들이잖아. 물레는 쳐다보지도 않았거든."
사자가 말했습니다.

"임금님이 시험하시는 것을 알고 있었던 거라고요. 일부러 그랬다니까요."

하지만 왕은 사자를 더 이상 믿지 않았습니다.

열두 사냥꾼들은 왕이 사냥하러 갈 때마다 늘 따라다녔습니다. 시간이 지날수록 왕은 사냥꾼들을 더욱 애지중지하였습니다. 어느 날 사냥을 하고 있는데, 왕과 결혼할 신부가 곧 도착한다는 소식이 들어왔습니다. 옛 약혼녀는 그 소리를 듣고 가슴이 무너져 내렸습니다. 가슴이 너무 아파서 그만 정신을 잃고 쓰러지고 말았습니다. 왕은 아끼는 사냥꾼에게 무슨 사고가 난 줄 알고 급히 달려와서 도와주려고 장갑을 벗겼습니다. 그러자 옛 약혼녀에게 주었던 반지가 보였습니다. 왕은 사냥꾼의 얼굴을 자세히 들여다보았습니다. 그제야 옛 약혼녀를 알아본 왕은 가슴이 뭉클해서 입을 맞췄습니다. 그러자 공주가 눈을 반짝 떴습니다. 왕이 말했습니다.

"당신은 내 사람이고 난 당신 사람이오. 세상 누구도 우리의 사랑을 바꾸진 못하리다."

왕은 다른 약혼녀에게 전령을 보내 다시 자기 나라로 돌아가라고 했습니다. 아내가 있는데, 말하자면 옛 열쇠를 다시 찾았는데 새 열쇠가 왜 필요했겠습니까. 두 사람은 결혼식을 올렸고, 사자도 왕의 사랑을 다시 받게 되었답니다. 사자는 진실을 말했으니까요.

도둑과 도둑 선생

얀은 아들에게 한 가지 기술을 가르쳐주고 싶었습니다. 그래서 교회에 가서 아들이 뭘 배우면 좋겠는지 하나님에게 물었습니다. 그러자 제단 뒤에 서 있던 교회 관리 집사가 말했습니다.

"도둑질, 도둑질."

그러자 얀은 아들에게 도둑질하는 법을 배우라고 했습니다. 하나님이 그렇게 말씀하셨다고요. 그래서 얀과 아들은 도둑질 잘하는 사람을 찾아 나섰습니다. 한참을 걸어가니까 커다란 숲이 나왔습니다. 숲 속 오두막집에는 웬 할머니가 살고 있었습니다. 얀은 할머니에게 물었습니다.

"혹시 도둑질 잘하는 사람을 아시나요?"

할머니가 대답했습니다.

"그거라면 여기서 배우시구려. 내 아들 도둑질 솜씨가 대단하거든."

얀은 할머니의 아들에게 정말 도둑질을 잘하느냐고 물었습니다. 도둑 선생이 대답했습니다.

"아들은 내가 잘 가르칠 테니 일 년 후에 오세요. 그때 와서 아들을 다시 알아보면 수업료를 받지 않을게요. 하지만 아들을 알아보지 못하면 200탈러를 줘야 합니다."

아버지는 다시 집으로 돌아왔습니다. 그리고 아들은 도둑 선생에게서 마법과 도둑질을 배웠습니다.

일 년이 지났습니다. 아버지는 아들을 보러 가면서 아들을 어떻게 다시 알아볼 수 있을까 은근히 걱정되었습니다. 곰곰이 생각하며 걸어가는데, 난쟁이가 나타나 말했습니다.

"이런, 무슨 일이에요? 걱정이 아주 많아 보여요!"

얀은 말했습니다.

"후유, 일 년 전에 아들을 도둑 선생네로 들여보냈어요. 도둑 선생이 나보고 일 년 후에 다시 오라고 하더군요. 그때 와서 아들을 알아보지 못하면 200탈러를 내놔야 한다면서요. 아들을 알아보면 안 줘도 되고. 하지만 아들을 못 알아볼까 봐 걱정이 많이 돼요. 그 돈을 어떻게 마련 해야 할지도 모르겠고요."

그러자 난쟁이는 아버지에게 빵 껍질을 들고 연통 밑에 서 있으라고 했습니다. 솥의 갈고리가 걸린 막대기 위에 작은 바구니가 있는데, 그 안에서 삐죽 내다보는 작은 새가 아들이라고 했습니다.

얀은 연통 밑에 가서 바구니 앞에 흑빵 껍질을 조금 던졌습니다. 그 러자 작은 새가 삐죽 고개를 내밀며 흑빵 껍질을 보았습니다. 얀이 말했습니다.

"어럽쇼, 내 아들, 여기 있었니?"

그러자 아들은 아버지를 보고 기뻐했습니다. 하지만 도둑 선생은 말했습니다.

"악마가 가르쳐줬군요. 그렇지 않고서야 어떻게 아들을 알아볼 수 있겠어요?"

아들이 말했습니다.

"집에 가요, 아버지."

얀은 아들하고 같이 집으로 향했습니다. 가는 도중에 마차가 다가 왔습니다. 아들이 얀에게 말했습니다.

"제가 커다란 사냥개 그레이하운드로 변할 테니 비싼 값에 저를 파 세요."

마차에 타고 있던 신사가 아버지를 불렀습니다.

"이보시오, 개를 팔지 않겠소?"

얀이 말했습니다.

"그러지요."

"얼마 주면 되겠소?"

"30탈러요."

"에이, 너무 비싸오. 하지만 뭐, 그럽시다. 아주 멋진 사냥개니까 데려가겠소."

신사는 사냥개를 마차에 태웠습니다. 그런데 얼마 달리지 않아 개는 마차 창문으로 펄쩍 뛰어내렸습니다. 뛰어내리자마자 그레이하운드는 아들로 변해 얀에게 돌아왔습니다.

얀과 아들은 함께 집으로 돌아왔습니다. 다음 날 이웃 마을에 장이 섰습니다. 아들이 얀에게 말했습니다.

"멋진 말로 변할 테니 절 내다 파세요. 하지만 제가 팔리면 입에 물린 재갈을 꼭 풀어 주셔야 해요. 안 그러시면 다시는 사람으로 변할 수 없으니까요."

얀은 말을 몰고 시장으로 나갔습니다. 그러자 도둑 선생이 와서 100탈러에 말을 샀습니다. 그런데 얀은 깜빡 잊고 재갈을 풀지 않았습니다. 도둑 선생은 말을 집으로 끌고 와 마구간에 들였습니다. 하녀가 마구간 앞을 지나가자 말이 말했습니다.

"재갈 좀 풀어줘, 재갈 좀 풀어줘!"

하녀가 걸음을 멈추고 귀를 쫑긋했습니다.

"너, 말도 할 줄 아니?"

하녀는 말한테 가서 재갈을 풀어 주었습니다. 그러자 말은 참새로 변해 포르르 문을 빠져나갔습니다. 하지만 마법사도 참새로 변해 뒤를 쫓아갔습니다. 두 참새는 맞붙어서 서로 쪼아댔습니다. 도둑 선생은 싸움에 져서 물속으로 떨어졌고 다시 물고기로 변했습니다. 그러자 아들도 물고기로 변했습니다. 둘은 다시 싸웠고 도둑 선생은 또 졌습니다. 그러자 도둑 선생은 닭으로 변했습니다. 아들은 여우로 변했습니다. 여우는 도둑 선생의 머리를 꽉 물어버렸습니다. 결국, 도둑 선생은 죽었고, 아직도 죽어 쓰러져 있답니다.

◆69◆

요린데와 요링엘

옛날에 울창한 큰 숲 한가운데에 낡은 성이 있었습니다. 성에는 늙은 할머니가 혼자 살고 있었는데 할머니는 마녀의 우두머리였습니다. 마녀는 낮에는 고양이나 올빼미로 변했다가 밤이면 다시 보통 사람의 모습으로 돌아왔습니다. 마녀는 들짐승이나 새들을 꾀어내 잡아서 끓이거나 구워 먹었습니다. 누구든 성 가까이 백 걸음 되는 곳까지 오면 발이 땅에 붙어버렸습니다. 마녀가 마법을 풀어 주기 전에는 자리에서 옴짝달싹할 수 없었습니다. 하지만 순결한 아가씨가 그 안에 들어오면 마녀는 아가씨를 새로 바꾸어 바구니에 넣고 성안의 어떤 방에 가져갔습니다. 성에는 그런 희귀한 새들이 든 바구니가 칠천 개나 있었습니다.

요린데라는 아가씨가 있었습니다. 요린데는 세상 어느 아가씨보다도 아름다웠습니다. 요린데는 요링겔이라는 멋진 젊은이와 결혼을 약속한 사이였습니다. 결혼을 앞두고 두 사람은 달콤한 나날을 보내고 있었습니다. 어느 날, 요린데와 요링겔은 둘이서만 오붓이 이야기를 나누고 싶어 숲으로 산책하러 나갔습니다. 요링겔이 말했습니다.

"조심해요. 성에 너무 가까이 가지 말아요."

아름다운 저녁이었습니다. 검푸른 숲 속 나뭇가지 사이로 환한 햇살이 비껴들었습니다. 해묵은 서양너도밤나무 위에서는 잉꼬비둘기가 구구 구슬프게 울었습니다.

요린데는 이따금 훌쩍거리며 햇빛 아래 앉았습니다. 요린데는 슬펐고 요링겔도 왠지 슬펐습니다. 두 사람은 마치 죽음을 맞이하는 사람들처럼 슬픔에 잠겼습니다. 문득 주위를 둘러보자 집으로 가는 길이 어느 쪽인지 알 수가 없었습니다. 어찌할 바를 모르고 있는데 해는 뉘엿뉘엿 이미 반쯤 넘어가 산 중턱에 걸려있었습니다. 그런데 바로 가까이에 낡은 성벽이 덤불 사이로 보였습니다. 요링겔은 깜짝 놀라 얼굴이 하얗게 질렸습니다. 요린데가 노래를 불렀습니다.

"빨강 테 두른 나의 새
슬피, 슬피, 슬피 우네,
작은 비둘기가 죽는다면서,
구슬피 운다네, 쯔윗, 쯔윗, 쯔르르."

요링겔이 요린데를 보았더니 요린데는 밤 꾀꼬리로 변해 쯔윗, 쯔윗, 쯔르르르 노래하고 있었습니다. 그리고 불타는 눈을 가진 올빼미가 요린데 주위를 세 번 맴돌며 슈, 후, 후 세 번 크게 울었습니다. 하지만 요링겔은 옴짝달싹할 수 없었습니다. 돌덩이처럼 서서 울지도 못하고 말도 못하고 손발 하나 까딱할 수 없었습니다. 어느덧 해가 저물었습니다.

올빼미는 덤불 속으로 내려앉았더니 바로 꼬부랑 노파로 변해서 쑥 나왔습니다. 누런 얼굴에 비쩍 마른 데다 빨간 눈은 부리부리 뜨고 매부리코는 턱까지 휘어져 내렸습니다. 노파는 뭐라고 중얼중얼하더니 밤 꾀꼬리를 움켜잡고 어디론가 가버렸습니다. 요링겔은 말도 못하고 움직일 수도 없었습니다. 밤 꾀꼬리는 사라졌습니다. 노파는 다시 와서 쉰 목소리로 말했습니다.

"안녕, 자히엘, 달빛이 바구니를 비추면 그때 풀어 주렴, 자이헬."

그러자 요링겔은 풀려났습니다. 요링겔은 노파 앞에 무릎을 꿇고 요린데를 돌려달라고 애원했습니다. 하지만 노파는 요린데를 다시는 볼 수 없을 거라고 말하고는 훌쩍 가버렸습니다. 요링겔은 울고불고 탄식했지만 아무 소용이 없었습니다.

"아아, 이제 어쩌면 좋지?"

요링겔은 길을 떠나 어느 낯선 마을로 가서 오랫동안 양 치는 일을 했습니다. 요링겔은 종종 성 주변을 빙 돌았지만 너무 가까이 가지는 않았습니다. 어느 날 밤 요링겔은 꿈을 꾸었습니다. 피처럼 붉은 꽃이 피어있는데, 꽃 한가운데에 커다랗고 아름다운 진주가 들어있었습니다. 요링겔은 꽃을 꺾어 들고 성으로 갔습니다. 그런데 꽃만 닿으면 뭐든 마법에서 풀려났고, 요린데도 그렇게 다시 찾는다는 꿈이었습니다. 아침에 요링겔은 눈을 뜨자마자 꿈에서 본 꽃을 찾아 산과 계곡을 헤맸습니다. 아흐레째 되던 날 이른 아침, 요링겔은 마침내 피처럼 붉은 꽃을 찾아냈습니다. 꽃 한가운데에는 진주처럼 아름답고 커다란 이슬이 맺혀있었습니다. 그 꽃을 들고 요링겔은 밤낮을 걸어 성으로 갔습니다. 성 가까이 백 걸음 되는 곳까지 왔는데도 돌처럼 굳어버리지 않고 성문 앞까지 올 수 있었습니다. 요링겔은 뛸 듯이 기뻐하면서 문에 꽃을 댔습니다. 그러자 문이 활짝 열렸습니다. 요링겔은 성안으로 들어가 뜰을 가로지르며 새소리가 들리지 않나 가만히 귀를 기울였습니다. 마침내 새소리가 들려서 따라가니까 홀이 나왔습니다. 마녀는 홀에 있는 바구니 칠천 개에 든 새들에게 모이를 주고 있었습니다. 마녀는 요링겔을 보자 버럭 화를 냈습니다. 불같이 화를 내며 호통치고 분통을 터뜨렸습니다. 하지만 두 걸음 가까이에서 더는 요링겔에게 다가갈 수가 없었습니다. 요링겔은 마녀를 거들떠보지도 않고 새 바구니들을 살폈습니다. 그런데 요린데를 어떻게 다시 찾을 수 있겠습니까? 요링겔이 한창 찾고 있는데, 마녀가 바구니 하나를 들고 살금살금 문 쪽으로 갔습니다. 요링겔은 번개처럼 달려가서 바구니에 꽃을 갖다 댔습니다. 늙은 마녀에게도 꽃을 갖다 대니까 마녀는 더 이상 마법을 부릴 수 없었습니다. 마법에서 풀려난 요린데가 요링겔을 얼싸안았습니다. 요린데는 여전히 눈부시게 아름다웠습니다. 다른 새들도 요링겔 덕분에 마법에서 풀려나 아가씨의 모습으로 돌아왔습니다. 요링겔과 요린데는 함께 집에 돌아와서 오래오래 행복하게 살았답니다.

◆70◆

세 행운아

어느 날 아버지가 세 아들을 불러 큰아들에게는 수탉을, 둘째 아들에게는 커다란 낫을, 막내아들에게는 고양이를 주면서 말했습니다.

"이제 너무 늙어서 죽을 날이 얼마 남지 않은 것 같다. 눈을 감기 전에 뭐든 주고 싶구나. 하지만 돈은 없고, 이 물건들도 대단한 것들은 아니지만 지혜롭게 쓰기 나름이란다. 아직 수탉과 낫과 고양이를 알지 못한 나라를 찾아가거라. 그럼 모든 일이 잘 풀릴 거야."

아버지가 죽은 뒤 큰아들은 수탉을 가지고 집을 떠났습니다. 그런데 어디로 가든 사람들은 이미 수탉을 알고 있었습니다. 도시에 가면 멀리서부터 첨탑 꼭대기에 앉아 바람을 타고 뱅그르르 돌아가는 수탉이 보였습니다. 시골에서는 꼬끼오 소리가 여기저기서 들려왔습니다. 수탉을 보고 신기하게 여기는 사람은 아무도 없었고, 재수가 있을 것 같지도 않았습니다. 그러던 어느 날, 마침내 큰아들은 수탉을 모르는 어떤 섬에 들어왔습니다. 그곳 사람들은 하루를 시간으로 계산할 줄도 몰랐습니다. 아침과 저녁이 언제인지는 알았습니다. 하지만 밤에 잠을 자지 않으면 시간이 몇 시인지 몰랐습니다. 큰아들은 말했습니다.

"이 의젓한 짐승을 보시라고요. 머리에는 붉은 루비색 왕관을 쓰고 며느리발톱은 기사의 박차 같잖아요. 밤이면 세 번, 정해진 시간에 울고요. 마지막으로 울면 동이 트지요. 대낮에 울면 분명 날씨가 이상해지니까 미리미리 대비할 수도 있고요."

사람들은 수탉이 마음에 들었습니다. 밤새 잠도 안 자고 수탉의 울음소리에 귀를 기울였습니다. 수탉은 두 시, 네 시, 여섯 시에 꼬끼오하고 목청을 뽑았습니다. 사람들은 아주 좋아하며 수탉을 팔겠느냐고, 얼마냐고 물었습니다. 큰아들은 대답했습니다.

"당나귀가 지고 갈 만큼 금화를 주세요."

"이렇게 귀한 짐승인데 너무 싸구먼."

사람들은 입을 모아 말하며 선뜻 큰아들이 원하는 만큼 금화를 내주었습니다.

큰 부자가 되어 돌아온 형을 보고 동생들은 깜짝 놀랐습니다. 둘째가 말했습니다.

"떠나자. 나도 낫으로 형처럼 많이 벌어와야지."

하지만 상황은 그럴 것 같지 않았습니다. 어디를 가든 만나는 농부마다 둘째처럼 어깨에 큰 낫을 메고 있었습니다. 그러던 어느 날, 마침내 둘째도 낫을 모르는 어떤 섬에 들어왔습니다. 그곳 사람들은 곡식이 익으면 밭에 대포를 대고 쿵쿵 쐈습니다. 하지만 대포알은 빗나가서 밭 너머에 떨어지기도 하고, 곡식 줄기 대신 이삭에 맞기도 했습니다. 계속 쏘아댈 때는 그야말로 아수라장이 되었고 너무 시끄러워 귀가 떨어질 지경이었습니다. 둘째는 잠자코 밭으로 가서 낫으로 곡식을 썩썩 베어 내려놓았습니다. 그 광경을 본 사람들은 놀라서 입이 딱 벌어졌습니다. 사람들은 원하는 대로 돈을 줄 테니 낫을 팔라고 했습니다. 둘째는 말을 달라고 해서 실을 수 있을 만큼 잔뜩 금화를 실었습니다.

그러자 막내아들도 고양이가 꼭 필요한 곳을 찾아가고 싶었습니다. 막내아들은 두 형과 똑같은 일을 겪었습니다. 고양이는 육지에서 아무소용이 없었습니다. 어디를 가든 고양이가 우글거렸습니다. 너무 많아서 사람들은 갓 태어난 새끼들은 대부분 강물에 던져버렸습니다. 마침내 막내는 배를 타고 섬으로 건너갔습니다. 다행히 섬마을 사람들은 고양이를 본 적이 한 번도 없었습니다. 하지만 섬은 쥐들의 천국이었습니다. 주인이 집에 있든 없든 식탁, 의자 할 것 없이 마냥 활개를 치고 다녔습니다. 사람들은 쥐 때문에 골치를 앓았지만, 왕도 별 뾰족한 방법이 없었습니다. 왕이 사는 성에도 구석구석 쥐들이 찍찍거리며 이빨만 닿았다 하면 뭐든지 사각사각 다 갉아먹었습니다. 드디어 고양이가 쥐 사냥에 나섰습니다. 고양이는 금세 여러 홀에서 쥐들을 싹 없애버렸습니다. 그러자 사람들은 왕에게 나라를 위해 이 기적의 짐승을

사들이라고 청했습니다. 왕은 막내아들이 요구한 대로 버새[36]에 금화를 잔뜩 실어주었습니다. 막내아들은 어마어마한 보물을 가지고 집으로 돌아왔습니다.

왕의 성에서 고양이는 신바람이 났습니다. 고양이는 헤아릴 수 없을 정도로 엄청나게 많은 쥐를 물어 죽였습니다. 그런데 열나게 쥐를 잡다 보니 목이 말랐습니다. 고양이는 자리에 서서 고개를 바짝 들고 "야옹, 야옹" 하고 울었습니다. 이상한 소리가 들리자 왕과 신하들은 덜컥 겁이 나서 모두 성 밖으로 뛰쳐나갔습니다. 왕은 회의를 열어 신하들과 대책을 궁리했습니다. 마침내 고양이에게 전령을 보내 당장 성을 떠나라고, 안 그러면 무력을 쓰겠다고 통보하기로 했습니다. 대신들은 말했습니다.

"저런 괴물한테 목숨을 내맡기느니 쥐한테 시달리는 게 백번 낫습니다. 쥐는 익숙하니까요."

한 귀족 청년이 고양이에게 가서 순순히 나가지 않겠느냐고 물었습니다. 하지만 목이 타들어 가는 고양이는 "야옹, 야옹" 울기만 했습니다. 귀족 청년은 야옹 소리를 "아니오, 아니오." 하는 대답으로 알아듣고 왕에게 그렇게 전했습니다. 그러자 대신들이 말했습니다.

"정 그렇다면 힘을 쓸 수밖에."

그러고는 대포를 쿵쿵 쐈습니다. 성은 불바다가 되었고 고양이가 앉아 있던 홀도 불길에 휩싸였습니다. 고양이는 다행스레 창문으로 빠져나왔습니다. 하지만 성을 포위한 병사들은 성이 완전히 무너져 내릴 때까지 쿵쿵 포격을 멈추지 않았답니다.

---

36. 수말과 암나귀의 잡종.

71

세상을 헤쳐 나간 여섯 사나이

옛날에 온갖 재주를 가진 한 남자가 살았습니다. 남자는 전쟁터에 나가 용감하고 씩씩하게 싸웠습니다. 하지만 전쟁이 끝나자 제대 명령과 함께 여비로 달랑 3헬러[37]를 받았습니다.

"두고 봐. 이대로 가만있을 줄 알고. 적당한 친구들을 찾아내 임금님에게서 나라의 전 재산을 다 받아내고 말 테니."

화가 난 남자는 씩씩거리며 숲으로 들어갔습니다. 숲에서 남자는 마치 곡식 대를 뽑듯 나무 여섯 그루를 쑥쑥 뽑고 있는 사람을 보았습니다. 남자는 물었습니다.

"부하가 되어 날 따라오지 않겠나?"

힘센 사나이가 대답했습니다.

"좋아. 하지만 먼저 이 나뭇단을 어머니께 갖다 드려야 해."

그러고는 나무 하나로 나머지 다섯 그루를 한데 묶어서 한 짐 나뭇단을 만들더니 어깨에 메고 사라졌습니다. 힘센 사나이는 다시 돌아와 대장과 함께 길을 떠났습니다. 대장이 말했습니다.

"우리 둘이 함께하면 이 세상에 못할 일이 뭐가 있겠나."

얼마 안 가서 두 사람은 사냥꾼을 만났습니다. 사냥꾼은 무릎을 꿇고 엽총에 총알을 재어 뭔가를 겨냥했습니다. 대장이 물었습니다.

"어이 사냥꾼, 뭘 쏘려고?"

사냥꾼은 대답했습니다.

---

37. 옛 독일 동전.

"2마일쯤 떨어진 떡갈나무 가지 위에 파리 한 마리가 앉아 있거든. 녀석의 왼쪽 눈을 쏠 거야."

대장은 말했습니다.

"와우, 나하고 같이 가세. 우리 셋이 함께하면 이 세상에 못할 일이 뭐가 있겠나."

사냥꾼은 기꺼이 따라나섰습니다. 세 사람은 풍차 일곱 대가 돌고 있는 곳에 왔습니다. 그런데 바람 한 점 불지 않고 나무 이파리 하나 까딱하지 않는데도 풍차 날개는 힘차게 빙빙 돌았습니다. 대장이 말했습니다.

"어떻게 돌아가지? 바람 한 점 없는데."

대장은 부하들과 함께 계속 걸었습니다. 2마일쯤 가니까 한 사나이가 나무 위에 앉아 있는데, 한쪽 콧구멍은 막고 다른 콧구멍으로 흥흥, 콧바람을 불고 있었습니다. 대장이 물었습니다.

"맙소사, 그 위에서 뭐하는 건가?"

콧바람사나이가 대답했습니다.

"2마일 떨어진 곳에 있는 풍차 일곱 대를 콧바람을 불어 돌리고 있네."

대장은 말했습니다.

"와우, 나하고 같이 가세. 우리 넷이 함께하면 이 세상에 못할 일이 뭐가 있겠나."

콧바람사나이는 나무에서 내려와 따라나섰습니다. 얼마쯤 가다가 일행은 다리 한쪽은 옆에다 떼어놓고 외발로 서 있는 사나이를 보았습니다. 대장이 말했습니다.

"참 편하게 쉬고 있네."

외다리사나이가 대답했습니다.

"난 발로 달리는 전령인데, 너무 빨리 달려서 다리 하나는 떼어버렸어. 두 다리로 달리면 날아가는 새보다 더 빠르거든."

"와우, 나하고 같이 가세. 우리 다섯이 함께하면 이 세상에 못할 일이 뭐가 있겠나."

외다리사나이는 따라나섰습니다. 얼마 안 가서 일행은 한쪽 귀가 완전히 덮이도록 모자를 푹 눌러쓴 사나이를 만났습니다. 대장이 말했습니다.

"쯧쯧! 한쪽 귀가 덮이도록 모자를 푹 뒤집어쓰니까 꼭 바보 한스 같잖나."

그러자 사나이는 말했습니다.

"어쩔 수 없네. 내가 모자를 똑바로 쓰면 매서운 추위가 몰려와 하늘 아래 새들이 꽁꽁 얼어 떨어져 죽는다고."

대장이 말했습니다.

"와우, 나하고 같이 가세. 우리 여섯이 함께하면 이 세상에 못할 일이 뭐가 있겠나."

여섯 사나이는 어느 도시에 도착했습니다. 그 도시의 왕은 누구든 공주와 달리기 시합을 해서 이기면 공주와 결혼할 수 있다고 선포했습니다. 하지만 지면 목을 내놓아야 한다고 했습니다. 대장은 시합을 청하며 왕에게 말했습니다.

"저 대신 제 부하가 달리게 해주세요."

왕은 대답했습니다.

"그럼 자네 부하의 목숨도 걸어야 한다. 시합에 지면 두 사람 다 목이 날아가리라."

그렇게 약속을 정하고 나서 대장은 외다리사나이에게 떼어놓은 다리를 붙여주고 말했습니다.

"빨리빨리 달리게. 꼭 이겨야 하니까."

외다리사나이와 공주는 멀리 떨어진 샘에 달려가 물을 길어 와야 했습니다. 물을 먼저 길어오는 사람이 이기는 거죠. 외다리사나이와 공주는 물동이를 하나씩 받아들고 동시에 달리기 시작했습니다. 그런데 공주가 미처 몇 발자국 떼기도 전에 바람이 쌩하고 지나가나 싶더니 외다리사나이의 모습은 저만치 사라져 보이지도 않았습니다. 눈 깜짝할 새에 샘에 도착한 외다리사나이는 물동이를 가득 채우고 발을 돌렸습니다. 그런데 돌아가는 길에 너무도 피곤했습니다. 외다리사나이는 물동이를 내려놓고 땅바닥에 널려있던 말의 해골을 베개 삼아 누웠다가 깜박 잠이 들었습니다. 불편하게 누워서 자야 금세 다시 일어나리라 생각한 것입니다. 그런데 보통 사람들 수준에서 볼 때 공주의 달리기 실력도 만만치 않았습니다. 샘에 도착한 공주는 물동이를 가득 채우고 재빠르게 몸을 돌려 달렸습니다. 달리다가 길에 누워 자고 있는 외다리사나이를 보고 공주는 쾌재를 불렀습니다.

"적이 내 손아귀에 들어왔어."

공주는 외다리사나이의 물을 몽땅 쏟아버리고 계속 내달렸습니다. 다행히도 사냥꾼이 성 위에서 날카로운 눈으로 다 지켜보고 있었습니다. 그랬기에 망정이지, 하마터면 시합에 질 뻔했죠. 사냥꾼은 말했습니다.

"공주에게 질 수 없지."

사냥꾼은 총알을 재어 외다리사나이가 베고 자는 말의 해골을 털끝 하나 다치지 않게 명중시켜 날려버렸습니다. 그제야 잠을 깬 외다리사나이는 벌떡 일어났습니다. 그런데 물동이는 텅 비었고 공주는 벌써 저만치 앞서 달리고 있었습니다. 하지만 외다리사나이는 기죽지 않고 다시 샘으로 달려가 물동이에 물을 가득 퍼 담았습니다. 그러고는 공주보다 십 분이나 먼저 출발점에 도착했습니다. 외다리사나이가 말했습니다.

"자네들 봤지, 이제야 두 다리 움직여 제대로 달려봤네. 전에는 사실 달린 게 아니었어."

왕은 마음이 상했습니다. 공주는 더욱 그랬습니다. 신분 낮은 퇴역 군인이 공주를 데려가게 되었으니 말입니다. 왕과 공주는 머리를 맞대고 외다리사나이와 패거리들을 어떻게 없애버릴까, 궁리했습니다. 마침내 왕은 말했습니다.

"나한테 좋은 방법이 있다. 걱정하지 말아라. 다시는 얼씬도 못 하게 할 테니까."

왕은 사나이들에게 말했습니다.

"자, 즐겁게 먹고 마시며 놀게."

왕은 사나이들을 쇠로 된 방으로 데려갔습니다. 쇠로 된 바닥에 문들도 쇠문이었고 창문마다 쇠창살이 쳐져 있었습니다. 안에는 맛있는 음식이 한 상 가득 차려져 있었습니다. 왕이 말했습니다.

"자, 들어가서 맘껏 들게나."

사나이들이 방으로 들어가자마자 왕은 문을 닫고 철커덕 빗장을 질렀습니다. 왕은 요리사를 불러 쇠가 벌겋게 달아오를 때까지 방에 불을 때라고 명령했습니다. 요리사는 왕이 시키는 대로 했습니다. 방이 뜨거워지기 시작했습니다. 식탁에 둘러앉아 먹고 있던 사나이들은 먹느라고 더워서 그러려니 생각했습니다. 하지만 방이 후끈후끈 더 뜨거워지자 사나이들은 방에서 나가려 했습니다. 그러나 문이며 창문이며 모두 다 꼭꼭 잠겨있었습니다. 사나이들은 그제야 비로소 자기들을 질식시켜 죽이려는 왕의 흉계를 알아챘습니다. 모자 쓴 사나이가 말했습니다.

"어림없지. 추위를 불러와야겠다. 그럼 불도 겁이 나서 슬그머니 스러질 테니까."

사나이는 모자를 똑바로 썼습니다. 순간 방이 써늘해지더니 더위가 싹 가시며 그릇에 담긴 음식이 얼기 시작했습니다. 두어 시간이 지나자 왕은 모두 더위에 쩌 죽었으려니 생각했습니다. 왕은 직접 들여다보려고 문을 열라고 했습니다. 문이 열렸습니다. 그러나 놀랍게도 여섯 사나이 모두 팔팔하게 살아있었습니다. 방안이 너무 추워 그릇에 담긴 음식이 꽁꽁 얼었다고 하며, 방에서 나가 몸을 좀 녹이고 싶다고 했습니다. 머리끝까지 화가 치민 왕은 요리사에게 내려가 왜 시킨 대로 하지 않았느냐고 호통을 쳤습니다. 하지만 요리사는 대답했습니다.

"불이 벌겋게 잘 타고 있는데요. 직접 보세요."

쇠로 된 방 밑에서는 불꽃이 이글이글 타오르고 있었습니다. 이런 방법으로는 여섯 사나이를 도저히 당할 수 없을 것 같았습니다.

왕은 저 반갑지 않은 손님들을 어떻게 쫓아내야 할지 새로운 방법을 궁리했습니다. 왕은 대장을 불러 말했습니다.

"내 딸을 포기하면 자네가 원하는 만큼 금화를 주겠다."

대장이 대답했습니다.

"예, 좋아요, 임금님. 제 부하가 들고 갈 수 있을 만큼 금화를 주세요. 그럼 공주님을 포기하겠습니다."

왕은 그러겠다고 했습니다. 그러자 대장이 말했습니다.

"열나흘 뒤에 금화를 가지러 오겠습니다."

대장은 온 나라 재봉사들을 죄다 불러들였습니다. 재봉사들은 열나흘 내내 꼬박 앉아서 자루를 만들었습니다. 자루가 완성되자 나무를 쑥쑥 뽑던 힘센 사나이에게 자루를 메게 하고 왕을 찾아갔습니다. 왕은 가슴이 덜컥 내려앉았습니다.

"집채만 한 아마포 자루를 어깨에 둘러멘 저 대단한 녀석은 누구냐?"

왕은 속으로 '얼마나 많은 금화를 쓸어가려고!' 하고 생각했습니다. 왕은 금화를 한 톤 가져오라고 했습니다. 장정 열여섯 명이 끙끙거리며 금을 들고 왔습니다. 하지만 힘센 사나이는 금을 한 손으로 번쩍 들어 냉큼 자루에 넣더니 말했습니다.

"이게 뭐야, 더 가져오지 않고. 아직 바닥이 보이잖아."

왕은 금을 더 가져오라고 했습니다. 차츰차츰 왕의 보물이 다 나왔습니다. 힘센 사나이는 모두 다 자루에 집어넣었습니다. 하지만 자루는 절반도 채 차지 않았습니다. 힘센 사나이가 소리쳤습니다.

"더 가져오라니까. 금 몇 조각으론 어림도 없다고."

그러자 나라 곳곳에서 칠천 대의 수레에 금을 가득 실어 왔습니다. 힘센 사나이는 금뿐 아니라 수레를 끌고 온 황소까지 몽땅 자루에다 집어넣었습니다.

"아무래도 안 되겠다. 닥치는 대로 집어넣자. 그래야 자루가 차지."

하지만 별별 물건을 다 집어넣었는데도 여전히 자리는 남아돌았습니다. 힘센 사나이는 말했습니다.

"이제 끝내야겠다. 꼴딱 채워서 자루를 묶으라는 법은 없으니까."

힘센 사나이는 자루를 등에 척 둘러메고 다른 사나이들하고 같이 떠났습니다.

달랑 혼자서 나라의 전 재산을 메고 가는 사나이를 보자 왕은 울화통이 터졌습니다. 왕은 여섯 사나이를 뒤쫓아 가서 자루를 빼앗아 오라고 기병대를 출동시켰습니다. 곧 두 개 연대가 사나이들을 따라잡고는 외쳤습니다.

"너희는 이제 독 안에 든 쥐다. 금 자루를 내려놓지 않으면 박살을 내주겠다."

그러자 콧바람사나이가 말했습니다.

"뭐라고? 독 안에 든 쥐라고? 너희들 모두 공중으로 날려주마."

콧바람사나이는 콧구멍 한쪽은 막고 다른 쪽 콧구멍으로 두 개 연대 병사들을 향해 흥 콧바람을 불었습니다. 그러자 병사들은 뿔뿔이 흩어져 이쪽저쪽 산 너머 푸른 하늘로 휙휙 날아갔습니다. 그런데 한 상사가 살려달라고 빌었습니다. 상사는 아홉 군데나 다친 성실한 군인으로 이런 굴욕은 가당치 않다고 했습니다. 콧바람사나이는 상사가 다치지 않게 콧바람을 약하게 불었습니다. 그리고 상사가 내려오자 말했습니다.

"돌아가서 임금님에게 전해라. 기병대를 얼마든지 더 보내라고. 모두 하늘 높이 날려줄 테니까."

왕은 그 말을 전해 듣고 말했습니다.

"가게 내버려둬라. 보통 사내들이 아니다."

여섯 사나이는 엄청난 재물을 가지고 집에 돌아와서 사이좋게 나눴습니다. 그리고 죽을 때까지 아주 행복하게 잘 살았답니다.

72

생명의 물

옛날에 아들 셋을 둔 왕이 깊은 병에 걸렸는데, 다시 살아날 가망이 없는 것 같았습니다. 그러자 왕자들은 너무 슬퍼서 성의 정원으로 내려가 펑펑 울었습니다. 그때 웬 노인이 오더니 무슨 걱정이 있느냐고 물었습니다. 왕자들은 아버지의 병이 깊어서 곧 돌아가시게 되었다고 말했습니다. 그러자 노인이 말했습니다.

"치료 약이 딱 하나 있지. 생명의 물이라고 하네. 그 물을 마시면 임금님이 다시 건강해지실 걸세. 하지만 그걸 구하기가 여간 어려워야지."

그러자 첫째 왕자가 말했습니다.

"내가 구해올 거예요."

첫째 왕자는 병석에 누워있는 왕에게 가서 유일한 치료 약인 생명의 물을 찾으러 떠나겠으니 허락해달라고 했습니다. 하지만 왕은 말했습니다.

"안 된다. 너무 위험한 일이야. 차라리 내가 이대로 죽는 게 낫다."

하지만 계속 졸라대니까 마침내 왕은 그러라고 했습니다. 첫째 왕자는 속으로 생각했습니다.

'생명의 물을 구해오면 아버지가 날 제일 예뻐하시고 왕국을 물려주실 거야.'

첫째 왕자는 길을 떠났습니다. 한참 말을 타고 갔더니 길에 난쟁이가 나타나 왕자를 불렀습니다.

"어디를 그렇게 바쁘게 가나요?"

"멍청한 난쟁이가 그건 알아서 뭐하려고."

첫째 왕자는 통명스럽게 내뱉으며 그대로 말을 달렸습니다. 난쟁이는 너무 화가 나서 냅다 저주를 퍼부었습니다. 얼마 가지 않아 왕자는 험한 산골짜기에 들어섰습니다. 하지만 숲은 들어갈수록 첩첩산중이었고 마침내 길이 너무 좁아져 한 발자국도 더 나아갈 수 없었습니다. 말을 돌릴 수도 없었고 안장에서 내릴 수도 없었고, 첫째 왕자는 꼼짝없이 갇혀버린 꼴이 되었습니다. 병든 왕은 첫째 왕자를 오랫동안 기다렸지만 왕자는 오지 않았습니다. 그러자 둘째 왕자가 말했습니다.

"아버지, 제가 가서 생명의 물을 구해오겠습니다."

둘째 왕자는 속으로 생각했습니다.

'형이 죽었다면 왕국은 내 차지야.'

왕은 이번에도 처음에는 안 된다고 하다가 마침내 허락해주었습니다. 둘째 왕자도 형이 갔던 길을 따라가다가 난쟁이와 마주쳤습니다. 난쟁이는 왕자를 불러 세워 어디를 그렇게 바쁘게 가느냐고 물었습니다. 그러자 둘째 왕자는 말했습니다.

"쪼그만 난쟁이가 그건 알아서 뭐하려고."

그러고는 뒤도 돌아보지 않고 그대로 말을 달렸습니다. 난쟁이는 또 냅다 저주를 퍼부었습니다. 둘째 왕자도 첫째 왕자처럼 산골짜기에 갇혀 오도 가도 못한 신세가 되었습니다. 교만한 사람들은 그렇게 되기 마련입니다.

둘째 왕자도 돌아오지 않자 이번에는 막내 왕자가 생명의 물을 구하러 떠나겠다고 했습니다. 마침내 왕도 마지못해 허락해주었습니다. 길을 가다가 막내 왕자도 난쟁이를 만났습니다. 난쟁이는 어디를 그렇게 바쁘게 가느냐고 물었습니다. 막내 왕자는 말을 멈추고 사정 이야기를 했습니다.

"생명의 물을 구하러 가는 길이에요. 아버지가 위독하시거든요."

"어디 있는지는 알아요?"

"몰라요."

"왕자님은 못된 형들처럼 교만하지 않고 예의가 바르니까 생명의 물을 어디서 구할 수 있는지 가르쳐줄게요. 마법에 걸린 성의 마당에 가면 샘이 있는데, 거기서 생명의 물이 솟아 나와요. 하지만 이 쇠 지팡이와 빵 두 쪽이 없으면 성에 들어갈 수 없어요. 쇠 지팡이로 철로 된 성문을 세 번 두드리면 문이 활짝 열릴 거예요. 안에는 사자 두 마리가 누워있는데 입을 쫙 벌리면 녀석들에게 빵을 한쪽씩 던져주세요. 그럼 얌전해질 테니. 시계가 열두 시를 치기 전에 얼른 가서 생명의 물을 떠 와야 해요. 그렇지 않으면 성문은 다시 닫히고 왕자님은 성에 갇혀버리거든요."

막내 왕자는 난쟁이에게 고맙다고 인사하고 쇠 지팡이와 빵을 받아 길을 떠났습니다. 성에 도착해보니 모든 게 난쟁이가 말한 그대로였습니다. 지팡이로 성문을 세 번 치자 문이 활짝 열렸습니다. 막내 왕자는 사자들을 빵으로 얌전하게 하고 성안으로 들어갔습니다. 크고 아름다운 홀로 들어가니 안에는 마법에 걸린 왕자들이 앉아 있었습니다. 막내 왕자는 그 왕자들의 손가락에서 반지를 빼고 바닥에 있던 검과 빵을 집어 들었습니다. 또 다른 방으로 들어가니 아름다운 아가씨가 있었습니다. 아가씨는 왕자를 보고 기뻐하며 입을 맞추더니 자기를 마법에서 풀어 주었으니까 왕국을 주겠다고 말했습니다. 그리고 일 년 뒤에 왕자가 다시오면 결혼식을 올리자고 했습니다. 아가씨는 막내 왕자에게 생명의 물이 나오는 샘이 어디 있는지 일러주었습니다. 그러나 열두 시를 치기 전에 서둘러 물을 떠 와야 한다고 했습니다. 그런데 가다 보니 방이 또 하나 나왔습니다. 방 안에는 깨끗한 이불이 깔린, 멋진 침대가 있었습니다. 피곤했던 막내 왕자는 잠시 쉬고 싶어서 침대에 누웠는데 그만 깜빡 잠이 들어버렸습니다. 왕자가 눈을 뜨자 종소리가 세 번 울리며 열한 시 사십오 분을 알렸습니다. 깜짝 놀란 왕자는 후다닥 일어나 샘터로 달려가서 옆에 놓여있던 물 잔에 물을 떠서 부리나케 뛰었습니다. 막내 왕자가 철문을 막 빠져나오는데 열두 시 종소리가 울렸습니다. 그러자 성문이 쾅 닫히며 발뒤꿈치 한쪽이 떨어져 나갔습니다.

하지만 막내 왕자는 생명의 물을 구했기 때문에 기뻤습니다. 막내 왕자는 집으로 돌아오는 길에 다시 난쟁이를 만났습니다. 난쟁이는 검과 빵을 보더니 말했습니다.

"엄청난 재산을 얻었군요. 그 검으로 군대 전체를 물리칠 수 있어요. 빵은 아무리 먹어도 바닥나는 일이 없을 거고요."

하지만 왕자는 형들을 찾기 전에는 아버지에게 돌아가고 싶지 않아 말했습니다.

"난쟁이 아저씨, 형들이 어디 있는지 가르쳐주지 않을래요? 나보다 먼저 생명의 물을 찾으러 떠난 형들인데 여태껏 돌아오지 않거든요."

그러자 난쟁이가 말했습니다.

"산과 산 사이에 꼭 끼어 꼼짝 못 해요. 너무 건방져서 내가 마법을 걸어놨어요."

왕자는 형들을 다시 풀어달라고 애원했습니다. 그러자 난쟁이는 마법을 풀며 막내 왕자에게 경고했습니다.

"조심해요. 마음씨가 나쁜 형들이니."

형들이 오자 막내 왕자는 기뻐하며 그동안 있었던 일을 모두 이야기했습니다. 생명의 물을 찾아내 한 잔 가득 담아왔고, 마법에서 풀어 준 아름다운 공주와 일 년 기다렸다 결혼식을 올리고 거대한 왕국을 얻을 거라고 했습니다. 막내 왕자는 형들하고 같이 말을 타고 집으로 향했습니다. 길을 가다가 어떤 나라를 지나가는데 나라가 온통 전쟁과 굶주림에 허덕이고 있었습니다. 그 나라의 왕도 이제 망했다, 하고 체념할 정도로 절박한 상황이었습니다. 막내 왕자는 왕에게 가져온 빵을 주었습니다. 그러자 온 백성이 빵을 먹고 배를 채웠습니다. 막내 왕자는 왕에게 검도 주었습니다. 왕은 그 검으로 적군을 물리쳤고, 나라에는 다시 평화가 돌아왔습니다. 막내 왕자는 빵과 검을 다시 돌려받고 형들과 함께 다시 말을 달렸습니다. 그런데 또 전쟁과 굶주림에 허덕이는 두 나라를 지나갔습니다. 왕자는 거기에서도 두 나라의 왕에게 빵과 검을 주었습니다. 그렇게 세 나라를 위기에서 구해주고 왕자들은 배를 타고 바다로 나갔습니다. 배 위에서 두 형은 은밀히 속삭였습니다.

"막내가 생명의 물을 구했으니까 아버지는 막내에게 왕국을 물려주실 거야. 왕국은 우리가 물려받아야 마땅한데. 저 막내가 우리 행복을 가로채려 한다고."

두 왕자는 복수심에 불타 막내 왕자를 없애버리기로 했습니다. 왕자들은 막내 왕자가 깊이 잠든 틈을 기다렸다가 자기들 잔에 생명의 물을 붓고 대신 막내 왕자의 잔에다가는 짜디짠 바닷물을 채워 넣었습니다.

집에 도착하자 막내 왕자는 병든 왕에게 잔을 가지고 가서 생명의 물을 마시면 병이 나을 것이라고 말했습니다. 하지만 짜디짠 바닷물을 조금 마시자 병의 증세는 더욱 나빠졌습니다. 왕이 신음하며 고통을 호소하자 첫째 왕자와 둘째 왕자는 막내가 독물로 아버지를 죽이려 했다고 막내를 모함했습니다. 그리고 자기들이 진짜를 가지고 왔다며 왕에게 생명의 물을 바쳤습니다. 왕은 생명의 물을 마시자마자 병이 씻은 듯이 나았고, 젊었을 때처럼 튼튼하고 건강해졌습니다. 두 왕자는 막내 왕자를 조롱하며 말했습니다.

"생명의 물을 찾아내느라 수고는 네가 했지만, 상은 우리가 받는구나. 두 눈 똑바로 뜨고 더 약게 굴었어야지. 배 안에서 네가 쿨쿨 자는 동안 우리가 생명의 물을 슬쩍했거든. 일 년 뒤에 우리 둘 중 하나가 아름다운 공주님을 데리러 갈 거야. 하지만 함부로 입을 놀리지 마라. 어차피 아버지는 네 말을 믿지 않으실 테지만. 입만 벙긋했다간 넌 죽은 목숨이야. 입 다물고 있으면 목숨은 살려주마."

늙은 왕은 막내 왕자가 자기를 죽이려고 한 줄 알고 몹시 화가 났습니다. 그래서 대신들을 불러 모아 막내 왕자를 아무도 모르게 쏘아 죽이라고 했습니다. 어느 날, 막내 왕자는 아무런 눈치도 채지 못한 채 사냥을 나갔습니다. 그러자 왕의 사냥꾼이 따라왔습니다. 숲 속에 단둘이 있게 되자 사냥꾼은 슬픈 표정을 지었습니다. 막내 왕자는 물었습니다.

"여보게, 왜 그러나?"

사냥꾼이 대답했습니다.

"말해선 안 되지만 말할게요."

왕자는 말했습니다.

"무슨 일인지 말해 보아라. 다 용서해줄 테니."

그러자 사냥꾼은 말했습니다.

"아, 임금님께서 왕자님을 쏘아죽이라고 하셨습니다."

왕자는 너무 놀라 말했습니다.

"여보게, 날 살려주게. 내가 입은 옷을 줄 테니 자네 옷을 내게 벗어주게."

사냥꾼은 대답했습니다.

"벗어드릴게요. 저도 왕자님을 도저히 쏠 수 없어요."

왕자와 사냥꾼은 옷을 서로 바꿔 입었습니다. 그리고 사냥꾼은 다시 돌아갔고 왕자는 숲 속으로 들어갔습니다.

얼마 후, 금은보화를 가득 실은 마차 세 대가 성에 도착했습니다. 막내 왕자가 준 검으로 적을 물리치고 막내 왕자가 준 빵으로 온 나라를 먹여 살릴 수 있었던 세 나라의 왕들이 감사의 표시로 막내 왕자에게 보내온 선물이었습니다. 그러자 늙은 왕은 생각했습니다.

'내 막내아들이 죄가 없었던 말인가?'

왕은 신하들에게 말했습니다.

"내 아들이 살아있다면 얼마나 좋을까. 내가 왕자를 죽이라고 했으니, 정말 기막힐 노릇이구나."

그러자 사냥꾼이 말했습니다.

"왕자님은 아직 살아계십니다. 임금님의 명령을 차마 받들 수가 없었습니다."

그러면서 사냥꾼은 자초지종을 털어놓았습니다. 왕은 가슴을 누르던 돌덩이를 내려놓은 듯 크게 안심했습니다. 그리고 몹시 기다리고 있으니까 왕자는 하루빨리 돌아오라고 온 나라에 널리 알렸습니다.

공주는 성 앞에 반짝이는 황금 길을 만들어놓았습니다. 공주는 곧장 황금 길 한가운데로 말을 타고 와 공주를 찾는 사람이 기다리는 사람이니까 성으로 들여보내라고 보초에게 일러두었습니다. 하지만 황금 길을 비켜서 오는 사람은 가짜니까 들여보내지 말라고 했습니다. 일 년이 거의 지나갈 무렵, 첫째 왕자는 빨리 공주를 찾아가야겠다고 생각했습니다. 공주를 마법에서 풀어 준 왕자로 행세하면 공주뿐만이 아니라 왕국도 차지하게 될 것으로 생각했습니다. 첫째 왕자는 말을 달려 성문 앞에 노착했습니다. 그런데 아름다운 황금 길을 보자 생각했습니다.

'황금 길을 말을 타고 가자니 너무 아깝잖아.'

그래서 첫째 왕자는 오른쪽으로 길을 비켜 말을 몰았습니다. 성문 앞에 이르자 보초는 공주님이 기다리는 왕자가 아니니까 돌아가라고 했습니다. 얼마 후, 둘째 왕자가 공주를 찾아왔습니다. 황금 길에 이르러 말이 발을 디디는 순간 둘째 왕자는 생각했습니다.

'황금 길이 닳을 텐데 아깝잖아.'

그래서 둘째 왕자는 왼쪽으로 길을 비켜 말을 몰았습니다. 성문 앞에 이르자 보초는 공주님이 기다리는 왕자가 아니니까 돌아가라고 했습니다. 일 년이 지났습니다. 막내 왕자는 숲을 떠나 사랑하는 공주에게 달려가 고생을 잊고 행복하게 살고 싶었습니다. 말을 달리면서 공주 생각밖에 없었습니다. 빨리 공주를 봐야겠다는 마음에 황금 길도 눈에 들어오지 않았습니다. 막내 왕자가 탄 말은 황금 길 한가운데를 지나 성문 앞에 이르렀습니다. 그러자 성문이 활짝 열렸습니다. 공주가 뛸 듯이 기뻐하며 왕자를 맞이했습니다.

'날 구해주시고 이 나라를 다스릴 왕자님이 오셨네요.'

막내 왕자와 공주는 기쁨이 가득한 결혼식을 올렸습니다. 결혼식이 끝나자 공주는 왕자의 아버지가 왕자를 이미 용서하고 한창 찾고 있다고 말했습니다. 그러자 왕자는 말을 달려 아버지에게 가서 형들에게 속았지만 아무 말도 할 수 없었다고 다 말했습니다. 늙은 왕은 두 왕자를 벌주려 했지만, 그들은 이미 배를 타고 바다 멀리 도망쳐버렸고, 평생 다시 돌아오지 않았답니다.

73

척척박사

옛날에 크렙스[38]라는 이름을 가진 가난한 농부가 있었습니다. 농부는 황소 두 마리가 끄는 수레에 나무를 가득 싣고 도시로 가서 어떤 박사에게 2탈러[39]를 받고 팔았습니다. 박사는 마침 식탁에 앉아 식사하다가 농부에게 돈을 내주었습니다. 농부는 품위 있게 먹고 마시는 박사를 보자 부러워서 자기도 박사가 되고 싶었습니다. 농부는 잠시 머뭇거리다가 마침내 자기 같은 사람도 박사가 될 수 있는지 물었습니다. 박사가 대답했습니다.

"그럼, 별 어려운 일은 아니네."

농부는 물었습니다.

"어떻게 하면 되죠?"

"먼저 수탉[40]이 그려져 있는 ABC 책을 사게. 그런 다음 수레와 황소들을 팔아서 박사한테 어울리는 옷이랑 물건들을 사고, 마지막으로 문패를 하나 만들어 '척척박사의 집'이라고 써서 대문 위에 달아놓게."

농부는 박사가 시키는 대로 했습니다. 그리고 약간 박사처럼 행동하며 살았습니다. 그런데 얼마 후, 부유하고 명망 높은 어떤 귀족이 돈을 잃어버렸습니다. 사람들은 귀족에게 어느 마을 어디에 척척박사가 살고 있는데, 그 박사는 돈이 어떻게 되었는지 분명 알 것이라고 말했습니다. 그러자 귀족은 마차를 타고 박사가 사는 마을로 달려갔습니

---

38. 가재라는 뜻.
39. 15~19세기 독일에서 통용된 은화.
40. Goeckelhahn 남독 구어로 수탉을 의미하며 뽐낸다는 뜻의 농담으로도 쓰임.

다. 귀족은 농부 집을 찾아가 농부에게 척척박사냐고 물었습니다. 농부가 그렇다고 하자 귀족은 함께 집으로 가서 잃어버린 돈을 찾아달라고 부탁했습니다. 농부는 그러겠다고 했지만 아내인 그레테도 같이 가야 한다고 했습니다. 귀족은 그러라고 하고 두 사람을 마차에 태워 돌아왔습니다. 귀족이 사는 저택에 도착하니 식탁이 차려져 있었고, 귀족은 농부에게 같이 먹자고 했습니다. 농부는 아내 그레테도 같이 먹어야 한다며 그레테와 나란히 식탁에 앉았습니다. 드디어 첫 번째 하인이 맛있는 음식을 들고 왔습니다. 그러자 농부는 아내를 쿡 찌르며 말했습니다.

"여보, 이 사람이 첫 번째였어."

첫 번째 음식을 가져온 사람이란 뜻이었지만 하인은 첫 번째 도둑이라는 줄 알고 움찔했습니다. 그 하인은 사실 진짜 도둑이었으니까요. 하인은 밖에 있는 동료들에게 말했습니다.

"큰일 났다. 박사가 모든 걸 알고 있다고. 날 보고 첫 번째라잖아."

두 번째 하인은 정말 들어가고 싶지 않았지만 어쩔 수 없었습니다. 하인이 음식을 들고 방으로 들어가자 농부는 아내를 쿡 찌르며 말했습니다.

"여보, 이 사람이 두 번째야."

그러자 두 번째 하인도 겁을 집어먹고 얼른 방에서 나왔습니다. 세 번째 하인도 마찬가지였습니다. 농부는 말했습니다.

"여보, 이 사람이 세 번째야."

네 번째 하인은 뚜껑 덮인 그릇을 들고 왔습니다. 그러자 귀족은 신통한 재주가 있다는데 그릇에 무슨 음식이 담겨있는지 알아맞혀 보라고 농부에게 말했습니다. 그것은 가재(크랩) 요리였습니다. 농부는 그릇을 바라보며 어떻게 해야 할지 난감해서 이렇게 말했습니다.

"아이고, 불쌍한 나, 크렙스야!"

그 소리를 듣자 귀족은 소리쳤습니다.

"어, 정말 알아맞히네. 그럼 누가 돈을 훔쳤는지도 분명 알겠군."

그러자 얼굴이 하얗게 질린 하인은 눈짓으로 척척박사를 밖으로 불러냈습니다. 박사가 밖으로 나오자 하인들 넷 다 자기들이 돈을 훔쳤다고 털어놓았습니다. 그리고 돈은 두둑하게 줄 테니 모른 척해달라고 하면서 그렇지 않으면 자기들은 끝장이라고 했습니다. 하인들은 돈을 숨겨놓은 곳으로 농부를 데려갔습니다. 척척박사는 알겠다고 하고 다시 방에 들어와 식탁에 앉더니 말했습니다.

"나리, 돈이 어디 있는지 책을 봐야겠습니다."

그때 다섯 번째 하인이 척척박사가 어디까지 알고 있는지 엿들으려고 난로 속으로 기어들어갔습니다. 척척박사는 천연덕스럽게 앉아 ABC 책을 펼쳐놓고 책장을 이리저리 넘기며 수탉 그림을 찾았습니다. 그런데 수탉 그림이 금세 나오지 않자 척척박사가 말했습니다.

"안에 있잖아, 얼른 나오라고."

그러자 난로 속에 숨어있던 하인은 자기보고 그러는 줄 알고 놀라서 뛰쳐나오며 소리쳤습니다.

"저 사람은 정말 모르는 게 없어."

척척박사는 돈이 숨겨져 있는 곳을 귀족에게 가르쳐주었습니다. 하지만 누가 훔쳤는지는 말하지 않았습니다. 척척박사는 양쪽에서 많은 돈을 받았고, 아주 유명한 사람이 되었답니다.

74

굴뚝새와 곰

어느 여름날 숲 속, 곰과 늑대가 산책하고 있었습니다. 그때 맑고 아름다운 새의 노랫소리가 들려오자 곰이 말했습니다.

"늑대 형제, 무슨 새가 저렇게 아름답게 노래하지?"

늑대는 말했습니다.

"새들의 왕이야. 저 새 앞에선 절을 해야 해."

그러나 그 새는 굴뚝새였습니다. 곰이 말했습니다.

"그렇구나. 새들의 왕이 사는 궁전을 구경하고 싶은데, 날 데려다줘."

늑대는 대답했습니다.

"생각만큼 쉬운 일이 아니란다. 왕비 새가 올 때까지 기다려."

잠시 후, 왕과 왕비가 먹이를 부리에 물고 와서 새끼들을 먹이기 시작했습니다. 곰이 따라가려 하자 늑대가 팔을 잡으며 말했습니다.

"안 돼. 왕과 왕비가 다시 날아갈 때까지 기다리라고."

곰과 늑대는 새 둥지가 있는 곳을 눈 여겨두고 일단 물러났습니다. 하지만 곰은 궁전이 보고 싶어 안달을 떨다가 잠시 후 다시 갔습니다. 왕과 왕비는 멀리 날아간 것 같았습니다. 곰은 둥지 안을 들여다봤습니다. 둥지에는 아기 굴뚝새 대여섯 마리가 움츠리고 있었습니다. 곰이 소리쳤습니다.

"에이, 이게 무슨 궁전이야! 형편없잖아! 너희들이 왕자 공주라고? 보잘것없는 애들이구먼."

아기 굴뚝새들은 너무 화가 나서 소리소리 질렀습니다.

"보잘것없는 애들이 아니거든. 엄마 아빠도 훌륭하신 분들이고. 두고 봐, 곰탱아. 따끔한 맛을 보여줄 테니."

곰과 늑대는 슬그머니 겁이 났습니다. 그래서 동굴로 돌아와 가만히 숨었습니다. 하지만 아기 굴뚝새들은 흥분해서 쩍쩍 시끄럽게 떠들어댔습니다. 엄마 아빠가 다시 먹이를 물고 돌아오자 아기 굴뚝새들은 말했습니다.

"파리 다리 하나 입에 대지 않을 거예요. 굶어 죽더라도 우리가 보잘것없는 애들인지 아닌지 끝장을 봐야 해요. 곰탱이가 와서 그렇게 욕했다고요."

그러자 아빠 새가 말했습니다.

"자, 조용히들 해라. 내가 가서 혼내줄 테니까."

아빠 굴뚝새는 엄마 굴뚝새와 함께 곰이 있는 동굴로 날아가서 소리쳤습니다.

"미련퉁이 늙은 곰아, 왜 우리 애들한테 욕을 했냐고? 피 터지게 싸워 끝장내련다. 각오해라."

굴뚝새는 곰과의 전쟁을 선포했고, 황소며 당나귀며 사슴이며 노루 같은 세상에 사는 네발 달린 짐승들을 죄다 불러들였습니다. 공중을 나는 크고 작은 새들뿐만 아니라 모기, 말벌, 꿀벌, 파리들까지 총동원되었습니다.

전쟁이 시작되자 굴뚝새는 적군의 사령관이 누구인지 알아내려고 정찰병을 보냈습니다. 꾀쟁이 모기는 적군이 모여 있는 곳을 붕붕 날아다니다가 마침내 적들의 작전 본부인 나무의 잎사귀에 살짝 앉았습니다. 나무 밑에서 곰은 여우를 앞으로 불러 말했습니다.

"여우야, 동물 중에서 네가 가장 영악하니까 사령관을 해라. 우리를 이끌어줘."

여우가 말했습니다.

"좋아. 그런데 비밀 신호를 어떻게 정할까?"

아무도 대답을 못 하자 여우가 다시 말했습니다.

"나한테 예쁘고 복슬복슬한 긴 꼬리가 있잖아. 그게 꼭 붉은 깃털처럼 보여. 내가 꼬리를 위로 치켜들면 좋다는 신호니까 공격하라고. 반대로 꼬리를 밑으로 내리면 냅다 도망쳐야 해."

모기는 이 말을 듣고 다시 돌아와 굴뚝새에게 낱낱이 고해바쳤습니다.

드디어 전시 날이 밝아오자, 세상에, 네발 달린 짐승들이 함성을 지르며 우르르 몰려오는데 땅이 부르르 떨렸습니다. 굴뚝새는 새떼를 이끌고 공중에서 몰려왔습니다. 윙윙대고 붕붕거리며 소리까지 질러대니 정말 무시무시했습니다. 서로 공격이 시작되었습니다. 굴뚝새는 말벌들에게 날아가서 여우의 꼬리 밑을 힘껏 쏘라고 했습니다. 말벌에 한 방 따끔하게 쏘인 여우는 움찔하며 한쪽 다리를 번쩍 들었습니다. 하지만 버틸만한지 여전히 꼬리를 치켜들고 있었습니다. 말벌이 또 한 방 따끔하게 쏘자 꼬리가 잠시 내려왔습니다. 하지만 말벌이 또 한 방 쏘자 여우는 비명을 지르며 꼬리를 다리 사이에 감추었습니다. 그 모습을 본 다른 동물들은 졌다고 생각하고 동굴 속으로 냅다 달아났습니다. 이렇게 전쟁은 새들의 승리로 끝났습니다.

왕과 왕비는 집으로 날아와 아이들에게 말했습니다.

"얘들아, 기뻐해라. 맘껏 먹고 마셔라. 우리가 전쟁에서 이겼단다."

하지만 아기 굴뚝새들은 말했습니다.

"싫어요. 곰이 둥지 앞에 와서 용서를 빌고 우리가 올바른 아이들이라고 말하기 전에는 안 먹을래요."

그러자 아빠 굴뚝새는 곰이 사는 동굴로 날아가서 소리쳤습니다.

"미련퉁이 곰아, 아이들한테 가서 용서를 빌고 올바른 아이들이라고 말해. 안 그러면 갈빗대를 모조리 분질러놓을 테다."

곰은 겁에 질려서 엉금엉금 기어 나오더니 용서를 빌었습니다. 그제야 마음이 풀린 어린 굴뚝새들은 함께 어울려 먹고 마시며 밤늦도록 신나게 놀았답니다.

◆75◆
달콤한 죽

옛날 옛날에 가난하고 믿음 깊은 소녀가 어머니와 단둘이 살고 있었습니다. 어느 날 집에 먹을 것이 떨어져서 소녀는 숲으로 들어갔습니다. 숲에서 소녀는 한 할머니를 만났습니다. 할머니는 소녀의 어려운 사정을 다 알고 있었습니다. 할머니는 작은 냄비를 주면서 이렇게 말했습니다.

"'냄비야, 끓여라.' 하면 맛있고 달콤한 기장 죽을 끓이고, '냄비야, 멈춰라.' 하면 그만 끓일 것이다."

소녀는 냄비를 어머니에게 가져갔습니다. 소녀와 어머니는 그때부터 가난과 배고픔에서 벗어날 수 있었습니다. 배가 고플 때마다 달콤한 죽을 맘껏 먹을 수 있었으니까요. 그런데 어느 날 소녀가 잠시 나가고 없을 때 어머니가 말했습니다.

"냄비야, 끓여라."

그러자 냄비가 죽을 끓이기 시작했습니다. 어머니는 죽을 배불리 먹고 나서 그만 끓이라고 하고 싶었지만 어떻게 말해야 할지 몰랐습니다.

냄비는 계속 죽을 끓였습니다. 그러자 죽은 냄비를 흘러넘쳐서 부엌과 온 집 안을 가득 채웠습니다. 옆집으로도 넘치고, 길거리에두 넘치고, 죽은 마치 온 세상을 삼켜버릴 듯 흘러나왔습니다. 이 엄청난 재앙에 모두 어찌할 바를 몰랐습니다. 조금만 늦었더라도 죽 바다가 될 뻔했는데, 마침 소녀가 집으로 돌아와서 말했습니다.

"냄비야, 멈춰라."

냄비는 딱 멈췄죠. 그런데 도시로 나가려는 사람은 죽을 먹어치우며 길을 가야 했답니다.

◆76◆
고집불통 아이

옛날에 고집이 아주 센 아이가 있었습니다. 아이는 엄마가 시키는 일은 절대로 하지 않았습니다. 하나님은 그게 괘씸해서 아이에게 병을 주었습니다. 어떤 의사도 아이의 병을 고칠 수 없었습니다. 얼마 지나지 않아 아이는 숨을 거두고 말았습니다. 사람들은 아이를 무덤 속에 내려놓고 흙을 덮었습니다. 그런데 아이의 작은 팔 하나가 쑥 올라왔습니다. 사람들은 아이의 팔을 다시 묻고 흙을 새로 덮었지만 소용이 없었습니다. 팔은 또 쑥 올라왔습니다. 팔이 계속 올라오니까 마침내 엄마가 회초리를 가지고 가서 팔을 때렸습니다. 그제야 팔은 쏙 들어가고 아이는 땅속에서 편히 잠들 수 있었답니다.

세 형제

옛날에 아들 셋을 둔 아버지가 있었습니다. 그런데 재산이라고는 지금 살고 있는 집뿐이었습니다. 아들들은 모두 아버지가 죽은 뒤에 집을 물려받기를 기대했습니다. 아버지는 아들 셋을 하나같이 모두 사랑했습니다. 그래서 다들 섭섭하지 않게 하려면 어떻게 해야 하는지 고민이었습니다. 집을 팔아 돈으로 나눠줘도 되겠지만 조상 대대로 살아온 집을 팔고 싶지 않았습니다. 그러다가 아버지는 좋은 생각이 떠올라 말했습니다.

"넓은 세상으로 나가 기술을 하나씩 배워오너라. 집으로 돌아왔을 때 솜씨가 가장 뛰어난 아들에게 이 집을 물려주겠다."

아들들은 그러겠다고 했습니다. 큰아들은 대장장이가 되고 싶었습니다. 둘째 아들은 이발사가 되고 싶었습니다. 막내아들은 펜싱 사범이 되고 싶었습니다. 세 아들은 집으로 돌아오는 날짜를 정하고 길을 떠났습니다. 그리고 일이 술술 풀려서 각자 훌륭한 선생 밑에서 제대로 된 기술을 배울 수 있었습니다. 대장장이가 된 아들은 왕이 타는 말에 편자를 박으며 생각했습니다.

'흠, 이만하면 집을 물려받을 수 있겠지.'

이발사가 된 아들도 신분 높은 신사들만 이발해주며 이미 집은 자기 것으로 생각했습니다. 펜싱 사범이 된 아들 역시 여러 번 검에 찔리기도 했지만, 그때마다 이를 꽉 깨물며 참고 속으로 생각했습니다.

'검에 찔리는 것을 두려워하면 집을 영영 얻지 못하지.'

어느덧 약속한 날짜가 되어 세 아들은 다시 아버지에게 돌아왔습니다. 그런데 아들들은 배워온 기술을 어떻게 보여줘야 할지 몰랐습니다. 그래서 미리를 맞대고 의논을 하고 있는데 산토끼가 들판을 가로질러 깡충깡충 뛰어왔습니다. 이발사가 말했습니다.

"아, 너 마침 잘 왔다."

이발사는 대야와 비누를 가져와 보글보글 비누 거품을 만들었습니다. 토끼가 가까이 오자 잽싸게 거품 칠을 하고는 눈 깜짝할 사이에 살을 베지도 않고 아프지도 않게 쓱쓱 토끼 수염을 깎았습니다. 아버지가 말했습니다.

"맘에 쏙 드는구나. 네 형과 동생이 엄청 분발해야겠다. 아니면 이 집은 네 것이 되고."

그런데 얼마 지나지 않아 어떤 신사가 급하게 마차를 몰고 왔습니다. 대장장이가 말했습니다.

"아버지 제 솜씨를 보여드리죠."

대장장이는 마차를 쫓아가 질풍처럼 달리는 말의 발굽에서 편자 네 개를 떼어내고 금세 새것으로 달아주었습니다. 아버지가 말했습니다.

"너야말로 진정한 사나이다. 네 동생만큼 대단한 실력이야. 누구한테 집을 물려줘야 할지 정말 모르겠구나."

그러자 막내가 말했습니다.

"아버지, 제 솜씨도 봐주셔야죠."

마침 비가 내리기 시작했습니다. 막내는 검을 빼 머리 위로 높이 치켜들고 획획 대각선으로 휘둘렀습니다. 그러니까 빗방울 하나 떨어지지 않았습니다. 비는 점점 더 세차게 내리더니 급기야 하늘에서 양동이로 퍼붓듯 억수같이 쏟아졌습니다. 막내는 더욱 빠르게 검을 놀렸습니다. 그랬더니 마치 집 안에 있는 것처럼 몸이 조금도 젖지 않았습니다.

아버지는 그것을 보고 깜짝 놀라서 말했습니다.

"네 실력이 최고다. 이 집은 네 것이다."

두 형들도 칭찬을 아끼지 않으며 좋아했습니다. 세 형제는 서로서로 아끼고 사랑했기 때문에 한집에 같이 살면서 배워온 기술로 일했습니다. 실력도 좋고 솜씨도 뛰어나 돈도 많이 벌었습니다. 세 형제는 나이가 들 때까지 함께 행복하게 살았습니다. 형제들 중 한 사람이 병이 들어 죽자, 남은 두 형제도 무척 슬퍼하더니 병이 들어 죽었습니다. 세 형제는 모두 훌륭한 기술을 가졌을 뿐 아니라 우애도 깊었기 때문에 한 무덤에 같이 묻혔답니다.

◆78◆

악마와 악마의 할머니

옛날에 큰 전쟁이 벌어졌습니다. 왕의 병사들은 많았지만 급료가 너무 적어서 도저히 먹고살 수가 없었습니다. 그래서 마음이 서로 맞은 병사 셋이 도망을 치기로 했습니다. 한 병사가 말했습니다.

"만약 붙잡히면 우리를 교수대에 매달 거야! 어떻게 빠져나가지?"

다른 병사가 말했습니다.

"저기 너른 밀밭이 보이지? 저 안에 숨으면 아무도 우리를 찾을 수 없어. 군대도 들어오지 못하거든. 내일이면 다 떠날 거고."

병사들은 밀밭에 숨어들었습니다. 그런데 군대는 떠나지 않고 사방에 진을 쳤습니다. 병사들은 밀밭에서 이틀 밤낮을 꼬박 웅크리고 있어야 했습니다. 그랬더니 너무 배가 고파 죽을 지경이었습니다. 하지만 밖으로 나가면 죽을 게 뻔했습니다. 병사들은 말했습니다.

"도망치려다가 여기서 굶어 죽게 생겼으ㅣ 이게 무슨 꼴이람."

그때 용 한 마리가 불을 뿜으며 하늘을 가르며 날아와 병사들이 있는 곳에 내려앉았습니다. 용은 병사들이 왜 숨어있는지 물었습니다.

"우리는 병사인데 급료가 너무 적어 도망쳤단다. 그런데 이대로 숨어있다가는 굶어 죽겠어. 그렇다고 나가면 교수형을 당할 거고."

그러자 용이 말했습니다.

"칠 년 동안 나를 주인으로 섬기겠다면 너희들을 데려갈게. 붙잡히지 않고 진영 한가운데를 뚫고 빠져나갈 수 있거든."

병사들은 대답했습니다.

"좋아. 선택의 여지가 없잖아."

그러자 용은 병사들을 갈고리발톱으로 움켜쥐고 하늘 높이 날아올랐습니다. 그리고 군대를 지나서 밀밭에서 멀리 떨어진 곳에 병사들을 다시 내려놓았습니다. 하지만 용은 다름 아닌 악마였습니다. 용은 병사들에게 작은 채찍을 주면서 말했습니다.

"이 채찍을 철썩 내리치면 돈이 원하는 만큼 쏟아질 거야. 그럼 말도 기르고 마차도 타고, 높으신 주인님처럼 살 수 있어! 하지만 칠 년이 지나면 너희는 내 사람이야."

용은 장부를 펴놓고 모두 거기에 서명하도록 했습니다. 용은 말했습니다.

"단, 내 사람이 되기 전에 수수께끼를 하나 내겠다. 수수께끼를 알아맞히면 너희들은 내 지배에서 벗어나 자유야."

그러고서 용은 멀리 날아갔습니다. 병사들도 작은 채찍을 가지고 여정에 올랐습니다. 돈이 두둑하니까 멋진 신사복을 맞춰 입고 넓은 세상을 두루 돌아다녔습니다. 어디를 가든 병사들은 돈을 펑펑 쓰며 호화롭고 즐겁게 살았습니다. 말과 마차를 타고 맘껏 먹으며 부어라 마셔라 했지만 나쁜 짓은 하지 않았습니다. 세월은 빠르게 흘러 어느덧 칠 년이 다가오자 병사들 중 두 사람은 초조하고 불안했습니다. 그러나 다른 한 사람은 별것 아니라는 듯 이렇게 말했습니다.

"너무 걱정하지 마. 내가 수수께끼를 풀 테니까. 난 멍청이가 아니거든."

병사들은 들판으로 나갔습니다. 두 사람의 얼굴에는 여전히 걱정이 가득했습니다. 그러고 앉아 있는데 웬 할머니가 오더니 왜 그렇게 슬퍼하는지 물었습니다.

"할머니와는 상관없는 일이에요. 알아봤자 도와주실 수 없다고요."

할머니는 말했습니다.

"그렇지 않을 수도 있지. 무슨 걱정인지 말해보렴."

병사들은 거의 칠 년을 악마의 하인 노릇을 하며 덕분에 돈도 물 쓰듯 쓰면서 지냈다고 털어놓았습니다. 하지만 칠 년이 되는 날 악마가 내는 수수께끼를 풀지 못하면 악마의 사람이 될 것을 다짐했다고 말했습니다. 그러자 할머니가 말했습니다.

"도움을 받고 싶으면 너희들 중 한 사람이 숲으로 들어가거라. 숲 속에 암벽이 무너져 내려 오두막집처럼 보이는 곳이 나올 거야. 그 안에 들어가면 도움을 받을 수 있을 게다."

걱정이 많은 두 병사는 그래 봤자 소용없을 것으로 생각하고 그대로 앉아 있었습니다. 하지만 성격이 쾌활한 다른 병사는 그 길로 숲으로 들어갔습니다. 숲 속 깊이 들어가니 바위 오두막집이 나타났습니다. 안에는 호호백발 할머니가 앉아 있는데, 다름 아닌 악마의 할머니였습니다. 할머니는 어디서 왔는지, 왜 왔는지 병사에게 물었습니다. 병사는 그동안 있었던 일을 다 말했습니다. 할머니는 병사가 마음에 들었고 또 측은해서 도와주겠다고 말했습니다. 할머니는 커다란 돌 하나를 들어 올렸습니다. 그러자 지하 굴이 나왔습니다. 할머니는 말했습니다.

"여기 숨 거라. 무슨 말이 오가는지 다 들을 수 있을 게다. 조용히 꼼짝 말고 앉아 있어야 한다. 용이 오면 무슨 수수께끼를 낼 건지 물어볼게. 나한테는 다 말해주거든. 용이 뭐라고 대답하는지 잘 들어두라고."

밤 열두 시가 되자 용이 날아와서 밥을 달라고 했습니다. 할머니는 식사를 준비하고 마실 것과 음식을 가져와 식탁에 차렸습니다. 용은 기분이 좋아서 할머니와 함께 먹고 마셨습니다. 할머니는 이런저런 이야기를 나누다가 오늘은 어땠고 얼마나 많은 영혼을 낚았느냐고 물었습니다. 악마는 대답했습니다.

"오늘은 운이 별로 없었어요. 하지만 병사 셋을 확실하게 잡아놓았죠."

할머니는 말했습니다.

"흠, 병사 셋이라. 만만치 않을 텐데. 달아날지도 모르겠구나."

그러자 악마는 비웃듯 말했습니다.

"내 손안에 든 쥐예요. 수수께끼를 하나 낼 건데 절대로 알아맞히지 못할 테니까요."

할머니는 물었습니다.

"무슨 수수께끼데?"

"들어보실래요? 북해 바다에 있는 죽은 긴꼬리원숭이를 병사들에게 구워줄 거예요. 고래 갈비뼈를 은 숟가락으로 쓰고, 술잔으로는 늙은 말의 우묵한 발굽을 쓸 거예요."

악마가 잠자리에 들자 할머니는 돌을 들어 올리고 병사에게 나오라고 했습니다.

"똑바로 잘 들었겠지?"

병사가 대답했습니다.

"예, 충분히 알아들었어요. 잘할게요."

병사는 올 때와는 달리 몰래 창문으로 빠져나와 황급히 동료들이 있는 곳으로 돌아왔습니다. 병사는 악마가 할머니의 꾐에 빠져 다 털어놓는 바람에 수수께끼의 답을 알게 되었다고 말했습니다. 세 사람은 기분이 좋아 철썩철썩 채찍을 신나게 내리쳤습니다. 그러자 돈이 쨍그랑거리며 쏟아졌습니다. 드디어 칠 년이 되는 날, 장부를 가지고 나타난 악마는 병사들에게 서명을 보여주며 말했습니다.

"너희들을 지옥으로 데려가겠다. 거기서 식사를 할 텐데 구운 고기가 무슨 고기인지 알아맞혀 보렴. 그럼 너희들은 자유의 몸이 되고, 채찍도 가져갈 수 있다."

그러자 첫 번째 병사가 말했습니다.

"북해 바다에 있는 죽은 긴꼬리원숭이예요."

악마는 짜증스레 신음을 내뱉었습니다.

"흐음! 흐음! 흐음!"

악마는 두 번째 병사에게 물었습니다.

"숟가락은 뭐로 만들었지?"

"고래 갈비뼈로요. 그게 우리 은 숟가락이에요."

"흐음! 흐음! 흐음!"

악마의 얼굴이 일그러지며 세 번 신음을 냈습니다. 그리고 세 번째 병사에게 물었습니다.

"술잔은 뭐로 만들었는지도 아냐?"

"늙은 말의 발굽으로요. 그게 우리 술잔이에요."

그러자 악마는 괴성을 지르며 날아가 버렸고, 더 이상 병사들을 지배할 수 없었습니다. 세 병사는 채찍으로 맘껏 돈을 만들어 쓰며 죽을 때까지 행복하게 잘 살았답니다.

◆79◆
한눈이, 두눈이, 세눈이

옛날에 딸 셋을 둔 여인이 있었습니다. 큰딸은 눈이 이마 한가운데에 하나밖에 없다고 한눈이였고, 둘째 딸은 보통 사람들처럼 눈이 두 개라 두눈이였습니다. 눈이 이마 한가운데에 하나 더 있는 막내딸은 눈이 세 개라서 세눈이였습니다. 그런데 어머니와 한눈이와 세눈이는 보통 인간처럼 생긴 두눈이를 눈엣가시처럼 미워했습니다.

"눈이 두 개인 너는 평범한 인간보다 나을 것이 없어. 너는 우리 식구가 아니야."

식구들은 두눈이를 이리저리 밀치고 낡고 해진 옷을 던져주었습니다. 그리고 먹다 남은 음식만 먹으라고 주었고, 틈만 나면 두눈이를 구박했습니다.

어느 날, 두눈이는 염소를 돌보려고 들판으로 나갔습니다. 그런데 한눈이와 세눈이가 먹을 것을 조금밖에 주지 않아서 배가 너무 고팠습니다. 두눈이는 밭둑에 주저앉아 훌쩍훌쩍 울었습니다. 얼마나 훌쩍거렸는지 두 줄기 눈물이 냇물처럼 줄줄 흘러내렸습니다. 한참을 울다가 문득 고개를 들어보니 어떤 여인이 옆에 서 있었습니다. 여인은 물었습니다.

"두눈아, 왜 우니?"

두눈이는 대답했습니다.

"왜 우느냐고요? 식구들은 제가 싫대요. 다른 인간들처럼 눈이 두 개라고요. 이쪽저쪽 구석으로 막 밀어내며 낡고 해진 옷들만 던져줘요. 먹다 남은 음식만 주고요. 오늘도 너무 적게 줘서 배가 무척 고파요."

그러자 지혜의 여인이 말했습니다.

"두눈아, 눈물을 닦고 내 말 잘 들어라. 배고프지 않게 해줄게. 염소들에게 이렇게 말하렴.

'염소야, 매애,

식탁아, 상 차려라.'

그럼 기막히게 맛있는 음식이 깔끔하게 한 상 차려져 나타날 거야. 맘껏 배부르게 먹고 나서 식탁을 물리려면 이렇게 말하렴.

'염소야, 매애,

식탁아, 사라져라.'

그럼 식탁이 눈앞에서 사라진단다."

그러고서 지혜의 여인은 훌쩍 떠났습니다. 두눈이는 생각했습니다.

'배가 너무 고프니까 부인의 말이 참말인지 당장 시험해봐야겠다.'

두눈이는 말했습니다.

"염소야, 매애,

식탁아, 상 차려라."

말이 끝나기가 무섭게 뚝딱, 식탁이 나타났습니다. 하얀 식탁보가 덮인 식탁에는 접시와 나이프와 포크, 그리고 은 숟가락이 가지런히 놓여 있었습니다. 방금 부엌에서 가지고 나온 듯 따끈따끈하고 김이 모락모락 나는 음식들이 먹음직스럽게 한 상 가득 차려져 있었습니다. 두눈이는 아는 기도문 가운데 가장 짧은 기도를 올렸습니다.

"하나님, 늘 함께하소서, 아멘."

두눈이는 식탁에 달려들어 아주 맛있게 먹었습니다. 그리고 배가 부르자 지혜의 여인이 가르쳐준 대로 말했습니다.

"염소야, 매애,

식탁아, 사라져라."

순간 식탁과 식탁에 차려져 있던 모든 것들이 감쪽같이 사라졌습니다. 살림 살기에 참 편리한 것 같았습니다. 두눈이는 행복하고 기분이 좋았습니다.

저녁에 두눈이는 염소를 몰고 집에 돌아왔습니다. 한눈이와 세눈이가 질그릇에 먹다 남은 음식을 남겨주었지만, 두눈이는 손도 대지 않았습니다. 다음날, 두눈이는 먹으라고 준 빵 몇 조각을 그냥 집에 놔둔 채 염소를 몰고 나갔습니다. 식구들은 처음 한두 번 눈치를 채지 못했습니다. 하지만 매번 그러니까 주의 깊게 살피며 이렇게 말했습니다.

"두눈이가 암만해도 좀 수상해. 우리가 주는 음식에 손도 대지 않잖아. 예전에는 주는 대로 먹어치우더니 말이야. 다른 방법이 생겼나 봐."

한눈이와 세눈이는 두눈이의 뒤를 캐보기로 했습니다. 두눈이가 염소를 몰고 들판으로 나가면 따라가서 두눈이가 뭘 하는지, 먹고 마실 것을 가져다주는 사람이 있는지 살펴보기로 했습니다.

두눈이가 다시 들판으로 나가려고 하자 한눈이는 말했습니다.

"나도 같이 갈게. 염소를 잘 돌보는지, 풀을 제대로 뜯기는지 봐야겠어."

하지만 두눈이는 한눈이의 꿍꿍이속을 단박에 알아채고 풀이 무성한 곳으로 염소를 몰고 갔습니다.

"한눈이 언니, 우리 여기 앉자. 내가 노래를 불러줄게."

길이 서툰 데다 햇볕도 따가워서 피곤했던 한눈이는 그리로 가서 앉았습니다. 두눈이는 노래를 불렀습니다.

"한눈이 언니, 깨어있어?

한눈이 언니, 자?"

한눈이는 하나뿐인 눈을 스르르 감고 잠이 들어버렸습니다. 한눈이가 쿨쿨 자니까 들킬 염려도 없겠다, 두눈이는 말했습니다.

"염소야, 매애,

식탁아, 상 차려라."

두눈이는 식탁에 앉아 배불리 먹고 마신 다음 다시 소리쳤습니다.

"염소야, 매애,

식탁아, 사라져라."

그러자 모든 것이 순식간에 사라졌습니다. 두눈이는 한눈이를 깨웠습니다.

"한눈이 언니, 염소를 돌보겠다더니 자 버리면 어떡해. 그동안에 염소가 막 돌아다닐 뻔했잖아. 이제 집에 가자."

한눈이와 두눈이는 집으로 돌아왔습니다. 하지만 두눈이는 이번에도 음식에 손을 대지 않았습니다. 한눈이는 어머니에게 두눈이가 왜 안 먹는지 설명할 수가 없었습니다. 한눈이는 변명하듯 말했습니다.

"깜박 잠이 들어버렸어요."

다음날, 어머니는 세눈이에게 말했습니다.

"이번에는 네가 따라가거라. 두눈이가 밖에서 뭘 먹는지, 혹 먹을 것을 가져다주는 사람이 있는지 잘 살펴봐. 아무래도 몰래 먹는 게 틀림없다고."

세눈이는 두눈이에게 가서 말했습니다.

"나도 같이 갈게. 염소를 잘 돌보는지, 풀을 제대로 뜯기는지 봐야겠어."

그러나 두눈이는 세눈이의 꿍꿍이속을 단박에 알아채고 풀이 무성한 곳으로 염소를 몰고 갔습니다.

"세눈아, 우리 여기 앉자. 내가 노래를 불러줄게."

길이 서툰 데다 햇볕도 따가워서 피곤했던 세눈이는 그리로 가서 앉았습니다. 두눈이는 또 노래를 부르기 시작했습니다.

"세눈아, 깨어있어?"

그다음은 이렇게 불러야 했습니다.

"세눈아, 자?"

하지만 그만 깜박하고 이렇게 부르고 말았습니다.

"두눈아, 자?"

두눈이는 계속 이렇게 불렀습니다.

"세눈아, 깨어있어?

두눈아, 자?"

세눈이는 두 눈을 스르르 감고 잠이 들었습니다. 하지만 세 번째 눈은 잠이 들지 않았습니다. 노랫말에 나오지 않았기 때문이죠. 하지만 세눈이는 세 번째 눈도 감고 자는 척하다가 살짝 눈을 떠서 다 보았습니다. 두눈이는 세눈이가 깊이 잠든 줄 알고 주문을 말했습니다.

"염소야, 매애,

식탁아, 상 차려라."

두눈이는 맘껏 먹고 마시고 나서 말했습니다.

"염소야, 매애,

식탁아, 사라져라."

이 모든 것을 세눈이는 다 보았습니다. 두눈이가 와서 세눈이를 깨 웠습니다.

"이런, 세눈아, 잤구나. 염소를 돌보겠다더니! 인제 그만 집에 가자."

두눈이와 세눈이는 집으로 돌아왔습니다. 두눈이는 또 먹지를 않았 습니다. 세눈이가 어머니에게 말했습니다.

"저 건방진 것이 왜 안 먹는지 알아냈어요! 염소에게 이렇게 말하 더라고요.

'염소야, 매애,

식탁아, 상 차려라.'

그러니까 최고 맛있는 음식이 가득 차려진 식탁이 나타났어요. 우리 가 먹는 것보다 훨씬 낫더라고요. 배부르게 먹고 나더니 이렇게 말했어요.

'염소야, 매애,

식탁아, 사라져라.'

그러니까 모든 게 감쪽같이 사라졌어요. 똑똑히 봤다니까요. 주문 을 불러 내 두 눈을 잠들게 했지만 이마에 있는 눈은 다행히 깨어있 었거든요."

그러자 어머니는 샘이 나서 소리쳤습니다.

"우리보다 더 잘 지내겠다고? 어림도 없다!"

어머니는 도축용 칼을 가지고 와 염소의 심장을 찔렀고, 염소는 쓰 러져 죽었습니다.

이것을 본 두눈이는 슬픔에 겨워 들판으로 나왔습니다. 밭둑에 앉아 펑펑 울고 있는데, 지혜의 여인이 홀연 다시 나타나 물었습니다.

"두눈아, 왜 우니?"

두눈이는 대답했습니다.

"왜 우느냐고요? 주문을 말하면 매일같이 맛있는 식탁을 차려주던 염소를 어머니가 찔러 죽였어요. 다시 배를 주리며 지내야 해요."

그러자 지혜의 여인은 말했습니다.

"두눈아, 좋은 방법을 가르쳐줄게. 한눈이와 세눈이에게 죽은 염소의 내장을 달라고 해서 대문 앞에 묻어라. 그럼 행운이 찾아올 테니."

그러고서 여인은 사라졌습니다. 두눈이는 집으로 가서 한눈이와 세눈이에게 말했습니다.

"염소고기를 좀 줘. 좋은 것 말고 내장을 달라고."

한눈이와 세눈이는 킥킥거리며 말했습니다.

"좋아, 그거라면."

두눈이는 내장을 받아 가지고 와서 그날 밤, 지혜의 여인이 시킨 대로 아무도 모르게 대문 앞에 묻었습니다.

다음 날 아침, 식구들이 일어났더니 아름답고 우람한 나무가 대문 앞에 서 있었습니다. 은빛으로 빛나는 나뭇잎 사이사이에 황금 사과가 주렁주렁 달려 있었습니다. 세상에서 가장 아름답고 탐스러운 나무였죠. 식구들은 밤새 그런 나무가 어떻게 자랐는지 알 리가 없었습니다. 하지만 두눈이는 알았습니다. 염소의 내장을 묻어둔 바로 그 자리에서 나무가 자랐기 때문입니다. 어머니는 한눈이에게 말했습니다.

"애야, 나무에 올라가 사과를 따오렴."

한눈이는 나무에 올라가 황금 사과 하나를 잡으려는데 나뭇가지가 손에서 빠져나갔습니다. 번번이 그러는 바람에 아무리 애를 써도 사과를 하나도 딸 수 없었습니다. 그러자 어머니가 말했습니다.

"세눈아, 네가 올라가라. 눈이 세 개니까 한눈이보다 잘 보이잖아."

한눈이는 나무에서 미끄러져 내려왔고 세눈이가 나무에 올라갔습니다. 하지만 세눈이라고 더 잘하는 건 아니었습니다. 잘 볼 수는 있어도 황금 사과가 요리조리 피하는 바람에 황금 사과를 딸 수가 없었습니다. 드디어 어머니가 참지 못하고 직접 나무에 올라갔습니다. 하지만 한눈이와 세눈이처럼 허공만 잡을 뿐 황금 사과를 딸 수 없었습니다. 그러자 두눈이가 말했습니다.

"제가 한번 올라가 볼게요. 혹시 모르잖아요, 제가 할 수 있을지."

한눈이와 세눈이는 아우성을 쳤습니다.

"두 눈 가진 네까짓 게 뭘 하겠다고!"

두눈이는 나무에 올라갔습니다. 그러자 황금 사과들은 두눈이를 피하기는커녕 저절로 손안으로 들어왔습니다. 두눈이는 황금 사과를 하나하나 따서 앞치마에 가득 담아서 내려왔습니다. 어머니는 황금 사과를 몽땅 빼앗았습니다. 그렇다고 식구들이 불쌍한 두눈이에게 더 잘 대해주지는 않았습니다. 오히려 두눈이만 사과를 딸 수 있으니까 질투가 나서 두눈이를 더욱 못살게 굴었습니다.

어느 날, 식구들이 한데 모여 나무 앞에 서 있는데, 젊은 기사가 말을 타고 왔습니다. 한눈이와 세눈이가 외쳤습니다.

"두눈아, 얼른 엎드려. 너 때문에 창피하잖아."

그리고 마침 나무 옆에 있던 빈 통을 불쌍한 두눈이에게 허겁지겁 씌웠습니다. 두눈이가 딴 황금 사과들도 통 밑으로 밀어 넣었습니다. 기사는 가까이 다가왔습니다. 아름답고 기품이 흐르는 기사였습니다. 기사는 말을 멈추고 금은으로 된 화려한 나무를 쳐다보더니 감탄을 하며 물었습니다.

"이 아름다운 나무는 누구 것이오? 나한테 가지 하나를 꺾어다 주는 사람에게는 원하는 대로 다 해주겠소."

그러자 한눈이와 세눈이는 자기들 나무라며 가지를 꺾어다 주겠다고 대답했습니다. 하지만 아등바등 애를 썼지만 가지를 꺾을 수 없었습니다. 나뭇가지와 황금 사과는 잡으려고만 하면 쏙쏙 피했습니다.

기사는 말했습니다.

"참 이상하구려. 아가씨들 나무라며 나뭇가지 하나 마음대로 꺾을 수 없으니 말이오."

하지만 한눈이와 세눈이는 자기들 나무라고 우겨댔습니다. 그러고 있는데 통속에 있던 두눈이는 황금 사과 두어 개를 기사의 발치 쪽으로 굴렸습니다. 한눈이와 세눈이가 거짓말을 하자 화가 나서였습니다. 기사는 황금 사과들을 보고 깜짝 놀라서 어디서 난 것이냐고 물었습니다. 한눈이와 세눈이는 자매가 하나 더 있는데 평범한 인간들처럼 눈이 두 개라서 숨겼다고 대답했습니다. 기사는 그 아가씨가 보고 싶다며 소리쳤습니다.

"두눈이 아가씨는 나오시오."

두눈이는 한결 마음이 놓여 통에서 나왔습니다. 눈부시게 아름다운 두눈이를 보자 기사는 감탄하며 말했습니다.

"두눈이 아가씨, 가지 하나를 꺾어다 줄 수 있겠소?"

두눈이는 대답했습니다.

"그럼요. 할 수 있어요. 이 나무는 제 것인걸요."

두눈이는 나무 위에 올라가 은 잎사귀와 황금 사과가 달린 가지 하나를 툭 꺾어 기사에게 주었습니다. 그러자 기사가 물었습니다.

"두눈이 아가씨, 내가 무엇을 줄까요?"

두눈이가 대답했습니다.

"아아, 이른 아침부터 밤늦게까지 배고프고, 목마르고, 고통과 가난에 시달리며 살고 있어요! 저를 데려가 주세요. 구해주세요. 그럼 행복할 거예요."

기사는 두눈이를 말에 태워 아버지의 성으로 데려갔습니다. 그리고 두눈이에게 예쁜 옷도 주고, 맘껏 먹고 마시게 해주었습니다. 기사는 두눈이를 사랑하게 되었습니다. 두 사람은 교회에서 혼인성사를 받고 기쁨이 넘치는 가운데 성대한 결혼식을 올렸습니다.

아름다운 기사가 두눈이를 데려가자 한눈이와 세눈이는 질투가 났지만 이렇게 생각했습니다.

'아무튼, 우리한테는 이 신비로운 나무가 있거든. 황금 사과는 딸 수 없지만 나무 앞에 오면 누구든 걸음을 멈추고 감탄을 한단 말이야. 그러다 보면 행운이 찾아올지 누가 알겠어!'

그러나 다음 날 아침, 나무는 온데간데없이 사라졌습니다. 희망도 함께 사라졌죠. 그런데 두눈이가 자기 방에서 밖을 내다보니까 나무가 떡하니 서 있는 게 아니겠습니까? 두눈이는 기뻐서 어쩔 줄 몰랐습니다. 그러니까 나무가 두눈이를 따라온 것이죠.

두눈이는 오래오래 아주 행복하게 살았습니다. 그런데 한번은 웬 가난뱅이 여자 둘이 성에 와서 구걸했습니다. 얼굴을 들여다보니까 바로 한눈이와 세눈이었습니다. 그들은 거지가 되어 이집 저집 빵을 구걸하며 돌아다녔습니다. 두눈이는 언니와 동생을 반갑게 맞아들여 잘 돌보아주었습니다. 그래서 한눈이와 세눈이는 어렸을 적 두눈이에게 못되게 굴었던 것을 진심으로 뉘우쳤답니다.

토끼와 고슴도치

어이, 꼬마 친구들, 이 이야기는 터무니없이 들리겠지만 진짜예요. 이 이야기를 나는 우리 할아버지한테 들었는데, 할아버지는 구수하게 이 야기보따리를 풀어놓으시며 늘 이렇게 말씀하셨어요.

"애야, 이 이야기는 진짜 있었던 일이란다. 그렇지 않으면 어떻게 이 야기하겠니."

자, 과연 무슨 이야기인지 한번 들어보세요.

어느 가을날, 메밀꽃은 흐드러지게 피었고 해님은 하늘 높이 솟아 오르며 환히 미소 짓는 일요일 아침이었습니다. 아침 바람이 그루터기 밭을 포근히 감싸주듯 솔솔 불어왔습니다. 종달새는 하늘에서 지지배 배 노래하고 벌들은 요기조기 메밀밭을 누비며 붕붕거렸죠. 사람들은 나들이옷을 쪽 빼입고 교회로 향했습니다. 상쾌한 아침이었습니다. 모 든 피조물은 기분이 좋았고, 고슴도치 역시 기분이 아주 좋았습니다.

고슴도치는 팔짱을 끼고 대문 앞에 서서 살랑거리는 아침 바람을 따라 앞 을 내다보며 짤막한 노랫가락을 흥얼거 렸습니다. 잘 부르든 못 부르든, 일요일 아침이면 늘 그랬듯 노래를 불렀다는 말입니다. 고슴도치는 노래를 흥얼거리 다가 문득 들판을 산책하고 싶었습니 다. 아내가 아이들을 씻기고 옷을 갈아

입히는 동안, 순무들이 잘 자라는지도 볼 겸 잠깐 다녀오고 싶었습니다. 고슴도치 가족은 집 가까이 붙어있는 순무 밭에서 늘 순무를 먹었습니다. 그래서 고슴도치는 순무가 으레 자기네 것이려니 했습니다. 자, 말했으니 실행해야죠. 고슴도치는 대문을 닫고 순무밭으로 향했습니다. 얼마 안 가서 밭 가장자리에 서 있는 슬로나무[41]를 돌아가다가 토끼와 딱 맞닥뜨렸습니다. 토끼도 그 비슷한 일로, 다시 말해 양배추를 보러 가려고 나온 참이었습니다. 서로 얼굴을 알아볼 만큼 가까워지자 고슴도치는 상냥하게 인사를 건넸습니다. 하지만 나름 기품있는 신사라 자칭하는 토끼는 엄청 거드름을 피우며 고슴도치의 인사는 들은 척만 척, 정말 가소롭다는 듯 말했습니다.

"아침 일찍부터 밭에는 웬일이셔?"

고슴도치는 대답했습니다.

"산책 나왔어."

토끼는 픽 웃었습니다.

"산책? 그 다리로? 차라리 다른 일을 하는 게 낫지 않나?"

고슴도치는 무지 화가 났습니다. 다른 건 다 참아도 다리에 대해 이러쿵저러쿵하는 건 도저히 참을 수 없었습니다. 태어날 때부터 안짱다리인 걸 어쩌라는 겁니까?

고슴도치는 말했습니다.

"뭔가 착각을 하시나 본데, 네 다리가 훨씬 쓸모 있다고 생각하나 보지?"

그러자 토끼가 맞받았습니다.

---

41. 자두 비슷한 열매를 맺는 장미과의 작은 교목.

"아무렴."

고슴도치는 말했습니다.

"그래? 그건 두고 봐야지. 우리 내기할까? 달리기 시합하면 너를 앞지를 수 있다고."

토끼가 말했습니다.

"기가 막혀! 그 안짱다리로 말이지? 웃기지 좀 마. 하지만 정 원한다면 까짓것, 한번 해주지. 내기는 뭐로 할까?"

"루이 금화[42] 한 닢에다 브랜디 한 병."

"좋아."

그러자 고슴도치는 말했습니다.

"잠깐만, 그렇게 서두를 건 없어. 난 식사 전이거든. 먼저 집에 가서 아침 좀 먹고 30분 후에 다시 올게."

토끼는 그러자고 했습니다. 고슴도치는 집으로 가면서 속으로 생각했습니다.

'녀석이 자기 긴 다리만 믿고 저러는 거라고. 하지만 두고 보라지, 이겨줄 테니까. 제 딴엔 신사인척하지만 어리석기 짝이 없거든. 한번 따끔한 맛을 봐야 해.'

고슴도치는 집에 돌아와 아내에게 말했습니다.

"여보, 어서 옷을 입어요. 나랑 밭에 좀 나가봅시다."

아내가 물었습니다.

"무슨 일인데요?"

"루이 금화 한 닢과 브랜디 한 병을 걸고 토끼와 달리기를 할 거요.

---

42. 1640-1795년에 발행된 프랑스의 금화.

당신이 꼭 같이 가줘야겠소."

그러자 고슴도치의 아내는 징징거렸습니다.

"맙소사! 당신 바보예요? 정신 나갔어요? 토끼랑 달리기 시합을 하다니요?"

고슴도치는 버럭 소리쳤습니다.

"이 마누라가, 시끄럽소. 내가 알아서 할 테니, 남자들 일에 이래라저래라 하지 마시오. 얼른 옷이나 갈아입고 따라오구려!"

고슴도치의 아내가 어떡하겠습니까? 좋든 싫든 남편을 따라갈 수밖에요.

같이 걸어가면서 고슴도치는 아내에게 말했습니다.

"정신 똑바로 차리고 잘 들어요. 저기 보이는 기다란 밭에서 달리기 시합을 하는데, 저 위에서 출발할 거요. 토끼가 한쪽 고랑에서 달릴 것이고, 난 다른 고랑에서 달릴 거요. 그럼 당신은 고랑 아래쪽에 있다가 토끼가 도착하면 '나, 벌써 왔다.' 하고 크게 외쳐요."

이윽고 고슴도치 부부는 밭에 도착했습니다. 고슴도치는 아내에게서 있을 자리를 일러주고 밭고랑 맨 위로 올라갔습니다. 토끼는 벌써 와 있었습니다. 토끼가 말했습니다.

"자, 시작해볼까?"

고슴도치가 대답했습니다.

"좋아."

"그럼, 준비!"

각자 자기 고랑에 섰습니다. 토끼는 숫자를 세기 시작했습니다.

"하나, 둘, 셋!"

토끼는 획획 돌풍처럼 내달렸습니다. 하지만 고슴도치는 세 걸음 정도 나아가다가 몸을 쏙 움츠리더니 밭고랑에 가만히 앉아 있었습니다.

토끼는 전속력으로 달려서 밭고랑 아래쪽에 도착했습니다. 그러자 고슴도치의 아내가 소리쳤습니다.

"나, 벌써 왔다!"

토끼는 깜짝 놀라 귀를 쫑긋 세웠습니다. 기가 막혀 어안이 벙벙했죠! 토끼는 고슴도치 아저씨가 자기를 보고 소리치는 줄 알았습니다. 알다시피 고슴도치 부부는 원래 똑같이 생겼으니까요. 그러면서도 토끼는 말했습니다.

"뭔가 이상해. 한 번 더 하자. 다시 돌아가기!"

말이 끝나기가 무섭게 토끼는 귀를 뒤로 휘날리며 휙휙 돌풍처럼 내달렸습니다. 고슴도치 아내는 가만히 제자리에 있었습니다. 드디어 토끼가 위쪽에 도착하자, 고슴도치 아저씨는 소리쳤습니다.

"나, 벌써 왔다!"

그러자 토끼는 화가 머리끝까지 뻗쳐 소리 질렀습니다.

"한 번 더 하자, 다시 돌아가기!"

고슴도치 아저씨는 대답했습니다.

"좋아. 얼마든지 더 하자고."

토끼는 일흔세 번을 더 왔다 갔다 밭고랑을 달렸습니다. 고슴도치 아저씨는 매번 지긋이 앉아있었습니다. 토끼가 밭고랑 아래쪽이나 위에 도착하면, 고슴도치 아저씨와 고슴도치 아내는 교대로 소리쳤습니다.

"나, 벌써 왔다."

하지만 일흔네 번째 경주에서 토끼는 끝까지 달리지 못하고 그만 고랑 한가운데서 쓰러졌습니다. 목에서 피를 토하며 토끼는 그 자리에서 죽고 말았습니다. 고슴도치는 루이 금화 한 닢과 브랜디 한 병을 챙겨 들고 고랑에서 나오라고 아내를 불렀습니다. 그리고 고슴도치 부부는 사이좋게 집으로 돌아갔답니다. 만약 죽지 않았다면 어딘가에 잘 살고 있겠죠.

머나먼 어느 곳 들판에서 토끼와 고슴도치가 달리기하다가 토끼가 죽어버렸고, 그때부터 고슴도치와 달리기 시합을 하겠다는 토끼는 하나도 없었답니다.

이 이야기가 우리에게 가르쳐주는 것은 무엇일까요? 첫째, 제아무리 잘난 사람이더라도 자기보다 못하다고 남을 깔보며 우습게 여겨서는 절대 안 되죠. 둘째, 남자가 결혼하려면 자신의 신분에 맞고, 또 자기와 똑 닮은 여자를 아내로 맞아들이는 것이 좋습니다. 그러니까 고슴도치는 고슴도치들끼리 결혼하는 것이 좋을 것이다, 등등, 뭐 이런 이야기였답니다.